哈佛中国史
HISTORY OF IMPERIAL CHINA

[加] 卜正民 - 主编

04

THE AGE OF CONFUCIAN RULE
The Song Transformation of China

儒家统治的时代

宋的转型

【德】迪特·库恩－著 ｜ 李文锋－译 邵君安－校

中信出版集团 · CHINACITICPRESS · 北京

图书在版编目（CIP）数据

儒家统治的时代：宋的转型 /（德）库恩著； 李文锋译. -- 北京：中信出版社，2016.10（2024.11 重印）
（哈佛中国史）
书名原文：The Age of Confucian Rule: The Song Transformation of China
ISBN 978-7-5086-6500-9

Ⅰ. ①儒… Ⅱ. ①库… ②李… Ⅲ. ①中国历史－宋代 Ⅳ. ① K244

中国版本图书馆 CIP 数据核字（2016）第 172509 号

儒家统治的时代：宋的转型

著　　者：[德] 迪特・库恩
译　　者：李文锋
校　　译：邵君安
策划推广：中信出版社（China CITIC Press）
出版发行：中信出版集团股份有限公司
（北京市朝阳区东三环北路 27 号嘉铭中心　邮编　100020）
（CITIC Publishing Group）
承 印 者：山东临沂新华印刷物流集团有限责任公司

开　　本：960mm×1300mm　1/32　　印　　张：12.25　　字　　数：300 千字
版　　次：2016 年 10 月第 1 版　　印　　次：2024 年 11 月第 25 次印刷
审 图 号：GS（2021）8073 号
书　　号：ISBN 978-7-5086-6500-9
定　　价：68.00 元

目 录 | Contents

第 4 章 | 南　宋

第 5 章 | 儒释道三教

第 6 章 | 教育与科举考试

推荐序

葛兆光

卜正民（Timothy Brook）教授主编的“哈佛帝制中国史书系”（History of Imperial China，Harvard University Press，2009—2013）共6卷，由陆威仪（Mark Edward Lewis，负责《秦汉》《南北朝》《唐朝》三卷）、库恩（Dieter Kuhn，负责《宋朝》卷）、卜正民（Timothy Brook，负责《元明》卷）、罗威廉（William T. Rowe，负责《清朝》卷）等四位学者分别撰写，现在译成中文在国内出版，这是一个应该关注的事情。我们知道，习惯于专题研究的欧美学者，对撰写上下通贯、包罗万象的通史，向来抱持谨慎态度，特别是近半个世纪以来，欧美中国学界撰写系统的中国通史并不多，除了卷帙浩繁而且内容专深、至今也没有全部完成的多卷本“剑桥中国史”系列和伊沛霞（Patricia Buckley Ebrey）为入门者撰写的较为简单的单卷本《剑桥插图中国史》之外，在我有限的视野内，还没有一部通贯上下而又分量适中的中国通史。这套上起秦汉，下至清代的6卷本通史系列出版，或许可以呈现近年来欧美学者较为全面的中国历史认识。

承蒙卜正民教授和严搏非先生的信任，让我为这套书的中译本写一篇序。我很乐意在这里谈一下我的读后感，严格地说，这并不能叫作“序”，只是一些感想，特别是一个在中国的中国史研究者的感想。

一

我曾说过，20世纪以来现代中国历史学的变化，大致可以概括为四点：一是时间缩短（把神话传说从历史中驱逐出去）；二是空间放大（超越传统中国疆域并涉及周边）；三是史料增多（不仅仅是新发现，也包括历史观念变化后更多史料进入历史视野）；四是问题复杂（分析历史的问题意识、评价立场、观察角度的多元化）。这四点当然说的只是清末民初以来20世纪中国的历史学，现在虽然已经是21世纪，而且这套“帝制中国史”也并不是中国史学界而是欧美学术界的作品，不过，无论这四点变化是否属于“现代性的历史学”（据说“现代性历史学”在如今这个“后现代”的阶段已经过时），或者只属于“中国的历史学”（中国现代学术始终与世界现代学术有所不同），但在我看来，它表现出来的历史研究与通史叙事之变化，仍在这一现代历史学延长线上，这套著作呈现的历史新意，恰好也可以分别归入这四个方面。

先看“时间缩短”。作为“帝制中国”的历史，这套书是从秦汉开始，而不是像中国学者的中国史那样，总是从上古（甚至从石器时代，即毛泽东所说“只几个石头磨过，小儿时节”）写起。这一“截断众流”的写法，是否暗示了“秦汉奠定‘中国’”这一历史观念？我不敢断言，因为这一问题相当复杂。但是，这里可以简单一提的是，由于对“中国”/“帝制中国”的历史这样开始叙述，不仅避免了有关何为“最初的中国”这样的争论（这些争论现在还很热闹），也表达了秦汉时代奠定“中国”/“帝制中国”的观念。陆威仪在《秦汉》这一卷中说，“（前帝国时代，人们）要么以‘秦人’‘齐人’‘楚人’为人所知，要么以其他诸侯国国名命名，或者以某个特定地域命名，比如‘关内人’”，但是，秦的统一，则“把这些不同的人群在政治上联结起来”。我同意这一看法，虽然殷周时代可能已经有“中国”意识，但只有到秦汉建立统一帝国，先推行“一法度、衡石丈尺，车同轨，书同文字”，后在思想上“独尊儒术”，在制度上“霸王道杂之”，一个初步同一的“中国”才真正形成。陆威仪指出，秦汉历史的关键之一，就是“帝国内部的去军事化（demilitarization）和对国家边境的边缘族群所开展的军事活动”。如果说，由于秦汉在制度（在文字、货币、行政、法律、度量衡以及交通上整齐划一）、文化（通过政治力量，建立共同的生活习俗与文明规则，由帝国统一去除地方化，建立共同的神圣信仰，通过历史书写确立帝国边界，形成共同历史记忆）、社会（在政治上有共同国家观念，在社会上形成声气相通的群体，在思想上有共同伦理的士大夫阶层）三方面的推进，使得“中国”/“帝制中国”

成为一个具有内在同质性的国家，那么，包括秦之“销锋镝”，即《史记》所说的“收天下兵，聚之咸阳”，铸十二金人；汉之削藩平七国之乱，中央派遣官员巡行天下，使军队统一由中央管理；加上对四夷用兵以凸显“内部统一，四夷环绕”，都对形成统一帝国起了巨大作用。正如他所言，“把天下想象为由游牧民族和中国二者所构成，标志着一个巨大的进步”，换句话说，就是通过内部的同质化，通过外部的“他者”塑造“我者”意识，形成国族的自我认同，于是有了明晰的“中国”。

近二三十年来，中国学界有一种不断发掘历史、把“我们的中国”向上追溯的潮流，从官方推动的“夏商周断代工程”“文明探源工程”，到近年由于考古发掘而重新认识“最初的中国”，这里面当然有相当复杂的动机和背景，不过，越追越早的历史也碰到一个理论与方法的瓶颈，这就是原本“满天星斗”的邦国，什么时候才可以算内在同一的“中国”？在什么样的历史形态下，那片广袤区域才有了一个“中国”共识？这套“帝制中国史”用了“帝制”这个概念，把这个问题放在括号中搁置下来暂缓判断，无疑是聪明的方案。当然，帝制中国是一个“帝国”，既然作为“帝国”，秦汉疆域内仍然有着多种民族与不同文化，不过重要的是，在这个“帝国”之内，那个叫作“中国”的政治—文化共同体也在逐渐形成，并且日益成为“帝国”的核心。陆威仪在讨论秦汉时代的历史意义时，就指出在这个帝国控制下，“中国”，也就是帝国的核心区域，由于制度、文化、社会的整合，不仅在内部“去军事化”，而且在政治—文化—生活上逐渐“同质化”。这一点对我们来说相当有意义，对于此后的历史叙述也相当重要，因为这可以说明历史中的“中国”的形成、移动和变化，当然也是在扩大。因此，我们看到《南北朝》卷相当突出“中国地理的重新定义”，所谓“重新定义”，就包括长江流域以及南方山区（即属于古人所说“溪洞濮蛮”的地区）的开发，它拓展了“中国”的疆域和文化，而《唐朝》卷则再一次强调“中国地理的再定义”，指出中国政治文化中心的转移和南北经济文化重心的变化，在这一过程中，“中国”的形成与扩张才逐渐显现出来。

这一思路几乎贯穿各卷，像卜正民撰写的《元明》这一卷的第二章

《幅员》，就非常精彩地从蒙元的大一统，说到它的整合与控制；从明朝的版图缩小，说到明朝对西南的“内部殖民主义”；从交通邮递系统对国家的意义，说到元明的南北变化；从元明行政区划，说到人口与移民。就是这样，把族群、疆域、南北、经济一一呈现出来，在有关“空间”“移动”“网络”的描述中，历史上的“中国”就不至于是“扁的”或“平的”。而罗威廉撰写的《清朝》一卷，更是在第三章《盛清》中专列《帝国扩张》一节，浓墨重彩地叙述了大清帝国的疆域扩张，正如他所说，当这个帝国“在蒙古、女真、西藏、内亚穆斯林与其他非汉民族，整合成一个新形态、超越性的政治体上，取得惊人的成功。渐渐地，中国士人开始接受此重新定义的中国，并认同其为自己的祖国”。传统“中国”在帝制时代的这些变化，换句话说是“中国地理的定义与再定义”，应当就是这套历史书的一个主轴。

这当然也带来了“空间放大”。在现代有关中国的历史学变化中，“空间放大”即历史研究超越汉族中国或中央王朝的疆域，是一个很明显的特征。但是，这不仅是“中国”/“帝制中国”的空间在扩大，而是说，理解这个变化的“中国”就不得不了解“周边”，把历史中国放在亚洲背景之中，这或许是中国历史研究的一个应有的趋势。19 世纪末以来，随着道光、咸丰两朝有关西北史地之学的兴起，以及欧洲和日本学者对于“四裔之学”的重视，到了 20 世纪，中国“周边”的历史地理逐渐被纳入中国史研究的视野，满、蒙、回、藏、朝鲜、苗以及各种边缘区域、民族与文化的文献、语言、历史、田野研究，使得有关“中国”的历史研究发生了深刻变化。当然，21 世纪更引人注目的变化，则是“全球史”的流行。中国学界常常引用梁启超所谓“中国之中国”“亚洲之中国”“世界之中国”这种自我认识三阶段的说法，来证明我们也一样接受全球史，但在真正书写中国史的时候，却常常“中国”是“中国”，“世界”是“世界”，就像我们的历史系总是有“世界史”和“中国史”两个专业一样，甚至我们的各种中国史也对“边缘的”和“域外的”历史关注很少。这套书的撰写者都来自欧美，当然身在全球史潮流之中，主编卜正民教授本人就是全球史的身体力行者，他的《维梅尔的帽子》(*Vermeer's*

Hat)、《塞尔登的中国地图》(*Mr. Selden's Map of China*)等著作，在某种意义上都是全球史的杰作。因此，这一套书虽然说是"中国"的历史，却特别注意到"周边"。卜正民自己撰写的《元明》一卷，就特意设立一章讨论南海，通过《顺风相送》《塞尔登地图》《东西洋考》等新旧文献，"讲述了一个完全不同的明朝在世界中的故事"，正如《塞尔登地图》不再以大明为中心，而以南海为中心一样，一个15、16世纪海洋贸易圈，把中国、日本、菲律宾、印度，甚至欧洲联系到一起，呈现了一个全球史中的大明帝国。尽管卜正民认为明朝仍然只是一个"国家经济体"，但是，他也看到了越来越影响世界的"南海世界经济体"在那个时代的意义。

同样，把全球史视角引入晚期帝制中国研究的"新清史"，也刺激了这一清朝历史书写的转向，在《清朝》这一卷中，罗威廉列举出近年清史研究的三个转向，除了"社会史转向"之外，"内亚转向"和"欧亚转向"占了两个，而这两个转向，都使得中国/大清历史不得不突破以汉族中国为中心的写法，扩大历史书写的空间视野。正如罗威廉引用孔飞力(Philip A. Kuhn)的话所说的，"一旦我们更适切地以清朝的观点来理解清史时，历史学家或能在新清史中'重新把西方带回来'"，在这种全球史视野中，欧美学者"不再将中国描写成(帝国主义的)受害者或一个特例，而是(把清帝国看成)众多在大致上相同时期之欧亚大陆兴起的数个近代早期帝国之一"，并且特别注意的是"并非帝国间的差异，而是其帝国野心的共同特征：在广大范围内施行集权管理的能力、精心经营的多元族群共存与超越国族边界，以及同样重要的、侵略性的空间扩张"。他们不仅把清帝国放在与同时代的欧亚帝国(如英、法、俄、奥斯曼)对照之中，也把清帝国越来越扩大的"四裔"安放在历史书写的显要位置，这样才能理解他在《结语》中说的，"大清帝国在性质上与之前各代相继的汉人或异族王朝有所不同。作为标准的近代早期欧亚大陆形态之多民族帝国，其在扩展'中国'的地理范围，将如蒙古、女真、西藏、内亚穆斯林与其他非汉民族，整合成一种新形态、超越性的政治体上，取得惊人的成功。"

表面上看，"史料增多"这一点，在这一套书中似乎并不明显，但阅读中我们也常常有意外惊喜。毫无疑问，中国学者可以先接触新近的考古发掘、简帛文书、各种档案，这一点欧美学者并没有优势。但问题是，新发现需要新解释，缺乏新的观察角度、叙述方式和论述立场，新材料带来的有时候只是“增量”而不是“质变”，并不能使历史“旧貌换新颜”。西方学者虽然不一定能够看到最多或最新的资料，但他们善于解释这些新史料，并且有机地用于历史叙述。比如，陆威仪撰写《秦汉》卷，就能够使用各种简帛资料（包山楚简、睡虎地秦简、马王堆帛书、居延汉简），其中《法律》一章，基本上依赖睡虎地、张家山等出土文献，而库恩所写的《宋朝》卷讨论辽金的佛教，也能够引入诸如房山云居寺、蓟县独乐寺观音阁、应县木塔等考古与建筑资料；特别是，往往眼光不同，选择的史料就不同，卜正民撰写的《元明》一卷，不仅用了《天中记》这样过去通史一般很少用的边缘史料来作为贯穿整个明史叙述的骨架，而且用了严嵩籍没时的财产簿、《吴氏分家簿》《余廷枢等立分单阄书》《孙时立阄书》《休宁程虚宇立分书》以及耶稣会士被没收的物品记录等，讨论明代各种不同阶层、不同身份的人的家当，让读者更直观地感受到，明代各种阶层与各色人等的一般经济状况；同样，他还用《塞尔登地图》等新发现和《顺风相送》《东西洋考》等旧史料，来讨论南海以及贸易往来；更特别设立《物华》一章来实践物质文化史，讨论文物、家具、书籍、瓷器、书画，讨论当时文人的艺术品位、文化修养与艺术商品和市场问题，因此，过去一般通史写作中不太使用的《长物志》《格古要论》《味水轩日记》之类的边缘史料（当然，如果研究艺术、物质、文化的著作，会常常使用它们）就成为重要史料。这里显示出他对于史料有着别具一格的判断、理解和阐释。

当然，作为西方学者，他们常常能够以西方历史作为背景，时时引入欧洲资料与中文文献互相参照，这就更加扩大了史料边界。

二

欧美学者写中国通史，当然与中国学者不同；21 世纪写中国通史，当然也与20世纪不同。以往，中国的中国通史，基本上会以政治史为主要脉络，因此，政治、经济、军事等关系到古代王朝更迭的大事件，在历史叙述中总是占了很大的篇幅，其他领域大体上只是依附在这个主轴上。尽管从梁启超《新史学》和《中国史绪论》开始，中国通史写作就一直试图改变这种历史叙述的方式，但总体变化似乎并不大。

在写这篇序文的时候，我正准备和日本、韩国的几位学者讨论国别史与东亚史之间的叙事差异，因此，恰好在翻阅以前中国学者编纂的一些通史著作。从晚清、民国流行的夏曾佑、缪凤林、钱穆，到1949年以后成为主流的郭沫若、范文澜、翦伯赞、白寿彝，也包括各种通行的中国历史教科书。我注意到，中国学者撰写的各种通史，大体都是一根主线（政治与事件）、若干支流（社会经济、对外关系、思想文化），历史主线与各种支流在书中所占的比重大体固定。但在这套书中，我们则看到当下国际历史学界风起云涌的环境气候、性别医疗、社会生活、物质文化、宗教信仰等各种角度，越来越多进入了历史。虽然这套书还不能说已经是"复线"的中国史，但它也多少改变了以往"单线"的书写方式。例如，在几乎每一卷中，都专门设有一章讨论社会史意义上有关宗族、亲属、性别、日常礼仪的内容（如《秦汉》卷第7章《宗族》、《南北朝》卷第7章《重新定义亲属关系》、《唐朝》卷第7章《宗族关系》、《宋朝》卷第7章《人生礼仪》与第12章《公共领域中的私人生活》、《元明》卷的第6章《家族》、《清朝》卷的第4章《社会》），其中，像《秦汉》卷第7章《宗族》中借用韩献博（Bret Hinsch）、司马安（Anne Behnke Kinney）的研究，对于秦汉女性与儿童的叙述，不仅展示了秦汉女性在宗族组织和社会生活中的状况，而且讨论了女性在政治权力角逐中的作用，不仅讨论了秦汉帝国儿童的生命、寿夭、健康，还通过儿童讨论了"孝道"与"政治"，这是过去各种通史著作很少有的；《宋朝》卷第12章《公共领域中的私人生活》则体现了当下社会生活与物质文化研究的趋向，其中运用考古、图像与边缘文献讲述有关卫生、装扮、保健与福利的情况，比过去通史提供了更加立体和生动的宋代生活场景，使历史不再是严肃、刻板的单一向度。在这里，物质文化史的影响痕迹也相当明显，前述《元明》卷对于“物华”，即文物、书籍、家具、瓷器、书画以及欣赏品位与商品市场的描述，都是过去中国的中国通史著作中不太常见的。特别是环境史，众所周知，气候是中国历史上的一个重要因素，尽管20世纪70年代以前竺可桢就陆续写出了杰出的论文《中国历史上气候之变迁》（1925）、《中国历史时代之气候变迁》（1933）、《中国近五千年来气候变迁的初步研究》（1972），但除了寒冷气候对于北方游牧民族迁移和南侵的影响外，我们的通史著作并不那么注意环境与气候在政治史上的意义，卜正民所写的《元明》一卷，却用“小冰河时代”这一因素，贯串了整个13世纪至16世纪的中国历史。尽管这套通史中所谓“小冰河期”与竺可桢的说法有些差异，元明部分关于“小冰河时代”（13世纪到15世纪）与宋代部分对于“小冰河时代”（10世纪末到12世纪）界定也有些冲突，有的证据（如用明代绘画中的《雪景图》证明气候变化）也多少有些疑问，但是，把这一点真正有效地运用到历史研究中，并作为政治变化的重大因素，确实是令人大开眼界，也使得历史本身和观察历史都变得复杂化了。

说到“复杂”，对中国读者来说，最为重要的当然就是“问题复杂”。所谓“问题复杂”，说到底是一个观察历史的立场、角度和方法的变动与多元。20世纪以来，研究中国历史的现代史学比起传统史学来，不仅增加了“古今”“东西”“中外”等分析框架，也用进化的观念代替循环的观念，以平民的历史代替帝王的历史，打破原来的经史子集知识分类，使其转化为现代的文史哲学科，在文献之外增加了考古发掘与田野调查，对历史资料进行客观的审视和严格的批判。但到了21世纪，本质与建构、想象与叙述、后殖民与后现代，以及帝国与国家、国别与区域、物质与文化、疾病与性别等，五花八门的新观念、新角度、新方法，使得“中国”与“历史”不得不被拿出来重新认识，因此，这一套帝制中国史书系中涉及的很多新说，也呈现了晚近理论和方法的变化，这或许能给我们有益的启迪。

我一直强调学术史要“别同异”。对于海外中国学研究，我们特别要注意它自身隐含的政治、学术和思想背景，千万别把他们研究“中国史”和我们研究“中国史”都用一个尺码评判或剪裁。有人误读我的说法，以为我是把海外中国学看成“异己之学”，将海外学者“视为另类”，其实不然，恰恰是因为他们与我们所研究的“中国”不同，所以，我才认为特别要重视这个“异”。透过海外中国学家对“中国 / 历史”的叙述，我们不仅能看到“异域之眼”中的“中国史”，而且能看到塑造“中国史”背后的理论变化，也看到重写“中国史”背后的世界史 / 全球史背景。其实，当他们用流行于西方的历史观念和叙述方法来重新撰写中国史的时候，另一个“世界中的中国史”就产生了。

如果他们和我们一样，那么，我们还能从他们那里学到什么？他山之石才可以攻错，有所差异才互相砥砺。总是说“和而不同”的中国学者，往往只有“和”而缺少“不同”，或者只有“不同”却没有“和”。所谓“和”应当是“理解”，即理解这种历史观念的“不同”。中国读者可以从这些看似差异的叙述中，了解欧美中国历史研究的一般状况，也可以知道某些颇为异样的思路之来龙去脉。比如《宋朝》卷中，在提及欧美有关宋代科举与社会流动的研究时，作者列举了贾志扬（John W. Chaffee）、李弘琪、柯睿格（E. A. Kracke）、郝若贝（Robert Hartwell）的研究；在有关宋代日常生活仪礼的研究中，则介绍了华琛（James L. Watson）、伊沛霞、裴志昂（Christian DePee）、柏清韵（Bettine Birge）、埃琛巴赫（Ebner von Eschenbach）的成果。而对于明代政治，卜正民更指出，当年牟复礼（Frederick W. Mote）曾经认为，明代是宋朝皇帝与蒙古大汗两种传统的结合，蒙古野蛮化把帝制中大部分对皇权的限制都摧毁了，这就形成明代所谓的“专制统治”（despotism），而范德（Edward Farmer）则更有“独裁统治”（autocracy）的说法，把明代这一政治特点从制度设计层面提出来；接着贺凯（Charles O. Hucker）又以胡惟庸案为个案，讨论了明代初期皇权压倒相权的过程，以及“靖难之役”使得皇权进一步加强的作用。这样，我们大体上知道美国的中国学界对于“专制”这一问题的讨论经过，也知道了有关明代“专制”研究，美国与中国学者的差异在哪里。

读者不妨稍微注意他们观察中国历史时的聚焦点。前三卷中有个做法很好，撰写者常常会将他关注的议题开列出来，使我们一目了然。例如对秦汉，他关注（1）在帝国秩序之下逐渐式微但并未被完全抹除的地域文化；（2）以皇帝个人为中心的政治结构之强化；（3）建立在表意文字基础之上的文化教育，以及由国家操控的、巩固帝国存在的文学经典；（4）帝国内部的去军事化（demilitarization）和对帝国边缘族群所开展的军事活动；（5）农村地区富裕的豪强大族的兴旺。对南北朝，作者说明这一时期的历史重心应当是：中国地理的重新定义，它的内在结构及其与外部世界的关系，新的社会精英，世袭制的军事人口和新的军事组织，影响后世的宗教使中国不再严格按社会与政治来划分人群，等等。对唐代，他关注唐宋政治与文化的转型、中国地理格局的再变化、商人与外部世界、城市中的商业与贸易引起的文化与文学变化，而在卜正民所撰写的《元明》一卷中，虽然并不像前几卷那样明说要点，但他一方面说，“我们只需举出元明史上的两大主题——独裁制和商品化（commercialization），在宋代尚不见其踪影，而到了元明时期，它们在质和量上已发生了飞跃性的变化”，因此，他“没有把它（1368年元明易代）当作中国历史上的一个转捩点，而是连接两段历史的纽带。使明王朝崛起的叛乱，确实终止了蒙古人长达一个世纪的统治，但也使蒙古人的遗产得以历数百年而传承不绝。元明两代共同塑造了中国的专制政体，将中国社会解体，重新以家族为中心聚合起来；并且，为更好地积聚商业财富而重建了中国人的价值观”；另一方面他别辟蹊径，不仅把社会结构（《家族》）、自然环境（《经济与生态》）、宗教信仰（《信仰》）、物质文化（《物华》）以及外部世界（《南海》）各列一章，而且特别指出“这两个朝代所在的时期恰好是研究世界其他地方的气象史专家所说的小冰河期（the Little Ice Age）”，因此他特别详细地叙述了自然灾害——饥荒、洪水、干旱、飓风、蝗虫、流行病。从这里，读者或许可以看到他对于元明两代历史的新认识。同样，对于清代历史来说，我们也可以注意，为什么罗威廉在《治理》这一章中那么重视“理藩院”“内务府”和“军机处”这三个他所谓的“创新”？因为这三个“创新”，其实就是“管理”“保护”和“控制”，它指向清王朝政治统治最重要的三个方面：一是对汉族中国本部十八省之外的管理（大清帝国的多民族与大疆域）；二是对皇帝个人及其有关家族的保护（异族统治者的利益和权力保证）；三是满洲统治者对核心权力包括军事权力和行政权力的高度控制。

这或许是理解清朝作为一个“帝国”的关键。

三

这套“帝制中国史书系”，值得击节赞赏的地方很多。比如，我们常常以为欧美学者总是习惯追随新理论，但在书中我们可以看到，他们对新理论在历史研究中的限度，也有相当清楚的认识。举一个例子，我很赞成《清朝》卷中罗威廉的一个批评，他说，一种所谓“后殖民主义”观点指责20世纪初中国的政治精英，说他们总是认为中国应当走欧洲式的民族国家道路，因而这一思想便成为中国民族主义力量的部分原因。罗威廉冷静地指出，这一说法“貌似合理且引人入胜，但必须记得，晚清的中国精英们没有这样奢侈的后见之明。对于越来越多的人来说，为了能在即将到来的战争中存活，把他们的政体重建成强大的西式民族国家，确为当务之急”，这才是同情理解历史的态度。再举一个例子，在讨论中国史的时候，这些来自西方的学者总能不时引入世界或亚洲背景，使中国史超越现代中国的“国境”，与世界史的大事彼此融合、相互对照，因此对一些历史事件与历史人物，不免多了一些深切理解和判断，与那些盲目相信“中国崛起”可以“统治世界”，因而对中国历史做出迎合时势的新解释的学者不同。如卜正民关于哥伦布与郑和航海的比较，就批评一些趋新学者把郑和当作探险家，并且比作哥伦布的说法。他指出，哥伦布的目的不是外交或探险而是经济利益，而郑和的目的是外交，即“不是一个为了在海上发现新世界的职业探险家，而是一个皇室仆人为了达成一个僭位称帝者的迫切心愿——获得外交承认”，因而这两个同样是航海的世界性事件，引出的历史结果大不相同。当然，我们也可以从中学到欧美学者在历史中说故事的本事，自从劳伦斯·斯通（Lawrence Stone）的《叙事的复兴》（*The Revival of Narrative: Reflections on a*

New Old History）以来，西方学者对历史如何叙事，重新有了更大的兴趣，而卜正民正是这一方面的高手，在《元明》卷中，他仿佛讲故事一样的方式对元明两代历史的叙述，会让我们想一想，中国通史著作非得写得一本正经地教条而枯燥吗？

毫无疑问，这套书也有一些我不能完全赞同的地方。作为一个中国历史研究者，阅读之后也有我的疑惑。首先，从文献资料上说，我要指出的是这套书有的部分虽然开掘了若干边缘文献，但有时不免过于轻忽主流历史文献（比如二十四史、通鉴、十通等等）的引证，甚至有一些常见的正史文献要从今人（如唐长孺）的著作中转引，这是中国学者难以理解的，而从学术论著之参考上说，对于近年中国学界的论述仍然较为忽略，以中古史为例，虽然陈寅恪、郭沫若、唐长孺、王仲荦、韩国磐等人的著作时有引述，但是，显然对近年以来中国学者的新研究了解相当不足，即以北朝之"子贵母死"一事为例，作者没有提及田余庆精彩的研究就是一例。其次，我也要说，如果以较严格的水准来衡量，书中有些论述也有不完整、不深入或者还有疑问的地方，比如，《南北朝》卷对中古时期的佛教与道教论述，似乎略有问题，至于《唐朝》卷说"在隋唐时代，佛教最终分成了四个宗派"（天台、华严、禅和净土），这更是不太可靠；《宋朝》卷虽然注意到宋真宗时代是一个重要的"历史转折点"，但遗憾的是，这里并没有深入分析为什么这是一个"历史转折点"，其实，可能更应当指出从"安史之乱"到"澶渊之盟"两个半世纪之间出现的胡汉、南北、儒佛、君臣四大关系的新变化；再比如，对于宋代儒学从反官僚体制到融入意识形态主流的曲折变化及其政治背景，似乎简略或者简单了一些，让人感到对于理学的叙述深度不足，而在《元明》卷对蒙元叙述过少，与当下蒙元史作为世界史的热潮相左，这一做法令人疑惑，而在有关王阳明与"大礼议"关系的论述中，作者似乎认为，由于王阳明支持嘉靖尊生父而使得王阳明之学得以兴盛，这一论述根据也许并不充分，结论也稍显简单，因为事实上，嘉靖皇帝并未因为王阳明和他的弟子们在"大礼议"中的立场，而改变禁止"王学"的政策；至于《清朝》这一卷中，罗威廉对于费正清朝贡体系的批评似乎也不能说服我，尤其是他用来批评费正清之说而举出的例子，即大清帝国和朝鲜、越南在“引渡与边界”方面“基于对等主权国家的模式”，这一说法恐怕缺乏历史证据。当然，这些并不重要，任何一套通史著作，都会留下这样那样的问题，这也是通史著作被不断重写的意义所在，历史不可能终结于某一次写作。正如前面我所说的，这 6 卷帝制中国史新书，即使仅仅在思路的启迪上，就已经很有价值了。

四

“帝制时代”在 1911 年结束，这套 6 卷本从秦汉开始的“帝制中国史”也在清朝结束之后画上句号，但掩卷而思，似乎这又不是一个句号，而是省略号。为什么？请看罗威廉在最后一卷《结语》中提出了“帝制中国”留下的三个问题：

第一个问题是国家。他说，“大清帝国在性质上与之前各代相继的汉人或异族王朝有所不同。作为标准的近代早期欧亚大陆形态之多民族帝国，其在扩展‘中国’的地理范围，将如蒙古、女真、西藏、内亚穆斯林与其他非汉民族，整合成一种新形态、超越性的政治体上，取得惊人的成功。”但是，此后从“帝制中国”转型来的“现代中国”，也面临清朝遗留的种种问题，他追问道，现代中国将如何维持这个多民族国家，如何解决蒙古人、满人、藏人、穆斯林的分离主义趋向？

第二个问题是政府。他说，清王朝是一个省钱的小政府，很多政府工作“转包”给了当地精英（士绅、乡村领袖、地方武力领导以及商业上的中介者）、团体（宗族、村庄、行会）。但是，当清政府 19 世纪面临国际侵略和内部问题时，“在这种竞争环境下借政治以求生存，一个更大、更强、介入更深的国家机器似乎就成为必要”。这也许是一个历史学家的“后见之明”，抑或是为庞大的现代中国政府上溯源头，那么，这个更大、更强、介入更深的“政府”将给现代中国带来什么后果？

第三个问题是“公”领域。罗威廉说，19 世纪中叶以来，以公众利益为名开办并给予正当性的各种事务（如慈善、防卫、基建、商业行会）

突然发展，开始在地方蔓延，虽然这可以视为“国家扩张的伪装方式”，但这种情况的出现，一方面使得国、共两党得以利用，另一方面使中央政府需要对这些领域重申控制的必要。那么，这是真正意义上（如哈贝马斯所说）的“公共领域”吗？它在清朝之后的中国发展状况如何？它在当代中国又将是个怎样的命运？

走出帝制之后的中国，似乎仍然残留着帝制时代的问题，而这些问题都值得继续深思。若干年前，孔飞力（Philip A. Kuhn）曾经在《现代中国的起源》（*Origins of the Modern Chinese State*）一书中试图解答这些问题，但是，我以为这个问题的最终解答，还需要很长的时间和更多的努力。

近些年来，东洋学者撰写的中国史，较新的如讲谈社之“中国史”系列，较旧的如宫崎市定之《中国史》等，都已经翻译出版，并且引起中国读书界的热烈反应。我听说，引起热议的原因，主要是它们不同于中国久已习惯的历史观念、叙述方式和评价立场，这让看惯或读厌了中国历史教科书的读者感到了惊奇和兴味。那么，现在西洋学者撰写的这一套哈佛版“帝制中国史”书系呢？人们常引苏东坡诗“横看成岭侧成峰，远近高低各不同”来比喻在不同角度，往往观察各有所得，如果说，日本学者对中国史是“横看成岭”，那么，西洋学者编纂的这套哈佛版“帝制中国历史”书系，是否也会“侧看成峰”，并且引发中国读者新的思考和议论呢？

2016 年 7 月 18 日初稿于上海

2016 年 8 月 14 日修订于芝加哥

中文版总序

卜正民

20 世纪 90 年代初我到北京参加一次会议时，幸运地发现清史研究专家朱维铮教授也出席了同一会议。在朱老师这一代人中，他可谓极富才学，或许性情也最火暴。对我而言，他还是一位慷慨的良师益友，在我需要之时往往不吝提出明智的建议。我想通过回忆自己与朱老师在北京月坛公园的一次谈话来为中国读者介绍这一套书。当时我俩正散着步，我突然向他袒露心声，说自己曾数度迷茫—— 90 年代初的我正处于迷茫之中——既然我不是中国人，那当一名中国历史学家到底有什么意义。我虽然能够像朱老师那样阅读第一手文献，但还是极度渴求拥有他那般理解中文文献的本能。到底怎样我才能像理解自己的母文化那般，更真切地理解中国呢？

朱老师做了这样一个比喻来回答我的问题："你想象中国是一个仅有一扇窗户的房间。我坐在房间里面，屋里的一切都在我的目光之中，而你在房间外头，只能透过窗户看见屋里的景象。我可以告诉你屋内的每一个细节，但无法告诉你房间所处的位置。这一点只有你才能告诉我。这就是为什么中国历史研究需要外国学者。"

朱老师或许对中国同事们的研究局限多有责备，但对那些愿意付出真正的努力来了解中国的外国人，则往往慷慨相助。他相信，我们的确能够带来些什么，而且我们拥有一种中国人无法依靠自身开辟出的观察视角，因为我们对中国的观察受世界其他地方的政治、社会、文化生活经验影响，而这些经验是中国人所没有的。听他说着，我不禁想起了明朝时的一句俗语：中国人用两只眼睛观察世界，欧洲人只用一只眼，其他地方的人则都是瞎子。我相信，朱老师是觉得他这一代的中国学者只睁开了一只眼，而外国历史学者正好为他们提供了第二只眼睛。

作为一个二十来岁才开始研究中国的学者，我自然是站在房间外面来观察中国的。然而重要的是，我二十来岁的光阴正好是在20世纪70年代——这意味着我大致上与中国所谓的“文革一代”同辈。彼时正是西方史学经历大转折的时期，历史不再是伟人和强权间相互影响所取得的成就，而转变为普通人在其所处社会的约束与机遇中经历的生活。对于一个在此时拥抱中国明代社会和经济史的外国人来说，这无疑是一个讽刺，因为彼时我最想求教的历史学者并非来自西方，而是一个中国人——傅衣凌。傅衣凌对与我同辈的中国历史学者产生了巨大的影响，他展示给了我们具体的研究路径，让我们知道如何用明代史料写出各个阶层民众经历的历史，而不是统治家族支配的历史。70年代末，我有幸在北京见过傅老师一面，至今我仍后悔没能向他学习更多，像我从朱老师那里学到的一样。

当哈佛大学出版社邀请我主编一套中国帝国时期的历史时，我找到了与我同辈的三位历史学者，他们多多少少形塑了我在社会关系和物质文化方面的兴趣。我们并非用同一种语调或同一种国家视角（三人中一位是德国人，两位是美国人，我是加拿大人）来论述问题，但我们差不多是同一代人，踩在同一片知识的土地上。我并未做多少导引，主要是请他们引用自己和其他人近期研究的一些成果，这样他们的描述才能够与时俱进，跟上现在的知识脚步。我可不想我们只是在重复老套的故事。另外，我请他们仔细考虑在他们所写的那个时代生活到底意味着什么，并从这个角度来进行写作。我希望他们抱着生命经验之复杂的想法，而不是退回到“历史事件之所以发生就是因为它该发生”那一套统一的、早已建构出的历史叙述中。他们应该从自己所写时代的内部而非外部来呈现那些岁月，但同时，他们的写作也需要囊括该时期内中国所征服的地区，这就要求他们不仅从内部来观察，还要具备全局眼光，使影响该地区历史进程的非汉人形象更加具体。这套书仍保留的一个传统是按照朝代来划分中国历史。之所以这么做，部分是因为朝代变更往往意味着正式统治者的改变，由此人民的生活组织方式也改变了；更重要的是因为朝代的确提供了时间定位，方便人们明白自己在历史的何处徜徉。所以，读者会在这一套书中见证朝代兴衰，但也能更多地了解某个时代的经济、社会、文化，以及人民的日常生活，而不是像在故事书中那样只看到皇帝和大将军们的传奇故事。

我所写的元明卷与其他几卷有一个显著不同，这种不同是在整个系列的编纂后期才逐渐显露出来的，所以该特征在其他几卷中并没有出现。正如我提到的，我发现自己越来越喜欢从环境的角度来看待历史，这么做最开始是为了满足我对自身的要求——我认为我们应该好好利用环境研究领域的最新成果，而这些成果正不断涌现。然而，我逐渐得出了这样的结论：在元明四个世纪的历史中，对民众生活经历和政治时运产生影响的最重要因素正是气候变化。气候虽不能回答历史提出的所有问题，但我发现要回答元明时期的许多历史问题就不得不把两个最基本的物质生活条件——整个世界的寒冷和干燥程度——考虑进来。元明卷并非完全在论述中国自中世纪暖期到小冰河时代的环境历史，但它的确是在将气候变化影响纳入考虑的框架内对历史进行阐释的。

现在，我邀请你们走进这个中国历史的房间，而四位学者正站在外头观察它。我希望你会同意，我们的确看到了一些你会错过但值得留心的东西。我还希望我们发现的一些具有挑战性的问题，能够激励中国读者用自身的内部观察视角来检视中国的过去与未来。

2016 年 6 月 2 日

（田奥 译）

儒家统治的时代：宋的转型

导 言

001 从 10 世纪唐代后期到宋帝国早期，中国所发生的转变标志着中华帝国出现了历史上最具决定性的断裂。北方士族靠着谱牒的政治优势而形成的“旧世界”，在延续了几百年后最终在 880 年至 960 年的混乱和内战中消失了；随着士族的衰亡，他们那套治国之道也渐被忘却和遗落了。一个新阶级——士大夫阶级——出现了。他们受到儒家学说的熏陶并通过了科举考试，已做好准备，决心承担起重塑中国传统的责任。他们在政治、意识形态、哲学、文化、文学、艺术、科技上所取得的成就与那些改变了日常生活的、强大的经济力量结合在一起，这两点能让我们更好地理解并界定宋代是一个转型朝代。中国历史上很少有朝代像宋朝那样愿意去重塑和改革整个社会。有些历史学家甚至把宋代称作开启现代性曙光的中国的“文艺复兴”时代。

从前的朝代的统治依靠世家大族、贵族官僚、儒士和军人，只有在宋代，思考和写作、政府和行政行为都降格为一种共有的特性，这是包弼德在把儒家术语“斯文”翻译为“我们的这种文化”时总结出来的。在宋代，认同自己为汉人后代的人们当中，一种新的自尊和自
002 觉形成了。宋代形成的这套社会制度，成为 20 世纪中国和西方人所

说的“传统中国”的典范。

汉帝国（前206—220）建立在秦朝（前221—前206）的疆土和行政统一的基础之上，唐帝国（618—907）得益于隋朝（581—618）的统一。但是宋代的统治者面临着不一样的、更为困难的形势。王朝的建立者宋太祖（960—976年在位）没有为他的帝国找到像隋给唐准备的那样充分的基础。他和弟弟宋太宗（976—997年在位）还要去征服今四川、中国中部和南部及山西的许多王国，把它们统一为一个国家。第三任皇帝宋真宗（997—1022年在位）采取巩固措施，加强中央集权；同时对外运用和平共处的方针，为接下来的几个世纪所推行的外交政策建立了标准。

这三位具有典范作用的皇帝希望长久地维持王朝的统治，他们知道必须建立一个不仅适合自己也适合后代继任者的统治范例。通过确定王朝的“内在性”和儒家思想文化价值的中心地位，他们开始了建立政治典范的行动。他们所设计的新的治国方针体现在那些格言规诫中。在执行这些新方针时，政府官员起着重要作用。和汉唐的皇帝一样，这些新任的统治者在进行变革时也求教于儒家学者，但是他们会把这些贤哲的忠告应用到他们的军事行动和政治统治的实践中。儒学的再次被应用产生了一个意想不到的结果——一种新型的精英统治制度出现了。

由于对过去80多年里军队所导致的悲惨后果的了解以及自己的军人出身，宋太祖认识到需要建立一个强有力的文官政府。他之后的宋代皇帝特意把文官的地位抬高到武官之上。为了应付边境少数民族政权辽、西夏、金的军事挑战，宋朝皇帝和这些外族签订了和约。为了市民社会，宋朝皇帝对经济、赋税和财政进行了改革。宋代的学者被鼓励去研究自然，做实验，在农业、纺织和陶瓷生产、炼铁、造船、武器制造和其他许多领域内进行发明创造。商人把上述创新运用到市场，使帝国即使最遥远的角落都商业化了。

003 在建筑和城市规划上，两宋时期更为开放的城市设计导致了全天候的生活方式的出现。而这相应地促进了本地市场和全国商业的发展。娱乐的新形式也在舞台上出现了。绘画艺术里也产生了精致的新技法。哲学家们在整个认识领域，对包括理性等概念方面扩展了他们的知性认识，并拓宽了对意识和人类成就进行的系统化分类。在法律领域，儒家训言的传播和应用使得死刑大大减少。在上述几乎所有领域，宋代都优于中国早期的模范朝代——唐朝。

以儒家经典为考试内容的全国性科举考试是形成精英文官阶层的基础。他们的兴起使得新秩序得以维持。接受正统教育成为获取拥有影响力、特权、财富、权力以及名望的职业的关键。新官员是从士大夫型精英、拥有土地的士绅和富有的商人家庭的孩子中选拔出来的。书籍不再是用手抄卷轴的，而是由日渐繁荣的印刷业生产印制，并具有封面。这使得那些出身中等家庭的孩子可以接受教育，他们在私塾或官学里接受教育。赵汝愚 1194 年担任主考官的时候宣称，一位儒生应该庆幸他生在这样一个时代。在这样一个令人兴奋的氛围中，儒家学说在政治上、道德上和行为上的意识形态化，已经不仅能成功调控社会行为，也能调节上层社会的个人行为。一直到 1905 年废除科举为止，通过科举考试一直是历朝历代无数有雄心壮志的男人的志向。

尽管科举是通向获取社会地位和舒适生活的阶梯，但大多数宋朝人并不属于官僚阶层。宋代是一个多阶层的社会，社会的最底层是贫穷的、毫无权势的、每天为生存而奋斗的人们；而社会的最上层的人们享受着无尽的荣华富贵，宽大的房屋里面居住着其家人和奴仆，人数超过百人。在这两个阶层中间的是低级官吏、商人和自耕农。农民的生活条件比以前的朝代要好，但是大多数人要把他们的精力投入到解决日常生活的问题中去，虽然这些问题看似简单但是对他们来说很重要：如何为自己和家庭获取足够的食物而免受压迫、剥削和不幸。

大量接近于社会金字塔底层的、默默无闻的自耕农承担了税赋和劳役。他们确保了经济的繁荣，也保障了其上的富裕阶层的生活安宁，并使新的城市生活方式的出现成为可能。

这个时期大量的散文和诗歌见证了普通百姓和富贵者的生活和劳作情形。宋代诗人们同情劳动者，对压榨百姓的官员的横征暴敛和骄奢淫逸进行了控诉。但最终诗人们还是把大多数人的命运视作一种自然状态。罗烨（其生平不可考）在其《新编醉翁谈录》中说："自古以来，分人数等，贤者清而秀，愚者浊而蒙。秀者通三纲而识五常，蒙者造五逆而犯十恶。"中国历史上只有少数人逃脱了"蒙者"的称号，宋代的这些人从事着繁重的体力劳动，日晒雨淋，忍受着地主和监工的呵斥和鄙夷，还得承受官吏的腐败，在债务陷阱中苦苦挣扎。而当时的知识分子并没把他们作为审美和哲理思考的优先对象。少数享受特权的儒士和官员热衷于具有深刻哲理的问答游戏，对那些蒙受巨大苦难的人毫不在意。洪水、干旱或蝗灾导致他们无法缴纳官府的税粮，使得他们债务缠身。那些放弃了土地而以手工艺谋生的人们，他们赖以生活的工钱还得受制于屋食之贵贱，就如韩愈（768—824）在其《圬者王承福传》中所说的那样。[1]

如果说宋朝从繁荣的市民社会中获得了前所未有的利益，那么它也为其军费的短缺而付出了代价。农耕的汉人已经与北方和西部非定居的游牧民族相处了好几个世纪了，对那些民族的需求以及如何应付他们的侵略、如何与他们战争，积累了许多经验。虽然和许多朝代一样，要面对北方游牧民族政权，但是宋朝从一开始就要和这些非汉族政权一起分享唐朝的疆土。唐朝灭亡后，中国的北方和东北地区就被外族统治了40多年。而在其南边的中原地区和中南部，在五代（907—960）和十国（902—979）时期被分裂为多个国家。唐朝崩溃后的动荡时期，汉地被军阀分据，各自为王。这对宋朝来说，就如同面对着一个原本属于自己现在却无法赎回的抵押物。

005 这是一份最棘手的遗产，被传给了中国历史上延续时间最长的王朝之一——宋朝。宋朝皇帝和官员们都很担心难以应付北方少数民族政权对其王朝统治和种族优越地位的威胁。甚至在979年统一之后，宋朝的精英们都没法把宋帝国和辉煌的汉唐王朝的开疆拓土成就相提并论。这使他们在心理上产生了一个障碍，一直没法克服。宋朝领土最多时是260万平方公里，这比唐朝和今天的中华人民共和国的960万平方公里小多了。在宋朝319年的统治中，之前和其后没有一个“中国”像它这样，这个时期的中国被分为不同的国家、民族（每个国家的人民有各自的种族和文化认同，也有自己的中央集权的官僚制政府），它们中也没有一个国家是一国独大的。从所处的地缘政治的优势地位来说，宋代的历史可以被当作一个地方主义范例来研究。[2]然而宋朝即使在领土已极度缩水的情况下，最终也没能免于灭亡的命运。

按宋代许多知识分子的看法，他们边境上的蛮夷与汉人大不相同。这些蛮夷并不讲同样的语言，也没有相同的文化价值观。他们的服饰不一，头发被剃剪，完全不符合中国人的习惯。特别重要的是，他们没有那种地位等级差别的礼仪。而这点对汉人来说是很重要的——君臣、父子、男女有别。简单地说，从汉人的眼光来看，这些蛮夷并不生活在世界文明的中心，而是在其边缘。当这些外族部落在政治上与宋平起平坐，并在军事上占优势时，汉人就会在文化上鄙视他们。

尽管从9世纪早期的韩愈一直到后来的儒学家们留下的文献中，在今天看来都有不少排外的倾向，但他们的观点主要是从文化上，而不是从种族上进行论证的。对儒家来说，一个人在文化上被同化的程度决定了他是被看作中国人还是蛮夷。在韩愈之后的大约250年，邵雍这样来阐述他对自己和自己在世界所处位置的理解：“我幸福，因为我是人，而不是动物；是男人，而不是女人；是中国人，而不是蛮族人；我幸福，因为我生活在全世界最美好的城市洛阳。”[3] 但历经了 100 年的时光，儒家对中国北方异族邻居的态度已经变得强硬了。功利主义哲学家陈亮这样描述中华世界里的蛮夷之地：正如古代圣人不与蛮族共享中原，“中国不与戎狄共礼文”。[4] 在宋朝边境的这些异族中，只有后来最终吞并了宋朝的蒙元王朝给中国的价值和实践留下了深深的印记。今天，中华民族是由多民族组成的，这些少数民族被视为“非汉族的中国人”。这种现象和现代的多种族国家意识来比较，差别是多么大啊。如今的这种观点其实不符合宋人的看法，也不是他们的非定居邻居的看法。 008

1126—1127 年，由于异族金人的入侵，宋廷被迫放弃了位于传统中国的中原地区的京城开封，迁移到陌生的南方地区。他们在南方继续统治了 152 年，直至 1279 年。面对着军事实力强大的北方对手，北宋和南宋能竭尽所能地延续王朝的统治，这已经很令人惊奇了。宋帝国在面对进攻时表现得比较软弱。儒家学说在原则上对战争是谴责的，和平之路被视为王道，战争被认为是霸道。这个正统观点已经受到了批评，在实际中，军事战略家和道德思想家（都是受过教育的儒家）花费大量时间和精力争论和平、战争和防御的问题。甚至朱熹（1130—1200）——这位新儒学的道德伦理的捍卫者——都宣称，女真人就是敌人，中国人是不能和他们在同一天空下生活的，因为他们杀害了汉人的父辈。而那些主张对异族政权采取军事主动的官员却在朝廷处境不佳，因为大多数的朝廷官员喜欢和平共处的政策。

甚至当战争不可避免的时候，宋朝仍旧采取陈旧不堪的防御策略，但没有任何起色。整个宋代共与北方异族政权签订过四次（1005、1123、1142 和 1208 年）屈辱的和约，宋朝的地位也从王朝降为地方诸侯，因此其“天无二日，民无二主”的原则遭到了破坏，取而代之的是按现实政治原则与北方强邻订立和约。那些务实的宰相在影响国家经济的财政事务上经验丰富，他们劝说皇帝，每年给异族支付岁币，远比把金钱投入到结果无法预知的长期战争更为经济划算。

009 从军事威力、战略创新和势力范围来衡量，宋朝无疑是个虚弱的朝代，最终它也被外族灭亡。宋朝的苟延残喘以至最后灭亡的原因绝不是单一的，但它对内政比对军事的重视可说是其国家衰弱、士气消沉、世风日下的重要原因。最终，宋朝为抵御外族入侵而采取的孤注一掷的抵抗也宣告失败了。但就繁荣程度而言，宋朝却是中国历史上最具有人文精神、最有教养、最有思想的朝代之一，甚至可能在世界历史上也是如此。在宋朝统治的三个世纪里，儒家意识形态在公共和私人生活领域形成一股强大力量，政府政策也深受这种古代哲学伦理和教化观念观的影响。由宋朝那些有创造力的统治者、士大夫和艺术家创造的思想范式，以及儒家价值观的复兴和重建，为后世历朝历代的教育、政府制度和市民社会的发展建立了基础，并强化了汉人子孙的中国意识，这种意识在宋代之后持续了若干世纪。

第 1 章

混乱的时代

有一个人，英语称作“emperor”，而中文称作“皇帝”，这个词意思为“上天至尊”（celestial magnificence）。作为天之子，作为国家的最高统治者，作为国家的礼制宗法领袖及皇族的首脑，皇帝扮演着天与民的中介角色。“天”，有着诸多解释，如道德原则或拟人化的神。皇帝通过天赋予他的权威进行统治。然而一个王朝的命运不是天赋的而是由人定的。在所有人中，最重要的人是皇帝。上天不可能也没有做过决定：统治是皇帝的职责，做决定的也是皇帝。

这是儒家的观点。在 1085 年的一份奏疏中，吕公著（1018—1089）——宋代宰相司马光的一位密友、曾经的太子太傅——这样解释王朝兴衰的含义：“盖天虽高远，日监在下，人君动息，天必应之。若修己以德，待人以诚，谦逊静悫，慈孝忠厚，则天必降福，享国永年，灾害不生，祸乱不作。若慢神虐民，不畏天命，则或迟或速，殃咎必至。”[1]

吕公著明确指出，皇帝要肩负王朝衰落的责任，然而实际情况远非如此简单。130 多年来，唐帝国的政府和行政管理系统牢牢地

011 建立在贵族阶层和受过教育的官僚的忠诚和自觉意识之上，他们对本朝的文化和政治成就，以及本朝的优越性，都深信不疑。唐代社会的支柱在几年甚至几十年内不会轻易地被一位统治者的不称职破坏。820 年到 907 年之间，唐朝的最终崩溃是由于出现了好几位无能的皇帝，同时朝廷情势极度糟糕，导致王朝走向毁灭。宋代许多官员和史学家很清楚这点（尽管他们都接受过儒家教育），也对他们的前代官员同行的失败进行了解释，认为这些官员在治国上是不成功的。

唐宪宗李纯 805 年 9 月 5 日登上龙位，成为唐朝第十一位皇帝时，唐帝国的命运有了起色。50 年前，即 755 年，军阀、粟特人安禄山发动了一场叛乱，控制了京城，并迫使皇帝逃到了中国的西南。安禄山在起事两年后被其子杀死。763 年叛乱最终被平定，但接下来的 40 年是唐朝的混乱时期。当时著名的朝廷官员和儒家学者韩愈被贬职，被流放到今湖南省，知道了唐宪宗即位的消息。韩愈的职位卑微。那时他忍受着潮湿的气候，对陌生的南方自然环境充满了惊恐，生怕会中毒。当县衙前的击鼓声传来，听到官员宣布新皇帝即位的消息时，他知道像他这样被降职流放的官员将会被允许返回京城。[2] 两年后他写了《元和圣德诗（并序）》，诗中他表示，在启程回家时他确信，一个大和平的时期已经来临了，唐朝将恢复其往昔的辉煌。朝廷宣布大赦，人们都很高兴。韩愈告诉宪宗：“天锡皇帝，为天下主。并包畜养，无异细巨。亿载万年。”[3]

其实，从即位开始，这位史上被称作“复兴者”的皇帝，就竭力想要遏止王朝的衰落。宪宗（805—820 年在位）这位专制君主，对自己理念的正当性深信不疑。他不仅把精力投入到了与地方统治者争夺权力的博弈中，极力争取他们的支持；而且他还利用一切可
012 用的行政、财政和军事手段，恢复对帝国东北部叛乱藩镇的控制，并重建中央权威。宪宗及其手下的能臣竭力阻止疆土的分裂，力图

恢复唐初皇帝的荣光。

尽管经受了几次挫折，不屈不挠的宪宗还是完成了他目标中的一部分。他恢复了皇帝的声望和朝廷的权威，重新获得对东北叛乱藩镇的控制，恢复对藩镇的赋税。但宪宗的最大抱负——恢复唐王朝历代疆土——将难以实现。史料记载，他于 820 年 2 月 14 日死于两名宦官之手。就力图复兴昔日荣光来说，宪宗是唐王朝唯一一位成功的皇帝，但这位皇帝还未看到其改革的完成就暴毙了。宪宗之后，再也没有一位继任皇帝拥有足够的权力去平衡朝廷官员、藩镇节度使和宦官之间的复杂关系。在中国历史的多个朝代中，王朝最终走向衰败似乎已经形成了一种趋势，唐朝也是如此。在王朝的末世，即使是一个有才干的统治者也没有足够的能力把国家这只受损的航船驶向安全之域。随着宪宗死去，复兴唐朝的最后希望也在那些愚昧无知的庸臣手中葬送了，而这些人并不知道形势的危急。

在紧接着宪宗的四位皇帝的治下，唐朝的衰亡在加速。这些皇帝并不成熟，既无才干也无持久工作的耐力。当时的一位诗人杜牧在 825 年写的诗里质问，为什么在过去的几十年里王朝经历了那么多的耻辱。他写道，虽然宪宗皇帝聪明睿智，但现在，扫除叛乱就和登天一样难。宪宗的继承者们缺乏才能并不是朝廷衰败的唯一原因，危险正朝着这个步履蹒跚的帝国大步走来。

宪宗死后，宦官的数量日益增多，约至 6000 人。许多宦官被提拔到精英禁卫军的高级职位上。他们能掌控皇位的继承，使未来的皇帝只得依附于他们的侍候和他们的关系网。其次，各级政府官员间爆发了冲突并导致了政府的瘫痪。派系冲突过去会被有能力的皇帝平息，但宪宗之后就再也没有哪位皇帝有此能力。再者，帝国中心的软弱纵容了边境藩镇实力的发展，助长了他们自治的野心。

820 年，在宪宗去世后，继承皇位的唐穆宗只有 25 岁。他长于 013
深宫，对政事毫无经验，更喜欢饮宴、狩猎，纵情声色。823 年，他在玩马球（一项贵族喜爱的剧烈运动）时受伤，并因此于 824 年去世。继他之后的那些皇帝都任凭宦官们摆布。他们不是被谋害，就是因无意中服食有毒的长生不老药暴毙而亡。穆宗的儿子敬宗，也像他父亲一样，长期和宦官们沉迷于马球。他因做了许多连宦官们都无法忍受的行为而臭名昭著。827 年的一个夜晚，在和他的宦官马球玩伴痛饮之后，19 岁的皇帝被他们杀害了。敬宗的弟弟文宗即位。文宗虽然尽心尽力于学习，但是他既没有足够的才智，也没有强大到可以脱离对宦官们的依靠。文宗企图摆脱他们，进行了两次流血的但最终失败的努力，最后因服丹药过量，在失望中死去，年仅 30 岁。

唐武宗 840 年即位，迅即将其从前的皇位竞争者及其支持者处死。他因对佛教徒的迫害而在中国历史上出了名。武宗在位 6 年，32 岁时因服丹药而亡。在他死后，唐宣宗（846—859 年在位）即位。这是一位有些疯狂、不易相处的人。他具有过人的记忆力，热衷于调查朝政。尽管离 820 年他父亲（宪宗皇帝）之死的疑案已经过去 25 年了，宣宗还是重新开始对悬而未决的案子进行追查，并对那些被他怀疑卷入疑案中的人进行了残酷的追究和处罚。859 年，宣宗也因服丹药而亡。他的继任者——唐懿宗（859—873 年在位）和唐僖宗（873—888 年在位）——在任时期的特征是宦官权力更加强大，官员派系冲突更加严重，北方地区的混乱情况日益加剧。最后两任皇帝，昭宗（888—904 年在位）和景宗[4]（904—907 年在位）目睹了王朝最终被外族征服的全过程。

禁佛

唐朝每隔 30 年就有成千上万的人聚集起来奉迎佛骨舍利，舍利会被隆重地转移到京城的佛寺供奉，并在佛寺中展示。818 年唐宪宗在塔上看到了这个盛大的场景，于是下令宦官把佛骨舍利拿到宫中以便亲自验看。朝官韩愈可能是出于关注民生福祉之意并受到个人政治目的的驱使，在听到这个消息时反应强烈，对这则有关夷狄的消息甚至有些恐惧。819 年韩愈在《论佛骨表》中把佛陀描述为“本夷狄之人，与中国言语不通，衣服殊制”[5]。他认为佛教缩短了先前皇帝们的寿命，质疑皇帝卷入佛教事务。韩愈的奏折表达了一种排外意识，这种意识在宋代新儒学复兴之时再度盛行。他的奏折也成为代表儒家知识分子和“外来”佛教关系的里程碑事件。

但是在 9 世纪 40 年代，对佛教的系统性迫害突然加强。根本原因不仅在于排外意识，也和宗教间的争论有关。在过去几个世纪里，由于赋税制度对贵族、大地主和佛寺的优待，寺院积累了大量的寺产，危机终于发生了。唐宪宗在位期间，为了稳定国家经济和国库收入，朝廷官员们对赋税改革的急切需要进行了讨论，但所有的建议都遭到了体制内的既得利益者的坚决反对。宪宗死后，赋税收入日益减少，贫困和饥荒使整个国家陷于绝望之中，从今河南省一直到淮河一带，乡村匪徒对百姓的残忍攻击，迫使大量的农民和佃户带着自己的财物往更加安全的地方迁移。为了应对危机，政府需要开辟新的财政来源。

在中国历史上，攫取佛寺和尚们的财产似乎是个解决政府财政收入不足的简单且为人所接受的办法。这种措施曾经在 446 年、486 年、574 年和 577 年都成功施行过。[6] 842 年，武宗展开了一场运动，没收了 4600 多座寺院、庙宇和相关地产，把大量的金、银、铜铸的佛像推倒，熔铸为铜钱和贵重的金银锭，迫使佛教徒还俗。在这个过程中，唐武宗强迫 26.5 万名和尚、尼姑还俗，成为普通的纳税民众。除了取消佛寺里僧侣的免税特权外，武宗还使 15 万名在寺院中服务的奴仆登记为纳税民众。

世俗化政策的施行者破坏了 4 万多座各种类型的宗教建筑、无数的经卷和其他珍贵的宗教物品。武宗在他的反佛诏书里使用严厉的措辞，把反佛运动描述为清除佛教害虫、铲除邪魔的努力。他自豪地宣称他对佛教的迫害取得了政治上的成功。日本和尚圆仁目睹了这场运动，他认为这些行为对中国佛教是一场灾难。[7]

847 年唐宣宗终止了这场灭佛运动，允许佛寺重新开放，恢复宗教活动。其继任者懿宗成为佛教热情的倡导者。但是，到了 955 年，后周世宗皇帝再一次为了解决政府财政紧张问题而把目光投向了佛寺。他宣称国家现在处于非常糟糕的情况中，民心士气低下，为此他要解散大多数寺院，没收他们的金银财宝和其他有价值的物品。960 年，当宋朝建立时，原先 30336 座寺院只有 2694 座经历了灭佛运动而幸存下来。

后周世宗走得更远。他发布敕令，禁止那些已经由佛教实行了数个世纪的自残行为和其他的宗教献身行为。在迷乱和癫狂的状态下，一些宗教狂热分子会将一部分肉体作为祭品而自残肢体，甚至自我献祭。世宗的敕令试图终止这种癫狂的“佛教狂热”以及由此狂热产生的宗教魅力。[8]

唐武宗灭佛运动开始的 350 年后，一位诗人表达了公众对于反宗教运动的意见，反问道：“杰屋大像无时止，安得疲民免饥死？”[9]在宋朝的精英分子和国家官员中，这仍然是一种有说服力的观点，虽然大多数中国人民并不赞成。

乡村的盗匪

取自佛寺地产的收入充实了特权阶级和皇帝的金库，却没有使衰弱的唐朝经济稳定下来，也没有缓解日渐加重的财政危机。由于 9 世纪 50 年代的沉重赋税和劳役负担，农民的经济状况变得令人悲观，甚至在农业发展得很好的东南地区也是如此。当农民们的生活状况已经滑落到生存线以下时，为了求生他们就只有寻找其他的收入来源。有些世代耕种的农民情愿卖妻典子，也不愿失去他们的小块农地。但是许多人仍无法支付他们欠下的赋税债务，以致最终财产被没收。失去了土地，无家可归，这些曾经的土地拥有者和佃农，失去了家人和住所，于是把做盗贼当作一种可以确保获得生计的方法，由此可以摆脱地主的欺凌、高利贷者的魔爪和地方衙役的棍棒。[10]

860 年 1 月，匪首裘甫在今浙江东部聚集了近 3 万名跟随者。868年，唐军在今云南省[11]的西南前线的哗变开启了其后军中粮料官庞勋领导下的大规模军队叛乱。[12]当庞勋在同一年到达徐州时，他统领下的所谓义军，由逃亡者、流浪汉、农民、乞丐、盗贼和河盗等组成，数量超过 20 万人。唐朝军队很不情愿地召集沙陀突厥骑兵前来镇压叛军，但也花了一年时间才平定叛乱。

政治秩序在表面上恢复了，但对普通百姓特别是乡村民众来说，生活状况持续地恶化。9 世纪 70 年代，匪帮强大到足以攻击设防的小型城镇，并对郡县造成了威胁。这些郡县的行政管理也因边境军事冲突、作物歉收和饥荒而受到妨碍。最著名的农民起义军领袖是科考屡试不第的黄巢——诗人和官员韦庄咒骂他是“狂寇”。黄巢出身于一个经营着获利丰厚的盐业贸易的富裕之家。最初他和他的团伙在山东西部和河南东部贩运食盐。[13] 878 年，他自称“冲天大将军”，并成为所有农民起义军的首领。当官兵对他施加很大压力时，他率军跨过长江往南进发。一路上为了筹集军费，他们对沿途的富裕城市烧杀抢掠。879 年 5 月，他对广州进行了洗劫，屠杀了包括印度、阿拉伯、波斯的商人及其家属以及中国人在内的 12 万人。

到 880 年 7 月时，黄巢的部队已经增长到了 60 万人，他们第一次试图推翻唐朝。同年 12 月，他攻占了洛阳，并即刻西进袭取了京都长安。此时，禁卫军已经严重退化，士兵大多数皆为老弱，几乎没有受过训练。连年少的僖宗皇帝都对曾经被视为精锐的禁卫军失去了信心。僖宗的先祖明皇在756年为了逃避安禄山叛军而逃到安全的四川，他也步祖先的后尘跑到了四川。在那里，僖宗接到了消息，说黄巢已经于881年1月进入京城，自立为“大齐皇帝”，且黄巢和他的部下们已将京城作为自己的大本营，如入无人之境。

尽管黄巢以铁腕掌控着京城，但他没能得到亟须的给养以维持其庞大的军队。两年后，黄巢的部队自相残杀而以人肉为食。[14] 883年，他的军队每天杀死1000多人做军粮。食人肉在中国历史上长久以来是被作为对付饥荒最为绝望的一种措施而为人所知。但在某些特定情形下，食人肉也是一种虔诚、勇敢的行为，也可用于刑罚或者刑讯审问。许多时候，当叛乱者耗尽粮食时，他们会去抓人并把人吃掉。有时候他们也会把尸体卤制或腌制保存起来以便日后食用。在饥荒的年份里，人像牲畜一样被宰杀，切割成块，烹煮为食。人肉经常比狗肉还多，价格也更便宜。1366年，陶宗仪在他的《辍耕录》里写道：“过去及今叛军皆食人肉。总名‘想肉’，或又通目为‘两脚羊’。是虽人类而无人性者矣。终至于诛斩鼠逐而后已。”[15]

随着京城惨遭黄巢起义军的蹂躏并最终陷落，远在今四川的唐廷求助于年轻的沙陀突厥人李克用（856—908）。他是北方边境地区一股强大军事力量的首领。当李克用883年接近京城时，黄巢慌忙撤到河南，其后也曾短暂撤回到他的老家山东。884年夏天，黄巢及其家人在山东被同族人斩首。次年春天，年轻的唐僖宗回到了已是一片断壁残垣的京城。

那时，唐皇室已经失去了从前对国家的控制。[16] 义军蜂起，军阀割据。诗人韦庄在黄巢起义军占据京城时在长安度过了忧愁的几年。他在其叙事诗《秦妇吟》中描述了相关情况：

长安寂寂今何有，废市荒街麦苗秀。

……

含元殿上狐兔行，花萼楼前荆棘满。

……

内库烧为锦绣灰，天街踏尽公卿骨。[17]

作为割据一方的军阀，节度使们视唐僖宗和唐昭宗如自己的附庸。朱温（852—912），生于一个贫穷的儒学塾师之家，后来成为那些任性、好斗而粗野的军阀中的一员。903年，他在皇帝住所把宦官们围捕起来杀掉，终于解决了朝廷的宦官问题。904年2月15日，他命令军队把城中的房屋全部推倒，并把建筑材料运到洛阳。同年，他下令杀死唐昭宗，并在907年迫使最后一位唐朝皇帝昭宣帝退位。同时，朱温自称为后梁的缔造者和统治者。他宣称其王朝是唐朝的继承者，并把其军事大本营开封城提升为东都。 018

长安在904年的损毁以及其在907年降级成为一个军府，不仅意味着唐王朝首都的事实毁灭，也意味着作为数代王朝首都的一座千年古都消失了。发生的这一切在精神层面给中国人民带来了深重的创伤，同时，由于贵族式的价值观已不合时宜，而他们的治国历练也已显得过时，贵族家族式的统治彻底走向了历史的终结。

五代十国

朱温是军阀中最成功的一个，但他绝不是唯一一个参与肢解唐王朝版图的割据军阀。[18]到907年为止，原先的帝国惨遭分裂，并为至少10名政权新贵把持，他们中的大多数曾是无地的农民、强盗和走私者，以及至少一个奴隶。这些人的军事和政治生涯开始于血腥的战争，通过战争他们建立了自己的地方割据势力。他们的领地被统称作“十国”，这是按公元前1000年时周朝出现的地方性政权而命名的。作为一股股政治势力，五代快速取代了唐王朝，统治了曾经在其版图下的中国北部以及中北部地区，而大部分的十国政权相较于五代要弱得多。通过促进商业发展，为文化艺术繁荣创造有利氛围，有些王国在文化上的贡献被宋朝继承了下来。

大家知道，五代在今天是指后梁（907—923）、后唐（923—936）、后晋（936—947）、后汉（947—957）、后周（951—960）。912 年，后梁的建立者朱温对待他的许多敌人都很残酷，但同样的命运也降临到了他身上。朱温被自己的一个儿子杀死，但是不久弑父者也被其兄弟朱友贞杀死。[19] 后梁，作为五代的第一个政权，和其后的四个朝代一样，不是毁于其建立者，而是毁于继承者的治国无能。[20]

923 年 1 月，帮助唐朝把黄巢赶出长安的沙陀突厥人李克用的儿子李存勖宣告建立后唐，并以洛阳为新都城。王朝的名称显示了其建立者的意图：恢复唐朝的力量。在先前屠杀中得以幸免并隐姓埋名多年的宦官们和贵族官员们又回到了朝廷。但时间不能回转：926 年李存勖被哗变的官兵杀死。他的继任者李嗣源（926—933 年在位）意识到了政权内部行政管理系统的弊病所在，决定采取恐吓的方式实施统治并实现自己的政治目的：他清除了朝廷中的宦官。他也努力去恢复官僚系统的生机。官僚们已经遭受了数十年的冷落。他建立了禁卫亲军，一支专门听命于皇帝的部队。在他死后，皇位易手两次。在被后晋取代前，后唐仅仅又延续了四年。

后晋把禁卫亲军发展为一种可以将节度使及其军队置于有效控制下的工具。但在 938 年东北的契丹帝国迫使后晋割让了燕云十六州。947 年后晋灭亡。其后继者后汉试图抵抗契丹的影响。但 951 年，在第二任皇帝汉隐帝卷入了对许多高级官员的谋杀行动后，汉人枢密使郭威起兵造反，宣布称帝，建立后周。深谙禁卫亲军潜在威胁且因其受益的郭威以只受他一人掌控的新禁卫军取而代之。郭威于 954 年驾崩，他的养子柴荣即位，之后柴荣的 6 岁儿子再继皇位。960 年 2 月，禁军的殿前都点检精心策划了一场政变，罢黜了小皇帝，建立了他自己的王朝宋朝。他就是宋太祖赵匡胤。百年之后回顾五代的历史，欧阳修总结了五代的特点："五代终始才五十年，而更十有三君，五易国而八姓。士之不幸而出乎其时，能不污其身得全其节者鲜矣。"[21] 020

当宋朝于960年建立时，它不得不接受这样一种地缘政治格局：没有一个政权能相对其他邻国居于支配领导地位。[22] 宋朝继续和外族政权就其边界问题进行谈判。在其东北部是契丹帝国（大辽），在西北部是党项王国（西夏）。其西南部的南诏（及后来的大理王国），以及南方的安南王国（越南）在宋朝建立前就已作为政治实体存在很长时间了。沿着其西部边界的是吐蕃（西藏）和吐谷浑。即便就整个中国来说，五代的后继者中也有三个家族源系沙陀突厥人。

出于对外族政权的恐惧，尤其是北边的辽和西夏，阻碍了汉人对这些地方性政权所取得成就的认识与承认。这些野蛮人被视为未开化的入侵者，破坏了历史的正常进程，这种想法体现了传统中国历史的一种排外性，即只有中国自身内部的历史才值得被研究和被记录。辽国皇帝很了解中原文化所具有的自大傲慢特点。贯穿王朝始末，宋朝的中国人自始至终都被这些非农耕、未开化的民族所围绕。这些民族的起源不为人知，他们有着迥异的外貌，他们的风俗尚未开化，他们的行为举止令人忧心，他们过着令人难以想象的游牧生活。汉人别无选择，只得和这些难以捉摸的异族首领和统治者打交道。这些首领和统治者经常指挥其残暴的军队就民族、文化、政权以及军事方面对汉人提出挑战，而这些都对汉人王朝的霸权构成了威胁。[23]

契丹帝国（大辽）

10世纪是外族政权的世纪。907年，唐朝被后梁推翻，东北契丹部落的首领阿保机（872—926）也建立了契丹汗国。这个政权后以大辽而为人所知。它后来成为10世纪一支重要且占支配地位的军事力量。

契丹在公元后的前500年中生活于今内蒙古东南部，属于东鲜卑部族。[24] 大多数契丹人是牧人。他们逐水草而居，依靠放牧和渔
021 猎为生。他们饲养羊、马、牛，运用牛车，在以养驼为生的西北草原和以养猪为生的东南农耕低地之间长途跋涉。也有部分契丹人从事农耕，但大多数居住在辽国境内的耕种者都是汉人或其他非契丹族人。就像其他的游牧民族一样，对契丹人来说，用来制作衣服的皮革、羊毛、毛毡和毛皮都是不可或缺的。契丹人也进行易货贸易，以换取纺织品，特别是丝织品，后者被认为是一种极有价值的商品。

当来自契丹迭剌部的阿保机在907年就任可汗（最高统治者）或汗时，其汗位还是选举制的，尽管拥有选举权的只有那些来自领
022 导集团且属于统治阶级的成员。如果居于统治地位的家族未能尽职尽责，它将很快被其他权力的竞争者取代。916年，阿保机第四次被选为可汗，他决定遵从中国汉人的习惯，在一个隆重而正式的仪式上称帝。他的王朝被称为契丹。阿保机死后几年，其家族再次采用中国汉人习俗而非契丹习惯，使用“耶律”作为家族的姓氏。[25] 947年，契丹皇帝又一次遵循中原汉王朝的习俗，将王朝改称辽，后改为大辽。耶律氏，这个契丹部落联盟曾经的领导家族，摇身一变为帝国的皇室。[26]

983年，圣宗皇帝统治的头一年，王朝的名称又被恢复为契丹。接着在1066年又变回辽。13世纪上半叶，蒙古统治中亚期间，“契丹”（Khitan）作为一种民族称呼，被写作Kitaia、Cathaia和Cathay，传播到斯拉夫世界和南欧、中欧，并成为指代中国的同义词，特别是在指代北中国的时候。著名的威尼斯商人马可·波罗（1254—1324）把中国称作“Cathay”。[27] 只有到了16世纪欧洲人

才认识到 Cathay 和蛮子（南中国）作为两个地理区域，构成了那时的中国。[28]

契丹帝国的建立者耶律阿保机为其王朝的统治建立了范式。为确保其领导地位，他下令处死了数千名被他认为意图谋叛的反对者。916 年，他宣布长子倍为继承人——从文化层面来看，这是对中国世袭继承习惯的适应。尽管耶律家族对此感到不安，但阿保机对于采用中国汉人习俗的热情有增无减。他建立了一座孔庙。因为汉人在历史上大部分时期都一直信奉着孔子这位哲学家，阿保机对伟大的孔子的喜爱也在佛陀之上。同样是仿照中国汉人传统的方式，阿保机建造了上京，尽管他和他的契丹贵族一直在其领土上保持着游牧的习惯——住在蒙古包里，根据季节变化居无定所地对帝国进行治理。“秋冬违寒，春夏避暑……四时各有行在之所……”[29]

920 年，阿保机下令以汉字为基础，创制一种表意文字，在这种文字里每个大字表示一个单一的字词（语标符号）。[30] 五年后，阿保机的弟弟铁剌，一位契丹人里的顶尖语言专家，创制了一种小字， 023
可以表示语音（表音符号），大字和小字放在一起就构成了词。[31] 随着大字和小字的发明，此后不识字的契丹人也可以用文字进行交流了。这种成就传递出一种政治信号，即契丹人决心创造出属于其自身的民族认同感和文化认同感。在后唐的中国学者能辨认出他们的文字之前的数年间，契丹人已经用自己的文字进行了大量的公文流转。至今，有大约 370 个契丹小字被确认，其中的一部分也已被解读出来。[32]

阿保机当政期间的特点是其一系列的侵略性军事行动。924 年和 925 年，他征服了北部蒙古的部落，并一直向西进占鄂尔浑河，一直到达今甘肃的河西走廊。其次子德光（902—947），占领了吐谷浑和党项部族定居的鄂尔多斯东北部地区。一年后，阿保机征服了东北东部富裕的渤海国，建立从属于契丹的东丹国，取代旧渤海国，并让其子倍担任前者的统治者。东丹国大致位于如今的朝鲜地区。

阿保机死于 926 年 9 月。他的长子是一位有教养的学者，精通中国传统艺术与文化，同时也是医学和音乐方面的专家。但他并不合其他契丹首领的口味，他不是一位合格的契丹的领袖。相较于德光，他们反对长子倍成为王位继承人，宁愿要德光做继承人。德光接受过完整的教育，同时他也是一位有经验的优秀战士。而且，他还得到母亲淳钦皇后（后被尊为应天太后）的支持。淳钦皇后以“铁血皇后”而著称，她掌管着一支强大且从属于她的骑兵。[33] 丈夫阿保机死后，她对参与辽帝国的统治，表现出了强烈的意愿。依照契丹风俗，她应该为丈夫殉葬，但她没有这么做，而只是砍下自己的一只手埋入丈夫的陵墓。

阿保机的次子，即太宗皇帝（926—947 年在位），继续其父的军事政策。938 年，他迫使后晋割让了属于今北京、河北、山西的 16 个州［包括幽州（北京）］和云州（大同）给辽。由此，契丹控制并掌握了两条进入中原的咽喉要冲。947 年初，经过激烈的战斗，辽太宗以胜利者的姿态带兵开进后晋都城开封，洗劫皇宫，掠夺百姓
024 财物，俘获了晋出帝（意为逃走的皇帝）和他的家人。太宗不仅废黜其帝位，并以封晋出帝为“负义侯”的方式羞辱他。在占领京城开封期间，太宗肯定注意到了先进的城市生活方式以及中国传统建筑所体现的政治价值。

947 年对太宗来说是最忙碌的一年。他下令把晋出帝及其家人、后宫嫔妃、宦官和画匠等共 175 人流放到东北的上京。他把其王朝的名称从契丹改为大辽；同年他在靠近今北京的地方建立了辽国的南京 [34]，南京仿照唐朝都城长安进行了城市规划。辽国向南方的扩张要求重组其政治架构。[35] 辽国的领土被分为南面和北面两个地区，这种划分方式考虑到了长期存在于文化和民族间的差异。行政体制依不同原则按照双轨运行，但这两套管理体系的核心机构（政府和

大臣）都在上京。

北部的行政系统被称作“北面官”，其涵盖的地区包括上京和中京，这片地区是原契丹部落所在的发源地。南部行政系统以“汉人官”（南面官）为人所知，其统辖区域包括南京、东京和西京，这里是汉人、渤海人及其他原住民的家园，故其制度有意承袭唐朝的官制。北部行政系统只雇用契丹官员，同时也拥有更大的权力。萧氏家族，其女性成员几乎全为耶律氏配偶，他们在北方拥有一锤定音的政治话语权。皇族耶律氏在南面居于统治地位。这一中国历史上首开先河的政治模式，尊重了多民族社会的特性与需求。

当 947 年契丹军队对今河北省的乡村进行劫掠时，他们遭到了来自各方的激烈抵抗。太宗决定撤回到北边，并放弃自称中国北方皇帝的念头。他的继任者效仿他的做法，克制住自己的征服欲，采取一种不是很费力的方法从勤劳的汉族边民那里获取财富。到 10 世纪时，契丹人已不再像几个世纪前的游牧民族一般行事——为了获得生活必需品而烧杀抢掠。11 世纪初，他们已经学会为了扩张领土，而如何攻占敌方设防的城镇。这些更加富有成效的新军事技能帮助确保其自身获得稳定且可靠的生活，同时加强了部族的团结。 025

982 年 10 月 14 日，11 岁的耶律隆绪（庙号圣宗）被选定为第六位辽国皇帝。他是辽帝国中为数不多的精明强干且深谙权衡之道的皇位继承人。在其统治的前半期，承天太后（942—1009）把持朝政。[36] 她甚至指挥战场上自己的部队对抗宋军。《辽史》这样总结她的儿子圣宗及其统治的特点：“圣宗称辽盛主，后教训为多。”[37] 经过几场战争，他成功平定了亚洲北部。997 年，他统治了整个中国东北地区。女真人和党项人成了他的臣属；在中原，他控制住了今北京和大同地区。

20 年后，帝国版图东起中国东北地区，西至天山山脉，圣宗为中亚细亚地区长达近一个世纪的权力制衡奠定了坚实的基础。[38] 他可以决定接见哪个国家的使节，思考哪些国家值得成为辽国的附属国，决定与哪些中亚国家交换信物并建立外交关系。他款待来自日本和阿拉伯阿拔斯王朝的人，这些人请求与契丹公主订立婚约。1005 年，契丹与宋朝签订“澶渊之盟”，为辽宋之间的和平奠定了基础，而他的历史名望成了盟约的保证。

辽国皇帝的国库中如今有了足够的银两用于奖赏忠诚的封臣。辽国从中原王朝那里获得了大量贡品，其中包括大量广受青睐的丝织品，这些丝织品和由宋朝使者赠送的礼物一道，不仅满足了契丹人在与中亚和西亚的易货贸易中的需求，也使他们从中获利。[39] 圣宗积极组织人员筑桥修路，并为农民开垦荒地。辽圣宗迫切地想赢得汉族精英们的支持，为此，998 年，他开始在其治域内定期举办进士科举考试，这是一种仅为汉族臣民开放的考试制度。[40] 不久之后，每年有 20 到 40 名应考者考取。在南京举行的进士考试共 54 次，总计有大约 2000 名汉人考取。994 年，人们开始采用模仿传统汉王朝
026 历法形式的辽历。[41] 在历经近半个世纪的统治后，圣宗皇帝于 1031 年 6 月 26 日去世。耶律宗真（1016—1055）继承皇位（庙号兴宗）。又一次，小皇帝的母亲（其母名耨斤）摄政，统治帝国。即使是 1034 年被放逐后，她还能再次出现于朝廷并施加一定的政治影响力。兴宗很喜欢汉人的治理方式，他颁布了一部以汉式律法制定为基础的法典，人们在 1051 年对这部法典进行了修订。他把对中国文化的积极态度和契丹人的沉重兵役负担交织在一起，引起了契丹社会内部关系的紧张。那些坚持应由契丹族统治的反对派试图将他们治下的汉族人置于掌控之中，不允许他们购买奴隶和拥有弓箭。[42]

1044 年，一场边境的叛乱导致了契丹和党项之间的战争，这场战争持续到 1053 年。兴宗 1055 年 8 月 28 日去世后，辽国最繁荣

的时期便走向了终点。

党项王国（西夏）

就像契丹一样，目前大部分我们接触到的关于党项的历史记载都源自汉人所写且充满偏见的作品。[43]我们不知道党项人如何看待他们自己的历史。甚至中国的朝代系列史（《二十四史》）都拒绝承认党项是存在于中国历史中的一个合法王朝，因而把它排除在正史之外。中国学者认为唐古特的统治家族可以确认为党项人。而党项人是从汉代起就居住于青海和四川西北部草原的羌族部落。[44]从民族语言学来看，党项人和藏人有关系。“唐古特”这个名称最早出现在735年的一个碑铭里，其名称的起源不得而知。这个名称后来被契丹人采用并传播开来。[45]唐古特人自称“Mi”或“Mi-nyag”，中文叫弭药或缅药。

我们关于党项王国所掌握的基本信息可以在此简述一下。8世纪晚期，受到吐蕃和其他民族重压的党项人，获得唐朝的准许，在夏州定居下来。夏州位于鄂尔多斯沙漠的荒凉地带，其地多适于打猎、放牧和饲养家畜，但几乎无法进行农耕。作为交换，党项人在9世纪70年代和80年代，特别是在对付黄巢的行动中，给予了挣扎中的唐朝很多帮助。他们的一位首领接受了唐朝赐予的皇室姓氏——李，并被赐封为夏国公。只要党项人对唐朝保持从属地位，他们就能享有自治权和政治上的独立。

党项的统帅李彝兴（死于967年）在任32年，逐步巩固了他们在西北地区的地位。宋初的几位皇帝对其军事实力有着充分的了解。宋朝的创建者宋太祖，正在寻找同盟者来对付更为危险的契丹。因此他对与党项人保持和平关系有浓厚的兴趣，在李彝兴死后追封其为夏王。尽管这个友好的姿态显示了宋朝对党项自治地位的承认——只要党项和中原王朝和平相处并俯首称臣——事实上，宋和辽的皇帝都决心要让党项接受一个附属的地位。

但之后党项和宋朝之间的关系迎来了一段艰难时期。982 年，党项首领李继捧（1004 年卒）喜欢汉地的都市生活，他率族人归顺了宋朝，并把党项中心区的 4 个州（在今陕西省）献给了宋廷。作为交换，宋朝给予其封号和俸禄，这使其得以汉族的方式生活。但多数党项人在西北当地已落地生根，且已生活了 300 多年，他们并不赞同这种屈辱和自私的叛变行为。李继捧的族弟李继迁（963—1004）带领一支由 2 万名战士组成的部队发动了一场部族内的骚乱，并对边境的宋军进行了挑衅，但不是很成功。982 年经常被认定为宋夏战争的开始年份。双方的战争断断续续地延续到 1004 年。[46]

986 年，宋朝第二任皇帝宋太宗攻辽失败。李继迁对辽表示归顺。这个举动没有阻碍另一支党项人继续与宋朝进行和谈。尽管李继迁 989 年娶了辽的公主，并接受了辽国皇帝赐予的夏王封号，辽和党项之间这种新建立且相当不稳定的关系最终成为二者发生摩擦与冲突的长期根源。[47] 李继迁向西、向北扩展党项的疆土，其疆域抵达了甘肃走廊并与内蒙古地区接壤。

10 世纪的最后 20 年，党项的各个分支部族，包括辽的属臣李继迁和宋的归顺者李继捧，构成了与宋、辽、党项三角权力制衡
028 的第三边。李继迁的儿子李德明（983—1032）在新千年开始后继续维持与辽、宋艰难的双边关系。1004 年，他得到了辽的承认；1006 年，宋真宗封他为定难军节度使，并赐他银钱、茶、丝、冬衣等。1028 年，他把疆土扩展到了一些重要的贸易中心，如甘州、凉州（武威）和张掖。1038 年，夏朝正式独立的经济前提条件已经具备了。[48]

10 世纪西夏和辽的关系与宋和其北方邻国的关系一样都是很紧张的。宋真宗认识到宋军既没有能力打败辽和西夏，也无法收回曾

经属于唐帝国的北方领土。因此宋朝从实用主义出发，决定与交战的北方邻国进行和谈，争取获得通过物质和金钱换取的和平。这个努力在 1005 年与辽国的盟约中实现了；两国于 1042 年又进行了一次和谈；1044 年，宋与西夏也订立了和约。除了 11 世纪 80 年代初的几次与西夏的战争，用现代术语的一个关键词来概括宋朝对北方邻国所采取的外交政策，就是“和平共处”。宋朝每年向辽、西夏进贡大量丝、银，因此省下了许多钱——如果不这样做，那么这些钱就很可能被白白浪费在无用的军费开支上。辽和西夏朝廷用这些来自宋朝的收入来维持他们的族人、同盟者对自己的忠诚，确保他们保持既有的政治力量。直到蒙古人出现在历史舞台之前，用进贡的方式确保和平共处一直是宋朝解决西北地区边境问题行之有效的方法。

第 2 章

模范的统治者

960 年至 1022 年间，宋朝初年的皇帝们与他们的宰相在朝政处理、思想活动和个人行为等方面都为后继者确立了很高的标准，给后人树立了典范。头两位皇帝，赵匡胤（宋太祖）和他的弟弟赵匡义（太宗）在整个宋朝历史上都被看作统治者的典范，时至今日也依然如此——他们不仅精力充沛，富有活力，对政治也有着敏锐的感觉。[1] 宋朝第三任皇帝宋真宗，在继承其父与伯父的基础上，进一步巩固了领土的完整，并开创性地采取全新的外交政策，与北方的强邻们保持和平关系。在这三位善于学习的皇帝的统治下，相较于中国历史上的其他朝代，宋朝无疑是最接近儒家治世理想的王朝。1169 年，功利主义哲学家和理论家陈亮在一份奏章中说："故本朝以儒立国。而儒道之振，独优于前代。" [2]

所谓"儒家社会"，在这里并不意指任何抽象的、理论的或不可能实现的东西，我们也不应该把它与儒家自古以来所一向倡导的理想社会结构相混淆。因此"儒家社会"这个概念，不如说是一种"与历史上占统治地位的知识分子有密切联系的官僚制度"[3]。儒家典籍提出了以"仁、义、礼、忠、孝"为核心的伦理规范，其中也包括重文轻武以及礼俗制度等，而儒家思想也深深地根植于这些概念中。儒学也被有教养的上层阶级视为自身的行为准则。这些人通常是受过正统教 030
育的社会精英，在等级森严的社会中，他们依靠其他阶层所提供的服务生存。

尽管儒学吸收了一些诞生于先秦甚至上古时期的宗教元素，如祖先崇拜和国家献祭（二者都有着严格的形式要求，但同时也饱受争议），但儒家社会与中世纪的基督教国家和伊斯兰教哈里发国家并没有可比性——后者的政治结构与一神论往往有着密不可分的联系，同时宗教总是宣称掌握着唯一的权力。宋代皇帝在生活和礼仪方面遵从儒家准则，但同时他们也是忠诚的道教和佛教信徒。从 13 世纪开始，先前注重实用的儒家思想才开始转变为国家正统的意识形态。[4]

宋朝的儒家社会形态在王朝后期并没有继续存在下去。与 19、20 世纪那种把儒学视为束缚中国发展的批评相反，许多脱胎于宋代儒家思想的社会准则和价值观念，在之后的漫长岁月中，加速促进了中国社会的变革，而其中不少具有民族典型性的文化特征，时至今日，依然熠熠生辉。

王朝的建立

959 年 7 月 27 日后周世宗皇帝去世，其 6 岁的儿子继位。此后不久，随着宋朝的建立，后周走向灭亡。960 年初，禁军统领殿前都点检赵匡胤，率领部队向北进发抵抗契丹和其盟友北汉的进攻。赵匡胤抓住这个机会发动了一场蓄谋已久的兵变。[5]

依照事先安排好的篡权计划，那些忠于赵匡胤的将士，在开封东北大约 20 公里的陈桥驿站宣布谋反，并拥立赵匡胤为天子。[6] 将士们恳请赵匡胤接受皇位（将士们的请求也是事先计划好的），在推脱了三次后，赵匡胤终于答应了，但提出两个条件：将领们必须听令于他，不得伤害小皇帝和开封城里的百姓。此后不久，赵匡胤正式宣布控制整个后周帝国，小皇帝被迫让位。宋朝于 960 年 2 月 3 日建立。

宋太祖（意为宋朝的始祖）赵匡胤以“宋”命名他的新王朝，是
031 因为他在夺权之前被分封在今河南省，而其封地古称即为宋。宋太祖控制了全国 111 个州，下辖 638 个县。[7] 他定开封为东都（之前被称为汴州），后梁、后晋和后周也曾定都于此。和之前的大部分王朝一样，赵匡胤也设立了陪都，即西京（洛阳）。[8]

宋太祖在位 17 年，为位传 18 帝、延续了 300 多年的宋朝奠定了基础。中国历代王朝的建立者皆宣称自己受命于天。他们不仅为后世继承者树立了无可争议的理想典范，也在行为上给他们做出了表率。他们建立并实践了一系列政治、文化以及思想制度，在之后的漫长岁月中，其后继者和臣民严格遵守并执行了这些制度。

编纂于 14 世纪的《宋史》这样解释王朝建立者的典范作用：“自古创业垂统之君，即其一时之好尚，而一代之规模，可以豫知矣。艺祖革命，首用文吏而夺武臣之权，宋之尚文，端本乎此。”[9] 大约在 1060 年，哲学家邵雍赞扬宋朝的统治在中国历史上是空前绝后的。他列举了几个理由，其中一条是，王朝建立后天下太平，百年来未受叛乱的威胁。[10] 100 多年后，哲学家朱熹客观地将其总结为：“本朝鉴五代藩镇之弊，遂尽夺藩镇之权。”[11] 重文轻武——儒学的基本理念——成为宋朝历代帝王遵循的信条。[12]

宋太祖是北方人，祖籍今河北涿州，生于洛阳的夹马营，在五个兄弟中排行第二。据传他出生时，“红光满室，紫气盈轩”[13]。太祖长于统军、骑射，同时精于政事。他并不因官员与皇帝意见不合就处死他们。对于失职的官员，赵匡胤一般采取的惩罚措施是剥夺俸禄、官衔和爵位，贬谪到边远之地。这种处置也被之后历任皇帝奉为成例。
032 资料显示，尽管那些对皇帝构成威胁或不忠于皇帝的官员惨遭暗杀，但就南宋时期的情况来看，由于官员们受到朝廷优待文官政策的保

护，因而官员们拥有相当大的自由参与朝政讨论，并就其展开热烈的讨论和激烈的批评。

宋太祖不仅爱民如子，而且为人亲和，其治下人民生活在儒家教化中，因而他受到史学家们的崇拜，并被视为人民的守护神。太祖品性谦恭，憎恨奢华无度的宫廷生活，他同情劳苦大众，心系天下福祉。正如著名的学者、改革家范仲淹所总结的那样，太祖皇帝品德高尚："先天下之忧而忧，后天下之乐而乐。"[14]

统一疆土

宋太祖登基后，结束了长达80多年的混乱局面。过去80多年间，叛变、战争、劫掠、流血和屠杀充斥其中。但他仍面临着一大堆棘手问题。为了统一天下，他必须将各地的割据军阀消灭。文官体制的建立有效支持了新政府和其行政体系的确立，一批出身于精英阶层，且训练有素、忠心不贰、甘于奉献、知识渊博的新官员也获得了提拔。此外，帝国需要建立一套行之有效的军事及外交政策来处理与契丹帝国的关系。赵匡胤以惊人的速度完成了上述任务，尽管在其有生之年，没能目睹这些目标的实现。

在给手下将领加官晋爵的同时，赵匡胤也很清楚这些军中弟兄们的政治野心是何其之大。他肯定已经感觉到自己和军队将领们的紧张关系了。这也从一定程度上解释了为什么当初他黄袍加身时命令将领们必须发誓服从他的命令。赵匡胤因兵变而称帝，自他进入军队起，他就明白能够号令一方的将领对新王朝所构成的威胁是多么大，但同时他也知道在实现统一之前必须依靠这些军队。在统一天下的大业结束后，深知武将专权弊端的赵匡胤希望一劳永逸地解决这个问题。

一方面，赵匡胤强烈地希望给已经战火连绵了几十年的国家带来安定。通过巩固文官体制，强化文官对军权的制约，这一目标是可以

033 实现的。但是另一方面，由于将领们担心失去名誉、地位、政治影响力和金钱利益，因此任何意图削弱军权的社会改革，都有可能在改革者与军队将领间爆发无人愿见的冲突。

根据中国史书的记载（尽管目前对于史书中记载的内容与历史事实是否有出入这一点仍待商榷），宋太祖向他的谏议大夫赵普（922—992）求教如何处理这个棘手的难题。这位忠诚的官员建议皇帝首先应收回地方将领的兵权。太祖采纳了这个建议。[15]他巧妙地策划了一场中国历史上独一无二的“社交活动”。961 年 8 月 20 日，他召集了曾经助其登上皇位的同谋以及其他高级将官到皇宫饮宴。这个场景便是日后著名的“杯酒释兵权”，意为通过小心谨慎又不失幽默的方式解除某人的权力。[16]他委婉而巧妙地建议将领们应该放弃兵权，远离皇都，改任地方文官。作为补偿，朝廷将赏赐给他们宅邸和大片的田产，足可以供他们安享余生。太祖向将领们说明了自己目前面临的情况，并有理有据地说服了他们。翌日——或如故事所发展——所有的将领们都接受了太祖的建议。

在后来的岁月中，老将们陆续被那些资历较低但更加忠于皇帝的年轻将领所取代。这些新将官们在行军打仗时坚持这样的人道原则：一不抢劫乡村，二不虐待平民百姓，同时尽可能地避免杀戮。[17]这种统治模式，在中国历史上是独一无二的，不仅受到了同时代的人重视，也为后代继任皇帝所牢记。

但宋太祖强调文官优先的原则并不是要减少军队的人数，相反，禁军和地方部队中职业军人的数量一直在稳步上升。[18]到 10 世纪 70 年代初，皇帝个人直接指挥的军队估计就有 22 万人。[19]在他死时，这一数字已达到 37.8 万。由于太祖既要统一南方各国，同时又要在其继承的后周区域维持秩序，军队数量的膨胀就在所难免了。太祖之弟宋太宗赵匡义在位期间（976—997），军队人数上升到 66 万；
034 1018 年，当第三任皇帝宋真宗提出要裁减帝国军队时，军队人数已经达到了惊人的 91.2 万。

统一全国和征服十国时期残留下来的 6 个国家不仅是政治需要，也是经济需要。皇帝急需金钱以便确保能够应对北方辽国的边境战争。而获取战争经费的一个重要方式就是征服中南部的这些王国使其归顺朝廷，并向其征收赋税。在面对统一天下并将其置于自己统治之下的巨大挑战时，太祖对其弟太宗说："自五代以来，兵连祸结，帑藏空虚。必先取巴蜀，次及广南、江南，即国用富饶矣。"[20]

在之后的 20 年间，太祖和太宗先后征服了几个仍独立的割据势力，并使其归顺。随着计划的实施，宋朝先是于 963 年征服了长江中游的南平，之后于 965 年征服了位于今四川省的后蜀。但在 968 年，太祖对于下一步何去何从举棋不定。作为将领，太祖知道平定与强大的契丹接壤的北汉将会获得军事上的优势。但取得对北汉的胜利绝非易事。可能先统一南方方为上策。在一个辗转反侧的夜晚，他决定去咨询谋臣赵普。[21]

正如赵匡胤过去经常做的一样，他乔装后溜出皇宫，前去与谋臣会晤密谈。画家刘俊为这一情境作画一幅，题为"雪夜访普图"。赵普早返回家中，但还穿着朝服和官靴。他听到了前门有人敲门，推开门，吃惊地看到皇帝站在那里，门外雪花漫天飞舞。他们在客厅中的垫子上坐下来，炉中的炭火正烤着肉（图 1）。赵普的妻子给他们斟上酒，两人开始商谈起皇帝忧心忡忡的心事。赵普劝他采取"先南后北"的战略。[22] 之后太祖采纳了赵普"南易北难，顾先易而后难"的策略，在解决棘手的北方前先征服了南方剩余的几个地方政权，并使其归顺。[23]

位于两广地区的南汉于 971 年归顺，地辖江西、定都南京的南唐于 975 年归顺。宋太宗在 976 年即位后不久，便于次年完成了对东南地区吴越国（在今浙江省）的最终征服，最后在 979 年初平定了位于今山西的北汉，一个由沙陀突厥人建立的政权。在北方，宋

图1 《雪夜访普图》局部（刘俊，15世纪。卷轴，绢本设色。北京故宫博物院藏）

朝的统一进程多次由于辽国的干涉而受阻，特别是在10世纪60年代和70年代初，甚至在979年完成统一后，宋朝军队在7月的高梁河（位于今北京西直门外附近）边遭遇惨败。[24] 率军北征的太宗差点被俘，靠着一辆骡车的帮助才得以逃脱。两个月后宋军在满城又被击败。真宗在位时宋军更是遭受了一连串的军事失败。

太祖在976年11月14日，暴毙而亡，时年49岁。[25] 当时大雪纷飞，太祖召集他的弟弟到病榻前，给他留下有关皇位继承的遗言。没有人知道他们之间的谈话内容，因此疑窦丛生。一个广为流传的版本是赵匡义谋害了他的哥哥，这便是所谓的"烛影斧声"。但更可能的是太祖在履行他在母亲杜太后病榻边所许下的诺言：在自己死后将帝位传给弟弟，尽管太祖死的时候两个儿子已成年。按帝位继承顺序，传弟不传子的做法前无古人，但这样做也可能会防止王朝出现危机。[26] 一位道士据称受神仙托梦，声称“天命不可违”，弟弟继位便是顺应了天命。[27] 太祖的两个儿子都不长寿，长子 979 年刎颈而死，次子后来也莫名地死去。

中央集权

宋太宗和他的兄长赵匡胤一样出身行伍（尽管他并不如兄长那般喜爱军事）。979 年，他统治的疆土为宋朝历代最广。984 年，他正式昭告天下，五代十国作为特定历史阶段的产物已经彻底结束，之后宣布由宋一朝承火德，尚赤，说明宋朝乃上承天意，下启民心。红色曾经是周朝的国色。同时，长久以来深刻影响宋代士大夫的儒家哲学也产生于周朝。

除了继承其兄的统一大业，太宗也积极投身于内政改革中。一百多年后，徐度（约 1156 年）这样描述王朝早期的治理：“国朝以来，凡政事有大更革，必集百官议之。”[28] 皇帝向朝臣咨政在宋以前已有先例，但与唐初皇帝与宰辅品茗议政的情形不同，宋朝皇帝与朝臣交换意见的氛围已不再轻松了。[29] 太祖和太宗可能在宴会或其他聚会中招待高级官员，并就政策的利弊问题向官员们咨询。但宋初的这两位皇帝最终在重要问题上还是会自己下决断。半个多世纪后，欧阳修在其《为君难论》中评论道：“呜呼！用人之难难矣，未若听言之难也。”[30]

唐朝的官员在颁布重大决策前只要得到皇帝的“准奏”就行了，而宋朝官员们对前人们只有羡慕的份儿了。宋廷的官员们对皇帝的威仪感到害怕和窒息。因此，他们要求可以把有关的事情书写成提纲，在朝会举行前提交上去，让皇帝做预先的考虑。于是一种新的官僚决策体系建立起来，且皇帝将其定为成式。尽管这些书写的提纲更加强了皇帝的地位，提高了朝廷的权威，但只有统治中国的是一位工作狂式的皇帝时，这种直接式的统治类型才起作用。宋真宗在位期间，高级官员们在朝廷里取得了影响力，非正式的讨论和决策成为常态。

在建立了王朝特别是统一疆土后，太祖需要一个忠诚而尽职的文官阶层来充实官僚队伍，即在国家各级中央机构、地方行政衙门、政府各部门和专业部门的官员。太祖很欣赏这类人对王朝的支持，他们在皇帝和百姓之间起着可靠的中介作用，这种作用无人能够替代。在这一时期，中国没有类似于中世纪欧洲天主教教会、贵族、商人行会等制度化的组织。而欧洲这些组织可以维持城市的运转，平衡国王的权力。宋帝国需要建立这样一套制度：这个制度能确实可靠地提供大量急需的文官。宋太祖最终选择的统治制度类似于唐代，但有一些基本区别。

其一，宋朝皇帝不再能依赖贵族了。这些贵族的权力是建立在出身和地产之上的。在之前的 80 多年的混乱中，战争和朋党之争明显削减了贵族们的数量，并削弱了其影响力。一个新的阶层——出身更加多样化的士大夫阶层，逐步占据了贵族留下来的真空。

其二，宋朝采用了唐朝的政府制度。唐代的这个制度中包含许多早应淘汰的机构、职衔和职能。它迫切需要进行重建。头三任宋朝皇帝努力消除官僚机构之间的分歧，裁减冗员，提高制度的效率。但久而久之，形成了甚至更为复杂的叠床架屋式的官僚制度。

038 其三，宋太祖如此设计政府架构是有一个重要的目的：加强并集中权力于自己手中。官僚机构的设置仅为他的王朝利益服务。他任命了一群精明强干的官员，后者对他直接负责。这套中央集权制度的效率取决于皇帝本人的精力多寡以及是否具有献身精神。当能力不是很强的统治者在位时，中央集权的缺陷就变得很明显了，特别是北宋灭亡后国家处于分裂时，南宋没能找到加强权力的方法。

据《宋史》记载，政府传统上由三大部门组成：中书省、门下省和尚书省。三省长官的职责是“辅佐皇帝，统领百官和管理国事，统制百事”。[31] 三省的负责官员在品级上是平等的，但从他们所附加的头衔和从他们所遵循的资格原则看，其官职名称的内部差异是很明显的。[32] 只有中书省是位于皇宫禁地，它在决策中有极大的权力。另外两个省在皇宫之外，其功能是中央政府的政策执行核心。他们负责处理各类文件和执行皇帝的决定、法令、命令，并遵从其指挥。尚书省下辖六部：吏部、户部、礼部、兵部、刑部和工部。[33] 1129 年，中书省和门下省被合并为一个省。

财政事务由三司掌管，这是政府的一个独立部门，在唐朝时曾受宰相领导。另外一个独立的实权部门是枢密院，其地位与中书省相当。这两个部门拥有极大的权力，能对皇帝施加影响。[34] 然而各级政府机构的重组与建立毫无疑问是为了适应宋初皇帝乾纲独断的需求。只要建立这套机制且醉心于权力的皇帝还在位，这套复杂的官僚系统就能日复一日地延续下去。

通观整个宋代历史，许多实例都向我们证明，无论是在朝堂之上，还是在皇室内部，宰相们的影响力都在逐步增大，官员间的派系斗争也愈演愈烈。然而这个复杂的权力网络并没能让负有天子之责的皇帝们感到轻松。他们肯定感觉到这个制度的焦点是处于权力中心的自己身上，他要处理每件事，肩负重责。生理和心理尚处在弱势的小皇帝还得任由太后和朝臣摆布。

宋太祖需要有学问的人来担当高级别的官员，特别是与他密切接触的宰执。因此早在 973 年，皇帝就“御讲武殿复试新及第进士”。在这样的场合皇帝可以对这些栋梁之才有一个直观的印象。[35] 殿试不是宋代的产物：689 年，唐代武则天就实践过这种制度。宋太祖在位期间，有近 350 人被录取。[36] 宋太宗认识到庞大的帝国需要大量尽忠职守的人才，于是开始建立全国性的文官招募制度。977 年，他宣布广征贤才。不久之后有 500 名贤士获得了任用，担当各类各层次的官职——在一年内取士及第的人数比太祖一朝的总人数都多。太宗时期共取士 5816 人，其中大多数人出身寒微。[37]

宋真宗扩大科举取士名额，录取规模大大超过其父。他在任的第三年（公元 1000 年），进京赶考取得功名的士子就达 1538 人——这在整个中国科举取士的历史上是最高的数字。

通过这个复杂的笔试考试（科举考试）制度，一部分考生能获得最受尊敬的头衔“进士”[御赐学者之意，经常在西方语言中被翻译为“文学博士”（doctor of letters）]。983 年，皇帝在京城西部的皇家花园琼林为新科进士举行庆贺宴会。从此琼林宴相沿成习。这些新进的士大夫的世界观不是出自其家庭背景或出身，而是来自他们掌握的儒家经典知识，来自他们对儒家道德伦理的理解，来自他们作为一个行政管理通才所具备的能力。于是，对于儒士来说，一个新的职
040 业——职业文官——和一个新的士大夫阶层产生了，这个职业和阶层的家庭出身范围更为广泛。社会认同这些官员是国家精英，这种观念持续了近千年。

印刷和政治

在中国印刷和书籍出版史上，10 世纪具有重要的地位。[38] 宋初有几位官员和学者曾主持书籍印制。其后宋太宗发起并主持了一系列大规模的出版工程。他因此被人们称为有教养和博学的皇帝。[39] 除了在 10 世纪 80 年代和 90 年代继续出版儒家经典外，太宗还开始了正史的校勘工作。[40] 其继任者真宗和仁宗继承了这项新“传统”，这就是后来中国历史上的二十四正史中的“二十一史”。由于“二十一史”的巨大影响，以至于人们都不提宋初这些皇帝在其他领域的成就。

这些编撰成果无疑使得皇帝和士大夫们的工作关系更加融洽，同时也促进了他们对中国文化思想史的理解，而太宗的这些编撰工程也是一项不应被低估的政治成就。在令人可疑的情形下继承兄长的帝位

后，太宗继续任用太祖手下的学者去从事典籍的编撰工程，以免人们对他统治的合法性产生疑问。太宗任用了许多已经归顺或来自被平定地区的学者，这些人在其旧主死后感受到了压力，但受命进行典籍的编撰工作肯定会让他们稍为安心。800 年后的乾隆皇帝也看出，宋太宗的典籍编撰出版活动的主要目的是为了证明其统治的合法性，也是为这位背负“篡位”之名的皇帝积德。

太宗进行典籍编撰出版的传统可以追溯到半个世纪前。925 年，四川的后蜀政权的大臣毋昭裔就进行了《文选》（一部最初编撰于 526—531 年的作品）的编印。辅佐过 11 位君主（在中国历史上是史无前例的）的五朝老臣冯道，对此印象深刻，于是他也展开了一项用木刻版进行儒家经典印制的工程。该工程最终于 953 年完成，印出 130 卷。似乎是要在和冯道的竞争中先拔头筹，毋昭裔于 951 年 041
在四川又出版了另一版的儒家经典。这些书籍私人都可以购买。

965 年平定后蜀之后，宋太祖在一堆被没收的书籍中偶然看到了毋昭裔的名字。因为皇帝喜欢其印制的书籍，毋昭裔成了后蜀唯一没有被惩处的高官，他的财产也没有被没收。至于冯道，宋朝官员们（自然地）把他当作了五朝所有罪过的替罪羊。100 多年后宰相、历史学家司马光批评冯道“正女不从二夫，忠臣不事二君”，也就是说他缺乏忠贞。[41]

大量编印出版典籍的行为也证明了这样的事实：相比于佛经的广泛印发，10 世纪中期中国典籍的出版已经落后了 200 多年；编印典籍已成为儒家学者进行交流的媒介。受命于太宗的学者们被指派到相关的机构和典籍收藏部门，进行广泛的文献材料的收集、编辑工作。最初印制出来的出版物之一是 982 年出版的《文苑英华》，这是继《文选》后第一部多达 1000 卷的诗文总集。三部主要的出版物名字都附上了太宗在位的年号——太平兴国（976—984）。第一部是 978 年的《太平广记》，由李昉（925—996）和其他人主编。这是一部关于社会、神话内容的文言小说总集，它包含了传说、魔法、事物的预兆和预言、怪才、梦境、鬼怪故事、异事等，绝大部分故事是从 485 部汉唐期间的原书中引录的。

几年之后的 984 年，李昉和其他十几名学者又编了一部《太平御览》。这是关于当时人们已知知识收录最全的一部百科全书。其条目选自 1690 种图书，按编年次序编成 1000 卷 5363 条。该书内容主要涉及天、地、皇王、文学、仪式、军事、疾病、解剖、四夷、百卉、动物。太宗花了一整年时间才阅读完，并提出了修改意见。

980 年前后，乐史完成了第三部带有太宗年号的巨著：《太平寰宇记》。和另外两部一样，该书也是依据于唐代的典籍，有 200 卷。作为一本国家地理志，它继承了 813 年由李吉甫编写完成的篇幅相对较短的同类作品《元和郡县图志》的体裁。乐史这部书对后世地方志的编撰方式和组织方式产生了极大的影响。

042

主要由宋太宗公开支持的大型类书编撰工程证明了宋朝要继承和发扬汉人传统的决心。[42] 为了宣扬其成就，他去世前的一年，即 996 年，太宗又任命了以邢昺为首的士大夫“准备编一套权威版本的（儒家）经典文本”。[43] 宋真宗对编撰书籍也很热心。在他的重视下，《七经义疏》于 1001 年完成并出版。该书有 165 卷。1011 年，我们今天所见的《十三经注疏》的一个版本完成——这是一套对科举应试者和将来的中国文化史学家们来说必不可少的书。[44]

现在，对科举应试者来说，由于可以获得文学和历史学典籍的复制本，因而凭借这些书籍为考试做准备也就成为可能了。印刷技术也使宋朝出现了“文艺复兴”。在此期间国家取得了对知识增长的控制权。通过选定什么书可以出版和什么书不能出版，书籍出版水准得到了提升。士大夫们帮助国家界定人们需要怎样的知识以及需要接受怎样的教育。同样重要的是，皇帝对这些出版工程的参与使朝廷得以建立一整套的印制出版标准和惯例——如作者和书名、印刷用纸和用墨、书籍的格式和装订——对宋朝及后世都产生了很大的影响。如果没有经济上的成功和宋代社会对印刷品的普遍接受，如果对于大多数渴望成为官员的人来说，书籍的价格不是处在他们都能接受的水平上，儒学不可能在全国范围内以如此快的速度得到复兴。

就像历史上经常发生的一样，新技术的诞生往往会在一定程度上遭到守旧势力的阻挠和反对，印刷品的出现也不例外，特别是对于靠手抄经书为生的学者，他们的抄本逐渐被印刷经书取代，因此反对尤其强烈。多才多艺的作家苏轼（1037—1101）担心学术质量会因此而受到损害。叶梦得（1077—1148）抱怨印刷文本即使印得错漏百出，也会被人认作正确无误，这会使文本的质量下降。朱熹——虽然其新儒学哲学传播主要受益于这一新媒介——抱怨人们读书不细心，粗枝大叶，不再用心读书；而且人们开始认为手抄书卷是过分的要求，朱熹对此也不以为然。

尽管有这些抱怨，人们在 11 世纪还是见证了活字印刷的诞生。043
这种技术可以取代雕版印刷。士大夫沈括（1031—1095）把这个新发明归功于 11 世纪 40 年代的毕昇。但是只有王祯，这位在多个领域都颇有建树的士大夫，克服了印刷术的技术难题，用活字印刷术于 1298 年出版了一部地方志。[45]

这些公开展示的伟大编撰工程不仅证明了宋代皇帝自视负有维护文化传统的责任，也证明了他们准备通过开发新的技术手段来普及儒家学说。由于宋代印刷术的普及而产生的文化和经济成果是不可估量的。由于纸张产量的提高，东南地区和四川如雨后春笋般出现了许多印刷中心。他们给自己的产品制定了各种标准——从版面的编排、字体和印刷用墨的颜色到纸张的质量和装订的方法。随着上述这些技术和标准的改进，上层阶级在阅读、写作和藏书等方面的态度也发生了转变。曾经的个人手写稿不再被手写传抄，而是通过无限地印制以供给市场大众，印刷品的价值和价格也发生了变化。手写稿变得稀少而珍贵；相应地，大家都买得起印制的书本了，翻刻也更容易、更廉价了。学者们也能进行书籍的收藏，甚至可以建立藏书楼了。活字印刷术的发明可以与数十年前书写编排领域爆发的革命相媲美，后者使打字机被个人电脑所取代。

文治

宋真宗在位近 25 年，他缺乏战争的经验，也不乐于拥有战士的名声。相比于其专制的伯父和父亲，真宗被认为是一位充满书卷气且优柔寡断的文弱皇帝，很容易因为大臣的争论而摇摆不定。[46] 但是在统治的初期他很好地发挥了他的才能，扩大了科举范围，完善了各级行政架构。中书省成为皇帝与宰执们进行定期性磋商、决策的最重要的机构。

真宗努力按父亲传下来的文治之道施政，他是个近乎理想的儒家统治者。根据规定，朝会在逢五逢十的日子举行。黎明时分真宗就在皇宫紫宸殿举行早朝。皇帝接见宰执们及来自枢密院、三司、开封府和其他政府部门的高官。他听取大臣们冗长的报告，接受奏折，其后进行讨论和决策。这项处理奏章的工作在早餐后继续。只有在下午，皇帝才能从他的政务中抽身出来放松，享受他的独处空间。

皇帝在晚上可能要与大臣们举行另外的会议。我们从吕公著 1085 年提交给神宗皇帝的上奏中了解到，皇帝每时每刻都要遵守严格的行为和品德规章："况人君一言一动，史官必书。若身有失德，不惟民受其害，载之史策，将为万代讥笑。故常夙兴夜寐，以自修为念。以义制事，以礼制心，虽小善不可不行，虽小恶不可不去。"[47]

真宗基本上按太祖、太宗所树立的榜样进行统治。在他之后，统治模式都是相当一致的。到了 1078 年至 1085 年之间才出现了一次新的统治机构的重新调整。[48] 如果真宗的统治到 1004 年即止，那他的决策和施政将确保他能在宋代历史上占有突出的地位。然而他的统治时间远远超过了 1004 年 1 月 25 日，那年他将年号由“咸平”（天下太平）改为“景德”（彰显德性）。

年号咸平实际上并不代表真的是完全天下太平。直至太宗去世前，一件长久以来都悬而未决的事情让太宗久久不能释怀：面临着好战的辽国契丹人的军事威胁。早在 999 年，真宗就想和契丹人讲和，而当时契丹军队正劫掠中国北部。他的外交努力失败了。但是即便过了 200 年后，真宗的决定还是得到了时人洪迈的赞许。[49]

在辽帝国由萧太后统治时期，契丹所有的军队都听命于她。1004 年秋，充满自信、浩气凛然的宰相寇准说服真宗效法先辈，亲自指挥宋军作战以在军中建立威望。真宗断然拒绝了王钦若所提的像唐朝皇帝那样迁都南京或四川偏安一方的建议，他决定要表明自己在军事上的决断力。[50] 045

军事冲突还在继续时，宋辽之间就进行了谈判。契丹人冒着后勤补给线会被切断的危险从其本土长驱直入进入中原。真宗想停止双方的杀戮。由于担心战争的扩大，宋辽两国的皇帝最终在 1005 年的 1 月 19 至 25 日同意签署两则盟约，1 月 28 日互换文书。誓盟在开封以北的一个小城澶渊签署，史称“澶渊之盟”。[51]

宰相寇准和真宗宣布与辽国的和约是一次伟大的外交胜利。用现代术语来说，这是一项双边互不侵犯条约，内含两则最低限度的妥协：每年宋补偿辽绢 20 万匹、银 10 万两作为军费。[52]20 万匹绢的长度，伸展开来，可以达到约 2400 公里。就宋代国库的财政负担来说，纳贡的丝织品大约占 11 世纪宋代任何一个年份以丝绢形式上缴的赋税收入份额的 1.5%。[53] 银两岁币对宋来说代价更为昂贵，因为银的收入很大程度上依赖于变化不定的银生产状况。另外，双方还同意不再去骚扰对方的农耕，并停止在划定的边界沿线建造新的堡垒和沟渠；双方承诺不得隐匿越界的盗匪、逃犯。[54]

当时大多数人和后代士大夫都对寇准的行为表示称赞和敬佩，因为他面对蛮夷采取了明智而务实的策略。他一手抓军事防御部署，一手抓德性教化，平息了和蛮族的争端。他没有割让给北方异族任何领土，以可承受的代价成功使宋辽双方结束了敌对状态。[55] 真宗把和平共处作为当时中国外交政策的一个合理选择。然而一些官员，如寇准的对手王钦若，批评寇准的策略是鲁莽、危险和令人蒙羞的。从中国的观点来看，这个和约的问题是：宋朝皇帝实际上承认了辽国皇帝是与他对等的，反之辽国那边也是如此看，因此实际上他们地位都是平等的。于是，中国人自以为“天朝上国”是文明世界的中心、中国皇帝是天底下唯一统治者的观念也就差不多沦为夸夸其谈了。

中国人维持他们至高无上的地位和权威的唯一方式就是通过签订盟约引入一个“兄弟关系”。根据传统的中国家庭模式，辽的统治者承认宋的统治者为“兄”，而他自己为“弟”。不过，宋人肯定是非常了解诸如“澶渊之盟”这样的兄弟和约所带来的严重后果。宋朝再无可能“恢复唐朝的辉煌”，这在1042年双方重新商谈1005年和约时就表现得更明显了。1042年的谈判更加强了双方的外交对等地位和兄弟之国的关系。宋给辽的岁币提高到每年绢30万匹、银20万两。[56]

在某些政治领域，盟约并没有被斥责是一则丧权辱国或卖国求荣的条约。由罗从彦所著、1225年出版的私人历史著作《尊尧录》中，很好地反映了一些因条约而带来的有利因素。在书中我们知道了“澶渊之盟”的设计者寇准，成为960年至1063年间为数极少且备受尊崇的10位著名官员之一。[57] 14世纪《宋史》的编撰者如果觉得“澶渊之盟”对国家来说是个灾难的话，他就不会评论说：“宋于汉、唐，盖无让焉。”[58]

尽管“澶渊之盟”被众多史学家看作维系辽宋百年和平的一次大胜利，真宗显然还是对蛮族做了妥协和让步，因而感到相当厌烦。宋朝支付的岁币让真宗年复一年地想到宋朝相对于辽的军事弱势。尽管他的和平政策在当时饱受争议，但是对于 1042 年宋辽和谈，对于 1044 年宋朝与西夏的和约以及 12 世纪与女真金的和约来说，“澶渊之盟”都是一个成功典范。“澶渊之盟”和岁币为后世建立和平共处的双边关系树立了范例。 047

寇准在“澶渊之盟”签订一年后的 1006 年失势下台，朝廷上的反对派把他贬到了遥远的广东。在那里他一直生活到 1023 年——时间长得足以让他目睹真宗统治是如何由盛转衰的。真宗转向了寇准的老对手王钦若，他问王钦若，洗刷“澶渊之盟”的耻辱的最好方法是什么？[59] 为了重振帝国的威望，摆脱耻辱的感觉，真宗听从王钦若的建议，接受了上天会对人世进行超自然干预的思想，效法古人奉迎“天书”。唐玄宗（712—756 年在位）曾奉迎过“天书”。这个历史先例给了真宗勇气，使他参与到 1008 年的一场欺骗事件。这年他改元“大中祥符”，从名称上不难发现，年号与之前发生的特别事件存在千丝万缕的联系。

真宗也模仿了唐玄宗曾举行的盛大的封禅祭祀。祭祀在泰山举行，由皇帝祭拜天地。离真宗最近的一次封禅已经远在公元 725 年了。[60] 据载，有 24375 人——包括高级和低级官员、和尚和道士、蛮夷的代表和地方州县的耆宿——上书皇帝请求封禅祭祀。封禅在获得巨额赏赐的王旦和虚伪的王钦若的监督下，于 1008 年 11 月举行。[61]

1009 年 1 月回京的路上，真宗拜访了曲阜的孔庙和孔子墓，并为这位圣人举行了祭典，并仿效唐玄宗对孔子进行了追谥。真宗在泰山极尽奢靡的祭祀是中国历史上最后的封禅活动。但他本人继续于 1011 年的春天，在道士的建议下又进行了其他的祭祀活动。

真宗的统治从 1006 年贬责寇准后开始衰落。缺少了贤能的宰辅，他在政治上自甘软弱，逐渐地依赖于那些缺乏才干的人。真宗皇帝于 1022 年 3 月 23 日去世。在其去世前，奸佞之臣一直擅弄权柄，把持朝政。在他统治的最后几年，其权威名不符实。[62] 然而，真宗在

048 疆土管理、户口、赋税收入以及科举考试制度上无可争议的成就即使和他伯父和父亲相比，也算得上是一位佼佼者。至于宋朝与异族政权的外交关系，太祖已经为后世和平共处的模式铺平了道路。在统治之初，真宗就想过从契丹人手中赎回后晋于938年丢失的燕云十六州，但没能成功。然而他为适应已经变化了的形势，成功修改了伯父的战略。他相信与异族建立长期性的双边友好关系，可以取代从前耗费巨大且极具风险的战争，获得双方的和平共处。他开创性地继承并发展了其伯父与父亲的对外策略，并且在其在位的头十年完成了对王朝的巩固。

第3章

从改革到衰落

“改革”是理解11世纪宋代政治的关键词。宋真宗建立了一整套成功且持久的行政体制。他的政府已经能很好地平衡每年的政府决算。但在11世纪30年代，由于过去十多年间对财政问题的疏忽和管理得不到位，国家的军费日益增长，导致了财政危机，因此必须要进行新的改革。11世纪40年代，有人提出解决危机的改革方案，但最终并没有产生什么实质效果。1063年，宋仁宗在位末期，尽管经济繁荣，但是财政收支上已经入不敷出。宋神宗1067年即位时，改革已经到了刻不容缓的地步了。宰相王安石发起了这场变革（变法）。王安石的变法在士大夫中引发了一系列空前的激烈争论，甚至在北宋1127年灭亡之后，争论依然甚嚣尘上。

早期范仲淹的“小规模”改革

派系斗争在中华帝国不是新鲜事物。唐代旧贵族就曾和新兴的科举官员产生争执，分歧有时候十分激烈。但在宋代，斗争的两派界限很难描绘清楚，大部分职业官僚归属于所谓的保守派。他们中最著名的便是宰相司马光（1019 —1086）。他的信条是：“天子之职莫大于礼。”[1] 这群传统儒家士大夫在对待外族威胁的问题上，有时甚至会支持采用不切实际的和平主义。

050

和这些保守派相反的是抱有现实主义态度的高官。他们大多出身寒微，他们关注大众利益和百姓疾苦。他们也以儒家对政府作用的阐释作为自身政策主张的依据。两派官员都视社会、政治改革为挽救王朝必不可少的手段，但两派各自的所有主张都遭到了对方的强烈反对。

范仲淹、李觏（1009—1059）和韩琦（1008—1075）在早期的改革运动中站在了风口浪尖上。整个改革运动随着关于军费开支问题的争执而在 1045 年达到了顶峰。[2] 宋代的职业常备军一直因其无能和对国家财政的严重压力而饱受诟病。[3] 真宗时期，75% 的国家税赋收入被用于军费开支，而且每年开支的增长速度令人担忧。1020 年，据记载，军队总人数达到了 91.2 万。毫无疑问，军队的人数大幅增长，而这也导致了 1045 年的危机。仁宗在位时，军队人数已经达到 125.9 万。[4] 大约 40 年后，神宗在位末期，军费开支可能已占到国家预算的 80%。

1038 年，宋朝与其邻国爆发军事冲突的可能性进一步加大。那一年党项统治者李元昊（1032—1048 年在位）称帝（景宗），他拒绝了宋朝的封赏，宣布建立西夏王朝。其领土包括了今鄂尔多斯地区、宁夏的中部和甘肃河西走廊，在南部和东南部与宋接壤，在东北部与辽接壤。位于黄河西边的中兴（今银川）被定为都城。除了党项的统治阶层外，作为一个多民族国家，西夏帝国的总人口数可能有 300 万，包括汉人、吐蕃人、回鹘人、契丹人和其他少数族群。

西夏景宗因文武双全而声名卓著。他熟悉汉藏语言，读过佛经和有关律法、占卜的书籍。1033 年至 1039 年间，他把许多其先辈从中原朝廷中习得并采纳过来的礼仪进行了修改，以强化党项自身的传统。最有名的是他在 1034 年下令所有男人必须剃掉头顶的毛发，只留两侧太阳穴的头发——这种发型使他们与汉人明显区别开来，而与契丹人流行的发式很相似。他规定三天之内不按规定更改发式的人将会被处死。[5] 1036 年他发布了新创制的党项文字。这套文字由 6000 多个字组成，是一种表意文字。

党项人并没有保留一支常备军，而是对所有 15 岁到 60 岁身强力壮的男子进行征兵。这些被征来的兵士要为 10 天的任务准备好充足的军粮和武器装备。当这群可怕的人于 1038 年开始进犯宋朝边境时，宋仁宗还不准备放弃对党项王国名义上的控制权及领土。他马上命令关闭边境上的榷场（这些榷场曾从与党项的食盐贸易中获益），并把党项皇帝曾进贡给宋朝的马匹和骆驼返还给党项人。1040 年后不久，党项军队就开始对宋帝国的西北地区进行劫掠。

1039 年，改革家李觏意识到宋朝所面临的军事挑战，写成了《富国》《强兵》《安民》三十策。在宋代，每当有人提出改革想法时，提出者总是要从经典文本中寻找出无可争辩的依据；这次，李觏就引用了孔子的《论语》。孔子说："足食，足兵，民信之矣。"在李觏看来，如果要建立一个好的政府，并维持稳定的边防，就需要进行更加有效的管理，扶持一个更加强大的农民阶层，并对财政开支采取更加严格的控制。

与此同时，天赋甚高、好危言直谏的改革派首领范仲淹批评宰相吕夷简过分徇私偏袒，同时规劝仁宗应做一位好的统治者。范仲淹的上奏震惊朝野。[6] 当时的不成文规矩是："不在其位不谋其政。"由于破坏了规矩，范仲淹于 1040 年被贬到陕西边境地区。

在陕西，范仲淹与党项人进行了三年的军事对抗，这为他赢得了儒将的美名。这在中国历史上是非常少见的。他更多的时间是作为一位身披戎装的文官而不是战地指挥官，因为党项人通常不是全面进攻，而是不时地骚扰宋朝边境并与宋朝官员谈判纳贡的问题。范仲淹是边境外交事务的主要参与者。1043年吕夷简退居二线后，范仲淹继任为宰相。吕夷简居相位二十载，必然在朝中拥有巨大的影响力。很可能他对范仲淹取他而代之并没有持反对态度，觉得范仲淹是可以和党项人达成和议的恰当人选。党项人模仿契丹人，企图获得与宋朝平等的外交地位。[7]

范仲淹进入朝廷高层后清楚地表明，仁宗期待所有的政治力量为了共同利益而团结起来。但是吕夷简比他的同僚更了解皇帝的性格，他确信对范仲淹的任命将只是一个过渡。范仲淹的个人缺点是众所周知的，容易被他的反对者利用。范仲淹顽固，自以为是，并且辱骂同僚，在某些情况下没有人——甚至包括皇帝——能逃脱被他批评。

1043年，范仲淹上奏《答手诏条陈十事》，显示了他一往无前的勇气。他在上书中条列了一个内容广泛的内政制度改革计划，特别是提出了要“择官长，明黜陟”，使帝国官僚体制更加有效率。他也建议进行一些脚踏实地的改革，加强对农业的管理，提高桑蚕产量，开挖沟渠，开垦荒地，并削减县、州等行政单位下属官吏的数量，以减轻人民所承担的徭役负担。但他奏章中最重要的内容是组织地方军队充实武备，以减少军费开支。[8]

由于一心只顾着贯彻其影响深远的改革，无论是范仲淹还是他的改革同道者们，既没有经验也没有能力看穿朝中反对派的谋略。从一开始，他们就没能获得广泛的支持。庆历新政改革遭遇失败的最关键因素是仁宗皇帝不愿也不想支持范仲淹。当朝廷上的争论发展为对个人的政治攻击时，仁宗庆历年间的改革就已宣告彻底失败。

范仲淹及他的同僚们所表现出来的强烈正直感和荣誉感，大大增强了宋代士大夫们的政治自觉性，后来的史学家对此给予了很高的评价。但是在那个动荡混乱的年代里，改革的反对者们指责范仲淹及其同道者们结成“朋党”——在宋代，这个词有着负面的含义。保守派官员和他们那些依靠裙带关系而升迁的下属们，都不容许在现存的统治结构中出现“忠诚的反对派”那样的概念，也不允许在政治活动中出现任何形式的反对意见。欧阳修在 1044 年春写成的著名奏章《朋党论》中热情地为朋党的形成辩护。他声称：“君子与君子，以同道为朋；小人与小人，以同利为朋。”然而由于朝廷中的反对者太多，欧阳修的奏章又上得太迟，已难扶大厦于将倾。 053

1045 年初，范仲淹和他的改革同道富弼（1004—1083）辞去官职。范仲淹主动请缨前往陕西边疆任职。在其生命中的最后 8 年，他在当地转任多个官职，再也没能重返朝廷。他的大部分精力投入了购置和经营慈善性的田产上，以救济范氏家族中的贫困者，这项工作由其后人一直坚持到 1760 年。1044 年他参与宋朝与西夏和约的协商工作，并最终助力实现合约的签署。和约规定宋对西夏“岁赐银、绢、茶、彩凡二十五万五千”[9]，宋称西夏皇帝为“国主”。至少在当时，宋仁宗对此还是颇为满意。和约签订后三个月，范仲淹重返朝廷后的第二次政治生涯也结束了。

吕夷简从前的下属、如今时刻关心自己仕途的旧官僚们不愿为改革承担责任，在范仲淹失势后，他们在朝中立刻重新得势。一年内，1043 年和 1044 年的改革措施无论大小，全部被废止。11 世纪 50 年代和 60 年代，欧阳修和韩琦成功促成了对科考制度的一些改革，他们提出在帝国的基层官吏中引进强制性的五等官制。但是在目睹了他们的朋友和同僚范仲淹受到的屈辱后，他们放弃了再挑起新一轮政治对抗的念头。

王安石的“大规模”改革

在范仲淹进行局部性改革的关键性几年间，蔡襄（1012—1067）——一位杰出的书法家，但同时又是一名自以为是的政策专家——尖锐地批评他自己所在官僚阶层的不专业性。他本人是进士。他认为，为适应科举考试而产生的通才教育不能满足官员在其今后的职业生涯中面对各种专业性任务的需要。士大夫参加科举考试并根据其文学才能被授予不同官职，但在他们履职期间，他们却被要求去处理财政、边防、州县行政以及其他各种与生产生活有关的事务。大多数宋朝知识分子都同意，教育制度和社会中的大多数人可以通过制度的重新设计而获益，但他们对具体的改革方式和改革内容并不赞同。

保守派官员司马光和苏轼认为，只要复兴儒家理念就可以让社会发生必要的变化。范仲淹的新政改革努力失败之后，部分官员更倾向于进行有选择性的改革。但是在 11 世纪 50 年代和 60 年代，出现了第三个派别，以王安石为主，要求进行根本性的变革，包括对科举考试进行全面改革。在其他方面，王安石有许多想法，如他主张对官员进行法律和军事事务方面的培训。

在 11 世纪 30 年代到 50 年代间，辽、西夏和宋三方势力制衡关系的不断变化，以及频繁的军事调动，引起了宋朝官员相当大的不安和担忧。1044 年宋和西夏就双方脆弱的和平关系进行了谈判后，宋朝的决策者一度比较忽视自己军队所存在的问题。但是军队数量导致的军费开支问题难以回避：45 万人的军队驻防在西北与西夏接壤的边界线上，30 万人驻扎在河北与辽国的边界线上，另外 30 万人是京城的中央禁军。[10]“外则不能无惧于夷狄。”——这是王安石在 1058 年其著名的奏章《万言书》中对边防问题的描述。王安石在上书中向仁宗陈述了他的改革思想。[11]《万言书》使王安石在改革派圈子里和朝廷中一夜成名。但皇帝当时的注意力正集中在确定皇位继承人的问题上，因而对王安石的上书并没有很大的兴趣。

宋仁宗死于 1063 年。1091 年，苏轼在编纂完成的《居士集》序中，对当时的太平盛世有着这样的描述：“宋兴七十余年，民不知兵，富而教之。”[12]儒家学者范祖禹也赞扬仁宗的仁政。他在 1092 年声称，仁宗的仁政出自五种传统美德，而这是区别“仁君”与其他统治者的标志：“仁宗皇帝在位四十二年，丰功盛德，固不可得而名言，所可见者，其事有五：畏天、爱民、奉宗庙、好学、听谏。仁宗行此五者于天下，所以为仁也。”[13]

仁宗的堂侄英宗在位四年后，19 岁的赵顼于 1067 年 1 月 25 日继位。他是英宗的长子，庙号神宗（1067—1085 年在位）。他在位时期是中国封建历史上最受称赞的改革时代。心情急切的年轻皇帝渴望加强边疆的军事实力，收复丢失已久的燕云十六州以及北方落入敌手的大片沦陷领土。为达到目的，他需要一批可靠的顾问和忠诚的官员。

皇帝的老师韩绛推荐了王安石。王安石因其之前堪称典范的履职经历在朝廷中名声大噪。出身官宦之家，祖上三代皆考取进士，这位 21 岁的年轻人于 1042 年以第四名的成绩通过了殿试。随后他在长江下游地区担任了 20 多年的地方官。常年的游宦生活还使他的散文和诗词写作技能得到了磨炼。30 岁的时候，他已经和当时的一些主流政治家以及文人士大夫进行过频繁接触，并与他们同朝为官。

1069 年，神宗任命时年 47 岁的王安石为参知政事（副宰相），这个职务之前由改革派官员欧阳修担任。朱熹后来这样评论改革：对王安石的任命使改革获得了“千年一遇”的机会。[14] 1069 年 5 月，朝廷成立了一个专门机构（制置三司条例司）来负责检查监督全国的赋税、农业、灌溉和河流防洪制度。在皇帝的热情和决心驱使下，王安石于 1069 年至 1073 年之间不失时机地推行他的“新政”。[15]

王安石的改革分为三大类别：经济改革、军事改革和教育改革。他的经济改革意在扶持处于社会金字塔底端的农民、商人和工匠。王安石确信，只有当普通百姓的生活和福祉得到保障、整个社会繁荣时，整个国家才能强盛。他需要人民健康、富足，同时愿意为国家利益服务。

王安石的第一项经济改革措施是解决农民的资金短缺问题。1069年的“青苗法”（以春季稻子出芽，即青黄不接时，由国家的常平仓向农民提供资金而命名的一个法令），向急需资金的农民每年提供两次贷款，农民缴纳赋税时按20%的利率返还利息。这比农民向
056 私人放贷者借贷的利率要更合理些。私人放贷的利率达到70%，把小自耕农和租种土地的佃农逼到破产的境地。

这项改革计划在官员中激起强烈反响，许多官员在争论中上表要求辞职以示抗议。正如司马光批评的那样，反对派认为，与其说新政节省了财政开支，不如说是加强了中央集权，并进一步加深了官僚化。他们批评说，从金钱交易中获利不是国家该做的事情。在写给司马光的信中，王安石礼貌地反驳道，对借贷制度的改革符合国家的整体利益。而那些享有特权的大地产主，尤其是高利贷者，无疑是害怕国家的“青苗法”和他们形成竞争的，所以他们就以各种形式反对王安石的改革。[16] 在各级行政机构，包括地方州县，改革的敌对派或明或暗地干扰，推延甚至阻止改革措施的实施。

王安石是南方人，他在朝廷中的敌人——大量来自黄河以北的文人士大夫以及来自洛阳保守的旧贵族——从一开始就曲解他的意图，攻击他的正直，并谴责他是一个背弃传统儒家原则的政客。王安石并未因此受挫。1070年初，在对官员进行实用的专业技能培训的尝试中，他提出要对整个科举考试进行改革，以律令研究取代诗、赋、论，之后考试科目又增加了时务策。“青苗法”和科考改革作为预热措施，为1071年王安石继续施行“保甲法”和“募役法”做好了准备。

“保甲法”的意图是使地方兵员征募制度适应发展的需要。这是一种军队的兵员储备制度，有时候也叫“志愿兵制”，尽管在实际操作中并不总是志愿的。1076年，有690万名男子被登记在保甲里。这意味着帝国户数的46%要提供常备的民兵兵员。[17] 王安石希望通

过对这些受过训练的骑兵、弓箭手、弩手采取更加有效的管理和使用，以削减正规军数量，并减轻常备军的军费开支负担。这些民兵一生中大多数时间是在干农活，只在征召兵役时才自备武器装备，其费用花销只是职业军人一年费用的五分之一，甚至更少。此外，当这些组织完备、训练有素的民兵被武装起来后，他们更愿意拿起武器保卫 057
自己的家乡。但关键的问题在于如何将这些民兵转化成有战斗力的部队，并使这支部队远离自己的家乡去保卫边疆。

王安石提议将百姓住户每十户组成一个单元，称作一保。有一到两名健壮男性的住户都要出一名壮丁作为保丁。五保组成一大保，十大保为一都保。弓和弩由政府提供，农民们在农闲时接受基本的军事训练。在和平时期，这一整套体制将作为维护治安的力量，最重要的是这个制度在百姓中同时发挥着相互监视的作用——这种作用一直延续到 20 世纪。

王安石为“保甲法”找的理论依据出自先前的后周。但是，批评声很快就来了。冯京（1021—1094）质问道：“太祖征伐天下，岂必用农兵？”[18] 王安石对太祖的先例视而不见，争辩道：“募兵多浮浪不顾死亡之人，则其喜祸乱，非良农之比。”但他也承认：“然臣已尝论奏，募兵不可全无。”[19]

神宗也表示疑惑：“募兵专于战守，故或可恃；至民兵，则兵农其业相半，可恃以战守乎？”王安石回答说：“唐以前未有黥兵，然可以战守。臣以为募兵与民兵无异，顾所用将帅如何耳。”“先王以农为兵。”经过训练，“保甲数年，非特其艺胜义勇，必胜正兵”。[20]

在王安石看来，民兵的改革是为了解决边疆军事虚弱问题：“比来中国诚不如四夷，今四夷又不如古中国，若尽什伍其人，使随处有 058
以待敌，乃古中国之法也。”[21] 吕公著为王安石的民兵改革辩解，认为这项措施可以使宋朝像唐朝一样，有效地使用民兵。尽管在北方边境地区受过训练的民兵已经成为一支颇具规模的军事力量，并且这支力量的费用开支一直保持在合理水平，但是以“保甲法”为代表的改革始终没有完成。如果神宗不和西夏开战，如果在他 1085 年死后改革得以继续，改革很可能会成功。但是在 1086 年至 1093 年间政府废除了新法，且之后也没有用切实可行的制度取代之前的新法。

当时地方上实行按户轮流充当州县差役的制度，这些差役由地方上数量相对较少的本地官僚家庭承担。王安石的“募役法”试图废除这个积弊已久的制度。王安石建立了一套新的分级纳税制度，它以田产和家庭财产为基础，一年纳两次现金税以代替服役，除了最低的两个等级可以继续以服役履行义务外，其他等级的家庭都要遵守规章制度，以现金实物纳税。官宦家庭的成员按税率折半纳税。征收来的税款将被用来雇用职业化的军人。这使那些有能力的军人对未来充满了希望。此外，王安石还希望这个制度能有一箭双雕的作用：减少地方上的贪污腐化。

这个改革方案一开始便遭到了强烈的批评。因为反对派认为，这个方案让社会上最贫穷的群体承担了沉重的财政义务，使他们几乎难以维持生计。而王安石在对该群体财政状况的判断上与反对派不同，所以他还是坚持实施了这个改革方案。政府的新收入不仅用在了雇用专业的军人上，也用在了 10 年后与西夏爆发的战争中。

1072 年，为了核实税赋登记，王安石推行土地丈量调查，这使得朝廷获得了国家财富的控制权，但这也触怒了地方实权派。他还推行了一项国家贸易政策，通过鼓励贸易、农业，稳定市场物价的方式，鼓励小工商业者的发展。从这个意义上来讲，这项改革不可避免地对诸如大产业者和地方行会等享有特权的既得利益集团产生了一定的影响。

王安石与反对派的斗争持续了几年。1074 年 4 月，由皇太后、宦官和反对派官员构成的改革反对派集团策划了一场阴谋，他们指控王安石的变法引发了混乱。此时身为副宰相的王安石自己也已筋疲力尽了。用他自己的话说，他有时感觉自己就是“尸位素餐”。[22] 尽管神宗希望他继续履职，他还是坚持要辞职。1075 年的 2 月，皇帝再次把王安石召回朝廷。王安石马上意识到政治气氛已经发生了剧变：他的权威遭到了削弱，改革饱受攻击。即便在王安石于 1076 年 10 月辞官定居于其钟爱的城市建康（今南京）后，神宗仍坚持改革，并任命新的改革派官员领导政府。

王安石在 1070 年至 1072 年间宋与西夏的边境冲突中获得了军事经验，但他总是尽力防止事态演变为真正的全面战争。在他致仕后，朝廷官员看到了机会，想通过准备一场与西夏的战争以取悦神宗。1076 年时，宋朝正规军由 56.8 万人组成，另外还有 690 万名民兵。1081 年夏天，宋军从五个方向进攻西夏。[23] 但事实马上就证明宋军的后勤供应与补给是一个难以解决的问题。

1082 年年末，在损失了 60 万名宋军及其同盟军队后，神宗认识到对党项帝国的战争难以取胜。[24] 他放弃了夺回王朝西北地区的希望，只有兰州仍然在宋朝的掌控之内。可能让神宗稍感欣慰的是西夏的人力、物资和装备的损失在之后多年内给西夏的经济造成了严重破坏。[25] 但对神宗个人而言，这次失败意味着像他的前几任皇帝一样，没能光复唐代中国的疆土。

1085 年 4 月 1 日，神宗去世后，高太后成为实际的统治者进行摄政，辅佐 8 岁的哲宗皇帝（1085—1100 年在位）。改革最激烈的反对者、才华横溢的司马光正在尽其所能地撰写史学名著《资治通鉴》。此时司马光病倒了。他称此时自己已既不能弯膝下跪，亦无法上马了，但他没有提及自己同时也已高度近视，牙齿严重脱落，但是皇太后坚持让他担任宰相。司马光婉拒多次，并推荐经验丰富的文彦博，但高太后需要一位在公众中具有声望的改革反对者来辅佐她，并把反改革计划付诸实施。司马光最终因太后的坚持而屈服，把他生命的最后几个月奉献了出来。

司马光被任命为宰相，同时被任命的还有吕公著和文彦博，他们
060 辅助司马光推行反改革措施。王安石新政的所有改革措施在七个月内全都被废除。由于自身身心健康的恶化以及推行反改革措施的急迫性，司马光并没有像著书修史时那样，以仔细谨慎的态度处理原改革派官员的任免。[26] 属于守旧派的程颢（1032—1085）在 1085 年被召回朝廷后认为，如今变法的结果毫无疑问是悲惨的，但绝不能单单指责王安石。[27] 在他看来，对新政的偏见和不理性的反对同样也应对新政所带来的混乱负一定责任。

061 1086 年，司马光在王安石死后几个月也去世了。改革和反改革之间的斗争一直持续到北宋灭亡，但是那些宣称继承王安石改革事业的人并不具备王安石那样的宽广视野和自律精神。1127 年，开封陷落、北宋灭亡后，南宋学者为了寻找替罪羊，把王安石视为改革失败的罪魁祸首，尤其是把他和后来那些伪改革者的可疑行为联系起来。王安石死后一个多世纪，保守的新儒家学者朱熹这样总结改革派的贡献：

> 然州郡一齐困弱，靖康之祸，寇盗所过，莫不溃散，亦是失斟酌所致。又如熙宁变法，亦是当苟且惰弛之余，势有不容已者，但变之自不中道。[28]

辽的衰落和金的兴起

改革者和反改革者在争论宋朝社会应该采行什么道路时面临着许多问题，而这并没有能阻止辽国效仿汉人的教育模式。考虑到当时的政治环境，辽国在教育制度上效仿汉人是不可避免的。辽（契丹）兴宗（1031—1055 年在位）多年来一直把长子耶律洪基作为继承人来培养，在这个过程中他让儿子接受汉式教育，传授其汉式的生活方式。耶律洪基在 1055 年继承皇位，是为辽道宗。在长达 46 年的统

治期间，道宗加强了科举考试制度，建立了国子监，尊崇孔子和圣贤。与优先采用辽的部落传统相反，他坚持让官员们在朝廷上穿戴汉式衣冠。道宗同时还加强了帝国的中央集权。

但在另外的一些事情上，他的判断往往值得商榷，因为他很容易相信朝中的诽谤言论。继位几年后，大概是 1061 年，道宗下令绞死萧阿剌，一位忠诚而有才干的官员。当他的皇后宣懿——一位女诗人和音乐家——被诬陷与人通奸时，他居然下令赐死皇后。太子、太子的妻子都被道宗指派的杀手行刺而死。受到皇帝宠信的耶律乙辛在上述阴谋与暗杀中扮演了关键角色。皇帝最终发觉了此人的奸诈行径，于 1083 年将他处死。耶律乙辛死后朝廷总的气氛并没有很大的改变。道宗也于 1101 年 2 月 12 日去世。“他的帝国仍然国力强盛，内部稳定且安定，并且受到周围民族的尊敬。”[29]

耶律延禧（1075—1128，死后追谥天祚帝），辽朝最后一位皇帝，于 1101 年其祖父死后开始他的统治。他上台后的第一个动作就是向已死的耶律乙辛、他身后的家族以及耶律乙辛手下的政治派别展开报复，对这些人掘坟鞭尸，没收其后人的财产并充公，并将这些乱党的财产分赐给被耶律乙辛害死的人的后代。那些被他怀疑卷入了其祖母、父亲、母亲之死的恶人都遭到了惩罚。除了满足自身强烈的复仇欲望外，他还沉溺于长途狩猎探险，多次招待宋朝来的使节，在他统治之初可谓毫无成就。

天祚帝继位之初，辽与女真部落的关系已经变得很紧张了，但还没到剑拔弩张的地步。女真的名称首次出现在中国史书上是在 903 年。他们最初生活在阿穆尔河（今黑龙江俄罗斯境内段）以南。926 年后他们中的一些人定居在满洲平原和今黑龙江省的松花江沿岸一带。11 世纪时，一些女真部落分布在南到高丽王国（在朝鲜）、北到阿穆尔河、东到日本海之间的区域内，他们被分为三大部族：熟女真、归顺的女真和生女真（或称“野人”女真，即未开化的人）。

生女真的完颜部落生活在松花江流域，远离辽和汉人文明的影响，他们是 100 多个生女真部落中最强大的一支。女真人在完颜部落的领导下联合起来对抗辽国。12 世纪最初的 10 年，女真完颜部拥立完颜乌雅束（1103—1113 年在位）为首领，建立了国家，以靠近今天哈尔滨的上京为首都。辽国的统治者授予女真首领以节度使的称号，但很粗暴地对待他们，要求他们进贡珍贵的毛皮、珍珠和狩猎用的猎鹰（海东青）。女真人多年来忍受着许多羞辱，例如到访的契丹人对他们颐指气使，把他们的未婚女子掳到妓院做“慰安妇”。但他们也做了不少令自身蒙羞的事情，例如女真上层中的已婚女性甚至会放纵地进行滥交。[30]

063

1112 年初，辽天祚帝巡行到混同江（松花江在今吉林省的支流），参加了当地的“头鱼宴”。席间，来自千里之外的女真首领被要求向皇帝表示敬意。大家都喝醉了，天祚帝命女真的首领们依次跳舞以助兴，从新罗（朝鲜半岛古国之一）来的女真完颜部首领阿骨打拒绝跳舞。之后天祚帝私下对其枢密使萧奉先说，他不喜欢阿骨打的举止，希望把他杀了。他担心这个身材高大、仪表不凡的阿骨打会在将来引发麻烦。萧奉先劝皇帝不要这样做，他认为阿骨打的冒犯只是一个失礼行为，能对强大的辽国构成什么威胁呢？[31]

假如天祚帝顺着他的性子把阿骨打和他的家族诛杀了，可能会使辽国的灭亡再往后推迟几年。阿骨打是乌雅束的弟弟，1113 年被推举为部落首领，并开始挑战辽的军事统治地位。1114 年年末，阿骨打的军队进攻女真首领们多年来觐见辽国皇帝的宁江州的驿站，辽军遭到毁灭性失败。1115 年，阿骨打自称皇帝，建立金朝。[32] 他仿照辽以辽水做朝代名的先例，将其朝代名称以女真本土的安出虎（意为金）水来命名为金。

此时辽国内部矛盾重重，朝中发生了多次企图废黜天祚帝的谋反，地方上叛乱频仍，与女真人的冲突也从未间断，这些都导致皇权被极度削弱，也使辽国上下没有信心也无力遏制金的发展。1122 年年初，辽军在金的攻击下一败涂地，金朝昭告天下自己才是契丹帝国的正统继承者。其后三年中，辽往西撤退，尽量避免和金军接触。1122 年年初，辽国的耶律淳罢黜天祚帝，把他降为湘阴王，并自己称帝即位。天祚帝远避西陲。1122 年夏，耶律淳暴毙后，其妻萧德妃掌控了辽帝国残余的疆土。她投靠了缩居于帝国西部靠近西夏边境的天祚帝，天祚帝重掌权力后，恢复了他曾经推行的恐怖统治。萧德妃在 1123 年以不忠之罪被处死，其命运与她曾加之于她的批评者身上的一样。 064

金的建立者阿骨打死于 1123 年，后被尊谥为太祖。他没有能活着看见他开创的事业取得最终胜利。其弟吴乞买即位（太宗，1123—1135 年在位），继续着对邻国的无情进攻。1124 年，他成功与西夏统治者签订了和约，西夏承认了金的宗主地位。1125 年，辽天祚帝在今山西应县附近被金军抓获。金国皇帝封他为“海滨王”来羞辱他。这个封号暗含“东海王”之意，这是辽于 1119 年曾赐封给阿骨打的头衔，但当时阿骨打拒绝了。尽管辽国最终还是不可避免地灭亡了，但契丹民族在偏远的西部地区以西契丹（西辽）之名又延续了一个世纪。

北宋的灭亡

宋哲宗性情暴躁，喜怒无常，优柔寡断，8 岁即位，在位 15 年，1100 年 2 月 23 日驾崩。他的遗孀向太后扶持赵佶（神宗的第十一个儿子，时封端王）即位。后人熟知他的帝号“徽宗”（1100—1126 年在位）。在决定帝位人选时，朝廷无视宰相章惇的警告。章惇坚持：“端王（赵佶）轻佻，不可以君天下。”[33]

宋徽宗继承父兄之业后，决心进行一场严厉的改革。但他做出了错误的任命，重用了平庸而腐败的官员蔡京（1046—1126）和宦官童贯（1054—1126）等人。这些奸佞之臣只是想取悦皇帝，以牟取私利。[34]蔡京声称是王安石的继承者，他参与并起草了一份诏书，这份名单导致数以百计的反对派官员惨遭流放和贬谪。[35]这份诏书把变法的反对派贬斥为“奸党”，并把他们排挤出政治中心。这种做法削弱了北宋的力量，并加速了它的衰落。

065 宋徽宗将采取激进的外交政策视作实现其雄心的手段。目睹了辽金之间的冲突和随之而来的契丹帝国的衰落，他渐渐相信自己有机会收复宋人丢失已久但念念不忘的燕云十六州，10世纪前后，后晋将这些土地献给了契丹人。大臣郑居中强烈建议徽宗不要与女真这样的“犬夷”结盟攻辽。郑居中试图让人们回忆起宋朝从1005年“澶渊之盟”获得的好处：“且在昔章圣皇帝与大辽昭圣立誓，至今几二百年，兵不识刃，农不加役，虽汉唐和戎，未有我宋之策也。”[36]

1117年至1123年，宋金的多位使节往返于两国间进行谈判，试图结成反辽联盟。徽宗的使臣没有意识到在最近几年间，蛮夷间的势力对比已经发生了剧变，不再是从前的格局了。在谈判过程中，金人发现，即使没有宋的帮助，自己也能独自夺取燕云十六州。1122年，金军独自击败辽军，控制了华北。然而，即便到了这种危急关头，宋朝的皇帝还是没有意识到危险即将到来。

尽管徽宗作为一国之君是失败的，但是他在美术、艺术品收藏与鉴赏、书法、诗词、传统医药等方面成就突出。他也是宫廷音乐、朝廷礼仪和教育的改革者。此外，他还沉迷于道教，甚至想象自己是得道仙人。他的宗教顾问们给他引介了一套宗教思想体系——神霄派道教——这个教派把徽宗的形象放置在道观中作为崇拜的偶像。宋代极端的个人崇拜风气由此可见一斑。

徽宗花费大量的财力物力用于修建宫殿、园林，并大办宗教庆典。其中一个著名的事例是他对艮岳（位于开封老城东北部一个规模巨大的奇石花园）的修建。徽宗打算使艮岳一园多用：既能展示宋朝的富庶与繁荣，也可以做幽静的休憩场所；既能体现万事万物生死始终有机融合的理念，又能体现神霄派道教的根本教义。在艮岳，神仙可以随时从天上降临，徽宗认为他们会很感谢皇帝建造的这个人间仙境。具有讽刺意味的是，自比仙境的艮岳，景貌上模仿的却是人世间 066
的杭州（在20年后成为南宋都城）凤凰山。[37]

艮岳于1117年开始设计，1118年1月开始建造。当它完工时，周长有5.59公里。令人印象最深的山顶有138米高，这是开封城各处都可以看得见的地标。这个园林由精美的假山、石桥、瀑布、溪流、大量的亭台楼榭构成。这些建筑有的位于高耸的岩壁间，有的深藏于竹林之中，此外，还有数千种采自帝国各地的奇花异木位于其中。这些美轮美奂的景观象征着一个理想世界，一个圣境，一个值得神仙降临的仙岛。而令人无法想象的是，这样的仙境竟坐落于当时世界上最繁华的城市之中。

皇帝无疑是把这个胜景园林当作了他德治的象征，但普通百姓并不这么看。为了建造这个独一无二的景观（后来还被作为建造北京北海公园的模板），成千上万的人被迫为臭名昭著的花石纲运送队伍服劳役。在朱勔统管之下，花石纲很快就成为中国最有权势但也最遭人憎恨的一个机构。这个机构负责从帝国各地收集各类奇花异石，并运送到京城。他们无视花销，也无视一路上的自然障碍，朱勔和他的手下会用没收自民间的推车和船舶完成任务。1120年，在今江浙地区，爆发了反宋的方腊起义。方腊起义的一个目的是要求废除给予辽和西夏的银、绢岁贡，另一个目的就是要求结束导致民怨沸腾的花石纲。因为担心叛乱会漫延到其他地方，朝廷宣布废除花石纲，并将朱勔撤职。同年5月，方腊起义最终被平定，平乱使朝廷损失了大约7万名正规军。但战事一结束，皇帝又下令重新组织花石纲，规模相比从前是有过之而无不及。1123年1月，万寿山园林完工，四年后女真军队包围了京城。

1123 年，宋、金两国首次同意正式交换盟书。只用了 10 年时间，阿骨打的金国就获得了宋的正式承认，并取得与对方同等的地位。[38] 在做出割让几块领土的让步并得到一个不那么可靠的和平许诺后，宋朝承诺每年给金国绢 30 万匹，银 20 万两，外加 100 万贯钱——这些岁币对女真战时经济的稳定起了非常重要的作用。与宋
067 朝的期待相反，1123 年不但没有成为和平的起点，反而开启了之后 20 年间宋朝与辽金之间不断的战争，后者使宋王朝危如累卵。

1123 年，阿骨打死后，其弟吴乞买并没有停下他的脚步去庆贺女真军事进攻上的胜利。正相反，他决定向南推进，横扫宋帝国的北部。女真人于 1125 年秋撕毁宋金两国 1123 年达成的和约，展开对宋朝的全面进攻，宋朝的官员极其震惊。凶猛而训练有素的女真骑兵沿着旧的贸易路线兵分两路进入今山西和河北境内。东路军由金国皇帝的弟弟完颜斡离不率领，直奔宋朝京城袭来；西路军由完颜粘罕统率进攻太原。

宋朝政府被这次进攻打得措手不及。为了保护百姓，也可能是为了保护他自己，徽宗做了最后一点努力，他在 1126 年 1 月 18 日退位，由他的儿子赵桓（宋钦宗）继位。钦宗在位时间极短，仅一年零两个月。1126 年初的寒冬里，金军跨过黄河包围了京城开封。由于找不到一支足够强大的军队来勤王，徽宗皇帝此时走投无路，只得和对方谈判，请求对方撤军。

除了丧失对山西的太原和河北的中山、河间三府的控制权并继续履行给予金国岁币的义务外，宋朝此次答应的战争赔偿总额相当于数十年岁币的总和。30 万两黄金（原先提出的是 500 万两）、1200 多万两白银（原先提出的是 5000 万两）、1 万头牛和马、100 万匹绢的赔付数额将完全满足金国其后多年的战争经费需求。[39] 1126 年 2 月 10 日，金军结束了他们对开封的包围。

1126年3月，宋朝已经到了生死存亡的边缘。当时有一书生名为陈东——他因公开喊出“我乃宋人”而出名——积极主张抗金，同时要求处死应为灾难性局势负责的官员。大量的低级官吏、候补官员、士气低落的军人以及同情者群集皇城门前，总人数约有10万人，他们绝望地冲入了皇宫，坚决要求抵抗。这群人成分复杂，既有赤胆忠心之士，也有孤注一掷之人，更有趁乱闹事之徒，但他们都要求朝廷改变决策，但是此时已没有什么能改变宋朝最终的命运了。[40] 068

1126年夏，金国控制了东亚大陆，西夏和高丽都向其称臣。宋朝此时国力极为衰弱，已处于生死存亡的边缘，徽宗此时开始重新思考其抉择。皇帝罢免了造成灾难性局势的官员和宦官，其中就有蔡京、童贯、朱勔和王黼。至1126年年末，被认为应为徽宗统治时期王朝崩溃负责的“六贼”都已被处死了。

金人认为自己不可战胜，而宋军软弱可欺。金军将领们为了抢掠更多唾手可得的战利品，于是制造借口再次挑起战火。1126年年末，金军又一次跨越黄河，两位经验丰富的将领率军于12月10日包围了京城开封。大多数百姓已经逃往南方。[41]城里只有大约7万人，他们坚守到1127年1月9日。在这种情况下，钦宗皇帝只得投降，并在金人军营和对方首领谈判。这次入侵者提出的索要数额是此前的两倍，他们对金、银和丝绢的赔偿数额更是提出了过分的要求。此外，他们还索要7000匹马和1500名宫女，如不照做，他们的军队威胁就要抢掠民居和官府、宫殿。[42]

皇帝答应了他们的要求，但负责征集赔款的官员们无法按期筹集出足够赔付的金、银和丝绢。他们只能筹集到一小部分。作为失败的惩罚，金人在开封的正南门前将他们处死。钦宗于1127年3月23日宣布退位，并和他的父亲，前皇帝徽宗一起被贬为庶民。[43]金军主力于暑热来临之前的5月撤回北方时，把宋朝皇宫中的无价之宝装了满满的1000多车——这些珍宝包括皇家艺术藏品、天文仪器、国家的九鼎、礼器、八枚皇家印玺、玉器、珍珠、宝石以及后妃的衣冠——连同皇帝父子一起掳往北方。此外，女真军队还占领了92座仓库，这些仓库藏有300万块金块、800万块银锭、150万匹绢、5400万匹平纹丝绸。[44]

开封陷落，帝国垮台后，一些士大夫拒绝臣服于蛮夷之人，他们
069 仿效使臣窦鉴，并以其为榜样。当宋朝的皇帝受尽屈辱、被驱往北方时，窦鉴宣称："生为大宋之臣，何忍以大宋宗族交与敌人！"[45]于是他自缢而死，以此表明对王朝的忠诚。

1127年5月13日，一阵大风吹过开封城，风大得足以移石断树。徽宗皇帝和钦宗皇帝在3000多人的伴随下，鱼贯通过城南的南薰门，离开了开封，他们被金人一路押解北行。[46]后妃们被押送着从北门离开京城。成千上万的画家、工匠、手工艺人、乐师和优伶——可能有1.5万人——也被押送往金人的东北本土。

金统治者及其将领们没有赦免宋朝皇帝，但也没有让他们降格到像奴仆一样穿上青衣。不过，徽宗在途中还可以继续写诗。在其中的一首诗中他倾吐了自己的心声：

> 九叶鸿基一旦休，猖狂不听直臣谋。
> 甘心万里为降虏，故国悲凉玉殿秋。[47]

在途经内蒙古和满洲的长途跋涉结束后，两位皇帝于1130年夏天到达黑龙江北部边境附近的五国城。[48]金国统治者乐于羞辱他的俘虏，让他们在阿骨打陵墓的石碑前跪拜，并把徽宗封为"昏德公"，钦宗为"重昏侯"。钦宗的皇后投水自尽。1.1万名上层家族的女性一年后到达上京，她们中的大多数在军营中遭到了玷污或被卖为奴。这些女人在远离家乡的北国了此余生，再也没有回到过中原。

康王赵构曾是1126年被派往金军位于华北的中军大营进行赔款换和平谈判的宋朝官员之一。但在他前往谈判的路上，宋军军官们

说服他，与其前往金营安抚金人，还不如领导军队抵抗入侵者。070
赵构有过和女真人交往的经验。1126 年年初，当金军包围开封城时，他曾是金国的人质，差点像他的父亲和兄弟姐妹那样被俘并遭到羞辱，但他幸运地逃脱了。金人很清楚康王在政治上的威胁，因此试图抓住他，但赵构不断地变换所在地。1127 年 6 月 12 日，在钦宗退位后，赵构在宋朝的南京商丘宣布继承皇位。[49]

宋朝于 1127 年的崩溃标志着北宋历史的终结。在北方领土全部被金国占领后，宋朝及其政府撤离到南方，开始了这个王朝历史的第二阶段——南宋。在 1279 年灭亡前，南宋立国共 152 年。术语"北宋"和"南宋"只是历史的称谓，在宋代时并不被使用。当时目睹了北宋灭亡的人们，在他们的历史著作中显然表达了这样的看法：1127 年北宋的灭亡破坏了宋朝的连续性，王朝的意识形态和治国之道需要重建。但是这些著作的作者并没有一个人敢指出，就如同汉朝在西汉灭亡后走向衰落一样，1127 年对于宋朝来说，同样也是走向衰亡的一个分水岭。[50]

第 4 章

南宋

具有讽刺意味的是，宋朝在 1127 年丧失了淮河、汉水以北疆土后，历史似乎证明了这样一件事：几个世纪以来，中国东南部在生产、商业以及在教育、学问研究和艺术等方面所拥有的优势，早已超越了北方。北宋灭亡前的几个世纪，中国人口就已经向南迁移了，但这是中国北方气候变化和土地所有权变迁所导致的结果。[1] 移民的南迁，在当时统计的人口变迁数据中表现得极为清楚，而这些数据日后也为制定关乎社稷民生的政治决策提供了人口统计方面的信息。

公元 5 年西汉末期，东南地区的户数只占全国总户数的 10%，但到了 740 年唐朝的时候，大约有 40% 的人口居住在淮河以南。这种人口变化上的此消彼长一直延续到宋朝。其中晚唐、五代的内战是主要推动因素之一，这导致了许多精英家族的南迁。另外一个推动因素是赋税的负担，996 年，开封周围的 14 个州县有 1 万多户人家因为重税而逃离。[2]

伴随重税而来的政权动荡已经不能完全解释得清人口迁移的原因了。华北平原和黄河流域拥有中国最肥沃的土地，而这些土地已经被士族地主阶层占有好几个世纪了。农民们被迫往南迁徙，去寻找自已可以开垦的无主之地，同时这些土地上必须有充沛的降水以保障庄稼的生长。在被称为第三小冰期的时期（从 10 世纪末到 12 世纪末）内，平均气温相较现在下降了 1.5 摄氏度。[3] 下降幅度看起来不是很 072 大，但期盼好收成并以此维持生计的农民们对气候的变化还是很敏感的。他们也意识到反常的灾害性气象，例如冰雪、暴雨和冰雹等恶劣天气，正在逐渐增多。[4]

开封有记录以来最寒冷的冬季出现在 11 世纪晚期和 12 世纪早期。在某些年份，位于长江下游的太湖被薄冰所覆盖，这在今天是不可想象的。从 1101 年到 1127 年，据载有 13 次暴风雪。寒冷的气候也导致了更多的洪水，有记录的较大洪灾数量从唐代的 115 次上升到宋代的 193 次（统计范围包括宋朝割让给金或已沦陷的疆土）。仅在 10 世纪到 11 世纪，洪水的数量就从 49 次上升到 67 次。和洪灾相对的是干旱，旱灾经常伴随洪灾接踵而来。宋代官方文书里记载了 183 次旱灾，而唐代只有其三分之一多。961 年到 1087 年间，已知有 67 次自然灾害是由干旱引起的。[5]

在小冰期期间，黄河——有时候被称为“中国之患”——改道特别频繁。[6] 气温的上下波动，加之人们对疏浚河道的疏忽，意味着黄河中淤泥和黄土（黄河的淤泥和黄土是被河水从鄂尔多斯高原和陕西携带而来的）的重荷不仅减缓了河水的流速，也堆高了河床，引发河水冲垮南岸的堤坝，使洪水淹没低地。893 年至 1019 年间，黄河主河道经今天的黄河三角洲流入渤海湾。1019 年，河水冲垮堤岸闯入北岸的滑州府城，在山东西部形成一片巨大的沼泽。河水最终流入连接淮河的汴河运河。机缘巧合之下，梁山地区的河、湖、沼泽成为绿林好汉们的大本营。明代小说《水浒传》就描写了北宋末年水泊梁山中这些好汉的故事。1048 年，黄河再度改道，河水从其最北端的河道（今天津附近）流入渤海湾（地图 1）。[7]

黄河的不稳定状态使它具有可资利用的战略价值。1128 年冬，

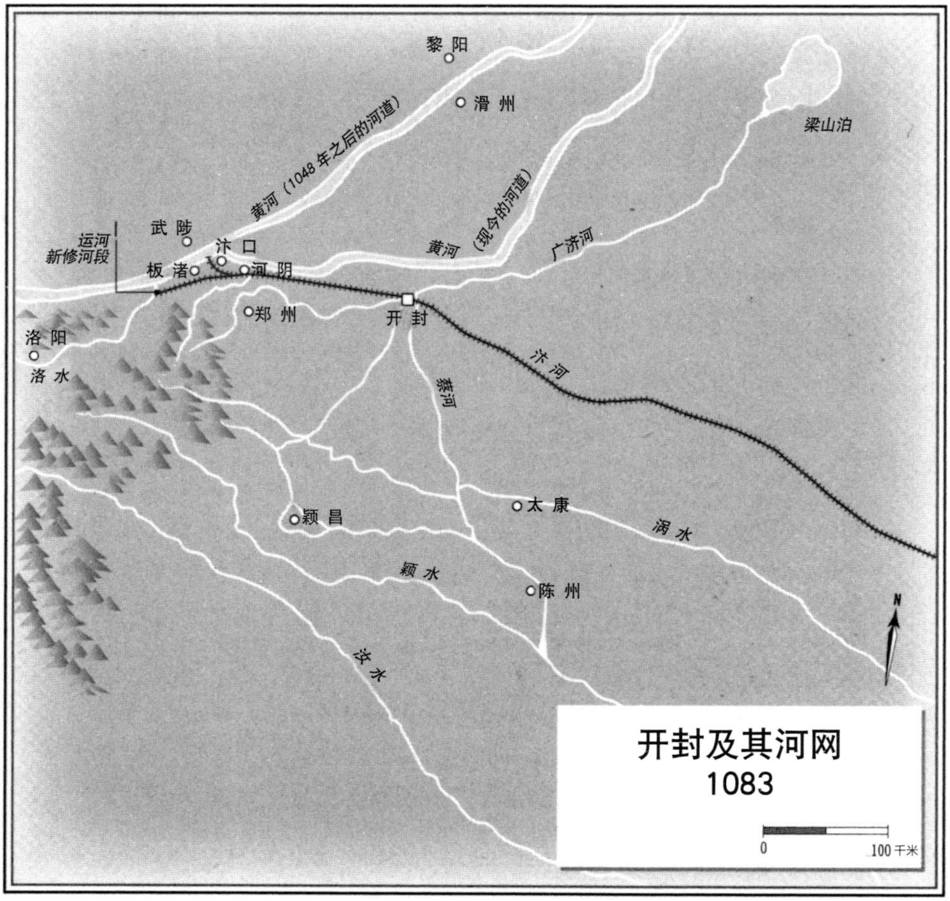

地图1

杜充因害怕女真人的进攻，下令开决黄河大堤（这座堤坝在开封以北80公里处，阻挡着河水以防其泛滥），以便在开封城周围形成一个天然的护城河。洪水摧毁了周边地区，并重新流入了南边的河道。黄河
073 河道南移的一个结果是它成了南宋和金之间的公认分界线。[8]

从黄河改道进入淮河的水量引发了河道沿岸的洪水，淹没了低地，形成了后来的洪泽湖。1187年和1194年，黄河的汹涌洪水淹

没了梁山泊，河水分成了北、中、南三道。流量巨大的中道在1194年和1205年又一次改道，流向了东南方。到1853年，其间只有几次很小的改道。当黄河河水重新流回其原先的河床时，它已经改道850多年了。[9]

面对着如此不可控制的自然力量，加之对北方异族日益增长的军事入侵的担心，定居在北方地区的农民们在11世纪时不得不开始寻找其他安身之处以躲避灾祸，就如他们的家族几百年来一直做的那样，他们愿意冒险迁移到环境陌生的南方地区。在那儿他们能够获得大片新的土地以供开垦，由于庄稼一年多熟，因此收成更多。同时他们希望政府和地主对他们和土地的控制可以比在北方时减轻些。人口迁移的其中一个结果是，1102年时，中国1.01亿人口中的75%已经生活在淮河、汉水以南了，此时距开封的陷落只有四分之一个世纪。如果我们是以长江而不是以淮河作为分界线，那么当时有70%的中国人生活在南方。[10]

1127年，女真人洗劫了京城开封后，宋代的户口登记制度也被破坏了。从1127年直到1159年人口数字完全是缺失的。但是我们知道，在那些年份中，人们以前所未有的规模由北向南进行大规模迁移。[11]假设每户有5口人，我们可以估算出有几百万人加入了迁徙的行列。长江三角洲以南的两浙地区的成年男子人口，从1102年到1162年间几乎增加了30%，总数达到432万。福建记录的人口增长幅度也同样达到了30%以上，总数达315万。成都记录的人口增幅是20%，总数为315万。如此的增长水平无法用人类自然繁衍来解释。

据记载，除了部分移民从北方迁来以外，长江沿岸的中部省份也发生了巨额的人口锐减。这些地区甚至已不再被视为可以免遭女真铁骑蹂躏的安全地带了。北宋灭亡后，北方和西北部许多州县的人口都减少了。金人花了几十年时间，采取再移民措施，吸引中国农民重新回到淮河以北地区定居，以提高那里的人口数字，使其恢复到 11 世纪初时约 250 万人的水平。[12]

1110 年北宋登记的总户数是 2080 万。而 1159 年南宋登记的总户数只有 1110 万。[13] 如果这些数据是对实际居民人数的可靠记录，那么在开封陷落之后的几十年中，宋代的人口数应该是下降了 45%，从 1.04 亿下降到 5550 万。我们没有金朝初期数十年间的人口数据，
075
但路、府的人口统计说明，1102 年淮河和汉水（1142 年这两条河流成为金与南宋的正式分界线）以北地区只有 2500 万汉人。这意味着，如果我们相信南宋的文献记载，并以此为依据，那我们面对的事实便是，自北宋灭亡起，至 1160 年，数以百万无法计数的人口在历史的长河中消失得无影无踪。

但由于土地登记官吏的无能、腐败以及大量土地集中于士绅之手，南宋自 1159 年起的人口数据因统计不全而无法利用。根据金朝 1187 年的人口统计数字，我们得到了有关 12 世纪下半叶人口状况的可靠的第一印象。金朝 1187 年的人口统计显示登记人口有 4470 万，其中 4000 万汉人、400 万女真人和几十万的契丹人、渤海人。金帝国 90% 的人口是汉人，金朝统治下的北方汉人在绝对数量上超过了同一地区历史上任何一个时期的人口数量。大都市开封的户数几乎占了金帝国总户数的四分之一。

南宋 1187 年的人口统计显示当时约有 1230 万户。如果我们接受五人一户的说法，那么南宋的登记人口总数应接近 6180 万。这样，1187 年的中国人口合计数量应该能达到 1.06 亿。这个数字说明，由于 12 世纪 20 年代的战争和大规模迁移中的人口损失，中国人口总数历经了几乎 80 年时间，才恢复到 12 世纪头 10 年的水平。如果我们接受金和南宋两个帝国的真实人口数远远超过保守估计的观点，那么我们就能得出结论：13 世纪时，几乎一半的人类是生活在中国的。

1207年，金朝登记的人口数达到5350万，这个帝国的人口密度比同时期欧洲任何一个国家的人口密度都要高得多。[14]这个数字可能会被认为是女真人征服北方后经济繁荣的象征。但繁荣并没有持续下去。1223年到1264年间人口数字急剧下降，到1294年，整个中国人口已大约减少了3000万，换言之，即减少了三分之一的人口，只剩下7500万。这可能是由于多种因素造成的——华北的战争、蒙古人的入侵、黑死病或其他流行病。不论是什么原因导致的，这都是世界历史上少见的人类人口大规模减少的现象。[15]

共处之路

宋高宗统治南宋达35年——在此期间宋朝试图重建从前的意识 076
形态，进行经济建设，并加强在南方的统治。当高宗于1127年继位时，北方的地方军事领袖掌握着至少10万人的军队。在金逐渐增强的压力下，皇帝在当年12月撤离到了长江北岸的扬州。1129年2月，金军一支500人的骑兵队突袭扬州时，宋军的防线崩溃了。宋高宗下令朝廷撤离到长江南岸。因为害怕入侵的金军，数以千计的中国人要么冲入江中淹溺而死，要么在争抢过河小船时落水而亡。

高宗快马飞奔到渡口，于千钧一发之际登上等候他的小舟，得以死里逃生。金军骑兵只差几分钟就把他抓获了。过了江他才发现，按常规应该跟从皇帝的仆役和宦官都没有跟来，为了生存他只能先考虑自己。同时，他也必须为自己的安全做出攸关生死的决定。在同年2月，他最终到达了南方的杭州。宋朝政府的官员们在极其紧张的形势下也会集到了那里。

两支金军跨过长江，其中一支在金朝皇帝的侄子完颜宗弼的率领下往东向杭州进发。1130年1月26日，金军骑兵占领了杭州城，迫使宋朝皇帝及其朝廷官员坐船逃往海上。夏季来临，天气开始转为雨季，金军返回了北方。1130 年 6 月，宋廷在杭州东南的绍兴安顿下来，这是一个与杭州保有安全距离的地方。之后被劫掠过的杭州开始重建，1138 年杭州成为南宋的都城。

李清照在她的一首讽刺诗《夏日绝句》中，嘲笑了那些不在北方抗击到底，反而逃到长江以南躲避金军的勋贵们。她将他们和楚汉战争中不肯过江的英雄项羽做了对比。她写道：

> 生当作人杰，死亦为鬼雄。
> 至今思项羽，不肯过江东。[16]

077 金军骑兵持续不断地攻袭中原地区，但是始终未能掌控该地区。宋朝的地方将领们在抵抗着金军，同时各地民兵领袖在宋金交战中成为一方军阀。目睹这一切的朱敦儒哀叹这是“中原乱”。为了重建北方的经济并保障军队的给养，1129 年秋，金人建立了以汉人刘豫（1079—1143）为名义统治者的大齐国。这个定都开封的政权被当作宋金之间的缓冲。大齐在叛国者的运作下，一直存续到 1137 年。

除了惨遭金人入侵，中国中部还受到大规模匪患和叛乱的威胁。一个由钟相领导的激进宗教团体在湖南北部和湖北南部活跃了数十年。1130 年，钟相宣布脱离宋朝，自称楚王。宋代名将岳飞（1103—1142）平定了这次叛乱，恢复了社会稳定。1135 年年末，岳飞收编了叛军的各种人力桨船，号称“飞虎战舰”，编入其江河舰队。他还把 5 万多名降服的楚军纳入其高度纪律化的岳家军中。[17] 岳家军不是一支私人军队，尽管其名称表明指挥官和士兵之间存在着深厚的羁绊。当时的规矩是，当一支军队的指挥官被任命新职时，他会仍然统领其原先军队的官兵。

1130 年年初，金朝皇帝认识到，宋朝在南方的领土难以征服，更不用说被金人占领了。他也意识到宋朝是无法被彻底消灭的。

1132 年起南宋和金之间开始了非正式的和谈。宋徽宗在 1135 年 6 月 4 日死于今黑龙江省，金人向宋表达了归还徽宗及其皇后灵柩的意愿。[18] 缓冲国大齐的问题在两年后获得了解决。但在正式谈判开始前，宋廷的主和派必须除掉岳飞——他战功卓著，富有主见，在百姓中深孚众望，坚决反对与金讲和。[19]

1141 年 4 月 27 日，宋高宗写了一封手札给岳飞，表达了他对岳飞的赞赏，并鼓励岳飞铲除奸佞。[20] 但 1141 年秋，岳飞还是以拒旨抗命和失职的罪名被抓捕入牢；1142 年 1 月，他被毒死在监狱中。[21] 聪明而务实的高宗可能把岳飞之死当作限制北方军阀们军权的一种方法。这些军阀的私人武装和高度独立的军队对政府的和谈来说是个很大的威胁。高宗可能希望重新建立重文抑武的秩序，就像太祖皇帝在 078
宋初所做的那样。与金的和约就如同 1005 年北宋与契丹签订的“澶渊之盟”，确保了之后数十年的可靠和平。总的说来，皇帝的权力和地位只能通过与主和派站在一道才能得到加强。

主张与金和平共存的官员中最著名的是秦桧（1090—1155），是他下令毒死了岳飞。在岳飞死后不久，秦桧与金国特使完颜宗弼达成了和议，并于 1141 年 12 月 25 日签订和约。条款对宋来说无疑是严苛和屈辱的，但它确保了两国之间 20 年的和平。

宋同意将淮河作为两个帝国之间的边界。由此，宋朝不仅失去了中原地区和今湖北北部的两个州，而且也使数百万可以缴纳赋税充实国库的汉人处于金的统治之下。宋还承诺不收留来自金国的逃亡者，也不去金国绑架任何人。同时，宋朝也同意金的使节在每年春天的最后一个月，在淮河边界上的泗州接收宋缴纳的 25 万两银和 25 万匹绢。宋每年缴纳的贡银、绢帮助金国朝廷稳定了财政，并使女真王朝能在之后的近一个世纪中保持完整。

对宋来说，他们得到的是，金答应返还徽宗及其皇后的灵柩，允许还在世的高宗的生母返回到儿子身边。金拒绝释放钦宗，但这个决定可能对高宗来说是个好消息，因为钦宗有可能会宣称他才是南宋的正统继承人。[22] 1142 年 10 月 11 日，一位金国外交官将一份授权的文书交给高宗签署，文书上清楚地写明宋朝是金朝的臣属：“下国”进贡给“上国”。高宗自称“臣构”。[23] 金从淮河以南撤军，以宋朝为臣属、金朝为封君的两国共处的新时期开始了。

许多人——不仅是主张统一的将领——都加入了对和约的批评阵营。他们指出和约背弃了儒家关于普天之下只有一位天子的思想。1162 年，新儒学哲学家朱熹站在道德立场上主张对蛮夷进行坚决的军事抵抗；1178 年，陈亮要求收复中原，再也无法忍受中国及其文
079 明被逐出中原地带。他写道：“臣窃为中国，天地之正气也，天命之所钟也，人心之所会也，衣冠礼乐之所萃也，百代帝王之所以相承也，岂天地之外夷狄邪气之所可奸哉！不幸而奸之，至于挈中国衣冠礼乐而寓之偏方。”[24] 如果宋朝不能返回中国的核心地区（中原），他担心宋将会丧失政权的合法性。

考虑到南宋在军事方面几乎毫无胜算，那么，这项稳固了南宋江山的和约，也就没有看起来那么糟糕了。其间只有两次—— 1164 年
080 宋朝占据了优势时和 1208 年金取得了优势时——对和约的条款进行了调整。

金的汉化

当女真人出现在东亚的历史舞台时，他们是如此与众不同，他们努力挣脱辽的控制并寻求独立，致力于稳固其种族地位和社会结构。他们为了种族的生存而斗争，因此领土扩张政策是至关重要的。但北宋的北方领土于 1127 年落入金的手中后，区区百万女真人成了掌握权力的少数种族。除了在政治上和文化上向其周围大约 2000 万汉人臣民妥协之外，他们别无选择。

关于如何治理这个扩张中的国家——超过90%的中国汉人居住在先前辽国的领土以及中原地区——使统治家族完颜氏分裂了。对各级行政体制运作优势有认识的人，倾心于汉人的官僚体制，但女真的武将们从一开始就担心他们的政治权力和独立性会遭到限制，因此他们反对实施汉式的官僚体制。但采用官僚体制的必要性迫使女真统治者在现实面前妥协了，于是汉化和集权化的大门被打开了。金朝于1137年采纳了汉人历法，1138年重新建立了汉人的科举考试制度，1139年采用了汉人的朝廷礼仪制度，包括使用汉式的朝廷服饰以及音乐，1140年祭孔并建立太庙。[25] 在他们与宋朝达成共存和约前，上述制度已经实施很久了。

在教育上，女真人改进了从宋朝继承而来的学校制度。当时地方孔庙中的校舍总数仅有275座，其中60座是在金朝时期修建的。学校由政府运营，分布于全国，包括乡村。1196年的一道法令确保了学校的财政来源："生员给民佃官田，人六十亩，国子生百八亩。"[26] 耕地的佃农也包括在规定中。

学校的主要任务是为科举考试准备学生。学生们诵读儒家典籍的声音让当时许多人确信了金朝也是文优于武的观点。通过保存旧的教育制度，金朝使得那些臣服于己的汉人精英阶层对金朝保持认同感，同时使传统价值观仍然在他们之中延续。然而获得传统教育仍然是少数人的特权，国子监只有160名学生，一些地方的学校只有10个人。所有学校的注册学生加起来只有1000人。进士的录取人数提高了几次，他们的数量于1201年被固定在600名。通过了科举考试的汉人只能被任用为低级文官。统治者完颜家族的成员并不愿意与外人一道分享权力。

1149年，完颜亮（海陵王）篡夺了皇位，开始了他强制汉化的恐怖统治。完颜亮不仅对其皇族成员极度不信任，对朝廷上有关他的批评也极为反感（包括在朝堂上以鞭打的方式侮辱朝廷官员），因而其统治充满了血腥。他在各县建立了孔庙。1150 年，解除了对汉人服饰的禁令。1154 年，采用了宋朝的货币制度。为了提升政府的效率，他把都城从女真部落的发祥地上京迁移到了燕京——这是一座位于今北京附近且具有汉式建筑风格的城市。仅为强调他对燕京城市规划的喜好，他就下令拆毁了上京的旧宫殿。[27] 皇帝的亲信官员所采取的行政改革措施导致许多女真贵族丧失了军权和收入，上述决策不仅标志着女真文化霸权统治的终结，无疑也彰显了海陵王建立一个正统汉式王朝的宏图大志。[28]

1161 年年末，海陵王违背了 1142 年的和约，指挥大军跨过淮河逼近长江，这是南宋最后的防线。1161 年 11 月 26、27 日，当金军将领试图在采石矶（今马鞍山）渡江时，遭遇了江对岸由虞允文指挥的宋军，早有准备的宋军奋起抵抗。尽管金军的损失不超过 4000 人，但宋军胜利的战略意义是深远的。10 月 27 日时，海陵王的侄子完颜雍（1161—1189 年在位）篡夺了皇位，几周后的 12 月 15 日，一群女真军官在统帅营中把海陵王杀死。

082 完颜雍能讲一口流利的汉语，对中国典籍也非常熟悉，但他对其叔父的评论很轻蔑："海陵习学汉人风俗，是忘本也。"[29] 完颜雍的庙号是世宗，他把民族认同从汉化转向了对女真的复兴。金世宗不反对汉人，也认识到了汉人在文化和行政管理上具有的优势。他保留了汉式官僚体制，征召汉人儒士担任公职。但他反对进行民族整合。他的观点是，汉人、女真人和契丹人归属不同的家族，对各自的家族效忠。从历史经验来看，他觉得女真人只能依靠女真人。

根据金世宗的观点，对汉人的模仿导致了女真人生活方式的腐化。他目睹了女真社会的瓦解、人民道德的堕落和日益增多的犯罪行为。女真皇族成员间的鸿沟正在逐渐扩大，他们中的大多数定居于京城，接受了汉人的都市生活方式；而其他人还居住在乡野为生存而奋斗，后者并不习惯于定居生活。170 户属于统治阶级的女真贵族每户所拥有的农田数量是普通女真家庭的1200倍。[30]

金世宗采取措施试图从一定程度上扭转这种局势。他没收了那些不曾耕种的土地和女真大土地主非法购买的土地，把它们分配给贫困的女真家庭。但这种做法产生的结果事与愿违，在许多事例中，贫苦的女真人把他们的土地所有权卖给了汉人农民以换取现钱，这导致了土地所有权的转手过于频繁。皇帝不得已恢复了以前的做法，给那些不能或不愿自谋生路的皇族部落的成员授予虚职闲差，但所有这些救助措施还是不能保证这些人在经济上的自给自足。

金世宗之所以在试图恢复女真人自我认同的过程中失败有几个原因：第一，对于如何加强普通女真人的生计，如何改善统治家族和传统贵族之间的紧张关系，他没有一个切实可行的计划。第二，他推行的措施让人们有一种矛盾且复杂的感觉，同时产生的后果也颇为混乱。例如，他在1173年把上京（位于今哈尔滨附近）的地位降为普通的府县，但在同一年他又设立了女真语进士，并推动把中国经典翻译成女真语。这给人的信息似乎是：女真人应该使用自己的语言，但也要学习中原汉人的美德。1188年，他禁止女真人民穿着汉服，此前女真人已经穿汉服40年了。但在1191年，金世宗解除了女真人和汉人之间的通婚禁令（不管法律如何禁止，金朝社会各阶层中的女真人与汉人的通婚事实上一直存在）。同年，皇帝还禁止汉人把女真人视为夷狄。[31] 第三，世宗犯了一个根本性错误——他认为那些习惯居无定所的女真武士能在几代之内转变为守法的农民，因此对这些人的一切经济扶持计划最终的结果必然是失败。最后，在世宗要选定继承人时，朝廷的大臣们都主张遵从汉人的长子继承制，而不是采用女真的部族首领选举制。

金世宗宣称："我国家绌辽、宋主，据天下之正。"[32] 他的继承人金章宗（1189—1208年在位）和金宣宗（1213—1224年在位）继承了他的这个看法，并进一步提出金朝是中国王朝更替链条中顺应天

083

命的一环。但和世宗一样，金朝后来的统治者也对是否采纳汉制表现出犹豫不决，这也使其治下的女真人和汉人都感受到了疏远。1234年，金亡于蒙古不久，刘祁推测金衰亡的一个重要原因便是金的统治者没法下定决心支持完全汉化。[33] 彻底采纳汉人的科举和行政制度将可以使有才干的汉人士大夫进入政治决策核心，但金朝最终选择了只允许女真人占据决策层高位的做法。

宋朝受制于女真人一百多年，但这漫长的对抗也耗尽了女真的全部精力。蒙古人入侵后，女真人最终在远离他们故乡的土地上被消灭，不变的似乎只有黄河与长江，静静地诉说着一切。

宋朝的辉煌和苦难

在中国历史上，人们普遍认为，1161 年采石矶一役取得的胜利可与 383 年淝水之战的辉煌战果相媲美。淝水之战中，中国（东晋）军队战胜了前秦的异族军队，挽救了中国文化，使其免受夷狄的破坏。采石矶之战后，宋金和约中不再使用侮辱性的术语“臣属”来称
084 呼宋，而是用“叔侄”来指代金宋关系。处境困顿的南宋政权乐于接受这种互信关系，不仅是因为这重振了南宋的民族自信，更因为他们已许久没有体会过被人尊重的感觉了。

在位 35 年后，宋高宗于 1162 年 7 月 24 日退位，并把嗣子赵昚（1127—1194）推上皇位，是为孝宗。赵昚为人谨慎、认真，力图实践儒家的道德行为准则。他严密地监督着朝廷和中央政府的运转，以确保维持朝廷高官之间的权力平衡。他废除了秦桧的政策，为军事英雄岳飞及其家族平冤昭雪。同时获得平反的还有许多在主和派掌权时受尽屈辱的官员。不少历史学家认为，孝宗是南宋最杰出的皇帝，他在位的时期也被评为南宋的黄金时期。[34]

孝宗在位的最后两年一直忍受着精神病患的痛苦，他以嗣父为榜

样，在统治了 27 年后于 1189 年 2 月 18 日退位。而在此四周之前，他的上国之主金世宗刚去世，金世宗在位时期也被视为金朝的黄金时期。在这两位仁慈君主治下，宋金之间的共存政策结出了果实，百姓安居乐业，国家繁荣昌盛。

宋孝宗退位后，宋朝不可阻挡地逐渐走向衰落。他的继任者宋光宗（1189—1194 年在位）也同样患了精神疾病，五年后宣布退位。其子宁宗（1194—1224 年在位）被认为是宋朝最不作为的一位皇帝。他讲话极其缓慢，好像从来没有形成过自己的政治理念。决策的事情听凭宰辅们决断，而这些人受制于皇后。[35] 皇后成功把她的叔父韩侂胄（1151—1207）推上了高位，后者日后成为朝中炙手可热的权势人物。因为自己并不是科举出身，韩侂胄发动了宋朝最臭名昭著的一次反智运动，此外他还发动了一次反女真战争，最终以宋的失败而告终。

1195 年，宁宗即位之初，一直为王朝复兴而斗争的宰相赵汝愚（1140—1196）征召了一批很有声望的士大夫进入朝廷，这些人包括新儒学思想家朱熹。1196 年，一系列大规模派系斗争后，韩侂胄接任宰相之职，赵汝愚被贬往湖南，后者于途中死去。[36] 由于韩侂胄在朝廷的专权，朱熹任职仅两个月后便遭弹劾，并被驱逐出京，他的哲学思想（道学）也被贴上了“伪学”的标签。受韩侂胄做法的鼓励，他手下一批虽有学识但一样毫无廉耻之心的党羽也弹劾了 59 名朝廷官员，指责他们犯罪。[37] 1202 年，针对儒学的禁令被撤销，但韩侂胄对追随道学的官员的敌视态度一直持续到他仕途生涯的末期。

韩侂胄的对外政策对南宋来说同样也是灾难性的。当时的金国不仅与西夏发生了边境冲突，更面临着来自蒙古的新威胁，同时，1206 年的天灾对金国境内的山东地区造成了很大影响。鉴于金国处于内忧外患之中，韩侂胄提议应发动对金朝的战争，之后宋朝于 1206 年 6 月 14 日向金宣战，持续了 45 年之久的和平时期宣告结束。

对于这一举措，许多边境将领和爱国人士极为欢迎，因为这意味着有机会收复丢失了60多年的北方失地。宋军总计有16万人，第一轮攻势中，他们以突袭的方式攻取了淮河边境上的泗州。但金军在很短时间内就组织起了反攻，他们稳住了汉水的中部防线。1206年12月，大约13.5万名金军步兵和骑兵部队分三路并进，分别攻到了长江下游地区、汉水流域和四川地区。金军攻占了汉水流域的光化，并包围了襄阳、德安的外围要塞城池。围城从1206年12月开始，到1207年的4月结束。[38] 襄阳守将赵淳击退了敌人数十次的水陆进攻，使城池免遭金人的破坏。

对宋朝来说，这次战争是一场灾难。由于战略上的失误、后勤补给的疏忽以及糟糕的气候条件，宋军多次战役都惨遭失败。金帝国境内的汉人并没有如韩侂胄期望的那样，和南方的汉人一道反抗金人。相反，宋朝军人大批逃亡。在这几个月内，整个南宋进入了最动荡的时期，不断从前线传来令人沮丧的战报，使本已焦头烂额的朝政更加恶化。主和派再次获得了皇帝的青睐，他们指责韩侂胄应对军事惨败负全责。在此情况下，宁宗皇帝不得不抛弃了韩侂胄。

086 1207年3月29日，宋朝遗民杀死了原四川宣抚副使吴曦。吴曦背叛了宋朝，并自称蜀王，后归顺金朝。吴曦的首级被装在盒子里送到宋廷。事件的急转直下迫使剩下的金军撤出了四川地区。此时形势已经很明显了，双方都无法赢得战争。完颜匡统率的金军疲惫不堪且饱受疾病困扰，因而再也无法继续围困襄阳城。就在这时，宋朝的使团来到了开封的金廷，与金开始了和谈。

宋金之间复杂的谈判从4月谈到了年底。11月23日，韩侂胄被解职，几天后被皇宫卫兵首领刺死。四天后，宋宁宗下令把韩侂胄的亲信苏师旦处死，韩侂胄一派中的其他人也都遭到了惩处，和谈的氛围即刻改善了。[39] 1208年7月29日，金宣布与宋达成和解。该年的10月15日，双方的会谈使节正式会面，宣布和谈的最终结果，并签署了协议。宋朝答应向金支付战争赔款300万两银，每年的岁币增为 30 万两银、30 万匹绢；宋朝还为自己违背旧的和议而向金道歉，并将“战犯”韩侂胄、苏师旦的首级用盒子装着送到金朝——这是一个前所未有的达成和平的条件。首级被涂上了漆，安放在女真皇族的太庙中，而他们的画像在金帝国各地展示，以儆效尤。[40] 作为回报，金朝答应从宋的领土上撤军，并恢复旧的淮河边界。宋朝的岁币再次帮助了金朝统治者，使他能给予其拥护者奖赏，使王朝可以再维持一段时间。

宋朝派系斗争的最终胜利者是史弥远（1164—1233）。出身于官宦之家的他接替了韩侂胄的职位。[41] 史弥远参与了对韩侂胄的暗杀，就如他自己所说：“臣获密赞。”[42] 这件事使史弥远在中国历史上显得扑朔迷离，但他还是与赵普、蔡京、秦桧和韩侂胄一起被列为宋代最有权势和最专权的宰相之一。在史弥远之后，只有贾似道（1213—1275）——宋朝最后一位改革者——被视为与史弥远一样有权势。史弥远天赋异禀——对待政务训练有素，不仅受过很好的教育，而且忠于皇帝和朝廷，当他需要表现其书法艺术时，也能显示出优异才能。他与皇后杨桂枝（1162—1232）密切合作，后者是宋代历史中最有政治进取心且最精明的一位皇后。 087

史弥远专权 24 年，1233 年去世。他任宰执的时期是宋朝最后一段和平稳定的时期。宋宁宗于 1224 年 9 月 17 日去世时，没有确定继任人。史弥远和皇后成功把太祖皇帝次子的一个几乎不为人知的十世孙赵昀推上皇位。赵昀便是理宗（1224—1264 年在位），在位 40 年。[43] 其庙号表明了国家对朱熹的儒家理学学派（新儒学）的承认。同时，其庙号也宣示了在蒙古入侵前夜，宋朝在文化上拥有的优越地位。

蒙古的崛起

命运似乎觉得金对南宋持续不断的威胁还不够，在 13 世纪初期，蒙古人在北方地区兴起，对南宋构成了更大的威胁。在成吉思汗和他的儿子们的统领下，不到 10 年间，蒙古人就把宋朝的两个敌国党项西夏（1227）和女真金（1234）消灭了。金亡后两年，蒙古人就把注意力转向了宋帝国，并开始入侵四川地区。

蒙古人是生活于克鲁伦河和鄂嫩河附近草原（该地位于今蒙古国东北、贝加尔湖以南几百公里处）的游牧民族。他们几百年来过着自给自足的生活，以放牧羊、牛和马为生。但在 12 世纪的大多数时间里，第三小冰河期导致了年平均气温的下降。恶劣的气候条件迫使蒙古部落离开他们自己的领地去寻找更好的草地。因而他们不可避免地与邻近部落发生冲突。当他们于 1139 年击败金朝军队时，中国史学家们第一次注意到了他们。1147 年，蒙古人与金朝签订和约，金同

意进贡牛羊、谷物和丝绢给蒙古——而在此五年前金人也和宋朝签订了同样的和约，规定的贡品比这次还多，但不同的是，这次是金人要进贡给部落民族。

铁木真（1167—1227），其更为人知的名字是成吉思汗，意为“坚固”“强大”或“像海洋般浩瀚”的征服者。他并非出身于有权势的定居家庭。他的父亲也速该（1134—1170）被塔塔尔人毒死；从前的追随者和家族成员都流落各处，投靠比铁木真更有权势的人。铁木真无依无靠的寡母诃额仑被迫和她的孩子们一道离开家园。《蒙古秘史》（该书用中文写成）描述了这位勇敢的女性如何带着她的孩子逃入深山，靠着野外的梨子、浆果、树根、鱼以及捕猎小动物为生；书中还描述她如何从敌人那里把自己的孩子拯救出来。

铁木真几十年来一直处于没完没了的争斗中，不仅丧失自由，有几年他还做了金帝国的囚徒。这一切他都忍受了。在此期间他建立了自己的联盟。1206 年，旧的蒙古领袖死后，各蒙古部落在斡难河召开了部落大会。在这次大会中，所有的蒙古部落首领聚集在一起推举出最优秀的继任者——在绝大多数情况下是已死领袖的儿子或兄

弟——这位领袖必须击败所有的竞争对手，同时需要证明他能保障各部落的利益和福祉。铁木真一直致力于建立一个种族、文化和语言上都统一的蒙古部落同盟，如今他的这个愿望终于实现了，他成为所有蒙古人的首领。

在成吉思汗掌权后，蒙古人的生活不再依靠传统的游牧，而是逐渐靠从战争中获取的战利品。他给他的人民提供了金、银、马匹、女人、俘虏和奴隶；他需要人民对他服从并保持忠诚。他认为忠诚和报复是人类关系的基础，值得信任的部落成员会得到慷慨的奖赏，而不忠者将会受到残酷的惩罚。只要蒙古的军事机器继续向其邻近民族发起进攻并获得战利品，这套统治制度就能正常运转。因此战争、征服以及对战争的渴望成了他们的最终目标。

蒙古的部落结构与其军事结构密切相关，1000 名战士组成 95 个战斗单元，其家庭成员也从属于这些单元。对指挥官的任用完全依据其在战斗中表现出的能力、效率和勇敢程度。这套竞争机制有着很高的激励作用，因为这意味着晋升并不以出身为标准，所有人都有晋升的机会。大汗视所有战士为兄弟和战友，他的军官和普通士兵享受 089
着同样简单的食宿，这些平等条件激发了他们的男儿斗志，也使军队更加忠诚。1227 年，蒙古的军事单元数量可能已经增加到 129 个，包含 70 万人——整个蒙古民族已全民皆兵。

1209 年，蒙古人加紧了对党项人的军事进攻，并在 1211 年开始入侵金的领土。1214 年春，蒙古军队包围了金的中京中都（今北京），迫使金为结束战争付出了高昂的代价：他们给蒙古人送去了 500 名童男童女作为奴隶，3000 匹马，外加大量的金银。[44] 那年的夏天，金朝皇帝宣宗将都城从中都迁往南京开封，40 多万户居民也跟着南迁。成吉思汗知道这个消息后，立即命令其军队进攻中都。

由于补给被切断，中都城中的人民完全失去了获得救援的机会，中都城于 1215 年在被围困了 10 个月后向蒙古人投降了，城中数万居民被屠杀。此后数月，被屠杀的尸骨堆积如山，土地都被尸体的油脂浸透了，空气中弥漫着尸体腐臭的味道。[45] 成吉思汗认为女真人很狡诈，他们之所以南迁，是为了加强军事力量并伺机反攻，他对中都的屠杀是对女真人这种企图的报复。成吉思汗麾下最有才干的将军木华黎在金的北方领土，即今天的河北、河南、山西、陕西地区，发动了一次又一次的进攻。不久，契丹人和女真人的故乡——东北地区，也被蒙古人占领了。

“真主之鞭”

为了彰显自己的正义观，成吉思汗按着复仇原则安排他的人生。[46] 蔑儿乞部族劫持了他的妻子孛儿帖后，他下令将该部族吞并。[47] 他因塔塔尔人杀害了他的父亲而下令杀死所有塔塔尔部族的男子。受他报复惩处的人可以列出长长一大串名单，这些人中许多仅仅是因为和冒犯成吉思汗的人有家族关系、朋友关系或部族的从属关系。他大肆破坏所攻占的城市，屠杀平民，所杀人数常以万计。对生活于北方的汉人来说，蒙古军队四处杀戮带来的恐怖已经是家常便饭了。

090 对生活在中原和南宋的汉人来说，之前契丹和女真的入侵更加恐怖。成吉思汗的进攻对象集中在中亚草原附近的富裕城市——这些城市大多散落在举世闻名的“丝绸之路”旁。丝路上的这些国家因为先前的战事频仍，国力疲惫，根本无法抵抗蒙古人，他们所处的草原比中国中南部的稻田更易于蒙古骑兵策马驰骋。相较于易受攻击的中亚诸国，南宋幅员辽阔，因此仅靠杀戮和暴力是无法征服南宋的。

人们相信蒙古人茹毛饮血，生吞动物，活剥人肉。蒙古人恶名远扬的速度比起他们骑兵行进的速度，是有过之而无不及，这恶魔般的名声也使他们能够瞬息之间便攻城略地。蒙古军队的指挥官告诉那些将被他们杀害的人，在他们血腥的行军路线上，城池居民获得生存的关键是“不战而降”。当一座城池遵从他们的命令投降时，蒙古人会只劫掠官府和商户，但会放过城中大多数百姓。攻克城市后会有一阵短暂的停留，停留的时间恰好足够让蒙古军队瓜分他们的战利品。瓜分完毕后，蒙古的战争机器才离开城市。对蒙古人有用的工匠和年轻女性，经常被当作奴隶分配给蒙古各部官兵。

蒙古人的军事胜利激起了中亚最强大的伊斯兰教统治者花剌子模苏丹穆罕默德的愤怒。穆罕默德一直野心勃勃，志在征服金朝。花剌子模的领土北起河间地带（今土库曼斯坦），东至伊朗和阿富汗，南至北印度。在与花剌子模谈判毫无结果且蒙古使团全部被杀害的情况下，成吉思汗准备与其开战。但是 1219 年，在启程西征之前，他召集了一次部族大会，确定死后其汗位继承人的问题，以防万一。与会者赞同他的三子窝阔台（1186—1241）为其继承人。

从 1219 年到 1225 年，成吉思汗的将领们指挥军队攻入花剌子模，屠杀了数以百万计的平民。胜利不仅巩固了蒙古人不可战胜的威名，更使蒙古人的残暴人尽皆知，当时的阿拉伯编年史家因此把成吉思汗描述为“真主之鞭”。[48] 不花剌城——突厥世界学术、宗教、商业和工艺的中心，于 1220 年初被蒙古人洗劫；同年春，撒马尔罕城在被短暂围困后也陷落了。在上述两场攻城战事中，城中的居民和伊斯兰教神职人员投降后都被驱逐出城，而守城的数万军士全都遭到了屠杀。其他几十座城池也遭受了相同的命运。蒙古军队兵分几路，向西一直攻打到钦察草原（Kipchak Steppes），向北一直进攻到里海， 091
向南经高加索一直到黑海，西征的军队大部分于 1224 年至 1225 年返回蒙古。

训练有素的骑兵数量无法满足频繁战事的需求。每位骑兵都要穿上嵌有铁板的牛皮铠甲，还需要有几匹备用的马，这样他只需短暂休息后就能连续骑行数日。从女真骑兵那里模仿而来的铁掌马镫使蒙古射手可以在疾驰的马匹上站立，并射出带铁箭头的箭。跟随在骑兵和辅助部队后面的是大量装满后勤补给的大车。他们还带来了炸弹、装有火药的火箭，以及各种不可缺少的围城机械装置。成吉思汗把各部族结为联盟，他击败了许多王国，将他们的军队归入帐下，让他们成为其征战的炮灰。由契丹人、女真人、高丽人和汉人组成的辅助部队就总人数而言，远远超过了蒙古人军队的人数。被征服地区的人们也要向入侵的蒙古人提供粮食、服装、金属、马匹和劳役。[49]

成吉思汗死于 1227 年 8 月，在他死前的最后一役中，他率军进攻党项人的都城（位于今宁夏），因为党项人早先曾拒绝向蒙古提供辅助部队，蒙古人后来进行了可怕的报复，杀死了全城居民。这位蒙古帝国的缔造者在蒙古人心中具有神一样的地位，他的死使蒙古对金朝的大规模入侵计划向后推迟了。窝阔台即位，战端再启。1230 年，窝阔台大汗展开了对金帝国的强大攻势——东路由山东出发，大汗亲自统率下的中路从山西出发，拖雷指挥下的军队由陕西和四川北部的西路出发，三路大军齐发。1232 年，三路人马逼近开封，绝望的金哀宗（1224—1234 年在位）逃到了蔡州，在那儿他向南宋求救。他的哭求没有回应。开封于 1233 年陷落。金哀宗于 1234 年 2 月 9 日自杀，这标志着金朝的灭亡。

从 1235 年起，到窝阔台死的六年间，蒙古军队向西进攻到了欧洲的最东部。蒙古大汗的军队取道南西伯利亚向西，1237 年，征服了伏尔加河流域的保加利亚人，1238 年，洗劫了弗拉基米尔和莫斯科，然后回到了他们熟悉的钦察草原。1240 年，蒙古人征服了罗斯人（Rus）在乌克兰的都城基辅，切断了俄罗斯与拜占庭帝国在宗教
092 和文化方面的联系。之后，蒙古骑兵又从基辅入侵了波兰。他们在波兰的赫梅尔尼克（Chmielnik）击败了波兰军队，并在 1241 年于西里西亚的莱格尼察（Liegnitz）战役中横扫了日耳曼—波兰骑士团。同时，另一路蒙古军队在莫希（Mohi）击溃了匈牙利国王后进逼维

也纳。

1241年12月11日，窝阔台因严重酗酒而死于哈拉和林。大汗的军队纷纷返回蒙古以推举新大汗。接下来的几年间，成吉思汗四个儿子的家族为了争夺汗位吵得不可开交，形势严峻到几乎要爆发内战。这种形势威胁到了蒙古部落内部的团结，以致蒙古人所有的对外军事行动都不得不停滞。直到1251年，成吉思汗四子拖雷的儿子蒙哥（1209—1259）在其母唆鲁禾帖尼的帮助下成为大汗。他骄傲地宣称："遵祖宗之法，不蹈袭他国所为。"[50] 1253年，为了巩固其统治，蒙哥进行了残酷的政治清洗，他将窝阔台家族几乎屠戮殆尽，命令其弟旭烈兀加强对波斯的统治。1258年，他洗劫了阿拉伯阿拔斯哈里发王朝的都城巴格达。在那儿，随蒙古军队出征的基督徒参与了针对穆斯林的大屠杀。[51]

当时的蒙古四大汗国由位于南俄罗斯和乌克兰的金帐汗国、察合台汗国（曾是花剌子模国）、西亚汗国（后称波斯伊利汗国），以及蒙古汗国组成。另外，蒙哥还任命其弟忽必烈统领汉地，并令他发动针对南宋的战争，夺取南宋的粮食储备，洗劫南宋富庶的城市。

作为攻宋的准备工作，忽必烈先攻取了今云南省的大理国，之后在南宋北部边境不断地袭扰，1254年正式发动了侵宋战争。1259年8月11日，蒙哥指挥的部队刚刚渡过长江，蒙哥却在一次战役中中箭而亡。汗位继承危机再次爆发，这使南宋的灭亡被推延了。忽必烈成了1260年5月5日和1271年12月18日两次蒙古部落大会的胜利者，他宣布建立新朝，即后来为人所知的元朝。忽必烈即元世祖（1260—1294年在位），他将成为统治整个中国的第一位异族皇帝。

宋朝的垂死挣扎

13世纪50年代蒙古人出现在宋朝的边境后，宋朝官员们应该已

经认识到这些入侵者将会带来的严重威胁，他们与之前进行抢掠的游
093 牧蛮夷是不一样的。宋朝统治了中国 300 多年，它的辉煌已经一去不复返了，而蛮夷对中国的这次征服也将是前所未有的。宋朝的政治家们并没有意识到问题的严重性，也没有真的思考解决之道。在过去的历史中，宋朝人对外族入侵有着行之有效的解决办法——与入侵的异族建立外交关系以换取时间，等待其他强大的外族军事力量击败原先的入侵者。[52]

13 世纪的宋朝也是弊政丛生，内政问题并未得到良好解决，这为其自身的衰亡埋下了隐患。1234 年蒙古灭金时，若以金属货币为标准，纸币价值暴跌，这使报酬由纸币支付的军民遭受了严重损失。为了减少流通货币中纸币的数量，并稳定其市场价值，宰辅郑清之于 1235 年提出每亩田地要加征一缗会子（纸钞）的田赋。此建议遭到代表大地主利益的官僚们的坚决反对，他们建议应向商人征税。所有这些企图稳定纸币票面价格的建议最终都无果而终，通货膨胀率在 1246 年达到了天文数字般的程度。尽管多年的丰收还能使国家保持较高的岁入，但不可否认的是，灾难性的影响正向宋朝经济走来。[53] 但没有人敢采取必要的措施改革货币制度，因为这个制度使得大量的财富集中在地主阶级的手中。

为了供养宋朝庞大的军队，政府要求农民把他们的谷物出售给官府的粮仓，并接受纸币形式的报酬。新任宰相贾似道（1213—1275）试图改变谷物的售卖方式，以此来稳定粮食价格。他于 1263 年施行的“公田法”是一个对私人财富进行再分配以增加政府岁入的计划。该计划规定，国家将从拥有 500 亩（286500 平方米）以上田地的私人手中收购农地，并将这些农地转为公田，重新分配给无地的农民。这种对私人土地的购买近似于征收，官员们也将根据其官阶大小按比例分得土地。[54] 对所收购土地的赔偿价钱依据土地正常出售时的价格而定，而土地的市场价格是按其每年缴纳的赋税额度来定。

在中国的封建历史上，就巩固国家财政、稳定纸币价值、限制大地主拥有土地的面积、限制大地产者的经济实力、应对日益泛滥的逃税行为等问题而言，贾似道的改革最为激进，也最为破釜沉舟。他的改革措施施行了 12 年，直到 1275 年。宋理宗和宋度宗（1264—1274 年在位）对此大力支持。但改革损害了支撑南宋危局的大臣们的经济利益，他们强烈反对并大声疾呼应当停止改革。1268 年，蒙古人再次猛攻南宋，贾似道于此时身居宰执之位也算是他的不幸。假如他早些时候死去，中国的历史学家可能会认为他是可与王安石媲美的杰出改革家。即使到了今天，考虑到当时南宋已大厦将倾，对他改革的功过是非进行评价也是极为困难的。[55]

忽必烈于 1260 年成为蒙古大汗，他决计要征服南宋——这个被他视为强有力的对手激发了他重新统一中国的愿望。但是他的骑兵还不习惯长江以南的宽大河湖、泥泞的稻田和潮湿炎热的气候。相较于在草原地区的战斗，对南方的进攻需要不同的后勤补给，采取不一样的策略。为了确保攻宋战争的胜利，蒙古人需要有人辅助他们，尤其是对南宋风土人情极为熟悉的“脱宋者”。

这位蒙古新大汗也有内政方面的麻烦，他必须加以重视并解决。忽必烈当选大汗时遭遇到其弟阿里不哥的强有力挑战，之后山东一位很有影响力的汉人军阀李璮（死于 1262 年）发动了叛乱，忽必烈都一一平定了。[56] 他既需要在华北建立起有效的行政管理制度，以确保赋税收入源源不断地进入蒙古朝廷，也要考虑维持蒙古民族的种族特性和游牧特性。和之前的女真人一样，他也陷入了相同的困境中，而且这是个非常严重的问题。为此，忽必烈建立了一套类似于北宋的中央行政制度，但是在地方管理方面与汉人的系统很不相同。[57] 他把当时中国的人口分为三类：蒙古人，处于支配地位；中亚和西亚人，包括许多穆斯林，地位居于蒙古人之次；汉人，以及契丹人、女真人，地位最低。

蒙古的战争攻势始于1268年对汉水流域的樊城和襄阳的战役。这两座城池有重兵把守，是进入长江中游的咽喉要塞。宋朝官员王应麟（1223—1296）曾参加理宗皇帝的丧礼，他多次告诫度宗皇帝，宋帝国的安全很大程度上依赖于这两座城池的得失。“事几一失岂能
095 自安？”他抱怨朝廷官员疏忽大意，当时没有人愿意讨论前线的危急形势。[58]宋廷确信襄阳、樊城能经受得住敌军的多年进攻，因为在1206年、1207年，金军也没能攻下襄阳。进攻者不仅需要水军，更需要有熟练的攻城部队来搭桥，以渡过又宽又深的护城河，攻破坚固的城墙。

除了蒙古人，忽必烈还征集了汉人、波斯人和畏兀儿（Uighur）人补充陆军，此外还雇用了高丽人和女真人为水军。5000多艘船封锁了江面，切断了外界对被困城池的给养和增援。更可怕的是1272年，蒙古人掌握了穆斯林的围城技术，他们建了一座又一座投石机，这种机器可以长距离地射出巨石，将城墙击破，最终城池还是被攻破了。1273年1月，樊城被摧毁，10多万守城军民被屠杀。蒙古人把尸体沿着汉水堆积起来，面对这如同地狱般的惨状，襄阳守军毛骨悚然。

在防守了五年之后，襄阳城的宋军守将吕文焕叛变投敌，他后来成为忽必烈的军事顾问和战将。1273年，襄阳的投降是为了拯救本城，免受可怖的屠杀。宋廷对此大为震惊，未来战场的走势已不在他们的掌控之中，宋朝的官员们在英雄主义、忠诚和宿命论之间徘徊不定。他们预料蒙古军队会顺江而下直入南宋的核心地区。但出乎意料的是，大规模的入侵又被延迟到了1274年下半年。蒙古人先采取了两次军事远征：1273年，派兵平定了高丽；1274年，征讨日本。后来的事实证明，蒙古人对日本的征讨带来的是灾难性的后果。

1274年8月12日，忽必烈对南宋宣战，就在三周之前，宋度宗

莫名暴毙。忽必烈把在南方的军事冲突的责任归咎于宋朝。[59]度宗4岁的儿子赵㬎（1270—1323）即位，其祖母太皇太后谢道清（1210—1283）——13世纪宋廷最著名的女性——宣布垂帘听政。

最后的崩溃

忽必烈任命伯颜（1237—1295）统领对宋的战事。经过精心准备，在许多宋朝叛将的帮助下，伯颜的20万军队（主要是汉人）于1275年1月在汉口跨过长江，主力沿着长江向南京和扬州方向进发，同时还分兵向广州和福建进发。1275年1月，宋朝太皇太后呼吁，那些“食君之禄者……应忠君之事，尽力与敌战”[60]。她仍对集中兵力阻止蒙古人进军抱有幻想。 096

1275年3月，在贾似道的指挥下，13万人的军队和2500艘战舰封锁住了长江，等候着驻军于距扬州不远的丁家洲的蒙古军。战争正式打响后，宋军在蒙古骑兵的冲击下溃不成军，蒙古的大炮更是将宋军的战舰炸得粉碎[61]，宋军防线一触即溃，官兵们要么投降要么逃跑。贾似道试图重新集结残余部队，但他不仅要担心自身安危，还得为这次惨败负责。1275年3月26日，谢太皇太后将贾似道解职。其继任者陈宜中（约1228—约1285）要求处死贾似道，但谢太皇太后拒绝了。1275年10月9日，在去往流放地福建的途中，贾似道被其押解官郑虎臣杀死。

陈宜中立即废除了“公田法”，并着手重建改革前的土地所有制。朝廷官员正一片混乱，对朝廷的走向产生了分歧，就如同从前对贾似道那样，朝中官员也分成了不同派别。太皇太后无奈地感慨，偌大的朝堂竟无一人堪用。针对官员的懦弱行为和不忠行径，她警告他们，天命仍然没有改变。[62]

伯颜的军队一步步向首都杭州进发，宋军无法抵挡入侵者。宋廷多次向伯颜提出进行和谈的请求，但是蒙古人并没有答应。绝大多数城池不战而降，其间只发生了几起零星的抵抗。为了恐吓那些忠于宋朝的捍卫者，伯颜决定以常州作为最可怕的例子。1275 年 12 月攻陷了常州后，他下令将全城百姓，无论军民尽皆处死。1276 年年初，蒙古军队进逼杭州城，各级官员四散而逃。陈宜中建议撤离杭州，而忠臣文天祥（1236—1283）、张世杰（？—1279）于 10 天前为挽救王朝就曾提出一样的建议，但没有被采纳。

097 1276 年 2 月 4 日，伯颜的军队已经抵达杭州附近。陈宜中弃太皇太后于不顾，秘密潜逃回温州——他的家乡，一天之后张世杰也逃出杭州，带领其部队去往汀州。太皇太后感到遭受背叛，现在宋朝已名存实亡，先前签署的无条件投降的文书连同玉玺被送到了伯颜帐中。

小皇帝请求大元皇帝施以圣德："今天命有归，臣将焉往。"[63] 1276 年 2 月 21 日，伯颜以元朝的名义接受了宋朝的降书。同年 3 月 28 日，伯颜以胜利者的姿态领军穿过杭州城的城门，行走在城中大道上，这座世界上最富裕、最宏大、最文明的城市终于被伯颜占领了。[64] 小皇帝赵㬎、他的母亲全玖（1241—1309）、谢太皇太后以及嫔妃、宫女和宦官等被伯颜囚禁，并被押送到忽必烈在上都的居所。小皇帝赵㬎后来和他母亲一起被流放到今天的西藏地区。他后来成为藏传佛教的僧侣，于 1323 年自杀身亡。

对谢太皇太后来说，向元朝无条件投降似乎证明了宋朝的灭亡已是天注定。但许多心怀复国之心的忠臣，如陈宜中、张世杰、文天祥，通过不同的途径逃到了南方。他们还带走了宋恭帝赵㬎的两个同父异母兄弟赵昰（1268—1278）、赵昺（1271—1279）。他们不断组织军事反抗，并于 1276 年 7 月 14 日，拥立赵昰继承皇位，后世称其为端宗。但是，由于缺乏合作，他们的反抗从一开始便注定会失败。在蒙军的追击下，他们被迫从海上向南逃到崖山，追随这些忠臣的宋朝逃亡者有 20 万人。1278 年 5 月 10 日，端宗的弟弟，即宋度宗6岁的儿子赵昺被拥立为帝。

蒙古舰队在1279年3月19日的海战中击溃了宋朝的残余部队，不可计数的宋朝军民和他们的小皇帝一起，在这次战役中或失踪或死亡。他们中大多数在战斗中被杀，但也有许多人是因溺水而死，也有许多人选择自杀。对于誓死效忠宋朝的忠臣来说，他们遵循新儒学的理念，选择了殉国而不是向蒙古投降；对他们的眷属来说，他们以自尽的方式表达了自己的忠心。[65]

崖山之战的见证者之一便是著名的宋朝忠臣文天祥。1256年， 098
文天祥在由王应麟主持的进士科举考试中高中头名，被宋理宗点为状元。文天祥积极参与朝政，曾提出捍卫南宋、保卫京城杭州的主张，但他的所有努力都失败了，就如同南宋军事抵抗的结果那样。1279年，文天祥被蒙古人俘虏，在狱中，蒙古人多次劝降，但他坚持效忠宋朝。这就使他处于一个道德困境中：他对国家的忠诚超过了对其家族祖先孝道的坚持（忠孝难两全），这与儒家的孝道伦理不相符合。狱中他拒绝了蒙古人的劝诱，他坚信一个受宋朝恩惠、接受过宰相之职，且在科举考试中高中状元的人不能事二主。他坚持要以殉身的方式证明对宋朝的忠心。被囚四年后，即1283年1月9日，文天祥在蒙古京城大都（今北京）的市场上被处死，当时刑场上满是围观者。他留给世人最后的话是：“吾事毕矣。”[66]

第 5 章

儒释道三教

在佛教和道教的影响下，宋代的儒学思想家们开始重新认识、重新理解中国古典思想，创造出了后来被称作“道学”的哲学体系，并为其日后的发展打下了基础。在这个思想运动中——在西方通常被称为“新儒家（学）”——出现的哲学学派不止一个，其基本目的旨在建立一套新的社会和政治秩序。[1] 新儒学对中国价值体系进行了重新定义，同时新儒学也重申，应当建立一套正统的伦理道德观，辅以一套理性的认识论。这些价值观念作为宋代文化的核心，体现于公共领域和私人领域中。

思想家们主导下的这场思想“复兴”运动，其目的是重建儒家哲学的优势地位，并使之超越佛教和道教这两个对手。他们首先采取的措施是清除多个世纪以来渗入到儒家学说中的谬误。但是在复兴的实践过程中，他们也融入了佛教和道教的教义，使儒学的理论更加人性化。在整个宋代，儒学、佛教和道教被称为“三教”，它们在社会各个阶层中都发挥了重要作用。

振兴儒学

宋朝是中国哲学的黄金时代。古代儒家的价值体系在12世纪学者们的努力下重获新生，就思想深度而言，达到了其历史上的最高峰。在帝制彻底寿终正寝前，这套价值体系作为一套杰出的意识形态理论，一直支配着中国精英的行为方式，调节着国家内外政策的制定。

宋代士大夫们开始考证儒家经典著作中的基本理念，并将其追根 100
溯源至孔子及其学派。他们在这一过程中得出了自己的结论，并用这些结论丰富了他们的思想。通过这些努力，中国的伦理道德思想得以发展成为一套成熟的哲学体系。学者们在重新思考的过程中，挖掘出了儒家思想中蕴含的人文主义和理性精神，这与人们从前对儒家教义的理解截然不同，因此从这个意义上来说，道学的产生代表了儒学的复兴和再生。[2]

哲学家韩愈是所谓传承道统的第一人。[3] 韩愈身上的新儒学标记是一种文化原教旨主义，其目的是恢复已失传的古代道德价值。他认为“道”就是某种十分简单易晓的东西：“凡吾所谓道德云者，合仁与义言之也，天下之公言也。”[4] 随着这个基本概念内涵的不断扩展，新儒学的一些学派把注意力放到将儒学的基本原理应用到社会改良和国家治理上；而另一些学者则寻求对人性的定义，并以此解释人在宇宙中的地位。

唐末宋初，佛教在中国文化中广泛传播，道教的影响也有所增长，由此带来新的问题和挑战，这一时代的儒家学者们对此做出了积极的回应。11世纪初，佛教思想甚至都已经渗透到科举考试中了。一些现代史学家提出，如果没有佛教在中国的传播，就没有新儒学。[5] 当时佛教势力日益增强，不仅其在朝政中的影响力不断扩大，更给个体带来了自我救赎的新希望，这些冲击都对儒家构成了新的挑战。为了应对这种挑战，儒家知识分子们对个体与世界的关系进行了重新阐述，并建立了一套新的概念体系以解释其连贯性。

11世纪，有五位先驱人物为儒家哲学走向成熟奠定了基础。他们是邵雍、周敦颐、张载及程颐、程颢兄弟。这些人都是哲学家，而不是政治家或文学家，尽管他们的成就与发生在其周围的政治斗争不无关系。

邵雍（1011—1077），自称安乐先生，隐居于茅屋中，自己种菜耕田，在新儒学中是最具争议性的人物。[6]他沉迷于《易经》的命
101 理之学，认为“道”是天地的根本，而天地是万物之根，“道”不仅是世界的创造者，也是人本性中的善，这种善可在人的行为中得以体现；同时代的人视他为理学之师，但其哲学较儒学来说，与老子的道家学说更接近。

周敦颐（1017—1073），是位士大夫，一生大多数时间里，担任的都是品级不高的官职。[7]像邵雍一样，他也曾受到道教的启发。其著作《太极图说》对世界的起源进行了图画式的解说。他认为，所有的物质包括人，都是一体的，但他认为人类在宇宙万物中处于最高地位。[8]对周敦颐来说，“诚”是万物本性，其内在之理是德性之源。他严格奉行儒家伦理道德，因此后世将他奉为宋代五位最重要的儒学思想家之一。

张载（1020—1077），和上述两位同代人一样，也从《易经》中获得了思想启发。[9] 1056年，他在京城任教，司马光和张载的两位表侄程颢、程颐兄弟都参加了他的讲座。在张载的哲学体系中，天之气与地之气间永无穷尽的相互作用产生了世间万物。“气”能够可见依赖于其表现状态。气聚则有形可见而形成万物，气散则无形可见而化为太虚。万物从本质上来说是由气所构成，因此万物也是普遍之理的组成部分。[10]他在吸取佛、道思想时，抛弃了佛教的涅槃思想和道教的长生不老思想，在此基础上，他强调儒家德性之说的重要性，

这更巩固了其作为儒学大师的地位。

程氏兄弟是张载的表侄，周敦颐的弟子，邵雍的朋友。他们于 1057 年科考中高中进士；他们在学术思想研究中，将儒学与道教、佛教分离开来。[11] 哥哥程颢（1032—1085）在仕途上比弟弟程颐（1033—1107）更为成功，而程颐作为思想家在思想上的创建更多些。[12] 程颐宣称他与其兄恢复了自公元前 4 世纪孟子时代就已失传的道学[13]；在程颢的努力下，《孟子》中蕴含的思想很快就成为当时哲学体系的中流砥柱之一。[14] 程氏兄弟对儒家学派的著作给予了很高的地位，他们从《礼记》中选取了《大学》和《中庸》两篇，单独成书， 102
使之成为儒家经典中两本具有独立地位的著作。

两兄弟个性很不一样，对许多问题的看法也有分歧。时人认为程颢是一个宅心仁厚、友善、善于调和关系和体贴周到的人，其性格之温和就像春日里的太阳。与之相反，其弟程颐显得冷淡而严厉，就像秋日里的严霜，他象征着敬重和真诚，他的一生就是对坦诚、正直和美德坚持到底、毫不妥协地追求，但他的傲慢也使他得罪了不少人。

在他们对经典著作的诠释中，程颢提倡“心学”，他是 12 世纪陆九渊所创建的心学流派学说的先驱。程颐属于理学流派，后世杰出的哲学家朱熹在他的哲学基础上，对儒学思想进行了系统的阐释。程颐是第一个以“理”为概念建立思想体系的人，后人也将之称为“天理”。“天理”在古代儒学中不是很重要，孟子只是把“理”解释为一种道德原则，而没有把它当作一个重要概念或是一种存在的法则。程颐则把“理”构想为所有真理和价值的基础：“(理）作为一个形而上学的集体概念，与物质性的‘气’或物质具有同等地位。”[15] 他所思考的理，是万物所固有的，并通过时间和空间永恒地存在着。理是普遍性的，并形成了万事万物的范例。用程颐的话来说就是“理一分殊”“万理归于一理”。[16]

在程颐的逻辑里，穷究理、性、命乃一回事。按他的观点，如果一个人真正认识了理，就能准确地把握事物的是非对错，因此对理学知识的掌握就构成了修身和品行的基础。为了获取知识，人就必须理解事物中的理（格物），并通过格物来认识自己。只有以格物为标准，并实践了一定时间后，人才有可能对“诚”有真正的理解，也只有在这个时候，人的知、情、意、信、行才能得以统一。[17]

程颐的知识论及其阐释——对儒家传统来说是很新颖的——为宋代许多科技上的突破奠定了基础，对理学的诸流派均产生了重大影响。100 多年后，哲学家朱熹正式创立了理学学派，朱熹对程氏兄弟极为崇敬，他对理学理论进行了系统化改造。

103 程颐在世时，其同僚都不支持理学，1097 年他被禁止授徒讲学。当时理学受到了外界强烈的抨击，以至于儒学的五位先驱被反对者贴上了“五鬼”的标签。[18] 1106 年，程颐在死前的一年获得了朝廷的赦免。

系统化儒学的创建者朱熹

在许多史学家看来，宋代杰出的哲学家朱熹，其成就更在孔子之上。他是继孔孟之后，中国历史上唯一被官方正式承认的圣贤。朱熹生于今福建省中部，当时其父朱松（1097—1143）在当地任县尉。[19] 他 13 岁时父亲去世，母亲负起了对他进行教育的职责。在 1148 年获得进士资格前，他与父亲的朋友刘子翚（1101—1147）之女成婚。

由于受到过良好的教育，朱熹对儒学的三个新概念有一定的了解：万事万物的原则，即理；对事物或事物内在之理的理解，即格物；对诚信的执着和践行，即诚。同时他也明白了北宋“五子”为何要对儒家经典进行重新解释。他和吕祖谦（1137—1181）一道，将分散的形而上学式的新儒学概念浓缩成一整套内在联系紧密的理论体系，并从理性的角度出发，将儒家基本教义理论化。[20] 其研究成果就是《近思录》，完成于1176年——这是那个时代第一部关于中国哲学的著作，组织严密，论述严谨。朱熹自己的哲学教义被编为一部问答式的集子《朱子语类》，该书最先由黄士毅编辑，后由黎靖德编排，于1270年出版。

对于理的解释，朱熹参考了程颐的解释。在《近思录》中，他这样来建构其学说：把万物的基本之理放在首要位置。理是万物之源，控制着五行和阴阳。没有理，物体就不存在。万物在宇宙中生成，自然之物和人造之物都具有理，但理是无形无影的。它类似于一种自然法则。因此它是不变的，且只存在于形上世界之中。

但还有一个有形的具象世界，这个世界依赖于物质产生之源的“气”而存在。“气”使“理”物质化和具体化。这意味着理和气是相辅相成、紧密交织在一起的。“人或物在产生的那一刻就获得了 104
‘理’，如此他们就具有了其本性。同时他们获得了气，因此有了其形。”[21] 在《近思录》里，朱熹在讨论人与物之性时，还探讨了如何理解理、知、行，以及如何在格物时对物的内在之理进行把握。朱熹在得出结论后还探讨了佛教、道教是如何使理被蒙蔽起来的。“所谓实体，非就事物上见不得。且如作舟以行水，作车以行陆。”[22]

除了他的哲学著作，朱熹的《家礼》也使他在中国和邻国朝鲜、日本享有巨大的声誉。这本手册在前人司马光的理论基础上，运用程颐的思想主张对具体内容进行了更新。《家礼》流传甚广，影响亦颇大。该书在指导家庭伦理纲常方面，具有极高的参考价值。在流行程度上，它仅次于孔子的《论语》。由朱熹设计并系统化了的家礼理论上可以应用于人一生的各个阶段，这些礼仪自始至终对精英士大夫们（以及那些追求成为士大夫的人）都具有极大的影响。[23] 20世纪之前，从未有人质疑过这些规范的正当性与合理性，即便它们相当大程度上束缚了人自身的发展。

《四书章句集注》的编撰成功，是朱熹对宋代儒家哲学最重要的贡献。该书展示了从孔子到北宋“五子”时期，儒家典籍中特别重要的内容，这也使它成为一部权威的道统史。[24] 1313 年，蒙古统治时期，朱熹的《四书章句集注》成了对儒学思想进行解释的标准，也是延续到 20 世纪初才被废止的科举考试的基础。[25]

朱熹为官时间不长，只有 9 年，但在履职期间，他努力地按他所设想的圣贤道德标准来行事。[26] 他曾任焕章阁待制兼侍讲，身为主战派的他曾与掌权的主和派辩论时发生了剧烈冲突。12 世纪 60 年代初，为了解决当时女真人占据北方失地带来的一系列问题，朱熹试图向当权者推介其儒家学说，并毛遂自荐。11 世纪以来的传统政治理想由于 12 世纪初期的政治动荡而风雨飘摇，朱熹相信向道德修养和教育
105 的回归可以恢复国家认同和人的自信。[27]

但朱熹对儒家伦理道德的精深阐释并不符合朝廷官员们的个人利益和实际需要，宋孝宗也不喜欢处处掣肘于一位儒家学者。当时理学的地位并不稳固，也没有得到官方的正式承认。朱熹的儒学教育观遭到了严厉的批驳，有一派学者认为，科举考试应注重应试者的实践学习。这些反对者中最直言不讳的是陈亮和叶适[28]。叶适主张采取“功利主义”进行学习（经世），他强调要对各类制度进行历史性分析，以便从过去的失败中吸取教训。对普通百姓来说，他们的福祉远比坐而论道更为重要。

这两位思想家把朱熹的收徒讲学——冗长的讲述、闲散懒惰的课堂纪律——视为空谈。在 1178 年的奏折中，陈亮抨击道学的追随者“举一世安于君父之仇，而方低头拱手以谈性命，不知何者谓之性命乎！”[29] 在他看来，理学流派中充斥着大量一无是处的庸人。他倡导政治和哲学思考应有补于世。但是，对朱熹来说，相较于对文学和政治功名的追求，个人的道德修养更为重要。

1165 年，朱熹辞官，担任了一个岳庙差监的挂名闲职。当他 1179 年再度出仕时，一些同僚指控他“欺世盗名”，他成了风口浪尖

上的人物，其道学也备受争议。[30]由唯心主义者陆九渊领衔的心学流派，强调通过直觉而不是学习获得知识的重要性，这点与朱熹学派有着很大的不同。朱熹非常不赞成陆九渊所说的“宇宙便是吾心，人皆具有心，心皆具是理”[31]。

朱熹于1200年4月23日去世。针对朱熹的诽谤和侮辱从1195年开始就没有中断过，甚至在他去世前仍有人批评他的理论。虽然朱熹的学说被宰相韩侂胄指为“伪学”，但仍有数千朱熹的追随者参加了他的葬礼，以示对这位导师的尊敬和哀悼。[32]朱熹去世的时候，没 106
有人料到朱熹的学说能传承下去，更没有人能料到，他的弟子日后会推崇朱熹到仅次于孔子的地步。

当史弥远取代韩侂胄继任宰相后，朝廷和社会接受道学的环境大大改善了。1227年，在朱熹去世近30年后，朝廷追封他为“信国公”。1235年，程颐和其他理学学者获得了配享孔庙的荣誉。道学地位最终的彻底改善发生于1241年，这一年宋理宗对周敦颐、张载和程氏兄弟进行了追封，至此道学的地位更加牢固。在孔庙经常有教师和学生参与祭祀仪式，以示对孔子和其他圣贤的尊敬。

很不巧的是，在道学成为国家正统思想时，王朝正面临着蛮夷的威胁。蒙古帝国1234年灭金后就开始计划征服这个儒教之国了。[33]宋朝宣称自己是中华文明唯一合法的继承者，这需要有强大的意识形态进行支持，而朱熹对儒学的重新解释完满地适应了这个要求。

宋代的道教和佛教

唐宋时期，道教和佛教满足了社会各阶层信徒的宗教需求，市井未学之人热衷于拜佛修仙，学富五车的学者、僧侣也乐于谈佛论道。这些宗教活动进行得是如此频繁，以至于那些不信教的儒家学者，如韩愈等也为之迷乱。韩愈在8世纪时写的诗歌《华山女》中，对一位年轻的道姑十分赞赏，诗歌生动形象地描绘出了某个道观内的气氛：观内观外挤满了人，一位满怀感情甚至是有些激动的女子，有着迷人的外表，她对道家学问的讲说显示了她的博学。

华山女儿家奉道，欲驱异教归仙灵。
洗妆拭面著冠帔，白咽红颊长眉青。
107 遂来升座演真诀，观门不许人开扃。[34]

这位名震四方的道姑成了当时社会的焦点人物，连附近宫殿中的宫女和宦官都想来听她讲道。当她要布道演示的消息传开时，当真是车水马龙，万人空巷，连佛寺都没有人了。此时令人难以置信的场景发生了，她驭龙而来，从天而降，这真是一幅令人神迷的图景。这位道姑与随她而来的玉面道人进行了一番精彩的布道——后者显然在如何吸引、逗乐观众等方面颇有经验，同时他也善于引导人们去质疑儒家信条。难怪 400 年后的儒学家陈淳（1484—1543）因此批评道教徒“欲乘云驾鹤，飞腾乎九天之上”[35]。

道教是真正的中国本土宗教。在公元前 5 世纪到前 3 世纪的战国时期，道教发源于自然哲学，当时人们将其称之为“道”。根据哲学家老子以及据信是他所作的《道德经》，“道”即一种本真。“道”不会随时间而变；“大道泛兮，其可左右也”；它没有实在的内容，无形；“成功遂事而弗名有也。万物归焉而弗为主，则恒无欲也。万物恃之以生而不辞。道可道，非常道”。作为控制时间和空间的能量，道是个体一切变化的动力源泉。道要求其信徒要与自然和谐共处，摆脱人为状态、知识和欲望，只遵从自然之理。

道家真正走入公众主流视野是在 2 世纪——彼时道教内部开始出现阶层分化，道士不再被禁止娶妻生子，对道家思想进行系统论述的著作不断涌现，各地也开始兴建道观和祭祀用的庙宇。吐纳、膳食、阴阳采补以及长生不老等观念，都伴随着唐代道教的兴盛而广为人知。多年来，道教在公共生活中也被用作对付儒学派官员的手段。为大众所接受的道教也卷入了早期的帝国政治之中，宋代也同样如此，对宋太宗而言，开封的北帝庙具有举足轻重的作用。从该庙所奉的“黑煞将军”神那儿，太宗曾获得一则神启，预言他将成为宋朝的第二位皇帝。黑煞将军，其神职为“真君”，他有人的外表，怒目圆睁，赤足，头发凌乱，手执利剑，以斩妖除魔为己任。宋太宗登基后，认为自己是受上天佑护才得以继承皇位，为表达自己的感激之情，敕命修建了上清太平宫。 108

数年之后，宋真宗即位。他同样推崇道教，真君又被授予“翊圣保德”之号，同时玉帝被皇帝奉为宋朝的保护神。[36] 建于 1019 年前后的玉清宫，不仅是整个宋代建造的结构最为复杂、规模最为宏大的皇家建筑，也是真宗朝建造的地位最高的道观。百年后，他的后人徽宗，成为道家哲学最热心的支持者和传播者；同时，就对道教的痴迷和推崇程度而言，徽宗在中国历史上恐怕也是空前绝后的。

和道教一样，佛教也得到了数位宋朝皇帝的支持和保护。宋朝开国不久，宋太祖即度童行 8000 人；他还鼓励对佛教经典的研究工作，并于 971 年下令刊印《大藏经》。这次刊印共刻了 1.3 万块木刻雕版，983 年方印制完成。除徽宗曾发动禁佛运动外，太祖之后的宋代皇帝都没有对佛学进行打压。[37] 当时人们相信，潜心于佛学的人有机会获得神通之力，得了神通的人可以抵御外界的不良影响。

宋朝政府对公私佛寺进行了区分。公立的佛寺一般较大也较富有，其住持由地方官员任命。公立佛寺主要为皇室和国家服务。“公立佛寺最主要的任务和普通寺院一样，也是礼拜神佛；其次，该类佛寺还肩负了超度战死者亡灵的任务；此外，公立佛寺也会被辟为进行皇族庆生或丧葬的宗教场所。”[38] 宋朝首创了将皇帝画像展列于大型佛寺或道观的制度，因此在宋代的佛寺和道观中，通常会供奉、收藏御赐书法，并展列皇帝画像。11 世纪初，全国对佛道的崇信达到了顶峰，但人们的这些行为遭到儒家士大夫们的反对。他们批评这些行为对太庙中陈列的列祖列宗来说，乃大不敬。1082 年，宋神宗在一座宫殿中新修了 11 个厅堂，供奉历代皇帝画像，平息了这场争论。

109 1067 年，为了增加国库收入，政府决定出售佛教僧侣的度牒，购买者可以免除赋税和劳役。与真正的僧尼不一样的是，这些购买度牒的人不必剃发，也不必穿戴僧尼衣服，他们可以像往常一样留在家中继续原先的职业。第一次售卖的度牒价格达到了 130 贯，1161 年至 1170 年间每年卖出的度牒有 12 万道之多。

佛寺从事的经济活动极为广泛——经营油坊、水磨坊、当铺和客栈。佛寺还拥有土地，分块出租给佃农耕种。[39] 随着寺院的逐渐兴盛，寺院名下的僧侣也日益增多。1221 年，全国登记在册的和尚有 40 万人，尼姑达 6.1 万人，而 845 年时唐朝登记在册的和尚和尼姑总数只有 26 万。僧尼在总人口中的构成不到 1%，相较于他们在全国人口中所占的微小比例，他们对全体中国人在宗教生活方面产生的影响力，则大得几乎无法想象。

大多数佛教寺院属于禅宗和净土宗流派，这两派都躲过了 845 年的灭佛运动。禅宗宣扬直觉的重要性，主张借助公开的问答讨论来获得对佛教教义的领悟。长久以来他们一直远离政治生活，通常情况下，高僧们仅在一小圈信徒中传播佛法，他们相信真正的佛理是以师徒相授的方式代代传承的。在宋代，佛教典籍的编撰已日趋系统化，与其相关的仪式也愈发成熟，在此基础上，诵读经文（而非单纯的意念冥想）便成为信徒们实现自觉自悟的重要手段。在净土宗看来，不断呼唤佛陀的名字能使本人达到自我拯救之境，他们的信徒因此以重复祷念“阿弥陀佛”（念佛）的方式来实践其教义。在宋代，数千名净土宗信徒在某些场合诵念佛名数千次的场景，在各地屡见不鲜。禅宗和净土宗的信徒都试图实现互相融合，而延寿（904—975）就是第一位同时讲授禅宗和净土宗教义的法师。

10 世纪时，两位源自印度的神被传到了中国佛教的神谱中。对于那些未受过教育的布衣百姓而言，这两位神更易接近，更接地气，也更具吸引力。他们人性化的外表让更多的信徒相信，其个人愿望将在此时此刻的世俗世界中得以实现。唯一被引入中国后由男变为女的 110
印度神是被称作“Avalokitesvara”（中国译为观世音）的菩萨，中文之意为“观世间之音者”，也称作大慈大悲救苦救难者。观世音一般被称作“观音”，常和“阿弥陀佛”一起被信徒祷念。她通常位于净土宗万般诸佛的中央，凡口诵“阿弥陀佛”者将会被观音带引至西方极乐世界，也就是天堂——一个获得重生的地方，这里被视为最终安息之处。观音有诸多化现，或男或女，或老或少，或坐卧，或站立。在许多壁画和纸质画作中，观音还留有胡须，象征其男性之气[40]，她的赤足也显示其源自男性神。

在宋代，不少观音的信奉者在进山入寺朝拜时，都声称自己看到了观音显灵，这时，对观音的崇拜也就形成了。这些传说和描述菩萨的画作相结合，逐渐在民间传播开来。12 世纪以后，水月观音逐渐流行开来，白衣观音也广受欢迎。[41] 与观音同时出现的还有莲花、净瓶、念珠和童子等佛教意象。观音在东亚地区有许多称呼，如救苦救难大士、护母观音、送子观音，由于其美德被人们广为崇拜。人们喜爱鱼篮观音，把她当作中国女性美的化身，人们还把她理想化为女性摆脱性和婚姻桎梏的象征。[42] 观音在中国日益兴起的女神崇拜中起到了非常重要的作用。

除了观音菩萨，弥勒佛是另一尊被中国佛教继承的佛。印度的 Maitreya，即未来佛，成了中国的弥勒佛，也就是笑面佛。他大腹便便，下巴宽厚，脸上总是带着欢快的笑容，现在几乎每座佛寺都能看到他的身影。弥勒佛的相貌和他让人捉摸不透的表情很可能来自禅宗，尽管他通常被人解释为有法力的布袋和尚——一个身份不明、行为古怪的人。笑面佛象征了中国人的一些愿望：吃穿不愁，同时在精神世界也能获得满足。[43]

新儒学与佛教

许多儒家士大夫，特别是11世纪的史学家欧阳修，对佛教教义进行了批判。欧阳修认为佛教的教理愚蠢、虚妄，对中国传统的风俗
111 习惯和行为有害。一千多年来，这些士大夫视佛教为祸乱之源。石介指责佛教给中国带来了灾难，他断定："天地间必然无者有三：无神仙，无黄金术，无佛。"[44]许多儒家学者指责佛教教义荒唐，他们坚决反对和尚剃发、穿戴深色的衣袍、与家庭断绝关系等行为。批判者认为，佛教哲学对社会道德伦理的建设不起作用，无视古人之道，且僧尼不事稼穑的寄生生活对国家财富毫无帮助。

另一些儒学思想家，如程颐和朱熹，对佛教的批判直指其本。在他们看来，佛教否定现世的实在性和真实性，因此会导向虚无主义。尽管如此，还是有许多儒学家拜倒在佛教的救赎思想之下。声名最盛的朱熹，甚至主张禁止佛教、道教出现在人们的生活中，但根据经验他也知道这样的政策绝不可能实现。因此他同意可以进行老子道家哲学的教育，但要接受朝廷宗教主管官员的监督管理。

禅宗法师们提出了儒释道三教同源的观点。在金朝，道教全真派的创建者王重阳提出了三教合一的观念。他向其弟子传授道家的《道德经》、佛教的《心经》和儒家的《孝经》。[45]在实践三教合一的过程中，佛教和道教代表了个人内在信仰的修为，而儒学则代表了其外在的修为。符合儒家实践的外在修为就是其礼仪特性，特别是祭祖、婚丧之礼，这些礼仪完全没有僧道的参与，不在寺观举行，不奉佛道的礼拜仪式。[46]

宋代佛教奉行的教义坚信，现象世界不是真实的存在，只是一个幻象。儒学家们对强调现象即幻象的看法表示反对，他们以理和气的概念来取代世界为空的佛教教理。11世纪，张载解释说，创世之初气就已经存在了，其后气凝聚为物；万物皆源自气，万物也融化为

气，然后再聚生为万物。根据这个观点，物质世界并非终结于无，这一点和佛教的说法相类似。张载认为无处不在的气对人以及人与人之间的关系来说是至关重要的，他也非常擅长向人们宣传他的这套理论。他得出结论说，世上之人皆为兄弟，不论他是生老病死，还是 112
鳏寡孤独。在张载看来，根据儒家的济世思想，人应当推己及人，乃至万物，每位儒者都应肩负起一定的社会担当，以提升众生福祉为己任。这就与佛教思想形成了强烈的反差，佛教主张以出家的方式摆脱尘世的烦扰。张载一方面攻击佛教，但另一方面，他又从佛学理论以及佛教的博爱观中吸取了许多东西。

尽管宋儒对佛教有诸多异议，但是他们又同时生活在一个充斥佛教文化的社会中：佛理、寺庙和宝塔、僧尼，无一不是贴上佛教标签的事物，因此他们不可避免地成为佛教在民间兴盛的见证者。面对这样的现实，他们无法装作视而不见，因而只得寻求共存之道。他们将佛教中的一些概念吸收进儒家道德伦理体系中，包括众生平等、怜悯、慈悲以及现实和现象的概念等。所有这些，都给予儒学一个崭新且更具人情味的外表。

祖先崇拜和孝道

祖先崇拜，早在孔子之前，就已出现，不论这个家庭是信奉儒学、道教还是佛教，祖先崇拜的观念总是一以贯之。祖先崇拜定义了道德伦理上的是非对错，并为人的一生提供一种特定的范式。对祖先的祭祀不由国家、宗教或宗族从外部进行规定，而是源自每个人的内心。

对儒家信条的信奉者来说，每个人只是从先祖到后世子孙这个链条中的一个环节而已。[47] 死亡终结了生命，人就安息了；但死并没有切断生死之间的关系。当死者能享受到恰当的丧礼待遇时，坟墓中尸体的灵魂就能造福生者。[48] 按照儒学的观点，在家庭中是不存在自我意识的。对中国的佛教徒来说，自我已经消失于宇宙中，因为自我只是一个幻象。佛教认为转世是对死者的一个奖赏或安慰，但这不符合儒家的观点，因为它会扰乱传承世系的秩序。

受尊祖观念的影响，儒家思想家们也反对佛教关于男人应当出家
113 拜佛或成为僧侣的主张。根据儒家的观点，只有家庭或宗族中年长的男性继承人才能合法地履行规定的礼仪，并在祭祖时向祖先献祭，丧葬之礼也由他主持。

因为人类起源于先祖，家族从过去到未来的延续是头等大事，“孝道”就成了代际传承关系中最为重要的特征。在孔子之前的很长一段时期内，孝顺的子孙们在家庙的祭台上供奉祭品，以示对其祖先的敬意。人们都认为（并期待），作为回报，祖先们会护佑这些孝顺的子孙，报答他们的孝行。对儒家信徒来说，孝顺在世的父母与向先祖表敬孝道是一样的。因此，体现在祭礼和祖先崇拜中的孝道表达了对家庭和宗族中的长者的孝敬。《孝经》是根据孔子和其弟子的对话编订而成的语录体典籍，这本书对父母子女的关系进行了规范，同时也教育人们什么样的行为方式才是正确的。正如孔子的弟子曾参在公元前 5 世纪时说的：“民之本教曰孝。”[49] 这一标准在宋代的实践中，被构想为子女对父母一生的顺服侍奉。

佛教徒非常了解孝道在中国社会中的压倒性作用。唐代佛僧编著了《父母恩重经》，作为对儒家孝道的回应，阐明佛教并非不重视父母的养育之恩。11 世纪许多佛教学者坚称，佛教与儒家的孝道观念并不矛盾，他们甚至认为，就尽孝而言，佛教比之儒家更胜一筹。通过这种方式，孝道在佛教徒的日常实践中变得更为重要了。[50]

对儒家士绅和他的家庭来说，《孝经》不仅具有无可辩驳的地位，更是家庭成员为人处世的理论基础；与此类似，后来增补的《女孝经》对女性来说，也是具有同样作用的著作。[51] 为了指导人们效仿道

德典范，宋人将24个有关孝道品行的范例故事汇集成书。这些故事广受欢迎，其中一些故事的图像或语句被绘刻在辽、宋的墓壁上，有些还出现在手工艺品之上。这些行为和当时人们对于孝道的普遍认识是相契合的，即应以恰当且不冒犯的方式，让先祖永存于心，乃至永存于世。[52] 不论这些表现孝道模范的艺术品价值几何，孝道的奉行者更加坚信，这样做是尽孝者出于对孝道的理解而进行的一种自我奖 114
赏。这正如哲学家罗从彦（1072—1135）在其晚年时所说的：“子孝，子之福。”[53]

二十四孝中大多数故事的结构都很简单，情感表现也较单一。故事通俗易懂，其中一些迎合了大众口味，另一些甚至超越了善行的底线，还有一些故事或矫揉造作，或虚伪，总之令人反感。在这些孝行故事中，子女们视自我牺牲、忍饥挨饿、悲痛而亡等为平常。[54] 在一个故事中，一个很有孝心的儿媳让其婆婆吮吸其乳汁；另一个故事中，一个儿子从大腿上割下自己的肉，用作药引，煎药给其母亲食用。尽管大多数情况下，自食其肉是一种禁忌，但在宋代，从自己腿部割肉并不被认为是暴力或自残行为。儒家社会所宣扬的这种孝道观——后代应为在世长辈自我牺牲，现在看来简直令人毛骨悚然，在当时，却披上了正确甚至合法的外衣。

这样一种牺牲身体的行为，从一定程度上使儒家孝道和佛教的自我牺牲有了共通之处。正如《妙法莲华经》中记载的那样，一天内割自己的肉三次给自己的父母吃，也不能报答神佛一天。为了开悟，人们被鼓励割下自己的脚趾和手指奉献给佛。据记载有许多僧侣和信佛之人，通过砍自己的臂、剜自己的肉等自残行为去祭献佛陀；甚至还有人烧焦自己的手指和头部、身体，更有甚者以跳崖的方式表示虔诚。

后周世宗曾于955年下令禁止这些行为，辽国也曾于1020年下同样的命令。在1189年写成的《医说》中，儒者张杲（1149—

1227）把问题归结到孝道上：“呜呼！身体发肤，受之父母，不敢毁伤。父母虽病笃，岂肯欲子孙残伤其支体，而自食其骨肉乎？此愚民之见也。”[55] 尽管被指责为“悖逆天理”，但在元代自残躯体以尽孝道的行为还在继续着。[56]

辽、金的佛教

辽的统治者很了解他们的汉地邻国，通晓他们的文化。从很早开始，契丹人就接受了儒学及其典籍，并把儒学当作辽国统治的意识形态基础。但是在私人生活和宗教生活中，部落的萨满教仪礼还很盛行。契丹人崇拜太阳、部落的女祖先以及祖先的灵魂，在打猎或举行其他重要活动前，他们以大量的马、牛、羊和鹅做祭品进行祭祀活动。萨满教有个重生祭仪，由皇帝亲自主持，在这个仪式中皇帝象征性地获得了重生。这个仪式每 12 年在再生室举行一次，仪式重申了皇帝的统治权，也使贵族们在下一个 12 年内继续获得皇帝的信任。[57]

佛教只是一个外来宗教，但它具有的强大影响力，给契丹人和辽朝其他民族留下了深刻印象。最受欢迎的教派是净土宗、华严宗、喇嘛教和律宗。佛教经文在年轻人的教育中起到了很重要的作用，每逢佛陀的生日，信徒们都要举行庆贺仪式。此外，辽国还在各处广建佛坛，一些契丹贵族还以佛教典籍中出现的人名作为自己的名字。[58]

942 年，辽国皇帝供养了 5 万名和尚，而 1078 年供养的僧尼达到了 36 万人。[59] 1078 年，辽国总人口的 5% 是佛教僧尼。一度每天有高达3000人剃度出家[60]，领受度牒的僧尼人数增幅是如此之大，以至于朝廷不得不对其人数进行限制，未经政府允许，山中佛寺不得对出家者私自进行剃度并发放度牒。但是这些限制措施并没有减缓出家人数的大幅提升。出家人数之所以超常增加，原因很可能是他们享有赋税优惠和免除劳役的待遇。

由于契丹贵族女性对佛教极为支持，这些女性向佛寺捐赠了大量的田产和金钱，后者从中大获其利。寺庙是如此富有，以至于有些佛寺富裕到能用纯银打造佛像，这种情况在 1054 年首次出现。[61] 辽兴宗还独出心裁，誓言要坚守佛教五戒；其继任者辽道宗也参与了佛教教义的讨论，并下令储君要抄写佛经。[62] 1031 年至 1064 年之间，他还出版了一套辽国版的汉文《大藏经》。

在今北京南边的房山云居寺，辽国继续着在山崖石洞间凿刻《大藏经》经文的浩大工程，所刻的经文有数千块。为了回报皇家的优待，佛寺用其积累的财富负起了接济穷人的责任。出使辽国的宋朝官 117
员批评辽国到处都是佛寺，和尚有恃无恐，过高的赋税导致普通百姓日益贫困。[63]

在曾经是辽国的土地上，还有大约 12 座木质佛教建筑保存至今。[64] 唐宋为中国的建筑树立了典范，汉人建筑师和建筑工人无疑参与了上述这些精美绝伦的建筑物的设计和建造。建筑史学家也同意，辽初的建筑师和工匠们充分利用了木质架构的建筑特性，就这方面而言，他们甚至远远超过了晚宋建筑学。[65] 这些建筑中设计比较奇巧的是位于今河北省正定的隆兴寺的转轮藏阁。该阁是藏经阁建筑中独一无二的类型，整座建筑以中心为轴，呈八角形结构。薄迦教藏殿——又一座设计精巧的藏书建筑，它由殿内四壁排列着的藏经阁构成——建于 1038 年，坐落在大同华严寺中的一座不惹人注意的面宽五间、进深四间（约 31 × 24 米）的院落里。与多层式栏杆建筑类似，该殿被一座曲桥分为相互连接的两部分，它的下部藏有 5079 部经书，上部有佛龛。[66]

今北京以东、天津以北的蓟县独乐寺中的观音阁建于 984 年（图 2）。它面阔五间，进深四间（20.23 米宽，22.5 米高），立基于打磨

图2　观音阁构图（蓟县，辽代，984年）

光滑的石头上。一座泥塑的 16 米高的彩色观音像占据着殿中央的位置。据知最早时，这座观音像上面是个下沉式天花顶，至今这个天花顶的样式还保留着，天花顶为井栏式。观音阁躲过了 28 次地震，包括 1976 年的唐山大地震。[67]

最后介绍的辽代建筑是山西省北部大同以南的应县佛宫寺的释迦塔。它是中国现存最古老的木质塔，也是现存最高（67.31 米）的木质建筑。塔建于 1056 年，有九层是木质结构，类似于独乐寺的观音阁[68]。

女真人在他们建立金朝之前很早，就从高丽人那里知道了佛教。他们从被征服的辽和北宋那里承继了佛教。佛教在金统治下维持着繁荣，金人延续辽代对佛寺和和尚的资助。他们从南方引入了禅宗，并 118
在 1148 年至 1173 年间印行佛经。[69] 许多皇家女性是虔诚的佛教徒，她们向佛寺捐赠土地、银两、纺织品，这些都证明了佛教在朝廷中的重要影响。官府向僧尼颁发度牒，有时候其数量会达到一次数千人。但国家还是通过一套皇家特权制度严格控制度牒的颁发，当国库缺钱时，国家就会大量出售度牒。1160 年至 1190 年，在白云宗、白莲宗、密教大日宗、头陀信仰中出现了异端教义，这些教派僧侣领导的救世叛乱经常将矛头直指金朝的统治。他们的叛乱都没有成功，但加速了金朝的衰亡。

转型中的儒学和佛教

10 到 11 世纪的政治、社会的转变对儒学和佛教产生了直接的影响。要成为一位好的儒家学者不仅要做到旧瓶装新酒，即能以新的哲学理论解释旧有学说的真义，同时还必须削弱理论中道教和佛教日益增强的影响。佛教发展很快，它宣扬个人的救赎，接受其学说的人日渐增多。当宋朝的皇帝们逐步采行儒家学说时，儒学在与其他宗教的竞争中已经取得了明显优势。儒家学者们也和佛教徒一样，开始有组织地行动，用理性的术语阐释其学说，目的是为了以恰当的方式回应时代的挑战。[70]

学识渊博的唐代佛教学者比较传统，特别强调经文及其注释；他们也很专注于宏大的佛教建筑和石窟的建造。而宋代已经远离这种传统了。在宋代，像禅宗这样较易接触的佛教是通过所谓的公案案例的形式帮助人们领悟佛理的，这些公案被记录在诸如 1125 年编的《碧岩录》这样的集子中。禅宗的《语录》包括讲演和对话，都是以半白话的散文体记载的，在当时非常流行。当中国的僧人们日益成为宋代人民生活的中心时，佛教对中国士大夫阶层的影响也在提升。当面对佛教事物时，士大夫们必须要在学理上进行应对，尤其是对儒家的伦理制度进行研究，以便在面对外部世界时把儒学和佛教区分开来。这种思想探讨覆盖了所有的学术领域，范围上从哲理的阐释，下至乐善好施的行为，上述所有这些行为方式使佛教的思想和经验更加条理
119 化，增加了它的思辨性，丰富了它的教义。宋代佛教因此也更加成熟，成为新儒学的有力竞争者。

宋代佛教对个人进行救赎的许诺，对许多普通百姓而言极具吸引力，很多人纷纷信从。但儒学作为社会和政治秩序的意识形态基础，对作为整体的王朝、国家和社会起到了有力的支撑作用。个体的新儒学思想家所努力的并不是创立一种既脱离传统又消解个人社会责任感的独立哲学或关于独立个体的救赎式教义，他们之所以探究，是为这个急剧转型的世界提供一个其迫切需要且切实可行的答案。儒学教义牢牢植根于儒家经典之中，尽管宋代哲学家们对经典的阐释有时候超越了传统的范围，但他们绝不会故意地背离古人的神圣智慧。

道德限制使宋代儒学家们的想象力和灵活性受到了限制，但通过他们直接和清晰的阐释，儒学还是回复到日常事物和私人生活中。它

不仅是有教养的上层阶级的行为准则，也在中国历史上第一次成为国家正统的意识形态。儒家哲学建构了一个强大的伦理道德架构，支撑着整个社会的成员，但它还是给宋代的转型留下了很大的发展空间，宋代的转型是它有别于中国其他朝代的一个重要特征。

第 6 章

教育与科举考试

120 就思想和学术成就而言，11 世纪时的宋代是人类历史上最令人振奋也最令人鼓舞的时代之一。这个时代的成就是由一个精英团体——他们被称为“士”或“士大夫”——所缔造的，同时他们也定义了这个时代的含义。他们以入仕的方式参与到官僚体系的运作中来，并以此巩固自己的权力，维持其社会特权。当宋朝于 960 年建立的时候，门阀士族把持权力的时代早就结束了，取代他们在政府和管理部门中职位的官员，不再源于与生俱来的世袭特权阶层。现在的这些官员成了身份集团，而不再是世袭集团。因此宋代变成了一个文官家族统治的时代，这些家族以教育和科举为基础形成了官僚世家，他们能够通过自身的努力保持他们的持久影响力。

如何定义中国历史上的“精英”——特别是在 9 世纪末、10 世纪初，老式的贵族政治瓦解后——就变成了一个很棘手的问题。但这些精英共同的一点是他们都享受着通向财富、权力、声望和特权的门径。[1]“士”的含义在历史上经历过数次变化，它的确切定义还存在争议。但是在这个重文的社会中，毫无疑问，能识文断字乃至拥有一定的文化素养，是一个人拥有社会地位的重要标志。在孔子时代（公元前 5 世纪）的传统“四民”社会里，士享有最高的社会地位，其后是农、工、商。孔子本人出身于一个没落的贵族家庭，他的父亲是一名低级官吏，以孔子父亲为代表的这类人，通常在政权的各类机构中担任顾问、学者和官员工作。“四民”社会的基础在 9 世纪初期已经扩大了，新兴的道士和佛教僧尼阶层被纳入其中。11 世纪社会阶层结构还在扩大，其中不仅包括士大夫、农民、工匠、商人、道士、佛 121
教徒、军人，甚至还包括流浪者。

如果从西方的角度来理解“官”或“文官”的含义，是很难把握住宋代士大夫的地位特征的，也无法正确认识他们对思想、文化以及政治所能产生的影响力。宋代统治者与其高级官僚们关系极为紧密，这种关系在张方平（1007—1091）于 11 世纪 40 年代写给宋神宗的奏折中体现得很明显：天下不能由陛下一人独治，天下只能由陛下和臣等共治。[2] 1071 年，宋神宗评论说，王安石的新政是为了百姓的利益，而不是为了士大夫的利益。此时，老资格的政治家文彦博一针见血地向神宗指出：“为与士大夫治天下，非与百姓治天下也。”[3] 这些话绝对不可能出现在宋代初期，它们不仅反映了帝国当局的一种新见解，也反映了宋代士大夫的自尊和自信——这与孔子就很不一样。[4]

科举考试制度

直到 20 世纪，对于那些出身于书香门第且具有一定田产的男性来说，在官场上获得晋升是其唯一的选择。对个人来说，文官科举考试制度就是这样一扇通向升官发财的大门；而对宋朝自身来说，科举考试制度也是一种为各级官僚机构吸纳新官员且行之有效的方法。989 年的一则法令确认了科举考试为“士”阶层所独享：科举乃为士大夫所设。[5]

7 世纪时唐朝的皇帝首先提升了科举制度的重要性，目的是为了抑制军事贵族的政治权力。进士是最高学位，然而在 7 世纪上半叶，即唐高祖在位时期，宰相中出身于进士的只有 7%；在 7 世纪下半叶，即武则天在位时期，这个比例上升到了 40%。然而 90% 的唐代官员并不是通过科举考试取得官职的，而是通过成熟完善的察举制来获得官位的。[6]

在宋代，参加科举考试的举子人数已不像唐朝那样以千计数，此
122 时每年有数十万人参加科举考试。一级考试是州试，由地方官在初秋主持进行。通过这个考试的应考者将获得在地方州县学和私塾担任教师的资格，可以担任谷仓、庙宇的管理者，或者做地方官的僚佐。到 12 世纪中期，每年约有 10 万人参加州试；而到 13 世纪中期，每年应试的人数已经达到惊人的 40 万，甚至更多。首次参加州试的应试者，不仅要提交由县衙所发的担保证明，还要确保本人在官学或私塾里学满至少 300 天。如果是以前未通过州试的应考者报考，他还必须在官学或私塾额外再学 100 天才可报考。[7]

造成宋代科举考试应试者压力较重的原因，除了备考期较长、州试比较严格外，还有就是对考试通过者的数额有着严格的限制。1009 年，宋真宗对通过科举考试者的名额进行了限定。他很欣赏这种选拔精英的方式，因此他要确保只有最优秀的应试者才能取得功名。1106 年，只有 3% 的人（8 万人中通过了 2334 人）通过州试。[8]从 1090 年福州的州试中，我们可以看到对通过人数的严格限定，当时该州府 3000 人应考，最终只有 40 人通过，这意味着每 75 个应考者中只有一人获得功名（举人）。13 世纪时，对考试录取名额的限制变得越来越严格了，应试者中只有 1% 或者更少的人最终通过考试。[9] 北宋末期，每年通过州试的人数仅约 1.5 万人，只占 1 亿人口的 0.015%。州试的通过者成了名副其实的精英。

大多数州试的中举者以其功名和人际关系，谋得了教师或官吏的职位，其中天资聪颖且怀凌云之志之人，会为了获取进士的功名而继续参加更高一级的考试——省试。省试按规定，每三年举行一次，于晚春之际在京城举行。但是工匠、商人、店员、佛教僧侣和道士以及有犯罪记录者被禁止参加进士考试，少数获得朝廷恩准的有天分的工匠和商人也可参加。[10] 参试者的年龄从 18 岁到 65 岁不等，一般应试的年龄是 30 岁左右。之前应试失败的人也可以再次参加考试，只要 123
他们的行为没有遭到舆论批评，且有充足的金钱支持他们的应考即可。

考虑到应试者可能不止一次地参加考试，那么投入到其中的人力、物力、财力将是十分惊人的。大多数情况下，他们依靠家庭或其他资助者提供的金钱，来应付这几个月中去往京城的旅费以及在京城食宿的费用。不过人们是心甘情愿地支付这些费用的，因为一旦家庭中出现一位高官，就是对他们最大的回报。除了金钱的支持外，每个应试者还需要在官僚集团中寻觅一个人充当其担保人——一个可为应试者的清白正直做担保的人，这是一种把两个人的政治命运捆绑在一起的互信行为。皇帝亲自主持的最后一场考试被称作殿试[11]。殿试使皇帝对未来潜在的高级官员有了个人印象，同时对于那些出身科举的宰辅们来说，殿试从一开始便加强了皇帝与他们之间的互相信任。

到 11 世纪中期时，有 5000 到 10000 名在不同年份通过了州试的应考者参加某一规定年份举行的省试。他们之中只有很小比例的人通过考试。1002 年，应试者中只有 1.5%（14562 人中有 219 人）被赐予进士功名。而 1109 年这个比例上升到 10% 以上（7000 人中有 731 人），南宋时期的比例平均在 6.5% 左右。[12]

根据地方志记载，整个宋朝的进士总人数是 28933 人——北宋约占三分之一，南宋约占三分之二。但其他权威的资料显示，在 960 年至 1223 年之间约有 4 万名进士，有些估计的数字甚至更高。包括那些同进士出身者——一种授予先前多次应考失败的应试者的恩赐功名——以及其他科的进士在内，960 年至 1229 年之间总的进士人数可能达到 7 万人。获得进士功名并出任官职的官员数量，从 11 世纪初的每年 5000 人发展到 13 世纪初的每年 1 万人。1046 年，这些进士出身的高素质官员仅占了当时官员职位总数的三分之一（18700 个官职中有 7085 人）。这种比例失调在南宋时变得尤为糟糕——1213 年，38870 个官职只有 8260 位进士。[13] 在北宋徽宗时期，官
124 僚机构空前膨胀，官职超过了 5 万个，南宋时这种糟糕的状况也没有得到丝毫的改善——甚至在领土都已经丢失了约三分之一的情况下。

政府官员的不断膨胀其实是可以理解的，因为这在很大程度上是权势之家以其特权、地位和权力，对获得功名的“小人物”日益扩大的影响的回应。限额制像个盖子，紧紧地压在通过科考者的头上，但南宋的许多官员还是通过所谓的恩荫制，即通过“走后门”，进入了官场。这种特权制度早在 963 年就设立了，它允许高品级的官员举荐自己的子、侄和孙子担任官职。但是 1009 年后，官位的数量已难以满足个人举荐的人数了，被提名举荐的任官候选人也得进入国子监学习了。在完成规定的课业后，这些被提名举荐者也要参加科考，朝廷规定他们中有 50% 可以通过考试，由此产生的官位远远超过了国家的需要，尤其是京城的低级官职已远超实际需要，即便如此，南宋的精英们还是十分重视这些官职。荫庇特权使世家旧族恢复了昔日的荣光，因此进士功名的价值也多少受到了侵蚀。[14] 然而直到 1912 年中国帝制结束时，进士功名获得者的精英地位基本上没有发生多少改变。

宋代的科举制度给那些聪明而又有上进心但祖上没有当过官的应试者提供了升官的好机会。北宋时，科举功名出身的官员占了总官员数的 40%，而在唐朝这个比例只有 15%。[15] 晚唐时期，69% 的高官要么出身于世家大族，要么出身于官宦世家，而到北宋时，这个数字只有 19%。柯睿格（E. A. Kracke Jr.）研究了 1148 年和 1256 年

两份进士题名录，他发现通过科举考试的应试者中，约有 57% 的人祖上三代未曾为官过。[16]

但我们必须明白，从根本上来讲，科举制度的主要目的并非旨在帮助聪慧的寒门子弟向上流动，因此与其说科举制度是社会工程中的一个精英工具，不如说它其实是被设计出来以确保社会上层垄断地位的一个制度。假定整个宋代任官的人数为 220 万，在每个年份约有 2 万人出任官职，这将意味着 1100 年时，1.01 亿人口中只有 0.02% 125
的人在官僚体系中出任官职。获得最高功名（进士）的官员大约有 5000 人，占人口的 0.005%。这个比例在整个 13 世纪一直保持稳定。1200 年左右，当总人口降到 6300 万时，州试、省试通过的人数比例已经上升到了 0.102%。[17] 相比于人口总数，官员的数字意味着在王朝的任何一个时期，有几百个甚至可能是上千个家族占据着绝对支配地位。宋代的社会不平等是很普遍的，但也被广泛接受，这贯穿了整个中国历史，直到 20 世纪西方意识形态对它产生影响才逐渐消退。

郝若贝（Robert M. Hartwell）和其他学者重新研究了柯睿格的数据，扩大了家族的范围，将包括叔伯、叔伯祖父等在内的因素都考虑进去，他们得出结论，几乎所有宋代功名获得者在官场中都有亲属或亲戚。[18] 家中没有士大夫的富裕家庭——例如商人——通过将女儿嫁给有士大夫的家庭而爬上社会阶梯的上层。对那些出身寒微却有天赋的士子来说，科考中举使他们备受富裕阶层家的女儿的青睐。根据这个解释，不同社会阶层之间的通婚，成为宋代社会阶层向上流动的关键。[19]

一个士子可能住在乡镇中，生活贫苦，但一旦科举高中，他就成了最优秀、最有影响力、最有权势的人。欧阳修描述了 11 世纪时一个中举的士子返乡时的情景："仕宦而至将相，富贵而归故乡，此人情之所荣，而今昔之所同也。盖士方穷时，困厄闾里，庸人孺子，皆得易而侮之。若季子不礼于其嫂，买臣见弃于其妻。一旦高车驷马，旗旄导前，而骑卒拥后，夹道之人，相与骈肩累迹，瞻望咨嗟；而所谓庸夫愚妇者，奔走骇汗，羞愧俯伏，以自侮罪于车尘马足之间，此一介之士，得志于当时。”[20]

教育制度

中国女性时常能接受到良好的古典教育，但她们不能应试科举，也不能出任帝国的官职。因而，在那些丈夫远离家门在外做官的家庭
126 里，女性就成了推动教育发展的主要驱动力，她们通常会充当年幼儿子们的早期导师。当孩子稍大时，有财力的大家庭会雇用家庭教师指导孩子学习，或是将儿子送到私塾、家学学习。其中的一些家学发展成专门的学校，能提供诸如算学和律法等吸引人的课程。[21] 其他学生则到地方的官学继续他们的学业，这些官学通常位于孔庙里。在付出这些努力后，母亲们最终的目的是为了培养她们的儿子能通过州试，甚至省试，走上仕途，从而为整个家庭带来荣耀和财富。

1009 年后，由政府划定地块修建地方官学的势头迅速地发展起来。在 11 世纪 40 年代到 70 年代间的新政时期，国家兴建了大量的州学和县学。改革家范仲淹和他的同僚们在 1035 年至 1046 年间修建了 16 所学校，欧阳修捐款 150 万钱给他的家乡，在当地修建了一所学校，韩琦也以类似的方式资助教育。1071 年又兴起了第二波由改革派倡导的划地建州学的浪潮，这使教育机构得到了有效的、基本的财政支持，出身贫寒的孩子和来自富裕家庭的孩子一样都能进入地方官学学习。

作为儒家官员，同时也是哲学家的程颐描绘了这个制度是如何运作的：“八岁入小学，十五入大学。择其才可教者聚之，不肖者复之农亩。盖士农不易业，既入学则不治农，然后士农判。在学之养，若士大夫之子，则不虑无养，虽庶人之子，既入学则亦必有养。”虽然

哲学家朱熹曾把程颐的许多思想吸收进了他的哲学体系当中，但他并不同意以这种方式划分耕、读，他评论道，学生“春夏耕耘，余时肄业。未闻上之人复有以养之也”[22]。

1044 年政府下令各州县都要建学校，1102 年宋徽宗又再次重申了这个命令。[23] 此外，官办的武学于 1043 年首次建立，律学于 1073 年建立，这两类学校的兴建目的都是为了加强特定职业的人才 127 储备。大多数有地位的家庭，并不喜欢他们的子弟进入行伍之列，因为“好男不当兵，好铁不打钉”[24]。强体力活动在上层阶级的眼中，地位极为低下，运用蛮力被认为是不体面的行为。年轻人被教导行为举止要有礼且雅。

国子监，一般以太学之名而为人所知，它的历史可以追溯到公元前 124 年。960 年，宋太祖时重开国子监学舍，招收的学生有 70 人，大多数来自低品级官员家庭和一般的平民诗礼之家。随着申请进入太学的人越来越多，1043年朝廷开设了声名稍次的四门学[25]，在这里学生享有津贴和食宿补助，他们要在此学习 500 天，享有免考州试的特权，可以直接进入省试。11 世纪 40 年代的新政改革运动失败后，国子监没收了四门学的土地，减少了它的预算。尽管历经磨难，四门学最终还是从反改革者的手中幸存了下来，1068 年，它招收了 900 名学生。[26]

太学一直在为学舍和宿舍的短缺而斗争。11 世纪 70 年代，在王安石（他曾是太学的学生）变法的影响下，太学根据学生的能力，将他们分入三类不同的学舍。[27] 新生住在外舍，之后根据能力可升至内舍，最后升至上舍。1080 年，李定和蔡京建议扩充太学，设 80 斋以容纳 2400 名学生——其中的 2000 人是外舍学生，上舍学生仅 100 名。[28]

1102 年，蔡京试图采取革新性的措施，即太学的优等生不必通过科考即可直接被任命为文官。他草率地认为可以通过改革学校制度，全盘替代科举考试。这项新举措马上遭到了朝廷官员的强烈反对，改革最终失败。反对者们把这些举措视为对他们在培养新官员中所拥有的地位的直接攻击。尽管改革遭遇重重阻力，著名的建筑师李诫（1035—1110，时任将作监少监，《营造法式》的作者）还是受
128 命为太学设计并建造了新的讲堂和宿舍。1104 年，太学招收了 3800 名学生，其中许多来自贫寒家庭，学费为 2000 钱，相当于一位底层农民 4 个月的收入，或一位低级官员月薪的 15%。宋朝失去北方领土之后，1142 年太学在杭州重开，在南宋都城继续着它的辉煌。[29]

进士考试

省试的高风险性在其施行的过程中很明显地反映出来。1007 年，科举考试的公平性成了人们关注的热点。[30] 为了阅卷时的公平，朝廷采取了许多措施，如将考生考卷上的姓名覆盖住，加以密封糊名；雇人将考生考卷誊录一份交给阅卷官评阅，目的是掩饰考生的笔迹，以免考官认出。多年来，在考生入场前，监考官还要搜身，检查是否有夹带。在考场内，主考官在帘子后面就座，帘子使考生能看到主考官的座椅，但看不出他是否坐在那儿，当考生被念到姓名时，他们要到地面上指定的垫子上坐好。兵勇对考试进行监督，考生不许交头接耳，也不能食用从外面买来的食物和饮料。如果渴了，他们可以饮用研磨砚墨的专供水。蜡烛被禁用，即使考厅变暗也不能用。

李觏对他在考场的感受进行了生动的描写：

> 主司隔帘帷，欲望不可跂。
> 中贵当枨栏，搜索遍靴底。
> 呼名授之坐，败席铺冷地。
> ……
> 少小学贤能，谓可当宾礼。

一朝在槛阱，两目但愕眙。[31]

考试对选取进士的要求在整个王朝的不同阶段是很不一样的，其要求要依据资深主考官的政治偏好而定。1044 年的考试由三部分组 129 成：策、论、诗赋。[32] 儒家传统的《四书》(《论语》《孟子》《大学》《中庸》) 和《五经》(《诗经》《尚书》《礼记》《春秋》《易经》) 是所有政治和历史课程的基础，考试容许考生在对经典进行论述时展示他们的说服力和思想闪光点。严酷的考试还检测了考生对《论语》《孟子》中长段语句的记忆能力，同时也强调了考生对选自《春秋》《礼记》中十个问题的书面表达能力。[33]

1043 年，在给皇帝的上书中，范仲淹和韩琦对科举中的诗赋部分提出了批评。科举考诗赋是唐朝的一个传统，但在宋代已经衰落了。他们也批评考试过分强调背诵："求有才有识者十无一二。况天下危困，乏人如此，固当教以经济之业，取以经济之才，庶可救其不逮。"[34] 1071 年，考生被要求回答五个从《五经》中选取出的问题，写一篇论和三篇策论，要求考生从经典中引文作为逻辑理论的依据。[35] 在上述的考论中，考生通常被要求以古论今，即以今人眼光论述古人之问，行文须华丽，忌空泛。

皇帝亲自主持的最终考试即为"殿试"。这个考试只有很小比例的考生能通过，考生们盯紧的目标是五甲中的头两甲，能进入头两组对考生意味着无上的荣耀。但是最好的结果是名列所有中式者的第一等级，成为受人尊敬的头等中式者、"头榜"、"龙头"，有时其名姓公布时也称为"一甲"。状元、榜眼、探花将获得优先资格，担任最好的官职。

11 世纪 40 年代的早期改革者对担任未来官职者的必备资格有很明确的规定：他应当是一个道德品质可靠、文化素质过硬且受过良好教育的通才。他们并不希望应试者对新奇之物夸夸其谈，或极力炫耀其对艰深晦涩之物的理解。欧阳修在 1057 年主持科考时，反对过分

地标新立异，要求言之有物。于是，占据了中国散文写作数百年之久
130 的骈文文体，被不大讲求韵律的古体散文所取代，并被推到了次要地位。古体散文被认为更适合于在文章中表述道德和哲学思想，考生苏轼所写的考论《刑赏忠厚之至论》预示着新文体的出现，之后他被考官列为第二名。

除了举人和进士，获得“诸科功名”也是得以进入仕途的一种便捷门径。王安石于 1073 年将这个门径废除，很可能是为了削减通过死记硬背一种文体而取得功名的官员的人数。根据改革者们的看法，国家真正需要的，是能在各级各类官僚部门中进行有效管理并具有高素质的通才。随着改革的进行，进士功名的重要性逐渐显现出来。

古文运动

由于预算开支上人所周知的理由，11 世纪时的宋代官员强烈要求进行政治、经济和军事改革。伴随着儒学及其经典的复兴，在思想、意识形态和哲学领域发生了诸多与之密切相关的变革，而这些变革为宋代改革者在科举考试中推行古体散文奠定了基础。这一时代的士大夫数量较之从前，多了许多，他们不但非常重视写作的艺术，关注高度理想化的古代中国社会和政府的标准，也关注如何将其转化为能对现实生活产生作用的能动因素。他们对语言的关注不仅仅体现在语言学的继承方面，更体现在试图创造一种新的语言表达方式，以适应当时社会转型所带来的诸多挑战。

对苏轼和其他人来说，过去八代（从汉代到唐代）的文学正在逐渐走向衰落。许多士大夫开始怀疑，从汉代到唐代支配了整个中国文学历史的骈体文，是否适用于解答由儒家哲学、道德所提出来的迫切需要回答的问题。但是，导致不讲究韵律和对仗的古文能在 11 世纪被广泛运用的，并不是古文的实用性，而是古文所隐含的意识形态信

息：儒学精神的复兴。古文产生于周朝和汉朝，此时对后世产生影响的佛教以及其他文化还未传入中国。士大夫们通过有意模仿古文，重 131
拾古典文学，力争达到理论与实践、内容与形式的统一。通过这些努力，他们希望挖掘出儒学经典的内隐价值，使之成为士大夫处世的基础。一位士人要经过多年的辞章学习和熏陶，才能写出一篇可以获得主考官赏识的优秀散文。

尽管古文与11世纪的儒学关系密切，古文运动实际上在此之前的200年前就已经开始了。8世纪后期，散文家们开始发挥古文的长处：古文特别适合用语言表达儒家对世界的理解和其间的关系。韩愈（768—824）是古文运动的主要倡导者，正是在他的努力下，古文运动才拉开了大幕，儒学也再次成为正统的意识形态。

韩愈曾担任过太子右庶子，他笃信教育的力量。802年，他在《师说》中表述了自己的看法：

> 古之学者必有师。师者，所以传道、受业、解惑也。人非生而知之者，孰能无惑？……爱其子，择师而教之；于其身也，则耻师焉，惑矣！彼童子之师，授之书而习其句读者，非吾所谓传其道解其惑者也。句读之不知，惑之不解，或师焉，或不焉；小学而大遗，吾未见其明也。[36]

按韩愈的看法，传承儒家之道时，文学的形式和内容是不可分割的，两者都必须直接且清晰。“愈之为古文岂独取其句读，不类于今者邪？思古人而不得见，学古道则欲兼通其辞。”他在792年为其同榜进士欧阳詹所作的《题哀辞后》中如此写道。[37]

两个世纪后，许多学者把这个思想吸收进了他们呈给皇帝的上书
中。他们认为，由韩愈发起的不大讲究韵律的古文，如辅之以儒家之 132
道，那么就非常适合用来教导百姓，治理帝国。他们也认为，写作公文应免受对仗、辞采、偶句、无尽的用典和声律（具有这些特征的骈文一直广受汉唐文人的喜好）的影响。

韩愈、欧阳修和苏轼被认为是“唐宋八大家”中最有影响的人物。欧阳修在1057年的进士科考试中宣称，文章内容要优于其写作的文体，这使他在古文中具有了标志性地位。这个大胆的宣告鼓舞了其他人熟悉、了解这种需要花几年时间去掌握的文体。欧阳修成功把韩愈的古文提升为士人所追求的历史意识的典范。11世纪50年代之后，原先那种粗糙而怪异的古文类型，类似于没有打磨过的璞玉（就如石介描述他从前所使用的文体那样），已经不能迎合主考官的口味了——他们需要经过润饰的散文。随着骈文完成了其使命，并走下了历史的舞台，之后欧阳修也就不再对骈文大肆批驳了。[38]

欧阳修以承继韩愈之学而自居，大力提倡“复古”的理想主义观念。作为一位经验丰富的政治家，他毫不犹豫地在朝廷上充分发挥自己的影响力，他还以其直言不讳和大胆上书劝谏（他的劝谏大多被皇帝采纳）而在同时代人中声名远扬。苏轼在为编于1091年的欧阳修的《居士集》所写的序言中，表彰他的这位老师是当代韩愈：“自欧阳子出，天下争自濯磨，以通经学古为高，以救时行道为贤。”[39]

苏轼确信，韩愈的著作对道的宣扬，使天下人从沉溺中得到拯救。[40]但其实是胡瑗（993—1059）——他经常被视为11世纪儒学精神复兴的代表人物——成功把韩愈对文学形式和内容统一的理解，综合为儒家之道。对他来说，道是由体、文和用所构成，“体”存在于君臣、父子关系之中，也存在于仁义礼乐的价值之中，这些都是
133 历世不变的；“文”体现在《诗》、《书》、正史和周代的哲学著作中；“用”即“举而措之天下，能润泽斯民，归于皇极者”。[41]

13世纪道学获得承认后，文选被当作科举考试文化的支柱，其各种选本包含有古文大家们的散文和道学家们的著作。[42]实际上，许多士大夫并没能坚守这个严格的标准，但古文运动还是贯穿了其后的各个王朝。1695年，人们还出版了专供读书人使用的《古文观止》，该书包括了220篇古文。作为最著名的启蒙读本，该书在读书人中广为流传。

仕途、俸禄和特权

宋代官僚统治集团由各品级的官员组成，其范围从最低品级的小吏一直到最高级别的宰执。理论上，宋朝官员的品级是根据他们的科考成绩、性格、品行来确定，但实际上一位官员的职业生涯还是深受家庭背景和皇帝偏好（皇帝在人事任免权上有无可争辩的否决权）的影响。当然，就如传统与创新存在着交叉和重合，官员品级的确定除了上述原则外也有例外。[43]

品级的划分可以追溯到265年三国时期的九品中正制，宋朝继承了唐代把九品细分为十八级的做法。[44]在11世纪80年代的改革之前，实际的品级甚至有三十级之多。开国皇帝宋太祖设计了一个新的官阶划分制度，称为“寄禄官”——官员们获得品级是为了取得相应的资历和声望。[45]宋代官阶系统基本上包括两种官僚头衔：第一种是有名无实的虚衔官职，诸如大夫和郎官，这种官衔的拥有者只是享受有相应的礼仪待遇，但通常只负担很小部分的实际工作。这种有名无实的官衔在以前的朝代就已产生了，在财政和军事管理部门中这种官衔是可以继承的。第二种负有实际的行政职能，如长官的辅官，他们带有要执行的实际任务（称作差遣），并负有相应的职责。

在11世纪80年代的改革期间，朝廷就寄禄官制进行了改革，
新设了数百个阶官。这套新制度经过小幅的改革而延续了下去，直到 134
王朝的结束。它保留了旧制中的虚衔荣誉，取得阶官官衔者被授予了实际权力（差遣），于是差遣官的实际地位得到了提升。宋徽宗时期还进行了几项较小的改革，而1131年之后一次更大规模的改革使差遣官的地位相比于其官衔更加突出。[46]

这两类官衔品级制度不仅混乱而且造成了极大的浪费。一方面，有头顶官衔而无实际职责的人存在；另一方面，资望较浅的官员却肩负着各级各类政府和部门的重任。为了多少改善这种情况，11世

纪 80 年代后，朝廷普遍给文职和武职寄禄官授予实职地位。根据寄禄官的品级，拥有相应的实职差遣，这只是一种理想。实际上，通过恩荫制进入仕途的官员会得到一个在某种程度上是统治集团最低品级的实职，但他所拥有的虚职官衔要比其实职高一到两个等级。通过这种方式，这些官场新人比那些科举出身者多出几年的职业优势，在俸禄、福利和特权上也比他们要优厚些。南宋时期，这种方式帮助官宦旧族重获社会威望和影响力。

官员们因为出任官职而获得各种优厚待遇——不仅有每月的现钱俸禄，还能从官府拿到各种福利，如谷物、丝绢、燃料、酒、盐、文具和其他物品。现钱支付和谷物分配制度在唐朝时就已经存在，而且在 11 世纪 80 年代之前，官员获得的现钱补贴占三分之一，而三分之二是以上述这种实物方式分发给官员的。后来，官员们得到的补贴都是现钱支付，到了南宋时期，他们还拿到了纸币的俸禄。尽管低级官员的俸禄不足以维持当时上流社会的生活方式，但即便如此，这些官员也并不缺钱，因为一旦他们缺钱，对许多人来说，受贿是解决该问题的一种极轻松的方法。尽管在整个宋朝统治期间，政府给其官员支付了最高的俸禄，但各级官僚中还是存在着腐败，因此不时会出现呼吁改革的声音。

俸禄结构极其复杂，政府需要很多记账人员记录各级官僚的收据和花销，控制支出。在北宋，官员补贴的多少是与其虚职官衔挂钩的，但在南宋，相比于他们从差遣实职中拿到的补贴，他们名义上的
135 俸禄已经显得微不足道。[47] 收入来源的这种缓慢变化给年轻一代官员带来了极大影响，由此带来的财富极大刺激着他们，同时朝廷也以此鼓励他们，把所承担的差遣当作自己的实际职责。当官员们的待遇结构改善后，差遣就更有吸引力了，这种改变自然也减轻了朝廷在虚衔冗官方面的负担。

按照 976 年宋太祖发布的一道法令，州县官员的俸禄以及他们

的行政开支来自国家分配给他们的土地收入，以及将土地出租给佃农带来的收益。[48]宋代分给官员的田地数量从低级官员的200亩（11.46万平方米）到高级官员的2000亩（114万平方米）不等。11世纪下半叶，每200亩官田年均可收获31吨稻米，其市场价值可能达到近62万钱，是一个低级官员年薪的7倍多。稻米产量受气候、当地天气条件、土壤的质量、耕作方式和佃农技能的影响而有所变化。在唐代，这种国家分配的“官田”是相当少的。[49]

低品级官员占文官队伍的60%到80%。他们从县一级开始其仕途生涯，按规定，这个县不能是他们的家乡县。他们任职3到4年，然后被调往其他地方任职。这种轮换制使大多数官员的任职无法固定在一个地方、一个岗位，而不得不远离家乡州县。多数人辛苦多年，只希望自己的履职能得到一个积极的评价，以便在仕途上能更上层楼。

这些官员间的俸禄差异小得令人吃惊[50]。俸禄的规模和其透明度是可以理解的，这可能也解释了这个制度为什么运行了这么长时间。朝廷中占少数的最高级官员（一品）暂且不论，二品官员每月的俸禄总计仅是最低级官员月入（他们的收入是每月7000钱）的8.5倍。因做出功绩受到嘉奖而取得勋阶头衔的官员，如果其勋阶品级较低，在州县担任主官的辅官，那么他每月的收入可达到1.2万钱，其唐朝同级别同行只能拿到其年收入的一半（包括分得的谷物）。

出身于精英家庭且级别较高的官员经常被派任到具有重要经济、 136
政治意义的州县，尤其是城镇规模较大的州县。在这种地方任职的官员，其收入可以翻番。赵汝适在1231年去世之前的几年，被授予朝散大夫之衔，他的每月俸禄为3.5万钱，每年的冬春可以分到13匹丝绢，春季可以分到1匹纱，冬季可以分到30两丝绵。但宋代官僚系统中收入最高的是三位大臣，他们作为宰相参与政事讨论和决策。[51]其补贴构成为：一个月40万钱的俸禄（11世纪80年代改革前是 12 万钱）；此外还有春季 3 匹用于制作大衣的纱（之前是 1 匹），30 匹小锦缎（之前是 14 匹），40 匹丝绢（之前是 30 匹）；冬季 30 匹制作服饰的小锦缎（之前是 10 匹），200 两丝绵（之前是 50 两）。

大多数的史料给人的印象是，11 世纪 80 年代确定的俸禄在其后一直都没有提高过，其结果就是，在宋末这些俸禄的购买力大大下降。即使如此，官员们和他们家庭的生活还是比中国当时大多数的普通百姓要好得多，他们的生活水准也高于自己的前辈同行。除了俸禄和实物补贴，他们分得的土地（依据其品级而获得）还可享受部分的免税待遇，而且他们和他们的家庭成员也不必承担劳役。万一涉讼，七品以上官员还可免受拷打逼供，五品以上官员的祖父母、父母、兄弟、姐妹、妻子、儿女和孙子女在同样情形下也享受一样的待遇。[52]

另一项专为官员保留的特权是其享有 54 天的假期，按每三天、每五天或每七天地被分为多个连续的休假时间段，官员通常在每年的节日，如冬至、元旦和皇帝的忌日或生日休假。官员每三年可以回家探亲两到四周，其他允许官员离职回家的重要事项是儿子的冠礼（这项礼仪在宋代被恢复了）和子女的婚礼。只有官员的父母去世时他才可以暂时离职，在这种情形下，他可以回家守孝三年（尽管在多数情
137 况下都没有守满三年）。在此离职时间内，他只能以自己所属的社会阶层所推崇的读书、弹琴、填词写诗、作画和练习书法来消磨时光。

对任何一个教育制度的最终检测，一是看它如何为学生做好准备，以应对变动不居的社会需求，二是看它如何在平常乃至艰难的环境下有效地实现这个任务，三是要看它在面对挑战时如何进行创新。考虑到宋朝在 11 世纪和 12、13 世纪的多数时间内承平日久，我们有理由得出结论：宋朝的教育、科考和文官选任制度，成功通过了上述检测。宋代士大夫为官僚制度奠定了基础，并使这个制度延续了千余年。

第7章

人生礼仪

在宋代，两项仪式由于其社会和开支方面的重大影响，在一个家庭中具有十分突出的地位，即婚礼和丧礼。除此以外，女孩适龄订婚的笄礼、四季的释奠礼、祭祖礼以及年轻男子年满15岁时的冠礼（在这个礼仪中他们穿上长袍并取字）等，在贯穿其一生的诸多礼仪中具有很重要的地位。冠礼是仿效古礼重新恢复的，而婚丧礼并不仅仅是繁文缛节，更是宋代传统生活的一部分。[1] 婚丧礼的意义已经超越了个体家庭，它们对中国文化的阐释极其重要，通过这一阐释，人们得以对中国文化产生认同，继而得以沟通古今。[2] 138

宋朝的婚姻制度

中国家庭是由家长主导的，这意味着父亲或祖父对家庭具有法律赋予的统治权威。三代同堂的家庭中，祖父对整个家庭及其成员（包括其妻妾、儿子和儿媳、孙子和未出嫁的女儿，以及辈分较低的亲属和仆人）负有法定责任。他对家中一切重要事务，特别是祭祖，具有绝对的权威，而祭祖被认为对于家族的延续、巩固和繁荣具有重要作用。

士大夫家庭的家长在宗祠主持祭祀，宗祠是家族的精神中心，通
139 常祭祀对象是三代以上的祖先。[3] 男性后代最重要的法定义务是把祭祖仪式世代传承下去，而婚姻就为此提供了一个渠道。婚姻通常被视为一种仪式，这种仪式可以通过精神方式，将生者与逝者紧密联系起来，对双方都有益。权威的《礼记·昏义》解释说："昏礼者，将合二姓之好，上以事宗庙而下以继后世也。"[4]

但一桩好的婚姻除了养育后代之外，还要满足其他社会经济功能的需要。婚姻使许多家庭被联系在一起，它也使家庭的政治影响力、特权和经济上的兴旺得到了保障。在中国社会，一个人在家庭中的地位由其身份（家长、长兄、弟、妻、妾、女、女婿等）所确定。家庭中的等级比性别更重要，仍然健在的老夫妻在家中拥有很重要的地位，他们可以任意使唤晚辈。

尽管国家并没有设立专门的政府机构登记婚姻，但具有同样社会地位的男女双方家庭都把婚姻视为一件严肃的事情，并接受法律对婚姻的约束。例如，中国的一夫一妻制意味着一个男人可以同时和几个女人一起在他的家庭中生活（他的妻子、妾和婢女），但他只能有一位法定的妻子。妻子，即正房，位列家中等级制的女性之首，特别是在其儿子娶妻、她成为婆母后。根据法律，一个已经娶妻的男人严禁再娶一位妻子，否则会受到刑罚处罚，只有他的妻子死后或他离婚之后才能再婚。[5]

大多数家庭请女性媒人来给儿女安排良缘，媒人们熟悉当地情况，他们牵线搭桥促成好事，让双方家庭最终同意男家下聘礼，女家出嫁妆。在与男女双方家庭的商谈中，女方家庭的财富要比待嫁女子的相貌或其他条件更为重要。适龄的年轻男女只是婚姻棋局中的卒子，在男女双方都还是孩子的时候，双方父母就预先定好婚约是非常

普遍的情况。与邻国的蛮夷不同，宋朝人通常是同代相婚。11 世纪时，女子的适婚年龄是 14 岁到 20 岁，男子是 16 岁到 30 岁。[6] 在 140
更小的年龄婚嫁也是被许可的，年长而不婚被认为是不幸的。

唐代上流社会家庭喜欢从世家旧族中选择儿媳，在宋代，富家之女是人们选择儿媳的首选。蔡襄曾对此有抱怨：“观今之俗，娶其妻不顾门户，直求资财”。[7] 在新儒学哲学家看来，这种婚姻观念带来的堕落是显而易见的，因为男人的财产、聘礼以及妻子的嫁妆成了婚姻的决定因素。

宋代的富裕之家通常来自士绅和商人阶层，这些人家为其出嫁的女儿置备了田地和嫁妆作为陪嫁品，这已经成为约定俗成的规矩了。他们四处打听在京城进士考试中及第的年轻士子的信息，这些人被视为未来女婿的最佳人选，整个家庭都期待着从与进士结亲中获益。而对于一位受过教育、富有而又可爱的正当妙龄的女子来说，她的父母要让她读文阅史、填词作文，使之善于谈吐，精于女红。士大夫为了幸福和家道兴旺似乎会把这样的女子视为求婚的最佳人选。有时候，有的家庭还会对未来女婿的教育进行投资，“榜下捉婿，亦有缗钱，谓之系捉钱”[8]。

为一位受过教育的年轻女子寻找合适的配偶可能是个挑战，一个很有名的例子是哲学家程颢的女儿。她的叔叔程颐是个坚定的卫道士，不让她嫁给智力水平不及她的男人，认为这样的男人与她不配。在她 24 岁因病而亡后，年老的程颐说：“颐恨其死，不恨其未嫁也。”[9] 为免嫁不出去的尴尬局面出现，北宋上流社会家庭在朋友、同僚和亲戚的家庭中寻求婚配之家。在南宋，地方交往在促成婚配中所起的作用特别重要。

根据 1147 年一篇文献的记载，由媒人与双方家庭对婚聘以及具体细节问题的商议可以确保双方家庭免于出错和受骗。男方所聘的媒人说媒的第一步是向女方家递上“草帖”，列明男方各种信息：男方 141

家的家族谱系、男方在家中的地位、他的生日以及他母亲的姓氏。[10]如果女方家对他有兴趣，媒人也会给男方家一份列明女子的同样信息的草帖。

下一步男方家还要给女方家一份“细帖”，包含更多的个人信息，包括男方的出生时辰和女方将来要生活的家庭的情况，女方家会答复男方家有关女儿的嫁妆的数量和类别的信息。在这一过程中，如果一方或双方对这桩婚事不是很满意，他们可以不失体面地取消婚约。如果一切顺利，那么接下来新郎家的女眷会对新娘进行检查，南宋时新郎本人可以这时看一下新娘。如果他认可这位未来妻子，就把一支金簪插入她的发髻中。

新郎家给新娘家送去 4 坛或 8 坛酒（酒坛装饰得很漂亮），表示确认这桩婚配。为了完成婚约，新郎家还要把聘礼送到新娘家。根据新郎家的富裕程度不同，聘礼不仅包括食品、女式衣衫和丝绢，而且还有三件金制品——金钏、金鋜、金帔坠。新娘家一般也会回礼，以此建立相互的义务关系。这时，两家还请占卜者确定结婚的良辰吉日，包括嫁妆等一应物件都要置备好。

宋代婚礼所具有的社会重要性，在新郎穿的新衣上就能明显体现出来。在唐代，官员的嫡长子在婚礼那天可以穿上比其父亲品级低一级的官服；而在宋代，如果官员的儿子还没有考过科举，他可以穿上九品官服；已经通过了科举考试的新郎在婚礼那天会穿着自己的官服。唐宋时期的法律允许平民在婚礼时穿喜服，但不能穿官服。

平民百姓的婚礼相对简单，一般仅有四个步骤，而世家子弟的婚礼则要六个步骤，仪式更为复杂。[11]理论上，这些仪式和古礼是相同的，但在实际操作中，这些仪式在仅仅百年间就经历了相当大的变化。司马光和朱熹的论著中已经很清楚地指明了这些变化。[12]这一系列精心编排的礼仪包括：新娘离别娘家、送亲的队列、新娘蒙着盖头坐在带帘的花轿里、乐队击鼓吹笙、到达新郎家及迎亲者的迎轿、新娘进入夫家门、拜堂前的准备、跪拜天地、拜高堂、夫妻对拜、新娘要应承敬奉公婆、新人夫妇祭拜夫家先祖神位、入洞房、婚宴，其后夫妻回访女家。这一套复杂礼仪的每一步都要按传统规则和当地风俗进行。[13]

女性的教育和财产权

“一女，怜之，必嫁官人，不以与凡子。”[14]这句话揭示了父母们对女儿远嫁他乡时的担忧。丈夫在其家庭中的地位和其自身才智的高低对新娘今后的生活是很重要的。已婚男人不必改变其生活方式——他与父母、外界的关系多少还是维持不变。而对于出嫁的女儿或寡妇来说，不仅其所在家庭要发生变化，而且其婚后或守寡后也将面临完全不一样的新生活。她在男家的地位更多的是一位儿媳，《女孝经》对其角色地位有很好的描述[15]，儿媳的首要职责就是恪尽孝道，家人第一，她本人则处于末位。

儿媳通常被要求须依礼教的规定穿戴，其言语要符合经义，做事要敬诚乐善，她要像对待自己父母一样敬奉公婆。鸡鸣时分她就要洗手，漱口，穿戴好。她还要纺纱，裁衣，给祖宗灵位前供奉祭品。冬天，她要为公婆取暖；夏天给他们解暑。她没日没夜地服侍他们。这些规矩太过于理论化，也太过于严苛，在实际生活中很难完全做到。

上流社会家庭的女性无疑是有办法来逃避，或以变通的方式来应对这些严厉的规矩。但公婆一旦发现儿媳有过错，他们可以要求儿 143
子将她休掉；如果年轻的丈夫意志不够坚决，他就会屈从父母。陆游（1125—1210）在婚后不久就遭遇这样的情形，他 20 岁时将妻子唐婉休掉，后来他对此悔恨不已。1155 年，他在绍兴的沈园偶遇前妻，她敬了他一杯“黄滕酒”，这杯酒促成了一次令人激动不已且不同寻常的互赠诗词的行动。在 1183 年的一首诗中，他表达了自己在 30

多年后，还保持着对前妻的深深爱意，并以她的口吻描述了最终导致他们婚姻结束的那种绝望情形：

妾身虽甚愚，亦知君姑尊。
下床头鸡鸣，梳髻著襦裙。
堂上奉洒扫，厨中具盘餐，
青青摘葵苋，恨不美熊蹯。
姑色少不怡，衣袂湿泪痕。
所冀妾生男，庶几姑弄孙。
此志竟蹉跎，薄命来谗言。
放弃不敢怨，所悲孤大恩。[16]

这段有名的爱情故事告诉我们，成年男女的生活并不总是符合经由新儒学道德家们所改造过的规范。

许多富家女孩都受过文学的熏陶，特别是熟读过关于女子恰当行为规范的著作。司马光教导女子 6 岁就应该开始学习做妇人的行为规范，7 岁就应读《孝经》和《论语》，9 岁读《列女传》和《女戒》，但是她们不准吟唱、作诗和弹琴。[17] 李清照是宋代最著名的女词人、
144 藏书家和古物鉴赏家，如果她的父母严格遵守儒家教义的约束，她绝对写不出那些充满强烈情感的淳美诗词。

在实际日常生活中，婚礼过后，大多数家庭不是很在乎新婚女子的古典修养或理想化的自然本性，就如司马光在其“女子六德”中所概括的，大家更关心她的顺从性格和理家才干。她要懂得如何好好持家，应对各种家事——给家人准备好饮食起居，洒扫厅堂、院落，养育子女，养蚕缫丝，纺织丝布，刺绣和缝补。这些家务事在公婆眼中的重要性要高于她的文学修养。像这样精于家务能帮助上流社会的女子找到好丈夫，并能取悦公婆；也能让普通平民的女子在富裕人家找到诸如婢女、厨子、绣娘、织工、洗衣工等或其他需要的工作。

实际上，感情也往往会战胜习俗。许多男人怜爱他们的妻女，并

不以新儒学的严格观念来要求她们。[18]例如，许多士人写诗文关注他们的乳母的命运，当男人的女儿或侄女去世时他们也会表达其强烈的悲痛。他们有时候也为这些女孩和年轻女性举办隆重的丧礼，完全不顾及自己与死者的辈分差异。在面对是否为其 5 岁小侄女寄寄迁葬的困境时，9 世纪的诗人李商隐说，相较于正统的礼数要求，他对于自己侄女已经做得太多，但通过这样的方式，他的心灵得到了慰藉："汝来往于此，勿怖勿惊。华彩衣裳，甘香饮食。"[19] 13 世纪宋朝忠臣文天祥在蒙古人的监牢里用生动而又显担忧的笔调表达了他对自己两个年轻女儿的爱：

> 有女有女婉清扬，
> 大者学帖临钟王，
> 小者读字声琅琅。
> 朔风吹衣白日黄，
> 一双白璧委道傍。[20]

在这里他暗示了自己前途叵测、凶多吉少的命运，以及自己撒手人寰后女儿们可能面临的悲惨状况。男子从很小的时候起就要效仿模 145
范行为，与之相反，女孩——正如这首诗暗示的那样——可以像孩童一样，而这种不同无疑就是父母对女孩宠爱的表现之一。

当丈夫去世时，其家人希望他的妻子终身守寡。儒家的道德家把这种守寡行为看作世间的正道，但许多再婚事例表明这种对女性的约束过于严苛。年轻寡妇再婚能确保她们的孩子更好地成长，她们也有机会在新的家庭中享受人生。但是卫道士们站在道德制高点上对此表示反对，不过他们的反对往往会遭遇到现实生活需求和变化的对抗。

妻子或寡妇能够实现经济独立，其中的重要因素是她们的嫁妆所拥有的法律地位。儒家士大夫们要求儿媳所有的物品都应交给公婆，但这与宋朝法律赋予女性以财产权的规定相矛盾。司马光和其他士大夫宣称，对女性财产权的剥夺会使家庭关系更加紧密[21]，甚至在宋代之前不久，女性的财产权就已经被儒家的父权观所剥夺，但国家还是有意向年轻寡妇、孤女及被夫家休掉的妻子们提供经济保护。[22]

女性结婚时以嫁妆的形式得到了遗产，而在富裕家庭中，嫁妆包括相当可观的土地所有权、银锭、金银珠宝、数以百计的丝绢布匹和衣服、家具及其他家庭陈设品。“妻产”总是与她在夫家的其他财产区分开来，而不是被并入家庭共有财产中。[23] 女性拥有的土地所有权被视为她的私人财产，这与为了家族利益因而祖传的土地都由家族男性拥有的传统相矛盾。妻子的财产由她本人永久保留；如果她离婚或守寡了，她可以把财产带到再婚的家里。

女性拥有财产所有权和管理权的事实修正了人们头脑中这样一个刻板的印象——传统中国总是遵循着父权观念。尽管宋代社会整体运行上也是遵循着父权观，但女性还是享有相当独立的财产控制权。另外，女性们还有机会管理大家族。当她们的丈夫外出当官时，她们一年中的大半时间掌管着财权和家产，为增加家族财富收入，她们偶尔会亲自进行商业买卖。根据朱熹的观点，男人从事于修身、问学等事情更能获益。

146 蒙古入侵导致了南宋帝国的灭亡，同时也给两性关系带来了根本性的改变。蒙古人的婚姻规则和习俗被强加到了汉人女性身上。为了保持他们的游牧习俗，蒙古人把女性留在家里，并从 1260 年开始削减了她们在法律上、钱财上、个人自由上的自主权，这使正统的新儒学意识形态中的强化家庭的观念显得更加正当、合理了。“所有的权力和经济实力属于家长”，这一宋代家族专制的如意算盘，在宋朝灭亡后终于成为现实了。[24] 寡妇的夫家认为她应当遵守寡妇应保持贞洁的古训，而蒙古人第一次在法律上支持撤销女性的个人财产控制权。[25] 因而在这之后很长一段时间内，贞洁崇拜的观念重新开始盛行，对再婚的非难亦逐渐增强，女性的财产权和经济独立地位也逐渐消失了。

契丹和女真的婚姻制度

在辽国，耶律家族是皇族，萧氏家族是皇帝的后族，其他契丹人归属于以地名命名的部落，但他们都没有姓。[26]耶律氏和萧氏从王朝建立前就开始联姻，使他们的地位高居于其他契丹部落之上。在另一个类似的权力垄断的例子中，金朝的统治家族完颜氏只和 99 个女真部落中的 8 个通婚，并规定其他女真部落只能在本部落内部婚配。女真人规定纳妾是合法的，并容许通奸。契丹和女真统治家族之间的通婚，以及其他部落和邻国间的通婚是很普遍的，但他们并不与宋朝通婚。

辽国把许多汉文化特征整合进了自己的社会里。耶律氏接受了祖先崇拜和祭拜已故皇帝的习俗，但几百年来他们仍延续着内陆和亚洲北部游牧民族及农耕民族的婚姻制度。[27]不同辈分间的契丹人可以通婚，也允许男人娶其兄弟的遗孀。对汉人来说，娶兄弟的遗孀的行为构成了乱伦，而异辈结婚更是绝对的禁忌。但是辽国的皇族从其婚姻中获益，他们的婚配确保了他们的政治地位。

941 年，保持汉式官制的南部地区的契丹人获准与汉人女性通 147
婚，但皇族并不鼓励这种背离游牧规矩的行为。[28]耶律氏的男子通常也会娶汉人女子，著名的辽世宗就曾把一位汉人女子册封为后妃。汉人女子嫁给契丹男人，他们所生的女儿经常会嫁给汉人权贵。但汉人官员是否可以凭自己的自由意愿娶一位契丹女子？对于这点还需要做更多的研究。迟至 1095 年，生活在边境地区的契丹人才被禁止与其他蛮夷部落通婚。[29]

女真人也被禁止与汉人通婚，但我们不知道从什么时候开始，女真人和汉人间的婚姻才被禁止，但不管怎样，各民族间的通婚似乎还是很普遍的。由于金章宗宫廷中的嫔妃很多都是汉人，1191 年，他最终下令同意汉人和女真人之间的通婚。[30]在辽、金异族王朝统治下，汉人臣民仍保持着他们的婚姻传统，继续在数代同堂的大家庭中生活。

中文史料记载了契丹的宫廷婚姻，但关于平民的婚姻并没有任何信息。在契丹人和女真人中，私奔的习俗流传甚广，经姑娘默许的抢亲也并不少见，这些婚俗可能已经成为当时婚配的传统方式，但汉人视此为野蛮行径。契丹平民和低级贵族可能是同辈通婚，就如辽国初年耶律氏一样。从第三任皇帝世宗开始，耶律氏娶了比自己辈分高的萧氏女子，这意味着他们可以与和自己母亲或祖母同辈的女子结婚，而萧氏女子也可以嫁给耶律氏儿孙辈的男子。[31] 例如，辽道宗的皇后宣懿，是他祖母的兄弟的女儿（也就是他母亲的同辈）[32]。这种婚姻制度适应了皇室争取政治支持、加强最高权力地位的需要。契丹上层阶级中一夫多妻制是很普遍的，但当时他们采用的是汉式的一妻多妾的制度。

从辽国一位公主的婚姻中，我们可以深深地感受到契丹人的婚礼受中国礼仪的影响有多大。公主的一位叔父担任婚礼司仪，一位受
148 人尊敬的“红娘”扮作契丹女性祖先，仪式从选定举行婚礼的黄道吉日开始，婚礼当天的一大早媒人去到新郎家。在宫廷里，新郎恭候皇帝、皇后驾临便殿，并与家人一道觐见帝后。接着是上酒，双方家人两两相对而饮。次日，新郎及家人和公主再次觐见帝后。帝后赐宴，之后赐给公主礼物。公主得到的是“青幰车二，螭头、盖部皆饰以银，驾驼；送终车一，车楼纯锦，银螭，悬铎，后垂大毡，驾牛，载羊一”。新郎得到的礼物是朝服、四时袭衣、鞍马等，最终选皇族一人，送公主至新郎家。[33]

契丹社会是家长制结构，实行父系继承制度，但在实际的游牧生活中，特别是由于男人集中精力于打猎和征战，女性就获得了很大的经济和政治影响力。辽国建立者阿保机的妻子因其敏锐的头脑和出色的谋略而深孚众望。她统率自己的军队，反击、镇压了部族的叛乱，

并临时摄政掌权。其他女性于是纷纷效仿她，景宗的妻子就曾拥有一支自己的军队，在其丈夫在世时有一定的政治影响力。景宗死后，她对其子圣宗在政治上和人身上拥有绝对的控制权，她是辽侵宋战争的主导者和1005年辽宋签订“澶渊之盟”的决策者。与她们的汉人姐妹不同，契丹贵族的妻子们可以相对容易地离婚和再婚。一位契丹公主可以结四次婚。整个辽国，契丹女性成功创造了一块属于自己的领域，在这个领域里她们确保了自己不受男性的侵犯。

汉人的丧葬习俗

当中国家庭中的家长去世后，其家庭要给他修建坟墓，还要在丧葬仪式中遵守那些几乎没完没了的规矩。1191年，一位不知名的儿子，在安葬了他的双亲后所写的祭文中，很好地表达了他在丧葬过程中所做的准备以及这样做的动机。此祭文大意为：“建造砖墓是为了给墓主提供持久的保护，因此修墓是行孝的善举。先父母一生辛劳，富有同情心而有孝心。因此我筹集钱款聘请了工匠修墓。现今我把先父母再葬于此，以使子孙后代能记住他们。”[34]

丧葬礼的必要事项包括诸如给遗体清洗、穿戴和摆放，之后家人 149
穿上孝服，准备丧礼，撰写墓志铭，选择墓地和下葬日期，安排送葬队伍，以及敬奉各种祭品（祭品的要求是根据可以追溯到公元前1000年东周时期就已确立的礼仪制度）等。这些制度规矩在《礼记》和《仪礼》中有描述。司马光所著的《司马氏书仪》为士大夫提供实践上的指导，指导他们如何合宜地敬重死者，并在尊重社会等级关系的前提下操办丧礼。[35]欧阳修撰文给那些要参加丧礼的人，告诫他们不仅要防止混乱，更要懂得区别君子小人，遵循老幼以及社会伦理关系。[36]

一个世纪后朱熹讲授《家礼》时，不再对建立复杂的礼仪感兴趣，转而描述了许多理想且简便实用的礼仪。他的著作对重要的礼仪活动进行了解说，但对于为什么要完全按他书上所说的方式行礼他并不解释。可能正是因为《家礼》的结构是手册式的，因此它在其后的几个世纪里广受欢迎，被人们当作关于礼仪标准的出版物。

家庭手册——是宋代儒家原教旨主义的产物——和官方文献给人这样一种印象：就如在经典中论述的那样，每个人在丧礼上都要遵守适当的规矩。然而实际情况却恰恰相反，尽管儒家声称丧礼之事乃他们的领地，但佛教和道教都已侵入到这个有利可图的领地了。服务于丧礼的佛教“水陆道场”和道教“黄箓”两者都起源于 10 世纪，在当时大受欢迎，广泛流行。佛教的斋供是按“仙致食于流水，鬼致食于净地(陆)”之义而供的。斋供是具有宋代特色的一个现象，也是仅有的一个普度众生的佛教仪式。[37]

墓葬是受过良好教育的中国政治精英们的一项奢华的特权。在宋
150 代，多数百姓连一口棺材或一块墓地也买不起，更拿不出钱来操办一场体面的葬礼。和那些战死者、被屠杀者、染上传染病而死者和因自然灾害而死者，以及死后没留下名姓的贫民、旅行者等一样，他们都被埋葬在公共墓地里。这些所谓的义冢、义阡、漏泽园坐落在城门之外的荒地里，靠近佛寺，用栅栏围绕而成。南宋京城杭州就管辖有 12 座义冢、漏泽园。

义冢——这是一个儒家和佛教共有的基本原则——代表了对其他人的社会责任，也代表了一种政府向百姓提供社会资源的义务。尽管义冢的维护由常平司管理，但官府的预算里是不包括负责给人操持丧事的佛道僧尼的费用的。一些有社会责任感、有权势的家族替代了官府做这项善事，而许多地方官因为出钱买地用作安葬数万具尸骨的善政而获得了良好的官声。尽管有着好的意图，但宋代社会与同时代的欧洲社会一样，在处理大规模死亡这样的紧急情况时还是显得没有效率。[38] 在发生战事、流行病或其他自然灾害之后，许多无名尸骨

经常被埋在乱葬岗中，导致了河道的干涸。1131 年，南京（今商丘）遭到屠城后，知府叶梦得下令将 4687 具完整的、7 万多具肢体不全的尸体埋葬在城周围的 8 个义冢里[39]，通常在官府登记的乱葬岗中，男女是分葬的。

河南省三门峡南边挖掘出了一座保存得很完整的漏泽园，它从 1104 年一直使用到 1116 年。[40] 考古队发现 849 座南北朝向、纵横分布均匀的竖穴墓。大多数死者以不同的姿态被放置在特制的陶瓮中。有关这些死者和墓地的信息来自 372 块正方形或长方形的砖上所刻的碑铭。碑铭不仅告诉我们这些死者的姓名、年龄、出生地和下葬日期，坟墓的编号也表明这座墓地曾经是被有组织地进行管理的，其中有些碑铭还给出了安排丧葬礼仪的个人或团体的名称。

多数死者是当地的驻军士兵和做仆役的男人，许多埋在这个墓地 151
的人——年龄从 9 岁到 82 岁——都曾住在当地的安济坊（医院）和居养院（收养 70 岁以上的男女）里。所有这些丧葬都是在地方政府的赞助下得以操办的，这些都记录在碑铭（有时候写得很简略）里，记录文字说，丧事记录是根据规定填写的。

暴尸是一种违背儒家伦理的行为，但由于缺乏适合做墓地的荒地，因而即使采取群葬，对于地方政府、个人以及团体来说，相关的开销也是相当昂贵的。尸体不能扔到城墙和村庄外面的荒郊野地或沟渠里，尽管这种事情经常发生。可能是由于操办丧葬事宜的经济负担过重，加上出于对公共卫生的顾虑，因此人们要及时地将死者埋葬。有时候穷人的尸体被装在棺材中放置在特别的储尸库中等候下葬，这种储尸库可以存放几千具尸体。

新儒学对蛮夷用火葬来破坏尸体的行径再三表示鄙夷和义愤。他们之所以反对是因为火葬使贫者和富者或劳心者和劳力者的尸体无法区分开来，而这对社会阶级关系造成了破坏。不过，从 10 世纪开始，火葬就已经成为一种被广为接受的丧葬仪式，直到 962 年才被朝廷禁止。佛教寺庙负责火葬并保存骨灰。按规矩，尸体被放置在一个坐式佛像的位置上，肉身被火完全烧毁。有时不是用火葬，而是将尸体暴露在太阳之下——这是一种源自伊朗中亚的做法。在烧过或晒过后的尸骨中，据信会有阳气被保存下来，而阳气是由祖先传给子孙后代的。[41] 之后尸骨埋在佛寺属地或堆放在厅堂中。

司马光遵循而不是完全照抄《礼记注疏》所载的丧葬礼制，他说："古者天子七月，诸侯五月，大夫三月，士逾月而葬。皆头向北。"朱熹也说："三月而葬。前期择地之可葬者。"一般的认识是，下葬应该尽可能快，但死后三个月才葬肯定是最极端的例子。不过在实际生活中，阻碍及时下葬的障碍有三个。[42]

152

首先，大多数官员在远离家乡的地方去世，需要有足够的时间把尸体运到安葬地，通常这个地方是死者的家乡。其次，选择和购买下葬的风水宝地和根据良辰吉日之说确定下葬日期也要花费时间。此外，死者家族还要安排建造坟墓，制作内外两层的木质棺椁，准备明器，找人撰写和铭刻墓志铭（去世官员享有的特权），邀请和招待数以百计的来宾，赠送回礼以答谢客人的光临，最后还要操办具体的丧葬仪式，并组织好送葬队伍。

根据司马光的说法，"天子得为隧道（以通椁室）。自余皆悬棺而窆"[43]，司马光评论道："今疏土之乡，（棺材）亦直下为圹，或以石或以砖为藏，仅令容柩。以石盖之，每布土盈尺，实蹑之，稍增至五尺以上，然后用杵筑之。"[44] 后面的一条评论也证实了他的论述："此法应施于今。"[45]

这些垂直的竖井式墓室和唐代贵族地下墓穴中建造的小型墓室并不是一回事儿。墓"室"大小仅能容纳得下棺材、墓志铭碑和盖板。碑、板都是用石材刻制而成，它们都被放置在接近或正好在棺材的前面。墓志铭的作用是尽可能忠实地描述死者生平，向另外一个世界介绍死者生前是哪种人，这样死者能在那个世界里的等级中获得同样的地位。大量出土的宋代墓葬中的地契，就和墓志铭一样，其目的是介绍死者，让死者在另外的世界取得地位。[46]地契被那些没有资格安放墓志铭的各个阶级的人用作碑铭的替代物。

士大夫及其妻子的典型的坟墓——宋代时按规矩他们是分别安葬的——非常简单。其坟墓用石、砖和木建造，中国各省都有发现。棺材放置于单墓中也是很恰当的设计，《宋史》说：“诸葬不得以石为棺椁及石室，其棺椁皆不得雕镂彩画，施方牖槛，棺内不得藏金宝珠玉。”[47] 153

大多数宋墓的墓主并不是贵族（而在唐墓中正好相反），这些墓主都是中国社会其他精英集团的成员，特别是士大夫。[48]这些精英阶层抛弃了汉唐贵族陵墓建筑的传统，坚守儒家教义和当时的社会规则。这个社会不再由讲究家族谱系的贵族所支配，而是建立在一个新的更加精英化的政治和社会秩序之上。宋代士大夫恢复并效仿周代的古制简制墓葬形式，并以此来反对唐代墓葬建筑的奢侈和浪费。这些适合大多数士大夫家庭的简制墓葬有助于推广儒家的丧葬礼仪。士大夫们不给死者修建地下墓室，特别是以承梁支撑的圆顶型结构墓室，这种结构有几个墓室，与“视死如生”的观念是一致的。

但即使是最简单的墓，在棺材下葬前后也需要有许多准备步骤。棺材由内外两层构成：外层包裹内层，内层安放尸体。内层称为“棺”，反映了棺材是为官所设计，也称作“官”，为木质；外层称为“椁”，可以有各种形状、类型，尽管按规矩其形状是头部大尾部小的直木板状。[49]但是考古证据证实，宋代还继续建造和使用石墓和石棺材，特别是在江西和四川。

宋朝在许多方面遵从了墓葬行业传承已久的传统。外椁被放置进一个狭窄的墓穴里。墓穴内铺设了一层煤炭、石灰或石灰石，用于保护木质棺木免受水、虫侵害，延迟棺木的腐烂。狭窄的墓穴里还填满

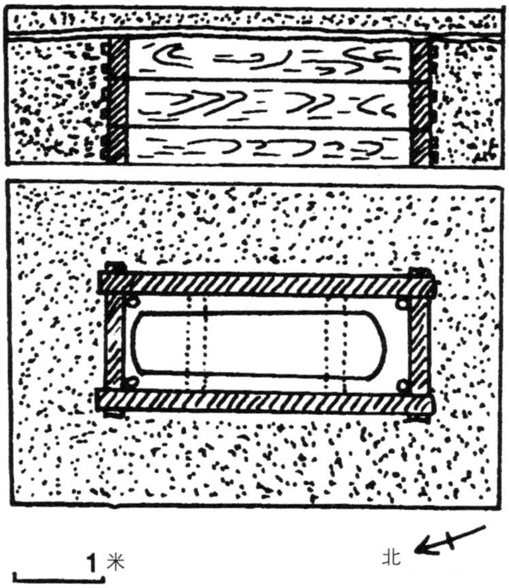

图3 孙四娘子（996—1055）墓中的木质棺椁的纵向剖面图。其外椁周围填满了灰浆和白黏土（北宋，江苏江阴）

了用细沙、石灰和黄土混制而成的特殊黏合剂——这些物质会变得与金属和石头一样坚固（见图3）。给棺材使用耐用材料是孝子们要履行使父母尸体保持完好无损的义务，不允许任何东西对其父母的尸
154 身产生损害，因为“去世父母的阳气会转给他们的儿子”，于是对尸体的保护就逐渐兴盛起来。[50]

士大夫墓葬建筑式样简单，缺少装饰，这与他们的社会地位和影响力形成了鲜明的对比。然而这种墓葬与新儒学在其礼书中传授的丧葬要节俭、谦逊、简朴的观念是相符的。曾在唐朝失传的这种古典墓葬传统在宋代得到了强化和传承，通过这种对传统的强化和传承，士大夫阶层的自我认同意识在全国范围内建立起来，并且通过其文化自觉确立了他们的社会责任感和社会特权。这样一种明显的社会文化成效，也体现在墓志铭的撰述中，而且最终导致贵族式墓葬建筑几乎完全消失。这种贵族式墓葬建筑被华北的没有官职的地主吸收并延续了一段时期，但士大夫最终成功把他们的文化价值观和民族习俗当作整个中国社会（包括贵族、地主和商人）的特征。

这种简朴的墓葬形式迅速地在整个帝国流传开来，并获得了人们的认同——宋代以后，这成为除了高级贵族和皇室成员外的中国人的标准墓葬形式。这可以解释为一种文化上的胜利，也是士大夫阶层取代世袭贵族的政治理想的胜利。

契丹和女真的丧葬风俗

对于汉人来说，契丹人的丧葬习俗是如此令人费解，也是如此与 155
己不同。辽国初期，契丹人遵从古俗，把死者放置在山坡的树林中。三年之后家属聚在山坡停尸处，将尸体焚烧。[51] 面对自己父母的去世而哭泣的契丹人被视为懦弱，因此汉人批评这种坚忍克己的行为是不尽孝道。贵族以外的契丹人死者不必经过烦琐的礼仪就被火化或埋葬了，就像汉人平民和穷人一样。

907 年契丹汗国建立后，契丹贵族的丧葬习俗是运用多种方法来处置尸体。一种方法是，据 1055 年后的记载，把尸体吊挂起来用麦秆穿刺全身的皮肤，使尸体的体液排出来，让尸体脱水干掉；然后用明矾对尸体进行处理，使尸体萎缩到只剩下骨头。经过修饰的骨架被埋入坟墓。另一个方法是，用刀切开尸体腹部，摘除肠子，清洗干净体腔，填入香料植物、盐和明矾，其后用五色线缝合尸体。这样可以保存尸体。辽亡之后，这种丧葬仪式仍在使用。[52]

尸体经过适当的处理后，根据传统方式按其官阶给尸体穿戴好。死者的脸上还戴上根据个人脸形制作的金、银或铜质的面具，而尸体也被穿上金、银或其他金属线制作的衣服。[53] 这种给死者穿戴用金属丝线制作的殓服的习俗可能源于汉人的金缕玉衣葬俗，或按一些学者所说，可能是从中亚传来的。[54]

对当时的中国人来说，契丹人的葬俗肯定是令人反感的。根据汉人对待祖先的正当方式的理解，尸体在下葬时不能受到损伤。契丹的丧葬做法，目的是为了减小尸体遗骸的大小，与 14 世纪中欧的做法有些类似。当时契丹人处理尸体主要有两种方式：一种做法是把尸体像猎物一样肢解成块，进行沸煮，使肉骨分离；另一种做法，在中欧国家也有，就是在下葬前把内脏或器官掏出来。只是到了 18 世纪下半叶，保持尸体完整的做法才在中欧丧葬习俗中占据了优势。

北宋的 7 位皇帝、22 位皇后以及 1000 多位皇室成员葬于开封和洛阳之间多山的巩县。相反，辽国 8 位皇帝的陵墓分布在 4 个地方的山坡上。王朝的建立者耶律阿保机死于 926 年，一年之后下葬，有几百位朝臣被杀而随他到了另外一个世界。[55] 而宋朝就没有为皇帝实行人殉。之后契丹人的人殉做法逐渐减少，但也没有完全消失。14 世纪，依据蒙古人遗留下的风俗，在明太祖的丧葬中，人们又恢复了人殉。

和宋朝不一样，辽国的陵墓建造者吸收了汉朝和 10 世纪唐朝陵墓的风格特点，并发展为新的样式。耶律氏和萧氏，以及忠于辽国的汉人上层的陵墓形状为圆顶形，这种形状让人印象深刻，其目的是为了在人死后仍然保持原有的社会等级。这些墓室结构及拱状的圆顶，都是轴对称的。一条坡道通向前室，从那里再进入墓室。前室的两边是耳室，与前室建造在同一水平线上，通常形制也与之完全一样——都是圆形，有时也会是方形、六角形、八角形，其墓室顶也是相应的形状。

墓室的内部通常用木质和石质材料的建筑结构装饰，这种结构就如一间房子，其作用有如棺椁之于尸体。有几种结构在辽国是很独特的，其中一种，内部是木质营帐，没门没窗，通常被建成原木搭制的形式，上面加上圆形屋顶。在平面图和立体图中，沿着墓室内墙测量，其高度和直径有数米长。经过相应的处理后，单人或夫妻两人的尸体被放置在密闭的墓室里。死者被全身盛装安放在木质的罩子里，一般不用棺材，但有安放棺材或木罩的台子或用帘子围住的基座。

最早的内部木质营帐，可确定是10世纪发现于皇帝的一位女婿萧屈列的墓中。其后发掘出来的墓室建筑都是八角形，但最著名的11世纪早期的陈国公主（1001—1018）和其丈夫萧绍矩的墓室是圆形的（图4）。夫妻两人穿戴着银丝所制衣饰，脸上盖着纯金面罩。内部进行了特别装饰的契丹墓已经达到了中国贵族墓葬建筑的最高水平，这种成就不仅极为神秘，更让人印象深刻。 157

正如我们从《大金国志》所知的那样，金朝女真人坚守着他们的丧葬习俗。当一个女真人生病并且被确认已无药可治时，萨满巫师会为病人献祭上一头猪和一条狗，之后会有人把病人包裹着塞进一辆马车，车子朝着深山大谷驶去。亲友要避开病人，直至他或她死去。然后亲属们用刀子划自己的额头，使血和泪流到一起，这种礼仪称作“送血泪”。其后死者下葬时不用棺椁。尽管女真人的丧葬习俗有了变化，但是一般他们还是把死者火化，或将死者葬入简单的墓穴中，再用石头建造坟墓。[56]

金朝的汉人仍继续建造承梁支撑的圆顶坟墓，保持与宋代墓葬形制的一致。多数坟墓造型并没有达到辽墓结构的宏伟、紧凑、复杂的高度，但其装饰有花饰和儒家孝道故事图的墓葬内部无疑已经达到内部装饰的较高水平。

婚礼、丧葬礼和汉人的文化认同感

宋代汉人的婚姻和丧葬习俗与北方的契丹人和女真人有很大的不同。尽管他们相邻而居，但在日常生活中他们完全处在不同的世界。一方面，为了维系自身的政治权力，契丹人并不忌讳家族之间的通婚，对于女真皇族来说，更是如此。另一方面，在宋代社会，很明显，婚姻的作用是生养法定后代，而后代的最重要义务是延续家族的

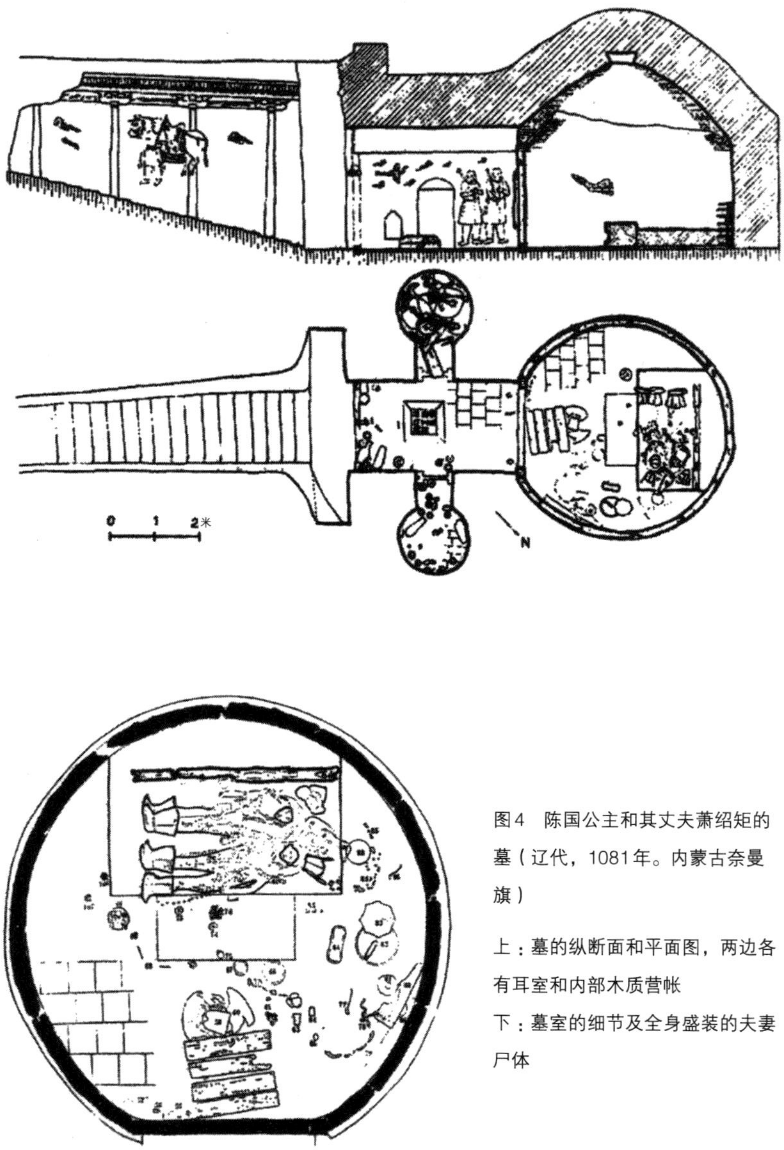

图4　陈国公主和其丈夫萧绍矩的墓（辽代，1081年。内蒙古奈曼旗）

上：墓的纵断面和平面图，两边各有耳室和内部木质营帐

下：墓室的细节及全身盛装的夫妻尸体

香火。宋代的婚姻礼仪融合了儒学（创建于公元前1000年的周代）与士大夫的利益需求——后者通过建立家族联姻关系，确保了自身 159 的特权、影响力，并保持经济兴旺。

契丹人怀着尊敬之意操办丧事，他们一直保持着自己独特的传统，同时他们的地下墓葬建筑使唐代贵族陵墓建筑形制的发展达到了最高峰。周朝的古代经典所描述的薄葬传统在宋代得到了复兴，士大夫表达了他们要继续积极探求正当行为典范的意愿。在他们的新儒学的得体概念中，宋人的古代观念得到了恢复，因而汉人的文化认同感也得到了加强。

第8章

探索内在和外在世界

文学是极少数人独占的领域，中国人极为尊崇文学，视之为一门艺术。文化都是以文字为基础的，因此中国人在散文和诗词中思考、辩论的方式及对事实、理论、事件和情感的描述都反映在其行文风格和辞藻的运用上。在中国历史上，从很早开始，诗歌就是教育的组成部分，也是社会各阶层交流沟通的工具。唐宋时期，诗歌在科举考试的“背诵材料”中也占有很大的比重。根据邵雍的阐释：“诗史善记意，诗画善状情。……状情不状物，记意不记事。”因此，诗抓住了史（表意）和画（抒情）的精髓。[1] 在宋代，写诗是为了展现内心的变化过程。诗涵盖了认知和存在的各个方面，包括危险的政治领域。具有能创作各种优秀诗词作品的天赋被认为是才智过人的特征。因此对宋代作家来说，内在世界的精要就被汇集在诗词之中，同时对内在世界的探索又与对外在世界或自然界事物的观察及理解有很大的关系。

诗词是连接绘画与世界的天然桥梁，特别是诗词被题写于绘画作品的边角时。在宋代，士大夫在绘画艺术中创造了一个世俗化的世界，这个世界由烘托气氛的风景画、风俗画、人物画、栩栩如生的鸟虫素描画和花果静物画构成。许多绘画作品为沉思和形上探求提供了一个虚拟的遐想空间。借由这种方式，人们得以探求世界背后的那些永恒真理，后者通常超越了日常琐事和世俗忧虑的范畴。其他作品集中于描绘日常生活的真实面貌，记录画家对自然现象的观察。在对自然和物质世界进行观察和研究的过程中，画家和科学家发现了双方的共同之处——都对世界有着浓厚的求知欲。尽管他们以各自特有的个人技艺探求他们的共同兴趣，但在宋代，对内在和外在世界的探究是同时进行的。 161

用席文（Nathan Sivin）的话来说，中国科学是指“运用系统化、抽象化和客观化的方式去思考所有与自然相关的事物”[2]。李约瑟（Joseph Needham）从他对中国科技史的大量研究中得出结论：“每当有人根据中国文献对科技史的任一个领域进行研究时，他会发现其聚焦点总会落在宋代。”[3] 根据李约瑟的观点，宋代是中国本土科学最为繁盛的时代。西方与中国有关系的三大技术——活字印刷术、火器的制造和指南针的发明——都与宋朝密切相关。

对于宋代社会本身来说，印刷术使得出版业得到了很大的发展，而出版业满足了各种公共的、私人的，特别是教育制度的需求。9世纪火药的发明以及其后火器的发展导致了军事工业的发展，该行业雇用了数万工匠和工人。尽管指南针的发明并没有促使中国社会转型，但它传到欧洲后作为航海仪器使欧洲不少王国成为世界性的海洋国家。1620年，西方科学时代来临的黎明时分，弗朗西斯·培根（Francis Bacon）说，上述三大技术进步“在世界范围内把事物的全部面貌和情况都改变了”[4]。

诗词——展示内心变化的艺术

宋代的诗词发展出各种形式，包括格律诗，其狭义的形式为五言或七言；还有运用中国语言中各种辞藻资源的“词”。8世纪时的唐代天才诗人李白和杜甫以及其他有影响的诗人为律诗建立起“古典的”标准，这种传统在其后的数个世纪中在格律诗的各种类型中一直被沿用。批评家严羽在1200年前后就注意到：“国初之诗尚沿袭唐人。”[5]

162

最有名的诗歌类型是西昆体。这种诗体追求用词华丽、用典以及对仗工整，以显示作者的博学。这些诗人由于在诗歌创作中不能将儒家伦理传达到诗中而备受批评。这种诗体虽显得稍微过时，但在日后的诗歌创作中继续表现出色。而在宋代文学中，比这个诗派影响更大的是以苏轼为代表的律诗创作流派。[6]蔡涵墨（Charles Hartman）说：“11世纪宋代的伟大诗人——梅尧臣（1002—1060）、欧阳修（1007—1072）、苏轼（1037—1101）和王安石（1021—1086）——是最后一批掌握了整个中国诗歌传统的诗人。”[7]

上述四人之首的梅尧臣在去世前9年，终于通过了进士考试。和同时代的其他诗人不同，他对日常事务中的那些简单的、微不足道的、不经意的甚至是丑陋的东西具有敏锐的观察力。泥洞中的蚯蚓和蛆虫、虱子以及其他不引人注目的生物，这些在其他人的诗中几乎不出现的东西，成为梅尧臣诗词描写的对象。他早期那些较为平和的作品比较符合绘画中的新写实主义，随着年龄的增长，他的诗变得越来越辛辣，越来越针砭时弊，许多诗对社会及社会精英都有所批评。[8]

在《耕牛》中，梅尧臣指出了地主和贫民之间、乏味的劳作和闲散无所事事之间的差异，这首诗中，牛象征了农夫。而在《聚蚊》中蚊子代表了剥削穷人、保护富人的腐败官吏。太阳一旦落山，蚊子就从墙缝中的藏身处飞出来，漫天飞舞，就像弥漫于空中的薄雾。富人可以用上好的丝网把床包绕起来，使自己免受蚊虫叮咬，但穷人和受饿者就成了这些吸血虫饱食的牺牲品了。[9]梅尧臣的同代人王令，是一位得到过王安石帮助的青年才俊，他也写了些揭露社会丑恶的诗。其中一首《梦蝗》，所描写的噩梦般的虫子告诉他，人才是人性的害虫。[10]

苏轼属于反对王安石改革的政治派别，但两人都具有幽默感、同情心，并相互敬重。这点我们在苏轼1084年所写的《次荆公韵》中可以看出：

> 骑驴渺渺入荒陂，想见先生未病时。 163
> 劝我试求三亩宅，从公已觉十年迟。[11]

苏轼所建立的有影响的文学团体“苏门四学士”，由黄庭坚、秦观、晁补之和张耒组成。他们的政治命运和诗人的职业生涯很大程度上依赖于苏轼的政治命运和他作为一位反改革者在政坛上的沉浮。

词是为乐曲的演唱而创作的，早在唐代就已经出现，在9、10世纪时很受欢迎。词、曲都是由文人所作，由歌女演唱。在宋代，词是最流行、最有表现力的诗歌类型。用萨进德（Stuart H. Sargent）的话来说：“词恰在其形式上表达了情感的体验……（其）特有的韵律形式让我们想起各类型乐曲的起源，也让我们想到这样的事实：词曾经是一种很优秀的演唱文学。”[12]

创作出来的词要适应固有的曲调。为了使文本和曲调能相互作用，能完美地演唱出来，要用严格的声调、格律和押韵格式确定词的类别。词的曲调总数超过2300种，这些曲调现在都已失传，但其曲调名暗示了这些曲调所涵盖的最初创作者的兴趣范围，从对自然的观察，如“西江月”和“风入松”，到歌舞之曲，如“破阵子”和“菩萨蛮”，到歌唱情爱的歌曲，如“诉衷情”“采桑子”“永遇乐”。词吸收了口语语言，并以演唱的形式表现出来。从很早开始，这些白话口语就被记录下来，后来还印刷出版，扩大了词的流传范围。

有两种词是可以明显区分开来的：一种是较短的小令，最初意思是“命令”，被用于宴饮的游戏中；较长的是慢词，意思是“加长的”或“慢节奏”。短的那种通常每阕（共两阕）有三到六行；长的那种大概有短的两倍长，其诗行的长度变化达到了词的极限（从两个字到十个字），同时在格律上允许有更多的不规则。[13] 把词从中文翻译为164 西方语言（西方语言没法表现中文的押韵格式）是没法把其声韵传递过来的，但许多翻译作品已经能成功地把诗词的情感表达出来，把诗词的氛围烘托出来，尽可能地让读者感受到作品之美。

与律诗相反，词是由每行字数长短不一的若干行构成。它可以用来描写心理状态、当时都市生活的节奏和人们的争斗、伤心孤独之情、对爱情的渴望、性爱的感受、对浪漫的向往、自然美景的图像、离别之情等。词也可以表达私人的、隐藏着的、模棱两可的、暗含的信息，并把这些传达给大众。词中复杂的比喻和象征变化多端，这依赖于诗人遣词造句的天赋。

官员兼诗人欧阳炯（940 年在四川编撰了《花间集》，并写了绪）写到，词表达了对美和精致的审美沉思，表达了情感的愉悦和丧失。词并不强调儒家道德理想，词也不能被解读为政治寓言。[14]“飞卿”温庭筠，虽在科举中没有考中进士，但在诗词创作中不墨守成规，成就非常突出。他在《花间集》里具有重要的地位。有一段时间他与著名的诗人、妓女和道姑鱼玄机（844—868）私通。直到她被指控杀害了自己的婢女而在京都长安被公开处死后，温庭筠似乎才不再迷恋她。

评论家们不认同温庭筠的诗词成就和其富于想象的创造力，也特别反对他对床笫之事的描写，但几乎可以肯定的是，他对当时的诗人和后来的词人如柳永具有持久的影响力。[15] 诗人李清照并不掩饰她对柳永的钦佩之情，但她的评价也有所保留：“变旧声作新声……虽协音律，而词语尘下。”[16]

南唐以诗词和绘画而出名，最有名的诗词大家是最后一位皇帝李煜，他降于宋朝，978 年死于宋朝的软禁中。他扩展了词的表现范围，将其从爱情延伸到了政治和哲学的思考，并很好地利用了白话语言。在其所写的《破阵子》里，他在第一阕里描述了曾经的辉煌，在第二阕中描写了如今的压抑，并将二者做了对比：

> 一旦归为臣虏，沈腰潘鬓消磨。最是仓惶辞庙日，教坊犹奏别离歌，垂泪对宫娥。[17]

他的另一首词中的一句"一江春水向东流"——表达了他对失去故国的怀旧之情——引起了宋朝皇帝的猜疑，最后导致了他被幽禁而死的命运。[18]

政敌们千方百计地依据诗词作者的观点来辨析词的弦外之音，特别是在11世纪，这时词已经成为浪漫与爱情的专有领地。由于欧阳修以坚持原则和善写诗词而闻名，于是他的反对者们可能就以他的名义伪造了一些词，词中的男主人公沉迷女色。[19]欧阳修被控与自己的外甥女张氏有不正当关系，当时张氏与欧阳修一家住在一起，有一首柳永写欧阳修的词被当作这桩个人中伤的例证。受害者根本没有机会来澄清自己的清白。

《小镇西》（仙吕调）

> 意中有个人，芳颜二八。天然俏、自来奸黠。最奇绝。是笑时、媚靥深深，百态千娇，再三偎著，再三香滑。
>
> 久离缺。夜来魂梦里，尤花殢雪。分明似旧家时节。正欢悦。被邻鸡唤起，一场寂寥，无眠向晓，空有半窗残月。[20] 166

欧阳修抱怨这首在京城流传的匿名词对他是一种中伤，甚至会毁掉他的仕宦前程。尽管描写浪漫爱情、暗含色欲和迷恋少女（通常是一位职业歌舞艺人或妓女）的诗歌受到严厉的批评，甚至遭到禁止，文人们还是无法摆脱对少女美色的迷恋，禁不住撰写了许多充满床笫之欢的挑逗性诗词。[21]带有情欲主题和隐喻的诗词在职业歌女中广为流传。

大多数词不涉及攻击性的主题，伴随着长长的篇幅，它们以舒缓的曲调试图捕捉精美的风景和气氛。李清照是宋代可能也是中国历史上最伟大的女诗人，她出身于一个思想开明的非传统的士大夫家庭，少女时代就以才智过人而出名。[22] 几十年后的 1133 年，我们从两首诗中了解到，她曾经显赫的家族已经衰落，她的家人四处离散，沦落于社会底层。当女真人入侵山东时，她和丈夫收藏的 10 间仓房的古玩和藏书都毁于兵燹。她的丈夫在战乱中失散，在遭受流离之苦后于 1129 年去世。

虽然满怀失望之情，但是李清照还是坚信她的诗词会流传后世。[23] 为了在诗词中倾吐自己的苦楚，她利用了隐喻和字词的重叠，在中国古典诗词语言中插入了拟声词和口语化表述，这使她的词具有强烈而直率的特点。她也知道要遵守诗词格律，她的诗词“产生一种令人期待的境界，这种境界不仅由其诗词流派所决定，也是由其性别所决定的”[24]。

《声声慢》

寻寻觅觅，冷冷清清，凄凄惨惨戚戚。乍暖还寒时候，最
167 难将息。三杯两盏淡酒，怎敌他晚来风急！雁过也，正伤心，
却是旧时相识。

满地黄花堆积，憔悴损，如今有谁堪摘？守着窗儿，独自怎生得黑！梧桐更兼细雨，到黄昏，点点滴滴。这次第，怎一个愁字了得！[25]

南宋最杰出的词人们因爱国、英勇、忠于国家和中国文化而闻名。[26] 1161 年，时年仅 20 岁的辛弃疾统领着一支 2000 多人、远离了金国领土的农民起义军，其后他被任命为飞虎军的指挥官，1181 年被迫退入南宋。在整个宋代，辛弃疾算是一位多产的词人，其同时代人很赞赏他诗词中体现出来的无拘无束的活力和敏锐。作为一位军人，在因宋朝北方领土丢失而对女真人进行的抗争中，他历尽

艰辛。在诗词中，他反问道："何处望神州？满眼风光北固楼"，"西北望长安"，如何"了却君王天下事"。

他的朋友，哲学家陈亮抱怨女真军队蹂躏北方，他问道："于中应有一个半个耻臣戎，万里腥膻如许。"辛弃疾的另一位朋友刘过（1154—1206）也在词中疾呼，何时恢复中原故土？他号召大家团结起来马上开始行动。随着北宋安逸生活的终结，恢复北方失地的重任就落到爱国的官员和军官的肩上。

但对故土的忠诚与热爱并不限于宋代的诗人和官员。元好问和其他金朝知识分子一样，非常清楚在他们身处的中国分裂时代，金朝存在的政治合法性问题。他流传下来的一部诗集包含了故土的沧桑感及对故土深深的热爱。[27] 他的诗词表达了孔子的中庸之道："唯天下至 168
诚，为能尽其性。"金朝最后一位君主自杀、金朝灭亡5年后，元好问写了一首五言律诗《己亥元日》：

> 五十未全老，衰容新又新。
> 渐稀头上发，别换镜中人。
> 野史才张本，山堂未买邻。
> 不成骑瘦马，还更入红尘。[28]

当时，他正辗转流离于各地，开始着手修撰《金史》。他的这部历史著作最终在100多年后由官方正式修成。[29]

绘画中反映的自然与日常生活

一个有教养的宋代士绅应该掌握四种才艺：琴、棋、书、画。书、画是人际交往的技艺，也是知识渊博者展示其不轻易示人的才华的工具，它们以汉字的字形及物体的形状来描述一个人的内心状况。一件艺术品的品质是依据其在交往中是否活跃来判断的。整个中国社会把文人视为真正的艺术家，他们一般用特殊的毛笔在纸和丝绢上作画。这些纸和丝绢或是水平式或是垂直悬挂的卷轴式，其版式各式各样。卷轴可以卷起来，携带方便。此外，还有画家在扇面和册页上作画。

除了由有教养的精英创作和欣赏的作品外，在寺庙、宫殿和陵墓中还发现了长久以来深受欢迎的传统的彩色壁画。这些壁画传统上由技艺娴熟但不知名的职业画家所创作，这些画家靠承揽的壁画活计谋生。[30] 保存至今的壁画作品生动地反映了富有的宋代地主家庭和辽代贵族的日常生活。

169 陵墓中壁画的真实性一般来说是没有疑问的，但文人们画作的真实性就相对要小些了。10 世纪中国风景画的早期奠基者们在对自然与风景的理解上创造出了一种独一无二的模式，但我们完全是从他们的画作和其作品的摹本来了解他们的艺术的。在中国的习俗里，对早期艺术大师作品的精神和类型的模仿被认为是艺术的一种特点，也是对艺术传统的正当传承。[31] 到目前为止，只有一幅风景画（该画出自一位地方上并不知名的画师之手，于 959 年至 986 年间完成）卷轴的真实性得到了确证，但是这幅作品的完成并不表示这个时期的艺术形式达到了最成熟的程度。[32]

唐代以前，描绘自然风景的画作的地位要低于人物画，那时人们的兴趣焦点集中在人物画上。唐代的风景画承担着教化的功能，见多识广的观察者可以把画中描绘的风景和人物当作“历史”文献来读。之后，风景画从最初所承担的解释功能解脱出来，其原因与中国文化中心在 9 世纪晚期和 10 世纪从北方向南方和西部的转移有密不可分的关系。[33] 人物形象、历史事件和宗教仪式都经受了重新阐释，在这个过程中，相比于风景，上述绘画对象的重要性已经下降。风景画把自然本身当作一个有机整体来绘制。

风景画的最重要的创新——山水画——与少数几位画家的名字有关。在北方，“图真”说的创造者荆浩（870—930）可能已经成为画家的典范。[34] 在南方，画家董源（活跃于约 937—962 年）和他的弟子佛教徒巨然（活动于约 960—980 年）所作的优秀风景画受到了 11 世纪鉴赏家们的赞赏。巨然没有画作流传下来，但幸运的是他与另一位和尚受命对北宋翰林院的玉堂进行了装饰，因此我们还能看到其艺术品。他所作的这些壁画的特点是配以高山、圆石以及环绕其间的山雾而形成的晨景，这些景象产生了一种迷幻的效果。[35]

宋代风景画最重要的转型可以从一幅卷轴中窥得一斑。这幅画传统上被认为是 10 世纪画师李成（919—967）所作，但也有可能是一个世纪后的人所画（图 5）。[36] 一座孤独的佛寺坐落在高耸的山上，171
断断续续的云朵是其作品的中心主题。山、雾谷、瀑布和零散坐落的建筑物和树木，可能是画家想反映他相信自然中存在着固有的秩序原则。根据儒家的宇宙观和“天人合一”的思想，“其心宽，则可拥有整个世界”[37]。这完全没有夸大的意味。在之后的北宋时期，其他画师题材宏大、数量众多的风景画作品中就已经很明显显现出上述那种艺术观念的夸张效果，如郭熙的画。

南宋时期，风景画家比较喜欢小版式，经常爱用册页和扇子，画的多是自己接触较多的、精心挑选的场景。特别有名的是马远和夏珪的“一角”作品。他们两人活跃于 1200 年前后，他们的作品反映了视野纯化、画面越来越精简的观念。在一个前景较低的容易看得到的角度，简单的几笔就可描绘出一堆树丛、读书人的头冠，或其他一些特定事物，使人们的目光一下子就被抓住，于是画的空白处就产生了一种暗示性的氛围，同时也形成了一种通过雾、气连接着的深远景象，这一切都使小小版面上的画面显得很开阔。

就在许多宋朝画家试图在大幅减少的画面空间中突显出风景画的关键时，对真实生活的描绘也在画作中出现了。这种创作手法为人们所接受，在绘画的主题构思和画作绘制过程中都体现了出来。这是符合朱熹、吕祖谦《近思录》的思想的（该书把儒学重新恢复到对日

图5 《晴峦萧寺图》(李成，北宋。立轴，绢本水墨淡设色。美国密苏里州堪萨斯市纳尔逊·阿特金斯艺术博物馆藏)

常生活的关注中来），与绘画上的“一角”创作相比，朱熹的著作说明，日常生活经历的细节结构及其分析能使人们对生活进行更本质的观察。

这种对普通细节的关注出现在大批画作中，而这些作品可以被归为一个流派。各种专画某一事物的画家群体，如画花鸟的，集中在成都和南京。生活在成都宫廷的最有名、最有影响的画家是黄筌（903—968）。他侍奉前蜀、后蜀君主近 50 年，965 年时成为开封翰林图画院一员。黄筌生活的时代是连接唐末和宋初的桥梁，当时的绘画主题变化不定，完全不同于之前仅专注于对自然中动物和花草的描绘，他的同时代人认为他对自然的描绘是无法被超越的。后
来的鉴赏家如沈括把这些画称为“写生”。[38] 他娴熟的技艺充分地体 172
现在他和他的儿子所作的双册页《写生珍禽图》（图 6）中，这幅作品从 12 世纪早期一直保存至今。他对细节的分类方法（这种方法似乎比生物本身还要真实）直到 11 世纪中期，在翰林图画院仍拥有极大的权威性。[39]

在南唐都城金陵（今南京），许多画家专门以花、鸟、猫和竹为绘画主题，他们在 975 年之前一直活跃于南方画界。在成都的黄筌通过轮廓、阴影和色彩的精确应用来追求真实生活的逼真度的时候，南京的徐熙（？—975）则使用了一种粗的画笔，在纸上和丝绢上任意地挥洒浓墨。他那野逸的风格似乎要抓住的不是井然有序的细节，而是自然之力。他并不满足于逼真程度、写实主义和“写生”等，这就是为什么后来的评论者断言他在作品中已经表达了“生命力”的想
法，并接受了“生命力观念”。[40] 他的画受到了宋太宗的热情赞赏， 173
但直到 11 世纪他的画风才被崔白（1004—1088）等画家所接受。这些画家在一片开阔的、奔放的风景中把动物、植物复原到更为自然的作品里。

宋徽宗因其书法上的瘦金体风格而闻名。他非常欣赏其宫廷中

图6 《写生珍禽图》(黄筌，12世纪早期。手卷，绢本设色。北京故宫博物院藏)

的御用画家们所作的花鸟画。他自己精心绘制花鸟图像的方法已经落后绘画发展水平几十年了，但他这些画在当时还是非常独特并颇受人欣赏的。实用功能、品位高尚和过人的个人能力，是这些画的特征。人们把这些画分为“祥瑞物”(auspicious omen)和“祥瑞象征”(auspicious presentation)两类。祥瑞对徽宗统治的重要性在1112年2月12日之夜可以看出来：元宵节期间突然在皇宫端门的屋脊上方出现了彩虹般的色彩，鹤——一种预示好兆头的长寿之鸟——从天空中飞下来，其中2只落在屋顶左右鸱尾上，另外的18只在空中盘旋了一段时间。[41] 根据毕嘉珍(Bickford)的看法，鹤是“代表道教仙境中的神仙们向开封城中的徽宗献上祝贺的使者”。[42]

徽宗在铭文和诗词里描绘了这件事，这首诗题写在短轴卷画《瑞鹤图》(图7)中，在画里他签下了往时常写的“天下一人”的题字。

图7 《瑞鹤图》(宋徽宗，卷轴，绢本设色。辽宁省博物馆藏)

他在艺术上的努力不能简单被视为一种业余爱好，他的目的可能是要把政治与文化的功能整合起来，从而把他和他的作为与百年前真宗皇帝在道教上的许多举措联系起来。[43]

南京南唐宫廷中的艺术复兴起源于南方长久以来就存在的创作传统。绘画中的新主题日益流行——既涉及亲密的家庭室内生活，又涵盖外部世界的工作和郊游场景。10 世纪中期的叙事手卷《韩熙载夜宴图》（图 8）一直被认为是南唐画家顾闳中（910—980）的作品。鉴于画中所描绘的风景，以及风景所对应的时代，这幅画更有可能是晚宋的一个摹本。[44] 韩熙载把全副身家都花在了酒色欢宴中，最终落到贫困而死的境地。他的纵情声色可从画作的描绘中看出：从教坊歌
176 女手抱琵琶弹奏（她演奏时韩熙载正很放松地靠在榻檐上），到主人榻边站立的一位歌妓隐约可见的三寸金莲。[45] 这幅画的每个场景和人物形象特征所包含的意味强调了画作想要叙述的内容，画中有两位来宾靠坐在椅子上，显示了这样一种风俗的变迁：至少在那些新富和时髦家庭中，人们已经不再席地而坐了。[46]

在南唐宫廷画家赵干（活跃于 961—975 年）所作的水平长卷《江行初雪图》（图 9），艺术品收藏史上地位很重要的收藏家金章宗在这幅画上留下了自己的姓名。[47] 该画作的主题、绘制手法和逼真细节使其在从宋代到清代的宫廷藏品中具有相当高的地位。这幅独一无二的作品描绘了向来不易表现的水流的形状，特别是描述了渔人在难以居住的环境下艰苦谋生的状况。在寒冷的冬季，河面及两岸覆盖着白雪，渔人们驾着平底船穿过寒风吹拂的水面，查看张开的渔网，他们
177 用较为复杂的装置上下提拉渔网；他们在木质柱子支撑起来的筒状小棚里躲避着寒风。

赵干对与自然搏斗的渔人的描绘给哲学思考提供了素材，同时也暗示了儒学和道教的影响力。用渔竿钓鱼被画家选作画中的一个场景，这是一种隐喻，也可表明某种政治决定。从另一个角度来看，用

图8 《韩熙载夜宴图》（顾闳中原作，南唐，10世纪中期，宋人摹本。北京故宫博物院藏）

图9 《江行初雪图》局部（赵干，南唐。卷轴，绢本设色。台北“故宫博物院”藏）

网捕鱼与道家的天网的观念相一致，表示世界的整体性和统一。

娱乐和旅行经常是墓葬壁画的主题，人们希望这些主题使死者不朽。辽墓极大地发展了墓葬的地下建筑形式以及内部墙壁的装饰风格，后两者从汉代到唐代，在华北、内蒙古境内的墓葬中广泛存在。墓葬——这种建筑形式，更使壁画的发展达到了顶峰，这些画绘制在接近陵墓、墓室的墙壁上，以及陵墓的穹顶上。画的主题有四季风景、动物花草、二十八宿、西方黄道十二宫、题材广泛的宗教和世俗人物以及各种日常生活场景（主要发现于墓室中）。

在 1117 年辽代张恭诱（1069—1113）的圆顶墓的墓顶上，人们发现了一张画有二十八宿和中西方符号的图画（图 10），绘制得相当出色。西方黄道可能于 6 世纪末传入中国。[48] 描绘的主题是离别：

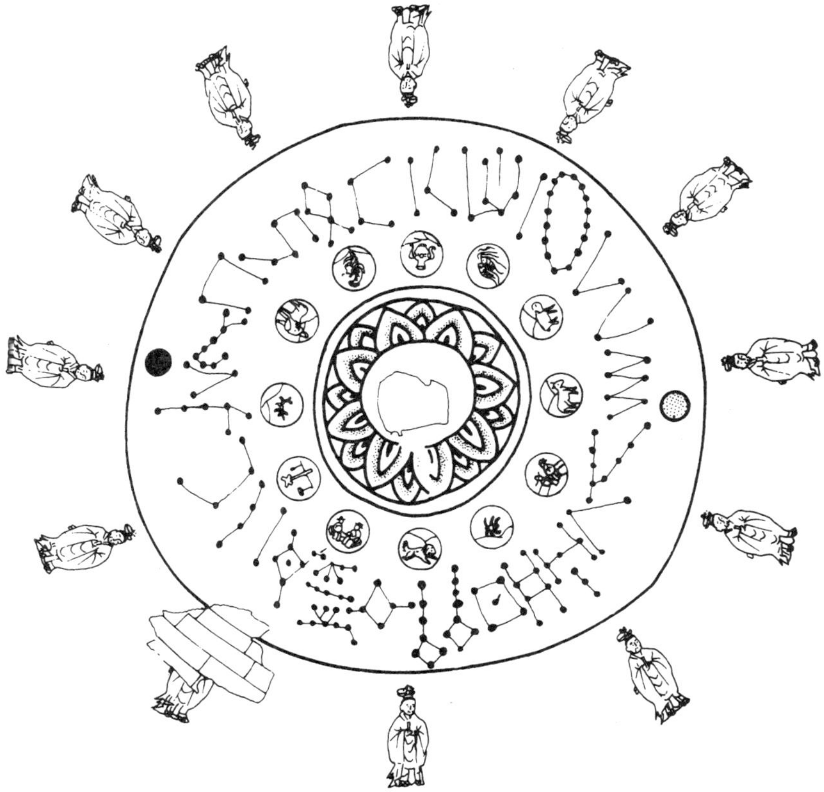

图10 辽代，1117年一幅绘制在墓顶的图画，画中绘有美索不达米亚黄道十二宫符号、二十八宿和中国十二生肖动物（代表十二地支），这些符号环绕在中心刻有莲花的镜子周边。（墓主人张恭诱，河北省宣化2号墓。陶宗冶等）

一大群旅行者骑着马或坐着马车，后面跟随着随从，有几小拨人已经出发，穿行在画中，或在回家的路途上。这个主题在墓道的长墙上特别流行，而宴饮的主题经常出现在墓室中。

用绘画的标准来看，画得最好的壁画——通常主题是准备宴会和家庭活动，大多出现在华北的陵墓里，这些主题在河北宣化的张氏墓中的壁画均有发现。[49] 画中有几名仆人，其中一男一女正在温酒侍候主人；还有一些表现欢乐的场景，如孩子在书房中嬉戏，而大人正

在煮茶。另一间房间的特点是里面安放了不少文具（无疑是要表明这
个家庭属于读书人阶层）。一名女仆拿着一只碟子，呵斥旁边的狗不
178 要靠近自己。张恭诱墓中的一幅画显示了富有的墓主人家庭关系亲密
的场景，画作描绘了墓主人、他的儿子和他的妻子正在一间装修精美
的房间中观赏他的艺术藏品。[50]

这些陵墓内的图画景象和上述人物面相的描绘显示，辽代末年
专业陵墓画匠的水平已经达到了他们宋朝同行从未达到的非常高的
艺术高度。我们只能依理推测，辽人可能希望在贵族陵墓绘画方面
179 保持唐代的高标准，他们在专业陵墓画匠的培养上的投入是值得的。
但是在宋代，高官们和著名学者们并不需要修建壮观的陵墓，只有
地主热衷于精心修造陵墓，他们以此来强调自己的家庭在地方上的
声望。

这些地主陵墓中大多数的壁画都是雕刻在砖、石之上，有时候还用色彩加以描画，以使画面的轮廓形成更强烈的反差。除了诸如卫士、勇士或二十四孝图等宗教性主题，大多数画作都反映了一种平和的、与世无争的、有教养的氛围，体现了地主阶级的生活方式。壁画还表现了夫妇两人袖手相对坐在桌边椅子上，边上有儿媳或奴仆服侍的情景（图 11）。这已经成为地主陵墓壁画的一种表现规则。

死者的相貌被描绘得清晰且明显。男性死者的肖像栩栩如生，但儒家认为揭示女人的面容、描画其样貌是不恰当的。[51] 这种士大夫的正统观点肯定有别于地方精英的看法。士大夫们喜欢把他们的妻子去个性化，以达到他们追求理想化的目的，而地方精英们则强调肖像画要能突出死者特性——要不然就没有那么多显示个性的、反映夫妻内容的壁画会存留至今。许多陵墓还用假的门、假的窗和家具，包括假的桌子、椅子、衣架、镜子及带有高脚枝形油灯灯台进行装饰，这种传统可以追溯到汉代。

有一幅很少见的、画得很出色的壁画使我们看到了女性们在家中

图11　墓主赵氏及其妻子，其儿媳和奴仆在旁服侍（北宋，1099年。河南禹县1号墓壁画。宿白）

劳作的情形。[52] 壁画的最右边，是一个男孩正担着两桶水从一根立柱边走过（图12）。在画中心有两名女性正展开一幅丝织品，而第三名妇女在抚压织品表面。丝绢的制作需要不断地敲打以便使织品柔软。最早描绘这一制作工艺场景的卷轴画可能在8世纪由张萱所画，后来由宋徽宗进行了临摹。壁画的左端，另一名女性站在一个台子上从箱子里取出几卷纺织原料和几件衣服。画的背景是几件衣物和织品，这些东西正被挂在柱子上晾晒，这幅画所采用的题材在唐代相当流行。

图12　女性在敲打柔化丝织品（捣练）（12世纪初。河北井陉县柿庄6号墓壁画）

大多数宋墓都没有墓志铭，因为墓志铭是官墓的特征。墓志铭的 180
缺少证实这些墓属于历代富有的地主家庭。

格物之理

宋代 300 年探究事物的道理——或用儒家的话说，即格物——
已经远远超出了个人道德修养和伦理的范畴。格物也包含对现实的认 182
知能力，这种能力只有通过对自然世界的事物、行为进行彻底的研究
才能获得。[53]

几百年来，中国学者观测天象，并记录其观测结果。虽然在大多数观测事例中，他们没能以现代科学观得出结论，但他们的精确描述对天文学史做出了巨大贡献。896 年，天文学家报告了一例彗星（当时称作客星）分裂的事件。1064 年的一个夜晚，沈括听到了一声像打雷一样的声音，看到东南天边有个物体，形状看起来有月亮那么大，紧接着拳头般大小的一块陨石落到了花园里。这块石头还发着热，上面还有色彩，其重量如一块铁。[54] 1112 年，一位观察者记录下了他看到的栗子般大小的太阳黑子，他是通过太阳反射到一盆油的表面而观测到的。

在近代之前的中国共记录了大约 90 颗新星（中文称之为客星），而这些记录中使我们印象最为深刻的是关于 1054 年超新星的观测记载［其位置在距太阳系约 6500 光年的金牛座 p（p Tauri）位置］，这颗超新星在长达 23 天的白天里都能用肉眼观测得到。而两年后，它再度出现。1839 年，天文学家使用望远镜才再次在同样位置看到该星的残骸，1921 年人们把 1054 年爆发的巨星的残骸命名为“蟹状星云”。

11 世纪的许多材料记载了“指南鱼”的使用，这是一种磁性的薄铁叶片。当把指南鱼浮在水面时，它的头会指向南方。这种不够灵

便的鱼最终被指南针所取代，把针用天然磁铁不断地研磨使之磁化就制成了指南针。沈括对这个发明的记载是世界文献记录中已知最早的关于罗盘针的描述。通过实验，他得出结论：磁针“能指南，然常微偏东”；他发现了地理上和磁极上的南极点的差异。[55] 磁针被安放在一个盘子上——盘子是术士、巫师和风水先生所用的盘，这便是现代航海用磁性罗盘的初始原型。中国水手最早在 1090 年开始使用航海罗盘。12 世纪时罗盘被介绍到了欧洲；1190 年，一位在巴黎学习的英国修道士亚历山大·尼卡姆（Alexander Neckam）描述了在航海时使用磁性针的好处。[56]

1247 年，在其长年的仕途生涯里一直担任提刑的宋慈出版了著
183 作《洗冤录》，这是第一部系统性的法医学著作。这部著作很快被官员们用于对杀人案和可疑的死亡案的审讯。[57] 他的许多观点和阐释，特别是关于尸体检验的理论，都建立在迷信的基础之上，但其他的观点还是颇有建树的。他把尸体解剖的技艺传授给他的同事，并描述了对硫化物中毒进行测试的情况，提醒人们要注意砷中毒；他对一氧化碳中毒的症状已经有所了解；他还建议手脚遭毒蛇咬时要把受伤的肢体绑扎起来，以阻止蛇毒通过血液扩散到全身。

宋代最重要的一本记录了科学现象的著作是《梦溪笔谈》，1086 年至 1093 年间由沈括完成。他对知识的追求引发了一场以儒学为基础的宋代启蒙运动，这场运动促使人们去了解包含在万物和宇宙整体中的理。这些有较高科技成就、技术专业颇为娴熟的朝廷官员和技术人员都属于一个拥有共同兴趣——爱好科技——的职业官僚群体，尽管在当时体制性的科学团体并不存在。沈括记载的最有名的科学成就是 11 世纪 40 年代毕昇发明的活字印刷术［它领先于德国的古腾堡（Gutenberg）同样的发明 400 年］，以及对地图绘制技术的记载和对化石遗迹的解释。在书中的其他条目里，沈括记述了月亮的盈亏方式，并得出了可以从中看出太阳和月亮的形状是球状的结论。他写

道："月本无光，犹银丸，日耀之乃光耳。光之初生，日在其旁，放光侧而所见如钩。"

沈括乐于记录奇异之事，其著作中的条目并不都具有极高的价值，很多时候记载事件的目的也不尽相同。如席文所看到的，沈括的记载包含"繁冗的说教、宫廷逸事和转瞬即逝的奇异事物"[58]，对自然现象的解释是建立在当时的五行学说的宇宙理论基础上的。五行是指金、木、水、火、土。当风吹干了盐池的水，继而盐分结晶时，沈括并没有把这个过程看作蒸发率不断增大的过程，而是解释为五行相生之理，也就是火（这里是风）生土（盐）。

当时人们已经在使用滴漏了。人们也了解到天空中有 1350 颗星星的位置与太阳在一年 12 个月中的位置具有相应的关系。976 年，司天监的一位学生张思训建造了一座水力驱动的浑象，放置在京城开封一座精心修造的 10 米高的三层塔中。但直到科学家苏颂（1020—1101）在吏部任职的时候，才把先前的浑天仪进一步完善。这个环形钟的设计思想有三重：天文演示、天文观测和计时。[59] 这个钟表装置的机械结构把计时装置和用于观测星辰位置的浑仪连接在一起，它还与判定精确时间的天球连接了起来，并使该装置和包括太阳、月球和五大行星等天体产生了关联，其目的是用于确定历法。这就使时间和空间的关系处于和谐之中；于是，这个装置被称为"天球仪"。 184

这个前所未有的、花费巨大的工程的建造动机可以追溯到 1077 年，当年苏颂作为使节被派往辽国向其皇帝祝寿。苏颂发现宋朝的日历比辽朝提早了一天。他于是向宋神宗报告了他的发现。皇帝对司天台的所有官员进行了惩处。1086 年，显然是出于政治上的考虑，哲宗命令苏颂建造一座在精确度上超越先前各种仪器的环形钟。1088 年，一座小型的木质钟的模型完成了测试。1090 年，一座同样结构的带有各种复杂功能、用铜铸的球体浑仪被装置在开封皇宫（图 13）。[60] 在其 1094 年完成的《新仪象法要》中，苏颂阐释了他这个

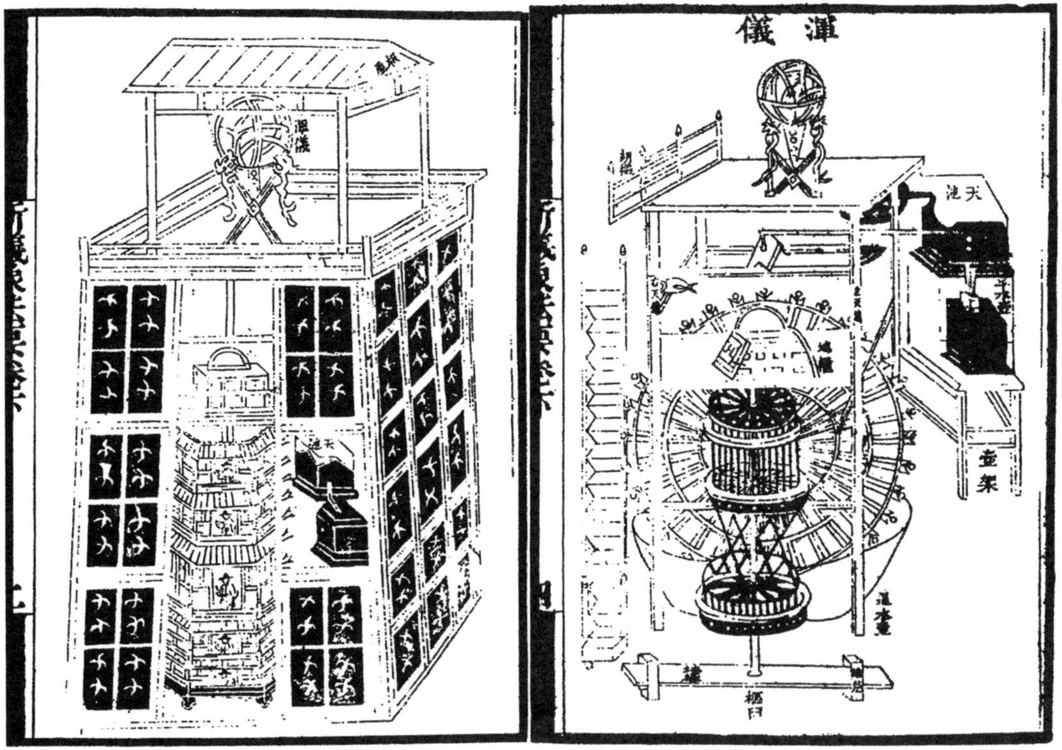

图13　建于开封皇宫内的水运仪象台（北宋，1094年。苏颂）

发明装置的工作原理。

木塔有 12 米高，上层平台设有浑仪一座。如果天气许可，天文学家可以在上面观测天象。浑仪和上层的旋转式天球很巧妙地与钟表装置的驱动机械契合在一起，因此天文学家不管天气如何都可以计算出天体的位置。在这个装置小房的下面是个五层的塔形报时装置结构，窗口上有许多木质的支架，撑起一块写明时刻的木简，这个装置能够按整点、按时刻或按其他时间间隔，日夜不停地显示时间。报时不仅可以用文字显示，而且也可以用打钟、敲锣和击鼓的方式。整个机械装置通过齿轮和水轮接合，水轮上配有许多小铲子，从水箱流出来的稳定的水流推动着小铲子。水轮的直径有 3 米多长。在李约瑟
看来，有一个和钟表摆轮有同样功能的特殊装置被用于调节水轮的运 186
动。这个机械把时间切割成一系列准确的“滴答”声。

这座巨大的水钟建成后不久，朝中保守派和改革派的政治争论也对科学与技术产生了影响。1094 年，一些政客出于意识形态的理由要求拆掉天文水钟。曾经不赞成赵佶继承皇位的宰相章惇（1035—1105）虽然使水钟避免了被拆的灾难，但是约 30 年后，获胜的女真人还是把所有的天文装置运到了他们的京城。只有 15 吨重的浑仪完好无损地保留在了原地。1195 年的一场暴风雨中，球体被闪电击中。后来浑仪被修复后安放在一个观测用的塔中，即是蒙古人把金人从北京驱赶出来后发现它的地方。[61]

苏颂还发明了一种缓慢旋转的假天仪，用于训练天象观测者确定天体的位置和运动。这台“浑天象”建于 1092 年，许多天文学家和历法专家都聚集在那里观看它的运转。由于它的球形结构围绕轴心而建，因此也常常被称为第一座天象馆。这个轴心与垂直方向形成 23.5 度的角，与地球的中轴相一致。[62] 大约 600 年后，欧洲的第一座天象馆才由德国人为俄罗斯的彼得大帝（Peter the Great）建成。

对自然现象的观察与描述上的进步，特别是在天文学、时间测

量、制图学、地球科学、医学和动植物研究上的进步，与如何把看得到的现实世界用图来说明的新观念密切相关——如何把风景、人和其他生物及物体用图表现出来。对自然世界的研究，对内在和外在世界关系的理解，以及对现实世界的描绘使人们对万物间的相互依赖关系有了前所未有的了解，并对天地间人的作用有了新的理解。士大夫们在艺术和审美领域及科学领域的活动为这些领域后来的发展奠定了基础，同时也使这种观点得到了支持：宋代精英们在世俗化的过程中起到了催化剂的作用，而这种世俗化过程是与道学日益增长的影响相一致的。

第9章

京城的转变

在很久之前的公元前1000年末，中国的城市就已经达到了相当高的标准，用这些标准衡量，可以很明确地把城市和定居点区分开来。人们占据有限的空间，自己组织起来成为非农的群体，他们使用文字，创作艺术作品，买卖商品，手工艺日渐专门化，他们运用理性和原始的科学思想去解决问题，建立社会统治结构，修建公共建筑。

从古代直到20世纪，城墙构成了每个中国城市的骨架。“不存在一个没有城墙的城市”[1]，城墙不仅给城市提供了防卫的边界，而且也把城市分为普通区域和用作特定用途的专属地区。中国人用同样一个词“城”来称呼城市和城墙。有城墙的城市最初是在进行祖先崇拜和祭祀地神的地方发展起来的。其中一些逐渐发展成政治中心并最终成为京城。中国人认为天是圆的地是方的，因此只有以一块方形的地理布局来做京城才能创造一种与上天和自然和谐相处的都市生活。[2]

长安，天子之都

在整个帝制历史上，辉煌的唐代京城长安（今西安）总是被视为中国京城的杰出典范。唐朝皇帝把地处渭水河谷的这座城市定为首都，在隋朝时，此处被称为大兴，唐朝恢复其古称——长安，而后
188 者这个名字，已沿用了近千年了。这个几乎完全呈方形布局的城市是巨大的，南北长 8.6 公里，东西长 9.7 公里（地图 2）。京城的规划依据古代的宇宙论思想：作为皇权的所在，京城必须体现天地和谐以及天子的绝对权威。城市建筑的条理严格和规整是帝国法律和公共秩序无所不在的一个具体化表现。

京城的城墙是按罗盘网格排列的，每一侧城墙有三个城门允许进出，有九条南北纵向的大街，十二条东西横向的大街。在中国的数字
189 范畴里，数字“三”指的是大自然的三种力量：天、地和人；而数字“九”代表了传说中的帝王大禹的九州；数字“十二”相应地指代一年的十二个月。其他的街道与前面的纵向、横向的主大街平行，这些街道构成了 110 个区分严密的方形或矩形的围墙网格系统。这种有规律的城市空间被通往各管辖区（许多都带有塔）的门和主要寺庙的宝塔隔开。有两个市场满足当地人口的需求，分别位于城市的东部和西部。

长安被认为是天下的中心，而皇帝是天地之间的中介。紧靠皇帝住处而居的是贵族，他们居住在靠近皇城附近有两层或三层的宫殿中，紧邻他们的是拥有受人尊敬的家族谱系的家族。相邻而居的是社会等级的第二级——富裕的商人和受过良好教育的人们，包括佛教寺庙和其他宗教机构的重要成员。平民的房屋数以万计，但他们都不被看作城市景观的组成部分。严格的阶级界限——贵族不与官员比邻而居，官员也不与平民一起生活——从城内各管辖区（城坊）的方位和大小中可以看得出来。

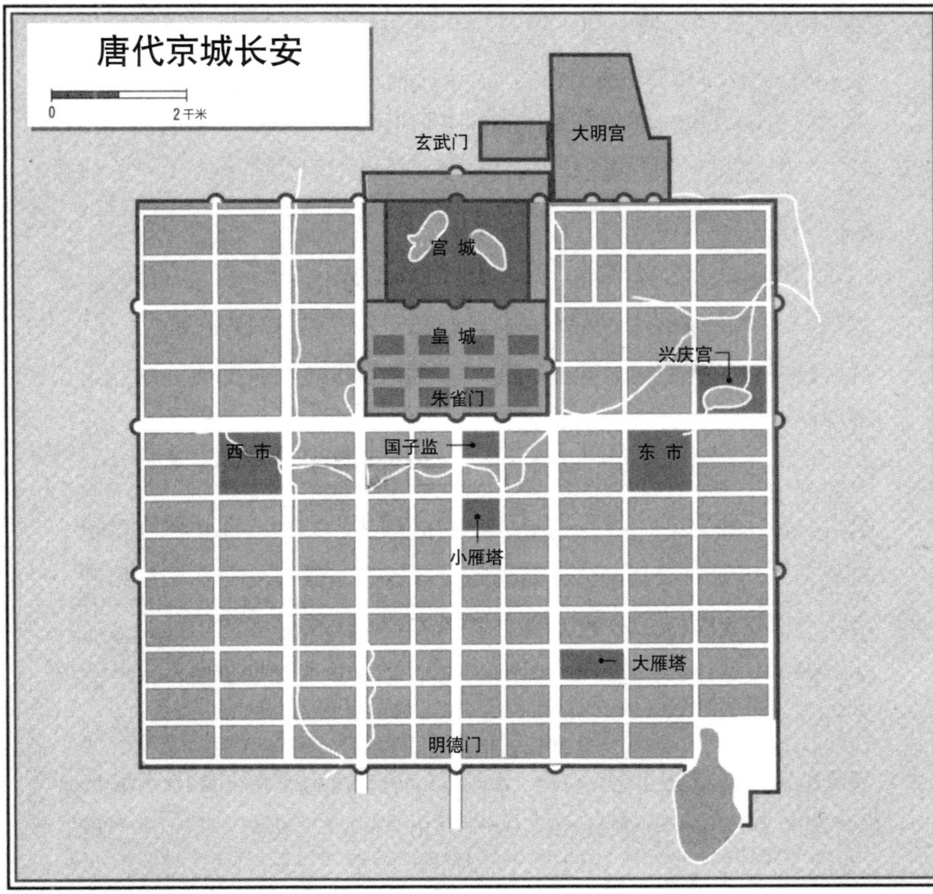

地图2

根据 9 世纪 60—80 年代访问过长安城的阿拉伯旅行者伊本·瓦哈布（Ebn Wahab）的记载："皇帝、其主要大臣、军人、最高法官、宦官和所有归属皇宫的人居住在城市右手朝东的那边，百姓们没法和他们交往。"[3] 而东边的城坊宽阔得可以打马球，练射箭。这些地方都靠近帝国的心脏——大明宫和皇城，拥有特权的人才能进入。

每个城坊都建有黄土墙，宽可达数米。在其前面是街道两边宽阔的排水沟渠。这些夯土墙高 3 米，基座宽 2 米到 3 米。每个城坊和交叉路口都有人守卫，城坊不仅相互隔绝，而且其功能不一，城坊间的社会交往被限定在官府规定的时间里。

城坊的首领，也称为里的首领，控制100户人家。他负责维持治安，了解辖区内的税赋缴纳，以及其“坊里”成员们履行劳役的情
190 况。京城大多数城坊的都市生活——特别是远离市场的地方——类似于乡村生活。在首领的命令下，看门人在黎明和黄昏时打开和关闭城坊的门。“日暮，鼓八百声而门闭；乙夜，街使以骑卒循行嚣襘，武官暗探；五更二点，鼓自内发，诸街鼓承振，坊市门皆启，鼓三千挝，辨色而止。”[4]

平民居住在城坊内，他们的房屋低矮而简陋，一般都没有什么装饰。禁奢令规定了官员住宅的大小和样式。我们从831年的一份官府报告中得知，高官们可以在他们所在的城坊修建一个私人专用的门，这样他们可以直接进入城中的主干道。[5]贵族也享有同样的特权。他们的大宅子面积约占一个城坊的八分之一。而寺院，则是一座寺院掌管了整个城坊。城中大多数地方都有足够的空地可以用来种粮食，每块地收获的粮食能满足一户人家的需求。

唐代京城的坊市制度的设计是用来严格控制居民的活动的，城坊远离喧嚣的市场和宽敞的寺庙。人们被隔绝开来，只能与自己同一圈子的人一起生活。在城市生活了几百年的家庭已经习惯了这种受监督、受约束及实行宵禁的生活。他们也很喜欢这种坊市制度提供的能高度防止火灾蔓延和确保个人安全的状态。

购物和贸易活动集中在长安城的西市和更为时髦的东市。西市是所谓“丝绸之路”的起点和终点，东市能满足富人们的各种口味。9世纪时的西市是商人们的交易中心。狭窄的街巷里有数千家货摊和商铺，商人们所供应的同一类型的商品——丝绸、漆器、篮纹陶器、陶瓷制品、香水、酒或奴隶——都集中在一个小的区域中。市场中还有数不清的餐馆、小食摊、酒肆、客栈、妓院、牛市、马厩、肉

店、鱼贩摊子及艺术品和工艺品店铺。

东市、西市白天是闹市，人们从城市的各个住处赶来——男人、女人，中国人、外国人——聚集在这些狭窄的空间里交换信息。五品以上的官员是不准进入市场和平民混杂在一起的。[6] 两市于中午时分通过击鼓 200 下宣布开市，黄昏闭市的信号是击鼓 300 下。大多数在市场干活的人们就居住在其店铺、货摊的里面、后面或附近，居住条件是难以想象地拥挤。 191

靠近西市有个特别的地方，就在皇城的西南角，被称为“独柳树”，这是处决犯人的地方，受处决的也包括犯罪的官员。犯人在此被斩首或腰斩，头颅被展示于此。另外一个处决犯人的场所叫作“狗脊岭”，位于东市的西北角。公开处决犯人被认为具有教育意义。京城的官员都要参加公开处决仪式，而平民百姓则被这种可怕的场景所吸引而前来观看。

9 世纪时京城城坊的情况有所改变，有些城坊情况更加恶化。禁奢令不大被人遵守，官府的衙役也难以严格地执行这个法令。人们也不大理会宵禁的时间长短，交易已经越出了市场范围，进入了居民居住区，而那里的商业活动日夜进行。未经批准的市场越来越多，数量也越来越大。817 年时，皇城附近开设了一家新的大型市场。[7] 一些人还在城坊的墙边非法开洞或修门，而另一些人则在主干道边修起了固定的建筑物，如店铺或货摊。840 年时，夜市是被明令禁止的，但实际上禁令根本没有得到施行。在宗教场所进行通宵的歌舞表演的情形已经不算少见了。

由于唐朝皇帝失去了对帝国的政治控制权，他们也见证了之前被严格控制的京城正在不可阻挡地慢慢走向衰落。长安城已经成为东亚城市发展的典范，特别是对日本京都和奈良这两座新城的影响是十分巨大的。长安是中世纪世界上最大的城市，人口超过100万。904 年，当军阀朱温下令将长安所有建筑推倒，并将建筑材料运到洛阳时，这座矗立了1000年的城市终于迎来了它的大限。长安再也无法恢复其业已消失的贵族精英的荣光了，从此再也没能成为中国王朝的首都。

开封，都市典范的变化

192 当五代的皇帝们掌控了华北那些在唐代曾经辉煌如今却已满目疮痍的城市时，他们把这些地方当作巩固其政治、军事权力的要塞。开封位于黄河边上，曾作为五代时四个朝代的京城，后梁、后晋、后汉与后周都定都于此（当时称“东都”或“东京”，北宋时称“汴梁”），只有后唐（923—937）定都在洛阳。为了给都市地区注入新的生活元素，这些统治者鼓励私人创业和投资，以吸引人们到他们占据的城市定居，重建城市。坊市制度在理论上还是存在着的，厢（这是一个借自军事组织的术语）被引入行政管理中，作为一个城坊之上的行政管理单位。[8] 但在实际中，城市内部中的土地占有状态和地产的界限可能是很混乱的。

在城里把房地产当作商品进行买卖的新权利，改变了中国房地产的传统观念。房地产价格的高低依据于地块的用途和商业吸引力。商业回报导致了城市闹市区的出现；在一个特定地方进行贸易和商业活动才叫市场的旧规矩（已经行之有效了1000年）已经失效了。

对开封城墙的修复直到951年都还没有进行。而此时，旧城里的人已越来越多，街道狭窄拥挤，人们忍受着闷热和潮湿。后周世宗说：“千门万户，靡存安逸之心。”他在955年下令：“将便公私，须广都邑。”[9] 根据传说，周世宗命赵匡胤（后来的宋朝建立者）从朱雀门疾驰一直往南骑，直至马精疲力竭为止。这个马停止的地点，离老城有2公里远，就是开封城新的周边的一个确定点。[10] 皇帝下令征召10多万人修建27公里长的新城墙。新城墙有21个门，包括9个建在河流和运河上的门（地图3，示意图）。城墙的外墙涂为白色，墙

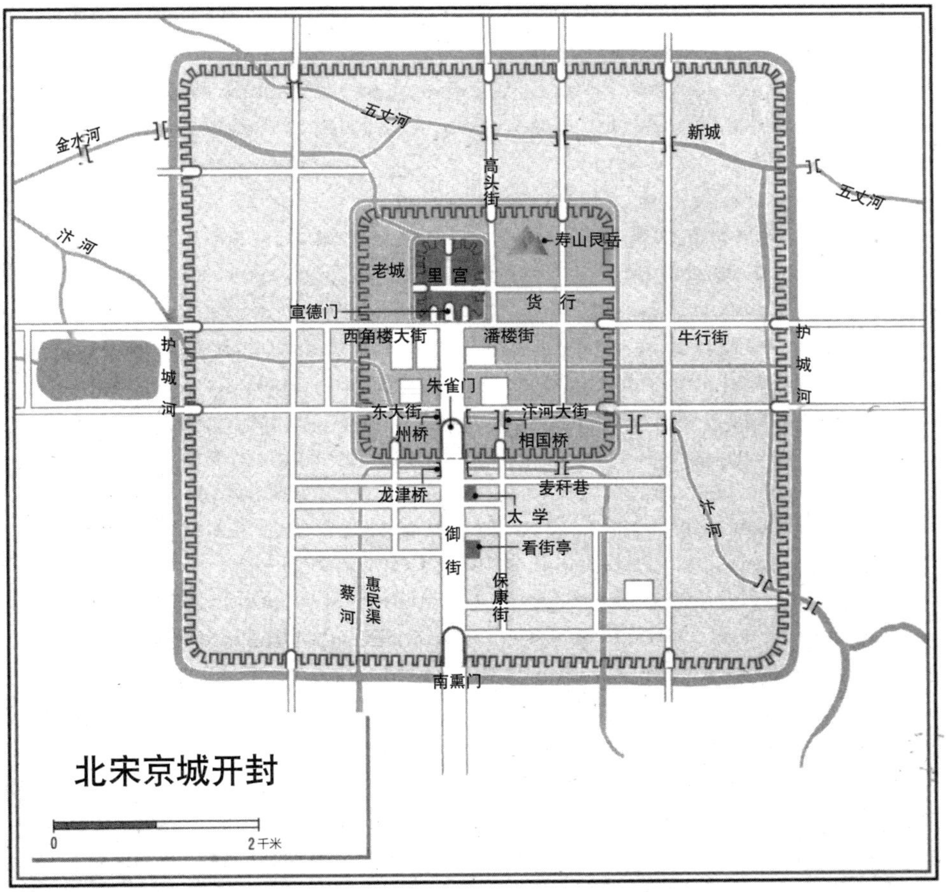

地图3

高达 12 米多。城墙上面还有防卫用的塔。城的四周挖有护城河，被称为“护龙河”，其宽度达 30 米。11 世纪 80 年代初期，又挖了一条宽度为前一条 2 倍的护城河。这条河边排列着柳树的护城河宽度达到了 78.6 米，深 4.6 米。[11]

朝廷规划将新城扩建为原来的 4 倍，朝廷不仅要把新城转变为一个巨大的都市型的防卫城堡，而且新城还要把原先生活、劳作在老城之外的郊区人口纳入新城。在规划设计里，土地如何使用是朝廷及其 193

官僚机构首先要考虑的问题。但与早期的王朝不一样的是，此后所有的城市定居者，包括官员、商人、贸易者、工匠、手艺人，都能在城里自由定居，在他们买得起的地方建造房屋。[12]

具有讽刺意味的是，从晚唐到五代初期民政管理受到的损坏反而有利于城市规划，规划比之前更加开放。有人居住的街巷和开设有商铺的街道取代了之前有墙的城坊。甚至在新城门之外，越来越商业化的郊区也繁荣起来。[13] 因此用郝若贝的话来说，开封“成为一个多功

194 能的都市中心，很可能在 19 世纪前都没有被世界上其他城市超越”。在这个地方有权势的人、富人、有教养的人、追求时尚的人以及四处谋生的流浪者都混居在一起，成为都市人；在这个地方，金钱、房产和经济上的成功影响了中国人的生活方式；在这个地方，很短的时间内就可以获得或失去财富。如伊懋可（Mark Elvin）所总结的：“这个时候的中国是世界上城市化水平最高的社会。”[14]

开封是之前从未有过的新型都城，它展现了前所未有的都市布局和生活方式。它位于中国的心脏地带，由道路、河流和运河与各地相连接。这使肥沃的南方、东南地区的粮食和其他商品可以很容易地运到京城。但作为京城，开封有几个不利之处，宋太祖和他的臣僚们也都明白这点。首先，之前中国历史上从来没有哪个王朝敢在开阔的华北平原上选择城市定为京城，因为这样会受到黄河洪水的威胁，还易受北方游牧部落的军事攻击，而且难以防御。

其次，京城在布局上缺少对称性，没有适当的南北向的轴线，也没有由城墙来严格确定的边界。开封一直在向外扩展，从老城到新建了城墙的新城，最终越过新城墙到达郊区的乡村。从附近的望牛岗俯视，开封的形状与其说是个正方形，还不如说是像一头“卧牛”。[15]这种形状很难让抱有传统观念的人满意，从宇宙论上来说它显然缺少象征祥瑞的符号。作为对这样一种观念的反击，在 968 年扩修了外城墙的宋太祖对京城形状的不规则性予以肯定。结果，街道不再是从

前的网格状结构。这也表明它与唐代京城长安完全不一样了。

街道布局不规则，门朝大街而开的各种形状的房子被街巷连接起来，这些都不再适合建城坊了。宋初，由于内城城墙倒塌，以及市场规模和体系的不断扩大，开封已经发展成了一只蜂箱，许多人在此从事商业活动。965年，宋太祖把宵禁开始时间推延到凌晨1点，以鼓励工商业发展。[16] 宵禁在100年后完全取消，这就意味着许多商铺可以全天24小时营业。这时，都市人都认为日夜繁忙是很正常的事了。小型商业的繁荣导致了新的城市房地产评估业的产生，这可能是中国历史上第一次商业建筑的价格超过私人住宅的价格。[17] 195

976年至984年之间，整个开封府的居住人口达到了约89万人，而1103年时已经达到了约130万人。[18] 如果这些数字是精确的，北宋时期的开封就是直到19世纪为止世界上人口最多的城市。随着人口的增长，建筑物的高度也在增长，餐馆的高楼和寺庙的宝塔成了地标建筑。城墙内的京城约有49平方公里——几乎是1292年中世纪巴黎的13倍，但和唐代长安城的84平方公里相比，其规模比较适中。

宋代的皇城不仅能容纳下所有的官僚机构和官员，而且还包含了整个皇宫（被称为“大内”）。尽管962年皇城的城墙周长增加了3.3公里，其面积也增加了约0.7平方公里，它还是无法和长安的皇城（它的面积是宋代皇城的7倍）的宏大相媲美。[19] 唐朝皇帝的宫城是与皇城相隔开的，而宋朝皇帝的住地则被挤压到了老城的西北部。当宋徽宗把皇城规模扩大2倍后，处在拥挤逼仄的条件下的宫廷和政府处境终于有了改善。

9世纪后期的老城和新城东部人口密集。老城东北部厢坊给7.95万居民提供了住房，而新城东部的厢坊则是13.4多万居民的家。[20] 每1000平方米有50或更多的人一户挨一户地居住，这还不包括未登记的住户。巴黎在1292年时3.78平方公里的地面上居住着5.92

万人（每 1000 平方米有 16 人），与之相比，宋代京城的人口密度是巴黎的 2 到 3 倍。[21]

在京城每个厢坊的中心聚集了来自各行各业的人，他们在街巷、店铺中的活动使空气中充满了嘈杂声以及各种异样的味道。与我们从著名的长卷《清明上河图》所得到的印象（在画作中男人占据了各个街道的景象）相反，尽管儒家的道德家们试图把女性限制在生养孩
196 子、服侍公婆、照看家庭等事务之中，与上层阶级的男性在其家训和家规中自愿做出的让步相比，大城市中的许多女性的生活还是显得更为丰富多彩和更有自主性。已婚女性已不再是丈夫的财产[22]，理论上女性不参与家庭之外的事务，但实际上她们经营小食摊点、餐馆、客栈和美容店铺，以及专向女士售卖纺织品、衣服、鞋子的店铺。

女性们也管理着其城市家庭的财务，而她们读书的丈夫则集中精力于自我修养、学问、政事和他们自己的职业生涯。女性们进行土地买卖的谈判，监督房屋的修造，对租金的收取和赋税的缴纳，并对其进行记账，此外还需要处理家庭之外的大量的财务和商业事务。懂得如何管钱是很重要的，因为她们的嫁妆通常包括大量的土地，而寡妇也有权全部继承她们丈夫的财产。人们也认可她们作为家庭的账房来负责家庭财产的保值和增值，因此善于持家是女性的美德之一。

13 世纪之前，女性们要出门办事时可以不用交通工具就自由穿行在城里，而之后她们就不能随意出门了。即使是苛刻的儒家学者司马光也只是要求离开家宅的女人出门时要用面纱罩住自己的脸。[23] 拥有私密性和安静成了极少数人的特权和奢侈，而平民大众一天大多数时间都花在了喧闹的街巷中。但是，城市对所有人都充满了吸引力，它给人们带来了谋生的希望。餐饮业、娱乐业、生活服务设施和商业活动等繁荣起来，充满活力的男男女女都能挣到大把的钱，经济上获益的希望极大地弥补了城市生活带来的拥挤问题。

京城和东南地区日益繁盛的城市吸引了来自农村的人们，而在开

封，价格适中的住房和工作用房屋的短缺不久就扩展到了新老城墙之间的新城。只能在新城墙之外给城内官员提供住房，以及安置从偏远地区涌入京城的乡野之民——手工艺店铺、客栈和各种食品摊和市场也都涌至城外。这些已经习惯了乡村生活的外来者在城外的生活完全没有在城内那样的安全感，但如果在城外有供得起的住房他们也只能在城外生活。《清明上河图》，12 世纪初由供职于翰林图画院的张择 197
端所画。从画作中我们可以看到乡村的场景，有用茅草覆盖屋顶的房屋和村舍、长势良好的庄稼以及灌溉水渠，这些都融合进了开封城墙外的郊区中。[24] 远处宁静的风景四季不停地演奏着生命的律动，与郊区的喧闹形成了鲜明的对比。靠近城门的繁华郊区熙熙攘攘，到处是仓库、酒馆、商铺和娱乐场所（图 14）。

从经济角度看，郊区的生活利大于弊；而从管理的观点来看人口密集的市镇，不论在新城之内还是之外，一切都不是很令人满意。从一开始政府就担心京城可能受到奸商的控制，除了商人和房地产主，那些有野心但曾受到限制的士大夫阶层的成员，都热衷于从事各种行业的买卖。他们开始寻找新的获利机会，冒险在房地产方面进行超常的投资。在挂名的代理人的帮助下，他们以出租房地产、经营客栈和开设商行获利。

这些发生在受教育阶层的人身上的个人行为、伦理认识和商业活动上的变化显然表明传统的等级差别已经有所软化，而新的社会秩序正在形成。977 年，宋太祖试图通过发布法令禁止官员通过代理人从事商业活动，希望以此恢复旧有的秩序[25]，但效果甚微。原因是宫廷本身就是京城最大的地主，它也深深地涉入到房产交易和出租行业中，这一点我们从楼店务的存在便能很清楚地明白——它负责政府在房产方面的投资。租金每天一付，以免债务累积，而政府又经常把这笔收入胡乱花掉。例如，989 年，每天花在皇宫女性身上的化妆品开销就达到 10 万钱。[26]

图14　城门、街道生活和上等的酒馆（11世纪晚期。选自《清明上河图》，张择端。北京故宫博物院藏）

199

宋太宗于995年下令他的参知政事张洎（934—997），以更加理性、和谐的方式对新城老城的80个零乱城坊进行改名，以此严厉措施来重建朝廷的行政管理理念。[27] 以老城南北向的御街为界，开封被分成了两个大都市中心区：东边的称为开封；西边的名为浚仪（1008年之后改为祥符）。显然，这个都市结构已经不再适应朝廷控制城市的需要了，特别是在保障赋税征收、保持公共秩序、确保防火安全等方面。张洎决定把整个京城分为8个厢、121个城坊。[28] 老城有4个规模不一的厢，城坊数量46个。新城也被分为4个厢，但有75个城坊。这种对京城正式而严格的划分在行政管理上，至少在理论上，比起之前的混乱要好得多。

但是人口增长的速度很快，因而进行有效的赋税征收也变得更加复杂了，特别是在新城墙之外的外城范围扩展之后。1009年1月，宋真宗将这一行政架构扩展至外城的8个厢。1021年又增加了一个厢，成为9厢14坊。[29] 理论上，新的行政区应该简化治安管理，改善社会秩序和安全，但实际上行政体系已经不能与没有内城城墙的城市发展相适应了。唐代城坊的墙很长，它把贵族和平民隔离开来。现在这些城坊墙已经被狭窄的巷道、运河、沟渠、桥梁、小房子、宅邸和高耸的门坊所取代。街道现在被城市各个阶层的居民所共享；城坊的墙已被拆除，它由几个靠近街道、河渠、桥梁和门坊的街区，一座佛寺或庙宇，或沿着街道相邻而集中的街区所组成。因此城坊的布局、分布难以做到规则、整齐。1021年进行了一项行政改革，由各坊官员共172人联合起来［每个坊一到两位官员（不包括外城）］组成一个机构，负责维持法律和秩序。[30]

在开封城东部的新城坊中，地处汴河边，是当时赫赫有名的清明坊，号称天下第一坊。开挖过的汴河把京城和淮河及南方的大运河连接起来，并沟通了北方的黄河，这是开封最重要的水路。汴河通过东南的两个水门流入新城，然后穿过老城，这可能是穿过老城的唯一的宽阔河道。之后汴河分成两道通过外城西边的两个水门离开京城。到达这条水路的旅行者要在郊区上岸，然后再雇一条小船进入城中心。
200 白天他要通过水门进城，而晚上水门铁闸关闭，他得从运河岸边邻近的城门进城。

汴河是京城的生命线，它构成了一个循环系统，通过数以万计的大驳船和小船使大量的商品运进城里，同时也把城里数量巨大的垃圾和废弃物运出城外（图 15）。由于水位因季节不同而变化，大多数的货物只能储存在仓库里或将货物转由小型的平底船运进城里。为了保持河流的通航，需要对河道定期进行疏浚，疏浚的深度约为 2 米。1079 年，汴河与洛河相连（而不是汇入危险的黄河），使汴河的通航能力得到了很大的提高。[31]

御街，也称天街，是新城和老城南北方向的中轴线。它把外城的南薰门和内城的朱雀门连接起来，街长 4 公里。中间一段专供皇帝使用的街道经常被用来演习马队和士兵的阵容，皇帝坐着观看这些五彩斑斓的壮观游行场景。御街两旁分布着各式店铺、官员的府第和密集的平民居住区。士兵们相隔 450 米驻扎在御街上，日夜在周围巡逻。[32]

御街的东边是熟药惠民南局、国子监、太学。附近的惠民渠是一条穿过新城中南部厢坊的河流弯道，较为宽阔。龙津桥位于朱雀门之南，是河上的 13 座桥之一。跨过龙津桥，通过朱雀门就可以进入老城——朱雀门色彩斑斓，气势恢弘，有 150 米宽，在该门的城墙上面还有一座城楼——行人会发现这里是御街最为繁华的地方。许多食肆和餐馆都开到了州桥附近。州桥也称天河桥，是一座石质的标志性桥梁。它有 17 米长，30 米宽，横跨在横贯城东西的 15 米宽的汴河上。州桥和其东边的采取类似建造方式的相国桥的桥身结构相当
202 低，仅能容平底船通过。京城最有名的佛寺相国寺就在相国桥附近。

在御街北行几百米，旅行者会经过几座官府建筑物，包括东边的

图15　宋代开封郊外汴河上庞大而笨重的运输驳船（11世纪后期。《清明上河图》局部，张择端。北京故宫博物院藏）

太常寺和教坊，以及西边专为接待外宾的都亭驿。跨过旁边的一条街就通向鸿胪寺，它在西边稍远，靠近朝廷祭祀天地的祭台。不久行人就可以到达宣德门前的大广场。宣德门是大内南边的主要入口。城楼上的有 5 扇门，涂着朱红色漆，装饰着金色大门钉。[33]

在宋代第三位皇帝宋真宗时期，宣德门装饰着 300 米漂亮釉砖。城楼上的门厅装饰豪华壮观，每年新年之时皇帝会登临于此，可以远眺城外。这时会用盖有玉玺的大幅的黄色丝绸披挂在城门上，早晨时分，皇帝穿着绛纱亲临此处做公开的、仪式性的露面。伴随着音乐响起，他沿台阶登上城门，于几案之后就座，两旁随从陪坐。勋贵大臣伺坐于两旁挂帘的包厢中，而平民百姓站在城楼下的城门前，观看着这个盛大场景。当门楼上的红色丝灯升到空中，人们就知道皇帝要回宫了。不久传来一阵阵噼啪的鞭子声，所有的灯同时熄灭。[34]

城里有适合各种客人口味的餐馆。州桥的西南是著名的张家油饼铺。往西一点是清风楼酒店，夏天客人喜欢聚集于此放松、乘凉。有 72 家上等的酒店，因其装饰奢华而吸引了许多客人，招待客人的店堂都有好几层楼。[35] 有些酒店拥有的单独包厢甚至多达 110 间，客人可以在此饮宴或召妓几个时辰甚至几天。靠近麦梨巷的太学往北，有一家被称为“台上”的酒店，边上还有几家妓院，是有钱的读书人爱去的场所。那些较小的不是很时尚的酒馆店门外都张挂着写有
203 “酒”字的彩幡，或门口挂着扫帚，以招引客人。有些地方在客人入店餐饮前还提供客人一碗水和一条毛巾给他们擦汗。

杀猪巷上新桥的南边是每日杀猪数千头的屠宰场。很奇妙的是，屠宰场的附近就有好几家妓院。许多购物的地方都有不少专售衣服、装饰品、珠宝、漆器、金银器、香药的作坊和店铺。[36] 在其他街道上可以买到纺织作坊的产品，也能享受到医疗服务。有 68 个市场可以雇用、购买女仆、女奴。多数作坊、店铺聘用了各类工匠和伙计。许多地方夜晚照常做生意，像州桥以南地方的夜市因其猪肉、野味、禽

肉及其他美味佳肴而闻名。[37] 11 世纪著名的诗人苏轼对龙津桥夜市的灿烂灯火印象深刻。

京城长年无休。娱乐场所被称作“瓦子”，它包括戏院、酒馆、餐厅和妓院，其服务范围广，价格高低不一。在城中最繁华地区的一个十字路口，有一家市场土市子，以售卖各种不同类型的竹竿而出名。在其东边的路口，有多家茶坊。而“鬼市”则是点灯交易衣服、图画、花环、领抹等货品的场所，直至拂晓，市场中的人们才会逐渐散去。著名的餐馆中山正店就在鬼市附近。

孟元老描述了宋代京城的娱乐：

> 东去则徐家瓠羹店。街南桑家瓦子，近北则中瓦，次里瓦。其中大小勾栏五十余座。内中瓦子、莲花棚、牡丹棚、里瓦子、夜叉棚、象棚最大，可容数千人。[38]

在这些瓦子里，经常只有男人光顾；粉黛的欢笑，欣赏文雅的演唱，浪漫以及性服务，在此都可以买到。草药贩子、卜卦算命者、旧衣贩、小吃和饮料贩子、裁纸贩子以及各种卖唱的都利用顾客的悠闲 204
从容来赚钱谋生。“终日居此，不觉抵暮。”[39]

开封城那无尽的和平岁月——其间充斥着活力与繁荣、福利与贸易、奢华与时尚、娱乐与颓废，延续了 166 年。1127 年 1 月 9 日，女真军队入侵了这座城市之后，开封马上失去了它的魅力，这个在整个帝国的文化与商业发展上起到带头作用的城市中心，几乎很快就只存在于人们的日记和其他文学史料中了。女真人占领开封后，他们习惯居住于帐篷中，并不需要城市，也不理解其功能。这个从前的东京成了政治上和文化上的一潭死水。尽管 12 世纪时金朝治下的汉人人口有所恢复，但这个城市再也没能恢复其往日的繁荣。

与汉人的京城不一样的是，契丹帝国（之后被女真取代）的京城制度是为其季节性的居留而服务的。下面的话指出了游牧的契丹和农耕的汉人之间的差异：“长城以南，多雨多暑，其人耕稼以食，桑麻以衣，宫室以居，城郭以治。大漠之间，多寒多风，畜牧畋渔以食，皮毛以衣，转徙随时，车马为家。”[40]

918年至1044年间，契丹人设立了5个京城。在政治上最重要的是918年设立的上京，由汉人康默记和韩延徽在辽国的建立者阿保机的指令下主持修建。这座京城的布局遵循着中国人的京城必有城墙的观念，但东西向的城墙被巴彦河分为两部分，河的北边居住着契丹人，河的南边较小，是汉人和其他非契丹民族的居所。少数民族的统治者和汉人臣民分离开来。这种把城市进行分割的做法，一直被蛮夷王朝所效法直至1912年清朝覆灭。5个京城都拥有位于城北的皇城及大量的行政和宗教建筑，但契丹人自己还是住在帐篷里。辽国的
205 京城和金朝的京城一样，都没法和宋代的城市相比，他们都只是适应游牧社会管理需求的城市复制品。[41]

杭 州

在生活于华北平原的汉人看来，东南部浙江的临安（杭州）是坐落在“帝国被人遗忘的角落”，这不是一个重要地域，立足在那的王朝无法参与到中原之“气”流中。[42] 893年，官府征召了20多万人对杭州城进行了扩张，并加固了城墙，使其长度达到35公里。10世纪时是吴越国的短暂统治时期，杭州第一次成为京城（地图4）。

1127年，开封陷落于女真人之手后，宋高宗在1129年决定把临安作为“行在”。那些随着宋廷南迁的正统学者认为，把杭州当作京城是不可接受的。这不仅是因为杭州的街道狭窄、拥挤和吵闹，城中满是商贩和工匠，更重要的是，其城市规划根本无法和中国传统的长方形或正方形的都城布局相比。杭州在地理条件上是适合的，因为在战乱时期，杭州在战略上拥有天然的江、湖、水田及山川等屏障确保其安全，女真入侵者很难攻到城下。尽管遭到士大夫的反对，宋高

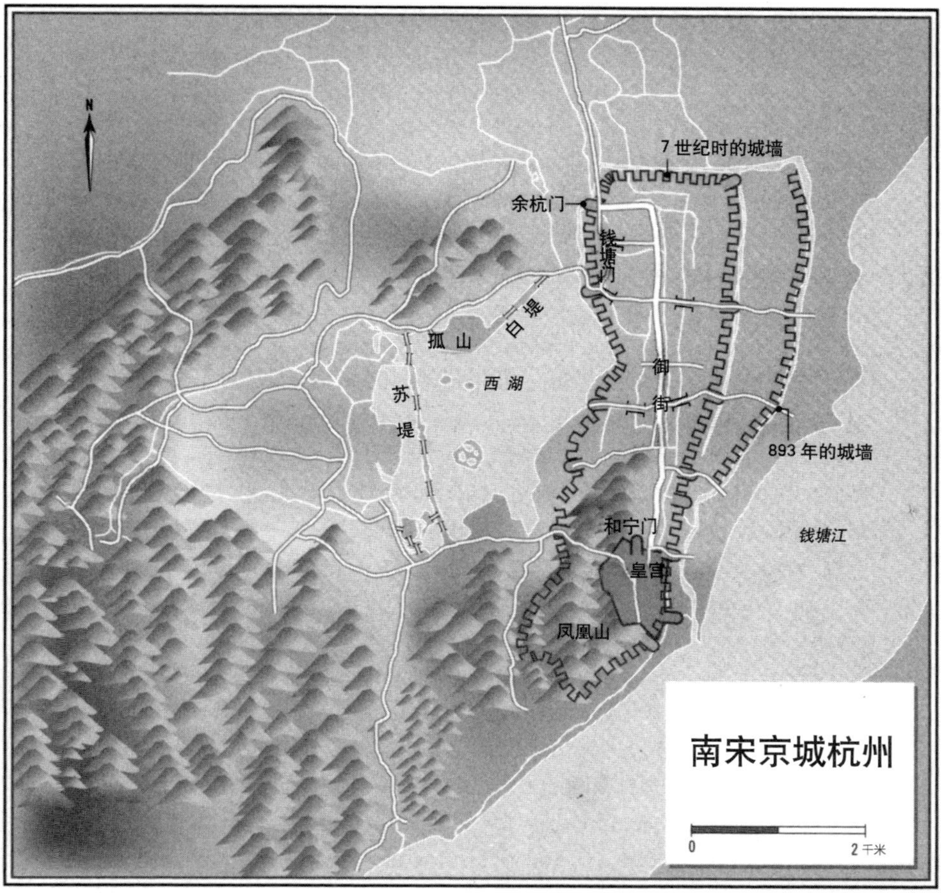

地图 4

宗还是在 1138 年宣布改杭州为“临安”。这个名称反映了宋朝希望有一天能收复华北失地，重返开封京城。在形式上，杭州直至 1277 年 12 月 11 日（距 1279 年 3 月 19 日彻底灭亡还有 15 个月）仍然是南宋帝国的首都。

1085 年，杭州入籍的户数为 20 余万户，至少有 100 万人。一位见证者观察到：“临安城郭广阔，户口繁夥，民居屋宇高森，接栋连檐，寸尺无空。”[43] 由于居住条件很狭窄，两层式的楼房成为标准建筑。杭州的这种建筑样式明显不同于中国其他城市，那些城市的天际线一般都比较低。

206 主要街道和中心城区如此拥挤，商业活动又如此繁忙，以至于城中几乎没有空余的地方可以修建皇宫、官府衙署或数以千计的官员宅第。皇帝搬到了凤凰山下北边几幢位置很适中的房子里。其后，皇城以及有限的几座官府建筑也搬到了这里。皇宫的宫殿就在树木茂盛的山脚下修建起来了。

皇帝居住在城南其实是很不明智的。当皇帝要接见群臣或履行皇帝职责时，礼仪规则要求他必须面朝南方，而在杭州那就意味着他实际上是背对着城市。宋人试图对这个不大便利的城市规划进行掩饰，
207 他们所画的杭州地图中，把整个城市用街道、河流和城坊弄成矩形形状，并很荒唐地把皇宫画成方形，与南边城墙平行（实际上该城墙曲曲折折）。[44] 其用意是暗示京城的布局在几何图形上是完美的，尽管在实际上远非如此。

御街是京城的中轴，把北边城墙的余杭门与皇城的主门和宁门连接起来。但和开封的御街不一样的是，杭州城在南北方向上不是很直。城市被御街分为东西两部分，东部是西部的两倍。御街延伸到城墙西北角与运河码头交会，这里的商业十分繁盛。城市地图的绘制其实是一种虚构，目的是给后人造成这样一种印象：南宋时期存在着一个理想化的京城。[45]

“Quinsai（杭州）……是世界上最大的城市，”马可·波罗认为，“在这里有许多娱乐活动，以至于人在这里会觉得自己到了天堂。”[46] 他对杭州的赞美证实了中国人常说的“上有天堂，下有苏杭”。杭州城市生活充满了生命力，因此被誉为“世界之舟”（the naval of the world），吴自牧在 1241 年至 1275 年间进行了热情的描述：“户口蕃盛，商贾买卖者十倍于昔，往来辐辏，非他郡比也”，“大抵杭城是行都之处，万物所聚，诸行百市，自和宁门杈子外至观桥下，无一

家不买卖者”。[47]

中国历史上，商人被视为不可或缺但又名声不佳的人，他们的家庭还不得不忍受种种社会的约束。孔子曾经说：“君子喻于义，小人喻于利。”1044 年，欧阳修主张人与人之间的友谊性质是依据于人的阶级差异来确定的。他在《朋党论》中宣称：“大凡君子与君子，以同道为朋；小人与小人，以同利为朋。”[48] 根据这个观点，一个不义之人，按市场实践行事，追求利益和财富，这种人在人与人之间的社 208
会关系上必然是虚伪、不诚实、不忠的。

如果按这种理论，宋代社会中商人的地位几乎不比从前的朝代好。但实际上商人们积极地参与到开封特别是杭州的城市与文化生活的构建中。通过与士大夫家庭联姻，他们的家庭地位得到了提高，甚至一些有影响的商人在某些方面还被士大夫所羡慕。1187 年陆游写了一首诗，讲述杭州商人地位的上升以及城市士大夫的失落心情。此处引用几句：

> 倡楼呼卢掷百万，旗亭买酒价十千。
> 公卿姓氏不曾问，安知孰秉中书权。
> ……
> 自看赋命如纸薄，始知估客人间乐。[49]

南方京城的每个早晨，当和尚们打钟、敲木鱼宣告新的一天开始，并公告当天的天气时，所有官民都准备出门，开始一天的劳作。为了帮助早起者开始一天的生活，路边的商贩会供应一种汤剂或药丸。根据他们的说法，它们可以提气或降气，这得根据饮用者个人身心平衡的需要而选择服用。官员们的生活关注的重心是其仕途的升迁，而平民百姓则希望尽可能多地赚钱。

官民们都得解决基本的问题，即今天吃什么，在哪里吃？在杭州的一些有名的地方可以提供精美的饮食：杂货场前甘豆汤、戈家蜜枣儿、官巷口光家羹、钱塘门外宋五嫂鱼羹、职家羊饭、张家元子、猫儿桥魏大刀熟肉、五间楼前周五郎蜜煎等。[50] 晚饭时分，白天的市场已经关门了，而那些不知疲倦又尚未知足的人们，又聚集在一起，前往供应各种特别食物的夜市，开始了他们喧闹的夜生活。

市场逐渐扩展到了整个京城，特别是在御街的两旁。商贸的繁荣
209 几乎是不受限制的。直到北宋末年，杭州只是大运河的一个终点，但在南宋它成了运河南端的起点。通过这条水路，周边广阔的内地农产品和其他商品被运到了杭州。各地的造船工场给运河提供了船只，使运河成为高效的船运系统。城市北部的运河沿岸分布着许多巨大的仓库，存储着建筑材料、木材、柴火、木炭、煤、纺织品、铁以及大量的各类食品，包括稻米、猪肉、海鲜、家禽、腌制的鱼肉、蔬菜、水果、糖和酒。[51] 宋朝的户部对商业活动非常关注，因为他们的收入来自赋税，特别是对垄断性的商品如盐、酒和茶征收的高额税金。

杭州城的作坊、市场和家庭企业的发展是其他地方无法比拟的。“遇坊巷桥门及隐僻去处，俱有铺席买卖。盖人家每日不可阙者，柴米油盐酱醋茶。或稍丰厚者，下饭羹汤，尤不可无。虽贫下之人，亦不可免。”[52] 但除了这些日用必需品外，还有专门性的陶瓷窑炉、漆器作坊、制革工场、织席铺和蜡烛作坊服务于奢侈客户，他们已经习惯于在生活各方面使用豪华用品。对书籍的巨大需求以及出版行业的快速发展需要有高质量的纸张和墨。

行会在杭州城也兴盛起来。宋代的行会制度起源于唐代，那时售卖或生产同一类产品的商人和工匠在本行业一个特定的地方聚集起来。行会的首领通过确定价格和在国家与行会之间充当中间人，来维护本行业的职业利益和经济利益。[53] 行会的名称与官府对特定产品的课税类别相对应。在这个南方京城，泥路上有青果团（行会），后市街有柑子团，浑水闸有鲞团。甚至占卜者、普通的劳工和拾荒者都有归属的行会。还有专为干鱼贩、鲜鱼贩、蟹贩、猪贩、鸡鹅贩、蔬菜零售者、荸荠贩和酒商而设的行会。有些行会只是因为有生产和

销售奢侈品如梳子、珠宝、精制衣服和帽子等行当而存在。售卖七宝——金、银、翡翠、水晶、红宝石、琥珀（或珊瑚或钻石）和玛 210
瑙——的商人联合起来组成所谓的古董行。专门用线穿珍珠的自称为散儿行，而做靴鞋者名双线行。

和欧洲 12 世纪工匠艺人为了组成行会而联合起来相反，中国的匠人经常被更为专门化的作坊征召而去服劳役。这些作坊征召的工匠包括做象牙梳的、裁缝、做带子的、金匠和银匠、玉器打磨匠、装裱匠、做油纸和丧葬用纸制品的、绳匠、木匠、砖瓦匠、凿石匠、竹艺师、油坊主、打铁钉和铁链的铁匠、桶匠、织垫席和篮子的、做肥皂的以及其他更多的工匠。[54]

这些家族经营的商铺、作坊和餐馆——为整个帝国出售产品和服务——构成了杭州商业生活的主干。[55] 在靠近市坊西边的地方有陈家和张家的金银铺，从事金银信用业务；而刘家、吕家和陈家的店铺则售卖各种颜色的丝织品；平津桥附近的店铺多卖麻、苎麻和棉制衣服。市西坊的北边牛家出售各种颜色的丝织品，清和坊的顾家也经营同样的商品。要买时尚衣裳，女性们会去宣家，而最好的男式衣服店铺则是徐家和翟家的店。

在市南坊，沈家专门裁制供无品级的平民穿着的麻、苎麻和棉质的衣服，附近的钮家卖腰带。保佑坊前孔家头巾铺、沙皮巷孔八郎头巾铺都卖头巾。李家丝鞋铺专卖上好鞋子，彭家专卖油靴。中瓦子前徐茂之家扇子铺。喜欢时尚的顾客会往周家选购折扇；至于要买画团扇，陈家的店铺是个更好的选择。

还有许多家庭经营的店铺售卖珍珠、项链、花型的珠宝以及漂亮
的翠鸟羽毛。太庙前的陈妈妈泥面具风药铺的面具可以防风护肤，而 211
张古老专于卖胭脂和其他化妆品。官巷内飞家牙梳铺专卖象牙梳子。染红王家胭脂铺几乎人人皆知。顾四在候潮门专卖笛子，大瓦子的邱家专供筚篥。舒家、徐家的纸扎铺售卖供丧葬用的纸扎用品，童家柏

烛铺专门用乌桕为原料制作蜡烛。吴家、夏家、马家香烛裹头铺供应各种香、烛和帽子。

张家的铁器铺很有名，而游家漆铺的产品很受欢迎。清湖桥下戚家的产品做得像犀牛皮，而彭家专卖温州漆器。李博士桥附近的邓家开了家金银铺，而汪家开的是金纸铺。其他的店铺售卖青白瓷器、篮子、纸和其他许多百姓日用品以及模仿杭州上层阶级奢华生活的制品。除了帝国各地来的土特产外，也有不少价格昂贵的外国进口商品（象牙、香料、草药、木材），有钱人都可以买得到。还有许多专门性的药店售卖各种药材。

吴自牧1275年断言，在京城什么需求都有，什么需求都能满足。他书中罗列了大量家庭经营的店铺和比较高级的手工作坊和商行，这些为他的论断提供了充分的证据。人们对商品的需求正逐渐超越生存和温饱的需要，与其同步发展的城市风尚也在急剧变化，二者使京城的消费市场大大地扩大，远远超出官府所能控制的范围。城市空间的扩展以及其向贸易中心的转型改变了这个南方京城的居民生活。杭州作为一个商业中心在中国历史上的地位是非常独特的。按吴自牧的评论，京城是“往来辐辏，非他郡比也”。[56]

长安、开封和杭州的命运

唐代的长安——它给城市贵族文化提供了一个典范，包含了一
212 整套宇宙论，影响了整个东亚的京城城市规划。在904年被毁之后好几百年间，长安都处在毫无影响力的状态中。唐代城市规划的观念在辽国南京（今北京）的建设中被延续了下来，直至1122年女真人攻占为止。那时的南京仍然用墙和门来划分城坊，而开封则成为一个开拓性的城市，其郊区得到了扩展，全天无休，相邻住户店铺各式各样，居民的城市意识已经形成。

1127年1月9日，女真军队从北宋手中攻占了开封之后，他们几乎马上就把这个城市给拆解了。金人下令填埋汴河用于修造房屋。1214年，命运的车轮同样驱赶着金人，在蒙古人的压力下，金人将都城从北京迁到了开封。而这时该城的外城防御工事已经被毁坏好久了，城市本身也退缩到了老城范围内。1233年春，蒙古军队洗劫了城市，开封彻底陷入死寂之中。直到1370年，明朝皇帝朱元璋指定开封为中都，但几年后他又撤销了这个诏令。1642年年末，李自成的叛军挖开了黄河河堤，开封被洪水所淹没，致使百万人受害而死。城市被淤泥埋没，直到1662年才重新有人来此居住。

1276年，蒙古人发兵杭州。这个南方城市不再是“往来辐辏”之地了。但杭州的陷落并不血腥，而且该城还继续是一座充满活力的商业中心。最后蒙古人把他们的行省驻地安置于此。

第10章

生产领域的变化

213 宋代和先前的朝代一样，依靠有效的户籍登记制度才能控制农业生产并保障赋税收入。只有自耕农能够获得高亩产的丰收，并能顺利地把粮食和其他原材料运送到市场时，帝国的经济才能繁荣起来。农业劳作的机械化及精密的纺织机械的发展，提高了生产力，提升了生活水平；发展比较完善的运输系统，为京城和宫廷提供了大量的粮食和其他物品，使城市生活焕然一新。

农业生产

北宋国家拥有260万平方公里的土地，整个领土——“普天之下”——都是皇帝的财产。在这个意识形态建构中，皇帝拥有土地并代表中国人民，而人民把皇帝当作他们利益和福祉的保护者。理论上，皇帝可以随意地赠送、出卖、没收土地。实际上，除了给皇室成员分配大块的土地外，皇帝很少使用这个独一无二的特权。

中国地主的土地都在官府登记造册。他们耕种田地，用出产的农产品缴纳赋税。他们可以把拥有的田产遗赠、出售或出租给家庭成员

和其他人。20 世纪之前，不依靠农业、农产品销售或农具制造为生 214
的中国人的人口比例可以忽略不计。宋代军费的开支持续上涨，国家的收入比以前更多地依赖可靠的税赋征收系统从农户那里获取收入。丰收使朝廷可以向北方游牧邻国输出谷物来换取和平。北方邻国即使在好的年成里，其平均农产量也很难养活他们自己的人口。

959 年，宋朝建立的前一年，登记在册的农地约为 1.08 亿亩（1 亩约为 573 平方米），或者约 6.2 万平方公里。从赋税征收者的视角来看，这个数字远远低于实际的耕种农地亩数。经过一番国家级的、大规模的行政整治，1021 年统计出有 5.24 亿亩农田——是 959 年的 5 倍——登记在册，这是宋代课税农地的最高数字。[1] 有几类农地是可以免税的，大约有 630 万亩直接由官府拥有和管理，皇帝和皇室可能拥有大约 370 万亩，寺院拥有的土地大概有 3500 万亩，以上几类土地可以免缴赋税，总计有约 5700 万亩，即 33 万平方公里土地可以免税。北宋领土超过 13% 是农地，这个比例高于中华人民共和国 2004 年时 10% 的比例。

1022 年宋朝的一项改革把唐代就存在的九等农户减为五等。这五等农户构成了拥有并耕种国家田地的自耕农，他们必须缴纳赋税和服劳役。和以前一样，这些纳税农户的农地在向官府登记后也可以进行买卖、出租和遗赠。[2] 第一等户拥有土地 300 亩到 1 万亩，根据官府的数据，这些农地的谷物亩产量从不到 20 公斤到 200 多公斤，产量的多少依靠土地和稻苗的质量。第二、第三等户拥有土地 100 亩到 300 亩。年均亩产 100 公斤，每 200 亩土地的产量就可以供应 110 人一年的口粮（假定每人每天消耗 0.5 公斤粮食）。这三等户
包括许多旧有的、资深的、有特权的地主家庭。到 11 世纪末，据估 215
计大概有 14% 的人口，包括官员和第一等户到第三等户的人，拥有约 78% 的农耕地。[3] 但如果根据户籍登记数计算，土地的拥有量是没有问题的话——也就是说，把第四等户和第五等户耕种的农地算

上——这两等（第四、第五等）户在理论上拥有的农地占赋税登记土地的一半。

第四等户——他们大多数是自耕农——拥有 20 亩到 100 亩土地。一块土质最好的 50 亩（约 2.915 万平方米）大小的土地可以出产最多 1 万公斤农作物，几乎足够养活 60 个人一年，古代把这视为一个农夫维持生活的理想的田地面积。[4] 第四等户没有特权，他们中只有少数家庭可以享受免税待遇。尽管第四等户在 11 世纪末拥有 30% 的耕地，他们以金钱和实物缴纳的赋税、承担的劳役，以及他们在地方官府行政管理上承担的义务，构成了宋代农业的基本经济架构，也是整个国家财政体系的基本支撑力量。

宋代第五等户耕种 3 亩到 20 亩田地（约 1.15 万平方米）。在非常好的年成里，农民一家耕种 20 亩地的收成是其平常年份全家一年消费稻米量的 5 倍多，假定一家五口一天消费的稻米不超过 2.5 公斤 [5]，而这种收入水平在今天看来不算高，同时也表明这个水平是 9 世纪时人均谷物消费量（每天 0.25 公斤）的 2 倍。在平均土质和年均产量的条件下，耕种不到 10 亩地的五口之家会把收成的大部分消费掉，而且他们也无法储存足够的粮食来度过冬天和饥荒时期。在这种情形中，一个人一年的收入比起一个在京城开封受雇的仆人的年收入还要少。为了确保自己的收入高于维持基本生活的最低水平，并免受债务之困，这些农户必须通过租种别人的土地来使自己耕种的田地翻倍，以收获更多的粮食，否则他们只有自己受雇去做雇农。

第五等户应该算是半自耕农，他们实际上是跨在了宋代农户划分的两大类上——这两类是自耕农和客户（或佃农）。客户耕种的土地
216 都是租自他人的。客户占所有农户的三分之一，在生活水准和社会地位上，他们比自耕农要低得多。他们既没有土地，也没有生产工具，必须从官府或私人地主那里租种土地，租地有一定的期限。从许多事例中可以看出这种土地租种关系导致的结果是佃户完全依赖于地主，

尽管这种关系有个很大的好处：至少在理论上地主的佃户可以不纳赋税，不用服劳役，而地主要承担这些义务。

在人口稀少的中国中南部，地主对佃户的依靠程度很深：没有佃户的劳动，田里的作物就不能收割，他们也就不能获益。土地未开垦意味着经济损失，因此有经验的地主会向佃户以较为合理的价钱提供农具和耕地用的家畜，用较好的或可接受的条件吸引他们开垦农地。但是，在环境较为恶劣的条件下，中国大多数的客户仅能勉强糊口。农作物歉收时，他们的生活水准更加恶劣。这时他们经常被迫放弃他们租种的土地，靠打短工为生。

10 世纪 80 年代，自耕农数量为 350 万户，占所有农户的 58%，相比之下，客户有 250 万户。归功于有效的赋税登记制度和较好的经济条件，上述比例在 989 年之后慢慢地朝着自耕农逐渐增多的方向发展。1067 年，自耕农阶层已经达到 980 万户，占农户的 69%，是宋代自耕农比例最高的数字。整个宋代自耕农的平均百分比为 65% 左右。[6]

1078 年，包括客户在内的全国所有农户总数大约为 1660 万户，其中有 45% 居住在 14 个（省级的）路。这些路包括京城在内，拥有全国 70% 的自耕农，他们的产量占了帝国农产量的大部分。源源不断的赋税收入直接流入了京城，特别是来自 14 个路的赋税，支撑起了京城上层社会的高消费和奢靡生活。耕种自己田地的广大农户是宋
代繁荣的源泉。自耕农占总户数比例的提升总会伴随着超平均生产 217
率的出现。如果税率是农产量的 10%，则 1085 年谷物收获量的总数是 2.45 亿石（1870 万吨）。如果每人每天消费 0.5 公斤，这个收获量——至少在理论上——足以养活整个宋帝国 7000 多万人口。[7]

在寒冷的北方，小米（黍）、大麦和小麦是主要的农作物。小籽的黍在华北种植，成为粮食作物；而高粱更加出名的名称是蜀黍，被用来制作味道不错的、很清纯的高度酒；小麦是一种硬颗粒的谷物，

被研磨成粉，可以做成面条或馒头；而大麦通常被做成粥食用。但是，宋代中国人食用最多的农作物是稻米，这是“人类已知的最多样化、适应性最强的作物”[8]。其中的大部分稻米品种要在中国中南部温暖、较为湿润的气候条件下才能种植。外来的品种有用作增加饭菜香味的香米、可种植于盐碱地的红米以及其他适于酿酒和制作面点用的品种。

农民们培育出来的差别最大的两个品种是粳（米）和籼（稻），无论在米粒形状还是种植要求上，二者都有很大的不同。粳稻粒细而圆，而籼稻粒长而薄。还有一种品种是早熟型的占城稻，由于它的耐旱，且不论土质肥瘠都能种植，因此具有重要的经济价值。它通常一年两熟：培育了 60 天和 120 天后的幼苗就能移栽。1012 年，宋真宗下令从现在的越南引进占城稻。占城稻在各地的推广使粮食供应量得到了提升，官府粮仓充盈，也使农民收入增加。1021 年作为赋税缴纳的谷物量达到天文般的数字—— 3270 万石（约 260 万吨）。仅在该品种被引进几十年后，今江西省当时所种植的稻米 70% 都是占城稻。11 世纪末，长江下游流域种植的水稻有 80%—90% 都被改为占城稻。[9]

中国种植的稻米几乎都是水稻。水稻的种植必须要挖渠灌溉，种植水稻也需要有相当的经验、知识以及较多的劳力。农民要精心照看稻苗和苗床，在幼苗移栽前田地还要进行锄草、耕耙，收割之前还要
218 对稻子进行不断的看护，不时地灌溉田地。稻作农业导致了许多农具的发明，如翻转犁和专门的耙、镰刀；稻作农业也需要有专门的耕种技术。

主要的稻米种植中心区域的产量不仅能满足本区域的需求，而且也能大量地输出到其他地区。俗语说：“苏常熟，天下足。”杭州、建康和鄂州（今湖北武昌）等城市的稻米贸易非常活跃。在 987 年，以谷物缴纳并运送到朝廷的赋税份额已经达到 620 万石（47.1 万吨），

而到了 1077 年，一年的赋税收入算是比较适中的，也达到了 1780 万石（135 万吨）。以谷物形式收来的这么多的赋税收入仍然不能满足政府的开支需要，每年政府还要在公开市场上购买额外的稻米。981 年汴河上的驳船运送了约 240 万石（18.24 万吨）粳米和黍到开封。而仅政府所需要的就达 150 万石（11.4 万吨），其中几乎有一半要在稻米市场上购买。每年京城杭州的居民要消费 110 万石至 140 万石稻米，全都购自市场。[10]

拥有一小块田地、仅有少许多余谷物出售的稻农和稻米贸易市场的联系是最弱的。他们售卖稻米的价格不仅依靠于其作物的质量，而且也要受市场供求波动的影响。有时他们肩挑背扛地把余米运到市场卖给米商。许多中间商一个村一个村地收购数量相对较少的稻米，因为他们不能携带太多的现钱，而且他们也没法进行大批量的运输。

通常稻农把他们的稻米汇集装入富户的粮仓里，或者就直接卖给他们。苏州地区的富裕地主拥有许多粮仓，每家的贮藏容量有好几千吨，把这些粮仓的稻米运到市场的交通工具是所谓的米船。经纪人负责安排把稻米运到市场销售，为此他们可以拿到每 6.6 公斤 10 到 20 钱的经纪人佣金，这相当于货物价值的 5% 到 10%，之后稻米经纪人会把米卖给米铺或直接卖给消费者。在谷物从农民转到消费者手中的整个交易过程中，有许多人从中获益，然而遗憾的是，其中远离贸易中心而在乡下耕种的劳动者，通常是收益最少的。

稻米市场是季节性的，商人们只有在农民收割完稻谷后的几个星 219
期内才能真正取得收益。8 月和 9 月间，稻米的供应突然增加，米价在短时期内会下降，这是米商们尽量收购装满粮仓的最好时机，因为农民一来没有自己的储存设施，二来也缺乏资金，因此必须要尽快把收获的谷物卖掉。米商们向小农们施压，让他们以低于市场价的价钱把稻米卖给他们；而那些急需现钱来偿还购买种子、农具、耕田牲畜、盐和茶而欠下借款的农民通常会接受这个对他们不利的价格。一个月后，收成都被贮藏在米商和富裕地主的粮仓里了，这些人把持着米价，直至米价最后回归到平常的水平。

豆类在宋代维持基本生存的食物里具有非常重要的地位，因为豆类一年四季都能播种收割。981 年，汴河上的驳船把大约 80 万石的豆子运送到京城。可以当作粮食来种植的最重要的豆类是大豆。大豆可以提供含量很高的、人体必需的蛋白质和维生素 A 和维生素 B。大豆苗甚至在贫瘠的土地上都很容易生长；通过释放氮，大豆使土地的肥力得到提高，从而有利于其他作物的种植，此外它可以与其他作物进行轮作。[11] 无论在荒年还是丰年大豆都是一种很有价值的植物性食物。许多种大豆可以熬成粥糜，可以制成豆腐，也可以进行发酵做成美味的酱料。大豆也被当作牛和马的饲料。“小豆”如绿豆、蚕豆和豌豆都可以作为新鲜蔬菜进行烹煮，也可做成面条和饺子。

小块田地和园地种有大量的各种蔬菜，包括各种卷心菜、甜瓜、葫芦、大蒜、韭菜和大葱，还有水生菜——马蹄、莲藕和菱角。中国人的橱柜里还有竹笋、蘑菇、姜和萝卜。除了华北本地出产的水果如桃子、李子、杏、梨和柿子之外，许多南方出产的水果也能在北方的城市买到：各种柑橘、香蕉、荔枝、橄榄、枇杷和龙眼。1161 年至 1189 年的和平时期，淮河边上的泗州供应许多粮食和水果品种，这些产品从这里被贩运到金帝国。[12]

饮茶在宋代不再被视为一种奢侈的享受，连平民百姓日常都能享用。11 世纪左右官员蔡襄出版了他的著作《茶录》，在该书中他不仅描述了茶叶本身，而且也记述了茶叶的味、色，以及从茶汤的品尝中得到的审美享受，还有调制茶水的方法。主要的产茶地区每年出产 600 多吨茶，一些年份达到 2000 吨。茶商的生意做得很大，国家从茶叶专营和茶叶的税收中获得很大的收入。[13]

纺织机械和水磨坊

缫丝是一种把蚕茧拉成数百米长的连续不断的长丝的技术，用筷子或刷子搅动，从浸泡在热水或冷水中的蚕茧中抽出细的生丝。6 公斤蚕茧能产出约 480 克生丝。这些细丝被缠绕在一个卷轴上，形成一卷丝线。为了使丝线更好、更圆，甚至有较好的伸拉张力，缫丝必须要用手缠绕。

到宋代为止，缫丝已经在实践中被运用了 2000 多年了。现存最早的详细记录纺织技术的文献是 1090 年前后，士大夫秦观所写的《蚕书》。在该书中我们了解到有关钱眼、辘轳、添梯、锁星和缫丝的整个工艺情形。[14] 秦观妻子所使用的缫丝机是非常精致的一台机器，在工程学上具有非凡的成就（图 16）。我们从绘画作品中所见，许多缫丝机由两名工人操作，机器上还装有踏板。如果两台机器进行缫丝，则一天的产量达到 2869 克生丝是可能的——这个数字不亚于 19 世纪时使用蒸汽动力的工厂工人的日产量。这种样式的缫丝机的使用从 11 世纪直到 20 世纪文献都有记载。

丝织品是供官员使用的。在元代棉花成功引进中国之前，苎麻与麻——都是多年生植物，可一年收获几次，产量相对较高——是专门用作平民百姓衣物的纺织品原料。不管是哪种原料的纺线，都要由织布机织成布匹，纺织的效果使纤维更加有弹性和强度。1313 年的《农书》介绍了两种纺织机：一种是由人力或畜力驱动，另一种是由 221
水力驱动。这两种机器都很适合搓捻麻和苎麻纤维（图 17）。[15] 这两种机器在 13 世纪华北中原地区的许多村庄安装使用。当要将纺纱原料进行搓捻时，许多农户聚在一起，将他们要加工的纺纱原料过磅，然后根据每个人投入的原料分配加工后出产的纱线。

机器长超过 620 厘米，宽约 155 厘米。所有的操作部件通过三条传送皮带的带动而工作，皮带的速度快慢由大主动轮的旋转速度决

图16　北方的缫丝机（《蚕织图卷》，梁楷，宋代，13世纪。长卷，绢本设色。美国克利夫兰艺术博物馆藏）

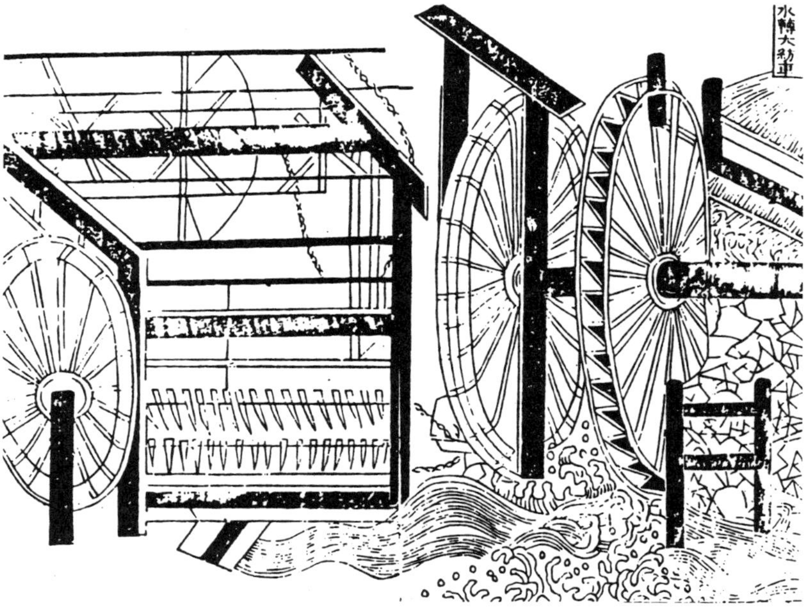

图17　水力大纺车（13世纪，《农书》，卷20：17ab）

定。机器的一般结构和操作部件借鉴自缫丝机。原料的搓捻和纺线的缠绕装置是在圆柱形的木箱子的环形层上。机器一天可以出产弱捻度纱线 60 公斤。加工苎麻时，水力驱动的纺织机可以全年运转，除了冬天河水结冰的那几周外。这些捻线用于制作夏衣、内衣、蚊帐等物品的原料。

这些纺织机是后世离心纺织机的前身，但它们在中国并没有导致 222
纺织生产革命。几个世纪后，在重商的欧洲，中国缫丝机和纺纱机的所有技术特点都被吸收进了意大利丝织业和英国棉织业的生产工艺里，这些工艺成为欧洲工业革命的机械基础。

水磨坊在中国有很长的使用历史，可以上溯至汉代。最早描绘水磨坊的水车的绘画作品出自 10 世纪的宫室画家郭忠恕（？—977）和卫贤（生卒年不详）之手，其原作失传已久。在壁画和书籍插图中也能看到水车。[16] 但对水磨坊的描绘最有名的是 13 世纪初就已存世的一幅横幅作品（图 18）。展开这幅画，磨坊的生产流程展现在眼前。画面是一个规模很大的开放式磨坊，在画的右边，一个人正背着谷物从渡口过河，其他人在用吊起的筛子扬谷，用石磨碾磨谷物，筛选磨出来的面粉。石磨和扬谷的器械都是由安置在高于水面的作坊下的、与水面相接的水轮来驱动的。面粉放在平台上晒干，装入袋子， 224
然后通过渡口运过河，装上运货小车，推走，消失在画面的左边。

画作中除了劳作的 40 名工人外，还有 2 位官员——从他们穿着的朝服就可以辨认出来——和 3 名侍从。官员核对账目、管理劳力、监督生产的情形清楚地表明了政府拥有和运营这家作坊。制粉业是个有利可图的行业，政府对该行业的参与在宋代是个新鲜事物。970 年，宋太祖设立了两家水磨坊的管理机构，其中一家在开封的西边，一家在东边。他们各自拥有一家磨坊，为皇宫和京城的居民提供面粉。[17] 每家磨坊各由 2 位官员为首管理，各有 205 名员工。

之后，政府修建了更多的水磨坊。宋太祖和宋太宗在数百官员、

图18 《闸口盘车图卷》[卫贤（创造于960—975年）。本画作系13世纪初临摹原作，绢本设色，台北故宫博物院藏]

仆从的随从下，11 次驾临水磨坊，以公开显示皇家威仪。官办磨坊受到严格控制，挪用公家面粉、承接私人业务都会受到严厉惩罚。在宋朝为改革而进行的多次激烈争论中，水磨坊的公有还是私有问题经常被提及。但只要官办磨坊每年能给官府提供 40 万贯的收入，关闭这些磨坊的建议就只是口头说说而已。

货物和人员运输

宋帝国在地理上和经济上是由道路和河渠网络所支撑起来的，这个网络是官府和私人联通以及货物、人员运输的生命线（地图 5）。宋朝的地图绘制发展到了很高的水平，这里提到的两幅路线图——分别绘制于 996 年和 1006 年——描绘了谷物沿着大运河运输的情形，路线图既为旅行也为运输提供了方便。[18]

秦朝（公元前 221—前 207）是中国道路工程建设的黄金时期。当时的“驰道”有 11.5 米宽，围绕着京城咸阳（今西安附近）而修建，甚至连小路也要拓宽到足以符合一辆马车可通行的宽度。秦朝的道路用石板铺设路面和隔离墩，路网从京城辐射到中国北方许多地方。这个专为皇帝定期出巡而修建的路网，成为唐代政府的驿路和驿站（每 20 公里左右设立一个驿站）的基础。[19] 信使以每小时 15 公里的速度换乘马匹奔驰在驿路上，且可在驿站休息。唐代的路网也包括河道上
的石桥和保障信使、驿马快速渡河的渡口设施。到了宋代，官方驿站 225
附近有私人的客栈和饭馆，可以供应食物、洗浴设施，可供日益增多的各类旅客住宿。

尽管相较于唐代，宋代的华北路网没有那么密集，但宋初的皇帝还是采取了许多举措来改善交通。[20] 为了确保旅行者的安全，特别是
已经缴纳了货物价值 2% 的通行费的商人的安全，官府在道路上每隔 226
2.5 公里就修建一个带有土制、木制或石制瞭望塔的路关或墩台。为

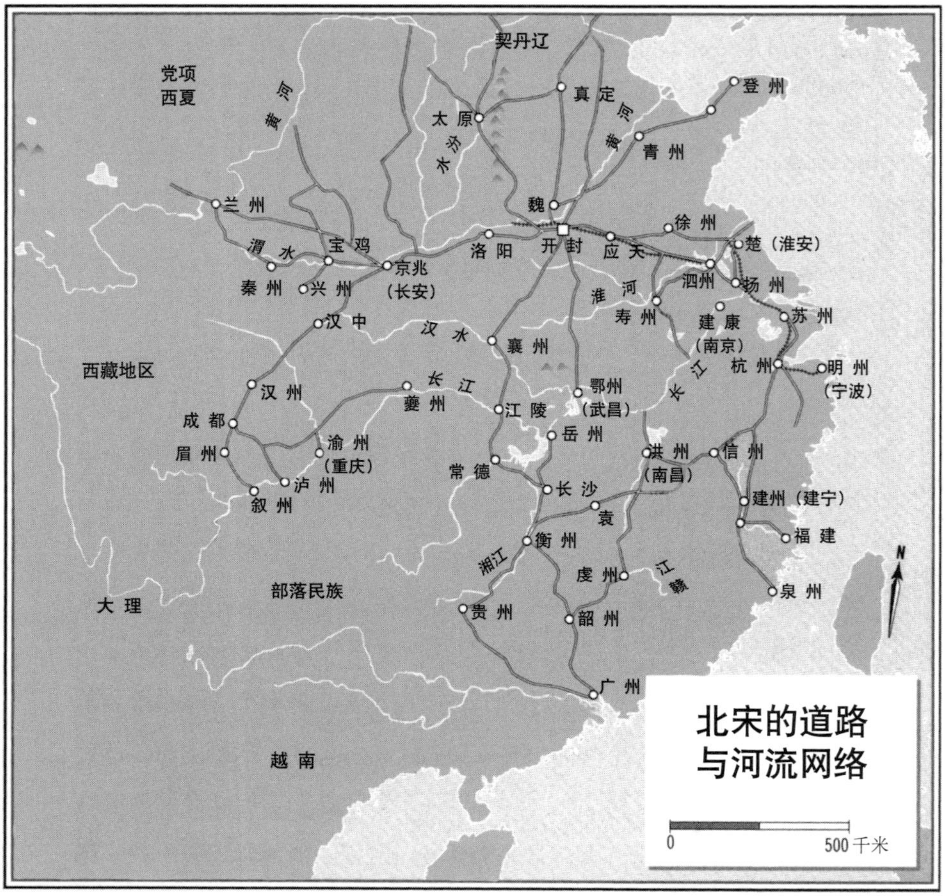

地图5

使旅行者在河北边境地区行走得舒适，1012年宋真宗下令沿着官道的两边种植榆树和柳树。在别处驿路和官道两边种树是很平常的，而梓潼县北部的四川驿路一侧可以看到巨大的雪松。1116年左右，福建的州县道路上共种植了338600棵枞树和松树。[21]

华北的道路能通行轮子直径达1.8米的大型牛车，可以把大批的货物运送到开封。一些货车大到需要20头骡子才能进行更长距离的运输。而在黄河北岸，初春和冬季的道路状况经常是很危险的。王禹偁（954—1001）在他的诗《对雪》中描述了这种情况：

因思河朔民，输税供边鄙。
车重数十斛，路遥几百里。
羸蹄冻不行，死辙冰难曳。
夜来何处宿，阒寂荒陂里。[22]

一些现今已知的最早的旅行日记记录了11世纪初期，宋朝使节和辽国官员间的对话[23]，在这些刺探报告中，苏辙描述了1086年他到辽国的行程。他抱怨路况之糟以至于一天走30公里都是不可能的："臣等近奉使北朝，每番于车营务差到车六两，般载官司合用诸物，其车多是低小脆恶，才行一两程，即致损坏，沿路不辍修完……盖为国信内有鞍辔等匣，旧例不得使常用大车，须得别准备此车，专充入国。既居常不便，风雨暴露，积久损烂，临时差拨，但取数足，致有此弊。"[24]

辽帝国只有几条连接几个主要城市的道路，有关其道路建设的信息我们无从得知。[25]我们仅知道在984年有20万人被发动起来在一天内修筑了一条穿越山区的道路。5年之后，南京（今北京）与当时刚占领的河北北部许多地方相连接的道路被修建起来了。1027 227
年，辽国下令官道必须向两边拓展，宽度扩大到30步，这些宽阔的道路使契丹人可以驾驶着他们巨大的大篷车旅行。契丹的道路可能是用土、沙和碎石所筑，路面并未铺设石板。这些道路并没有采用可以使雨水从路面快速流走的方法来修筑，大多数道路一遇到大雨就被冲垮，几乎不得不每年都要重修。由于夏季满路尘土飞扬，雨季泥泞不堪，契丹人都不乐意在这种路上旅行。

华北的宋朝京城与其他重要地方和边远的路府治所都有主要道路相连接，相比之下，中国中南部的路网显然就欠发达了。[26]在那里，人们更愿意通过水路出行。连接小城镇的道路可能与20世纪初外国观察家所描述的乡村道路类似。（他们抱怨，出了城，只有狭窄的小路可走，无法行驶带轮的车子，其宽度也几乎难以容纳更多的行人行走。）士大夫通常骑在马背上，仆人跟随着他们；但他们更愿意骑驴和骡，以示他们的谦恭。在平地上农民用独轮手推车运东西。但是在多山的路府，旅行者就需要有健壮的体格，才能攀行在陡峭的山岭小路上和湿滑的梯田田埂上。南宋时期情形才有了改观，当时东南地区的道路建设得到了加强。在路上行走是很耗体力的——“远行才知路艰难。”[27]

有一种特殊的道路（栈道），是用厚木板牢固地铺设在悬崖峭壁上，它可以把几个地点连接起来。这种样式的路位于陕西西部渭河河谷和秦岭以南汉水流域及四川的城镇之间。这些地区步行无法到达，只能通过船行或牵拉船只逆流而上从而穿过长江三峡。最长的一段栈道有 100 公里长，其牢固程度足以在上面行走、骑马和运送货物。唐朝皇帝被迫逃离京城长安前往四川成都避难时也利用了栈道。陕西和甘肃两地的汉人在逃脱女真和蒙古军队的入侵时，栈道也成了他们的逃生工具。[28]

228 坐船比在道路上旅行是更好的选择，不管是在大运河、连接开封和淮河的汴河、长江和黄河，还是在中国中南部的其他河流。虽然船只航行要冒着倾覆的危险，特别是穿行在峡谷和激流中的时候，但一般来说坐船航行较快捷，而且更加舒适。当运输的货物较为沉重、数量较多、体量较大时，船运相比于牛车、骡来说，更为安全些。

605 年至 610 年间，隋炀帝下令修挖庞大的运河网络，使国库背上了沉重负担，但也使全中国的谷物和东南部的丝绸、茶叶生产中心与人口稠密的北方连接在一起，同时也提供了一条运送军队和军事装备的高效路径。数百万百姓和罪犯被迫去修挖数万公里长[29]的人工水道，沿河修有许多船闸。广济渠使长江和黄河连接起来，永济渠把黄河和渤海连接起来。运河系统最终使其南端从扬州延伸到了杭州。[30]

淮南转运副使乔维岳（926—1001）在983年首次提到了船闸。不用把船只经斜滑道从一个水位拖拉到另一个水位，乔维岳修造的船闸有两个悬挂式的闸门，两个闸门形成的空间足以容得下一条长形的驳船。水流入船闸使驳船随着水位而升高或降低，继续向下一航段航行。这是克服河道高差的最快和最安全的方法。

在宋代中国的中南部，各种类型和吨位的船只的航运几乎完全取代了陆上的运输。在内陆水路运输中，稻米和豆类占了支配地位。储存谷物最多的一个仓库坐落在连接汴河和黄河的汴梁河口。李翱（771—844）809年2月11日在他的旅行日记中说，他离开洛河，进入黄河，行至汴河河口停下，之后他们顺着汴河（该河道沟通了黄河和淮河）展开了游览。[31] 1079年，汴河成功改道，河道拓宽，与清澈的洛河直接相连——远离了含沙量大、易于淤积的黄河，这使汴河上的运输全年都变得安全。

河上的一些驳船长度差不多有30米，而有些客船则有90米长， 229
船有两层，能运载700到800人，在湍急的黄河上的渡船有20米长，几乎有6米宽。[32] 根据当地的传统、船主和水手的经验与特点以及他们希望搭载的货物和乘客，造船厂造出了适应需求的河船。这些船的航行依靠各种驱动力。在长江上，船夫使用桨轮船。在江南的小河上，人们使用的船叫梭子船或平底船。有些船是用桨划的，有些是用篙撑的；有些船是平底的，而有些船则用钉子加固使船能穿行于浅水河道。

在长江峡谷暗流汹涌的水流中，在汉水的激流里，船夫们用桨划、用缆绳牵拉船逆流而上。1170年，诗人陆游沿着长江穿过三峡逆流而上，他在诗文中描写了船夫摇橹艰难前行的情形，这种情形一直延续到20世纪：

> 百夫正欢助呜橹，舟中对面不得语。
> 须臾人散寂无哗，惟闻百丈转两车。

呕呕哑哑车转急，舟人已在沙际立。[33]

纤夫们牵拉着船，沿着河边峭壁上铺设的栈道艰难地前行——栈道有时达几百米远，连役畜也无法使用——这对纤夫们来说是个很危险的挑战。在大江的其他航段，船只使用芦苇或竹子编织而成的风帆，当风帆被拉升起来后，船只就可以获得风力，从而推动航船向前。坐船旅行还是一件令人疲倦且很嘈杂的事。当夜色降临到长江峡谷的深处，水手们将船停靠在岸边时，旅行者只能期待得到一丝的安慰——人们能喝到一碗辣面汤，在崎岖不平的地面上铺上床，来自不同行业的人们聚在这里过夜。

宋朝凭借其强大的运输能力和众多设施，确保了京城和其他大城市的粮食和货物供应。这点我们从货运数据就可以看出来。981年，在汴河上通行的船舶运送的稻米和黍是300万石（约22.8万吨）、豆类100万石，而汴河、黄河、惠民河和广济渠总的船运数量是550万石（约41.8万吨）。而到了1065年汴河的货运量提高到了
230
570万石（约43.3万吨），上述其他几条河的运量是670万石（约50.9吨）。几乎有三分之一的稻米赋税收入是通过驳船从沿海地区运送到京城的。约1.2万条运送谷物的驳船在今江西排水量为18吨，在今安徽为60吨，在大运河为100吨，在长江为600吨。而500年后的1588年，英国最大的船只的排水量也只有400吨。[34]

私人船队拥有的船只数量是谷物运输驳船的好几倍。13世纪末，就有多达1.5万条船航行在长江下游。在沿海海域，船只排水量超过180吨是很平常的事。在福建，曾经挖掘出一艘24.2米长、9.15米宽、载重量300吨的船只。它的船体由13个防水隔间（木板的缝隙被填上了混有麻和桐油的灰膏）构成。相比之下，哥伦布1492年的旗舰“妮娜”号（*Nina*）最大的排水量是110吨。福建泉州城有11座建造航海船的船坞。驳船在结构上有许多创新，如方形的船身、船尾舵、纵帆和水密舱。欧洲的船形被做成鱼形，能在海里

破浪前行，与此相反，中国的船像鸭子划行在水面上。制造这些粗大的驳船的用意，李清照在她的诗中说："巨舰只缘因利往。"[35]

1021 年左右，政府下令 51 个造船中心建造 2915 艘驳船专门用于米、黍和其他谷物的运输。这个数字可能表明每年需要更换的船只数量。这些船场中有 42 个位于中国的中南部，有 5 个在四川，而只有 4 个在华北。[36] 从船只的订购数量和船场分布的地点，我们可以推断造船业几乎都是位于造船原材料来源地的附近——这些原材料有木材、钉子、桐油、石灰和麻。在中部和东南部，船对人们来说是不可或缺的，它们是日常生活的必需品。

自然资源的开采

社会对采矿和冶金技术的掌握足以证明当时的经济发展是多么迅猛。在宋代，用铜和铁铸造硬币、冶炼金锭和银锭使以货币为基础的
经济得到了发展，也促进了全国性贸易的增长和扩张，更促进了政治 231
上的统一。但金属硬币只是冰山一角。11 世纪铁的产量支撑起了兵器、盔甲、马蹄铁、车轴、刀、凿子、铁钉、锁、锅、短柄斧、锄、铲、犁铧、斧、锤及其他对工匠和消费者来说至关重要的工具制造行业。

最有利可图的矿产资源都由政府控制。国家对铁矿和铜矿征收 10% 的赋税，对金银矿征收 20% 的赋税，而矿主必须将矿产品卖给政府。1065 年左右，在中国 271 个金属加工基地中，有 123 个地方或说 44% 的地方是进行熔铸铁、铜的，84 个地方是熔炼银的。每年课税的铁产量在 5000 吨至 1 万吨之间，在高峰时期的 1078 年左右，更是达到了 1.7 万至 2 万吨。[37]

由于产量高，铁的市场价格就一直维持在低位，这也导致铁的制成品更加有利可图。1080 年，铁价对米价的比值在四川是 177，而

在陕西是100。铁制品价格处在下降之中。因为冶铁的鼓风炉需要大量的燃料，附近的森林都被砍光了，以至于土地遭到雨水冲刷而被侵蚀。由于11世纪森林的减少，冶铸业开始用焦炭来取代木炭。

中国很早就开始采挖金和铜，但在宋朝由于采用了更为高效的采矿方法，取得了非常显著的效果。私人行业和北宋政府对铜的需求致使铜的生产量猛增。每年的税收额增长超过了5倍，从997年的2460吨增长到1070年的12982吨。这远远超过了1800年的全球铜产量，也超过了1952年的中国铜产量。1078年后及变法的末期，铜产量迅速下降，对铜矿的开采也严重不足。宋廷南迁之后，铜的生产几乎完全停止。1162年，铜产量只有157吨，产量很不稳定，远远满足不了需求。[38]

在工匠成功从深藏于地下的含银硫化矿中分离出银后，银成为一种重要的金属。由于生产上的技术难度，使银相比于金成为一种相对
232 稀少的商品。9世纪中期每年的银产量达到了14吨，在中国历史上银第一次成为在经济上比金更为重要的金属。宋代每年的银产量大约在15吨到60吨之间。[39]这时期有些银可能还是从海外进口的。几个世纪后，银的输入成为一笔很大的生意。

金的输入是通过来自西伯利亚和中亚“丝绸之路”沿线其他地区的易货贸易。根据白居易（772—846）在9世纪的记述，许多农民抛下土地投入到淘金和银矿开采的行业中去。如他所述，银主要产于楚地山区，而金主要产自江西的鄱河。他说，矿工们一年到头在矿洞里清除碎石，开凿岩石，他们并不在乎自己的身体，只是想挖到金银获利。他批评道，金银不能吃不能穿，对于那些饥寒交迫的人一点帮助也没有。[40]除了少数几位采矿行家，在采矿和冶炼行业干活的工人大多数都是农民，他们贫穷、无地，只是在农闲时来打工以赚取些额外收入。矿工职业地位低下、贫穷、没有前途。

总的来说，有几个原因导致了宋代经济表现优异。首先是提供赋税且登记在册的耕地面积大幅增加——从959年占国家领土面积的2.5%增加到1021年的13%——这对宋代的繁荣起到了保障作用。土地登记和同步进行的税制改革使自耕农（占1078年农户总数的66%）成为宋代农业的支柱。农业经济的兴盛对技术进步特别是新工具产生了需求。而技术进步和新工具的使用需要有高效的采矿方法，这就促进了铜、铁产量的提高。当这些金属的产量迅速提高时，就会被大规模地铸造成钱币——钱币是快速发展的全国性市场进行交换的重要媒介。

第11章

货币与赋税

现金货币在两宋时期的商业、借贷、赋税和外交政策中发挥了重要的作用。801年，唐代士大夫杜佑（735—812）提出使用金属货币的主张，他认为金属货币形式的现金能更好地适应商业需要，充当物品的交换媒介。诸如谷物、丝绸这样的物品，通货形式太大，不利于携带，因此不适合作为物品交换媒介，而金银较为稀少，价值又高。[1]根据这个理论，一枚金属钱币的价值应该与其本身的金属价值相当。

秦汉时期，人们将1000枚圆形方孔铜钱用线串起来，于是1000钱就被当作现金货币的一个整数单位（贯）。宋朝甫一平定各地割据政权，皇帝就废除了先前各个政权发行的各种流通货币，并以本朝钱币取代。宋朝的钱币上刻有“宋元通宝”（宋朝主要的流通财富）字样。983年后钱币铸造时则刻上当时的年号。

820年铜钱的铸造量为15万贯，每贯有1000枚铜钱。铜钱铸造量到1007年的时候已经上升到了约183万贯。1080年，在遭遇到数十年的“钱荒”后，铸造量达到了空前的500万贯。同年，80

万贯的铁钱也进入了货币流通领域。有 17 个铸币工场生产铜钱（铜钱含 65% 的铜、25% 的铅和 10% 的锡），9 个铸币工场生产铁钱。当铜的供应量不足时，工场就会添加更多的铅来替代铜，因此钱币的价值越来越低。南宋时，实际使用的钱币中铅含量已经高达 234
60% 了。[2]

1077 年至 1088 年间，在宋帝国的中部地区，标准的 1 贯铜钱只相当于 770 枚铜钱，重量为 4.5 斤（2.85 公斤）。铁钱 1 贯有 1020 至 1100 枚，可以兑换 1 贯铜钱。[3] 从 10 世纪末一直到 11 世纪的最后 10 年，钱币供应量的大幅增加非常明显地表明了，对于宋朝自身而言，货币对于其经济发展的重要性已越来越明显。752 年，平均每个人拥有的流通钱币仅约有 6 钱；到了 995 年左右增加到了 17 钱，1080 年则是 212 钱。整个北宋时期流通的钱币估计为 2 亿贯，合计 1450 亿钱。[4] 此后在中华帝国历史上，再也没有达到这样规模的钱币供应量。

纸　币

现代货币理论认为，具有货币功能的东西就是货币。根据这个定义，不仅是现金货币——“流通中的财富”——而且广泛使用着的各种纸币也是货币，尽管宋代学者拒绝接受这个现实。宋代的纸币是世界历史上首次在一国国民经济中使用的纸质货币币制。[5] 蒙古人在灭宋近 20 年后也采用了宋人的纸币制度，1260 年他们发行的“丝币”，以丝绢为本位；这种纸币甚至流通到了高丽（1296 年）和波斯（1294 年）。1334 年日本人也创立了自己的纸币体系，越南在 1396 年采用纸币。在西方国家，纸币是个相当晚近的事物，瑞典在 1661 年，美国在 1690 年，法国在 1720 年，俄国在 1768 年，英国在 1797 年，德国在 1806 年才开始使用纸币。

纸币在在宋代的使用是因为有几个先决条件：首先，宋代经济的繁荣使许多行业的产品生产对铜和铁产生了巨大的需求。纸币的使用可以有助于把更多的金属投入到制造业中。其次，纸钞的印制技术已经很成熟，使得货币可以印制得很精良（制作伪钞很难），而且在纸
235 钞上能印制出面值较大的数字。第三，宋代关注货币制度的学者很清楚货币具有支付和交换的功能，他们知道，货币不是按照自己本身的价值，而是根据金或银的价值来确定自身价值的。如叶适（1150—1223）所说：“然钱货至神之物，无留藏积蓄之道，惟通融流转，方见其功用。”[6] 按他的看法，货币的功能就是便捷地流通，而纸币比硬币能更好地履行这个功能。

但纸币发展的最关键因素可能与宋代外交政策有关。政府经常担心市场流通的含铜量高的铜钱以及他们铸造的面值低于实际金属价值的钱会退出流通领域，特别是被北方和西方邻国下令终止流通。当敌
236 国强大时，现钱短缺的结果会对国家经济造成破坏。辽国经济的稳定严重依赖于从宋输入的现钱。为了控制金属的外流，确保货币稳定，宋政府在边境地区建立了隔离式的货币区。[7] 1040 年，铁钱的使用范围被扩大到与辽、西夏接壤的各路，铜钱在此范围被禁止使用。12 世纪中叶，金国也为了确保其货币体系而禁止在边境地区使用铜钱，特别是在富裕的淮南地区。边界两边的低值货币区不仅使该地区的百姓生活更加困难，而且也造成了全国性的商业活动和赋税管理的复杂化。[8]

994 年是有资料记载的私人发行“交子”的最早年份。交子类似今天的期票或汇票，这是一种私人间达成的契约，我们最早见到文献中提及交子的是在有关“李顺起义”的史料里。“李顺起义”是由四川工匠、手艺人和农民发动并参与的一次时间不长的起义，其领袖即李顺。起义者反对用较重的铁钱来取代使用了 30 多年的小铜钱。在经历了一段时间的混乱后，为回应动乱，政府于 1023 年在今成都设

立了交子务，发行官方的汇票——这对货物和服务的买卖来说，是一个明智的、高效的、有利可图的和方便的发明。

拥有这张印制的纸片的人在向交子务的任何一个分支机构提交这份汇票（交子）时，他可以领取与票子上印制的钱数相等的现钱。起初，一张交子值钱 1 贯，且只能在三年内有效。后来，交子上印制的面值可以在 1 到 10 贯之间变动，而 1 贯可换的钱数通常不高于 770 钱。[9] 对于需要携带大量现钱去购买商品的商人来说，纸币的出现极大地方便了资金从一地到另一地的流转。人们不必携带数额巨大而又笨重的铁钱穿越危险的山路了。商人和官员看到了这种票据在解决与商品流通和支付有关的许多问题上具有的重要价值。不久之后交子就传到了北方。

纸币用楮树皮制作，因此它也被称为“楮币”。由政府印制、发行纸币，并从印制用的原材料开始一直到纸币的分配，都对纸币进行控制。为了防止伪造，原材料里还要混入丝和其他纤维。南方和北方 237
的交子都有精心绘制和难以复制的图案，同时交子上还有许多技术数据（日期、发行序列、编号、与现钱的兑换价值、流通时限、印章等等）以确保所印制的纸币的真实性。对伪造纸币的惩罚也印在票子上：“敕伪造会子 [10] 犯人处斩。赏（举报者）钱壹阡贯。”[11] 1068 年在成都设立了官办的抄纸院，12 世纪末期杭州的户部还雇用了 204 名工匠印制纸钞。一张纸钞的大小为 11 厘米宽，19 厘米长。交子——以及后来的钱引——都是用多版多色印刷的。[12]

为了对纸币的使用和分配进行更好的控制，政府为此制定了专门的法令，并限定交子的发行和流通的条件。从 1023 年直到 1107 年，宋政府发行了 43 批纸币，每次发行的流通期（在 1069 年前是三年）内限定纸币总值为 1256340 贯。每个流通期内有 36 万贯（约为流通量的 28%）的流动性货币回笼，可确保货币体系免于破产的危险。三年后旧的纸币要被新纸币取代或被直接兑现。每贯的兑现及换新的手续费是 30 钱。

流动性货币资金的回笼对纸币早期的成功和后来的失败起了决定性作用。早在 11 世纪末之前，有些学者坚持所有的流动性货币都要回笼，而其他人错误地认为要解决纸币的兑换问题可以通过设立固定的“纸币：现钱（及现钱：纸币）”兑换率来解决。有些学者坚持政府应该为货币回笼储备一定的现钱。宋神宗认为，回笼纸币是不必要的，因为人们的收入和支出会促使他们信任货币的价值。[13] 他所持的观点显然很现代：国家经济实力足以支撑纸币系统。但他的辅佐大臣不赞成这样的看法。

1071 年，王安石的财政改革进入实施阶段后，对纸币的需求增加了一倍。很快纸币的流通期被改为六年，而当 1093 年发行流通的纸币价值达到相当于 1330 万贯流通现钱时，整个货币系统失控了。
238 1105 年进行的一项改革用钱引取代了交子，管理机构也相应改名（钱引务）。改革的效果在 1107 年进行的第 44 批纸币发行时取得了成效。[14]

北宋末的 1127 年，流通中的旧纸币总数可能有 7000 万贯。[15] 当宋人南迁时，纸币的信贷限额已经不能满足需求了。钱引的总价值已经提高了 30%，达到 1886340 贯现钱。1141 年发行了第 60 批纸币，数额达到了通货膨胀性的 5886340 贯。1145 年，在宋金签订和约，北方边界的政治安全使国家财政的紧张状态得到缓和后，政府削减了钱引的发行量，使之降到 1127 年的水平。

然而这个水平并没有持续多久，1161 年，金人进攻南宋，钱引的发行量猛涨到 2300 万贯，其后一直维持在这个水平上，有时略多有时略少，一直保持到 12 世纪末。13 世纪，流通期被延长到了 4 年、6 年、9 年，最后达到 10 年，发行的数量也增加了。第 99 批也是最后一批纸币的发行是在 1234 年，该年蒙古入侵者灭金。

除了交子和钱引外，宋代商人还向政府购买信用票据，并用来交换如盐、茶、明矾和香料等垄断性商品。信用票据的持有人可在特定的地方获得规定数量和品质的垄断物品。这种性质的票据含有长途旅行、大宗货物运输的特性，商人也愿意冒此风险。但要从中获益必须要到京城和其他贸易地方的指定商铺，在那儿票据持有人要和人进行买卖谈判，确定垄断货品的价差。因利润大，冒险是值得的。[16] 商人为了以更低的风险获得更多的利润而在指定地方进行票据和货品的买卖。为了确保对票据交易和商业活动的控制，政府设立了专门的榷货务。票据制度对保障军供和向北方边境的军队提供军粮有着极其重要的作用。

纸 钞

为了缓解由于与金国的战争而引起的现钱短缺状况，1160 年宋朝官员还创造了另一种纸钞，称为“会子”，以便与交子、钱引和其他纸币相区别。会子的使用并不是一种全新的创造，而是一种便于使用的兑换票子，它被用来继承唐代“飞钱”。[17] 飞钱是一种商人使用的现金凭证。812 年，长安的政府袭用了飞钱，把它当作增加京城地方赋税和收入的一种方式。 239

会子于 11 世纪 20 年代时就已在四川的私人贸易和商人间流通了。理论上，这些钱票相比于交子或钱引的优势是可以全额兑换成硬通货，这从票子上所刻印的 29 字就能体现出来：“除四川外，许于诸路州县公私从便主管，并同见钱七百七十陌流转行使。”[18]（图 19）但实际上会子的持有者是不能按票面价值要求兑换现钱的。不久后，会子票面价值与所能兑换的现钱之间的差距逐渐变大。

最初钱票的面值等于现钱 1 贯，但不久，印制的会子面值更小，如 200 钱、300 钱、500 钱。1169 年，官府规定每批发行的会子流通期为三年、发行限额为价值 1000 万贯。在初期，一张钱票的现钱

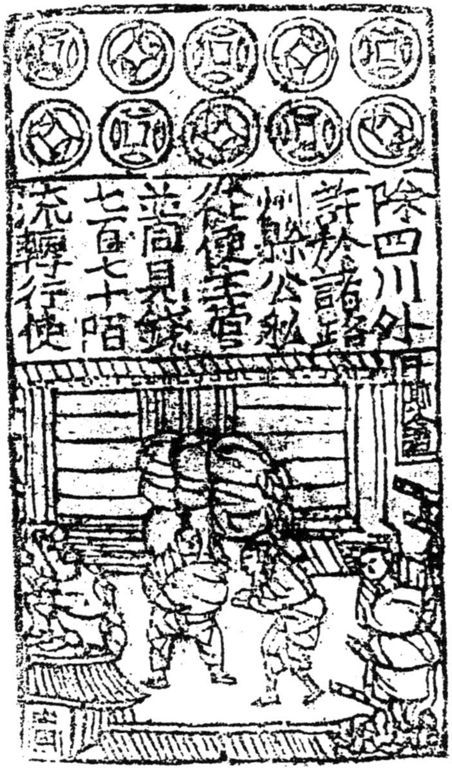

图19　印制纸钞（会子）的凸版（宋代，12世纪。10枚铜钱的图画下的文字："除四川外，许于诸路州县公私从便主管，并同见钱七百七十陌流转行使。"）

价值是很高的，相比于北宋时期所有能想象得到的无现钱兑付的钱票方法，这在当时是一个非常大的进步了。尽管对于进行商业交易的公众来说，接受钱票是很勉强的一件事，但政府还是成功让人们在数十年内对纸钞有了信任感。会子以三种颜色（红、黑、蓝）或单色用木板或铜版印制。

宋人对纸钞利弊的阐释，尤其是1160年后，被视为与传统的"虚"与"实"观念相违背。汉朝时，货物被视为"实"，而钱是"虚"。人们普遍担心，在经济发展中，"虚"钱币会废掉实物偿付的"实"支付。宋代，当现金货币成为国民经济的基础时，"虚"与"实"的概念转化成纸钞（"虚"）与现钱（"实"）相对。杨贯卿（1139年生）很理解他那个时代货币使用的困难，支持发行纸钞，他用旧的术语来解释纸钞反对者的观点：对他们来说，“楮虚也，其弊又不可言 240
也；钱实也，藏而无弊也。况夫上所出之楮日至而无穷，民间之输于上，则惟铜币之为贵。吾何苦以吾之实而易彼之虚哉？故钱日乏而楮日轻”[19]。

杨贯卿这样解释铜钱的不足：“今之铜所以日乏者，正以富家巨贾利其所藏而不肯轻用耳。”[20] 他是对的，因为人们储藏铜钱，所以纸钞才被用于日常的生意往来和债务偿还。特别是在战时，有钱的商家和地方官员把钱埋到地下，以至于会有数以千计的钱从流通领域退出。在过去 30 年里，陕西宝鸡地区 13 次考古发掘发现的铁钱，加起来有 28 吨重。[21] 藏钱的结果是“劣”币逐“良”币，11 世纪的中国就已经观察到了这个有名的“格莱兴法则”（Gresham's Law）。这个法则是 16 世纪时由英国女王伊丽莎白一世（Elizabeth I）的经济顾问托马斯·格莱兴爵士（Sir Thomas Gresham，1519—1579）提出的。

据说宋孝宗在会子发行后的十年里都睡不好觉，他极力维护货币系统的稳定。1166 年，他甚至回购了价值 200 万两银的流通会子，并将它们烧掉。此外，他还命令缴纳税费时可以用纸钞。他试图通过限制流通量来调整纸钞的市场价值。宋孝宗抑制通货膨胀的措施取得了成效，1175 年纸钞的价值得以稳定下来。一方面由于现钱的不足无法满足市场需要，导致市场对会子的需求不断上升，而另一方面政府试图通过限制纸钞流通期限（1171 年后的流通期的变化范围从 6 年到 30 年）来控制会子的兑换价值。

人们对纸币的价值和纸币的流通量之间相互关系的了解已经有很长一段时间了。1178 年，黄畴若（1154—1222）在给皇帝的上书中说：“物少则贵，多则贱。”与金国开战前的 1186 年，会子发行量上升到 2000 多万贯，而之后的 1209 年更升到了 1.1 亿多贯。如刘

241 克庄（1187—1269）所说，会子变得毫不值钱，而停止发行了。长途贩运的商人不能用会子兑换钱，而用纸钞来购买商品也不被接受。1168 年，一张面值 1 贯的钱票值 770 枚铜钱，但到了 1208 年，其价值只有 600 枚。[22]

1209 年之后，李燔很恰当地描述了当时的货币存在的问题，并提供了解决的办法："钱荒楮涌，子母不足以相权，不能行楮者，由钱不能权之也。楮不行而抑民藏之，是弃物也。诚能节用，先谷粟之实务，而不取必于楮币，则楮币为实用矣。"[23] 他的看法是深刻而全面的。

到 1224 年为止，流通的会子价值为 2.4 亿贯。宋代国内的会子兑换价下降幅度很大，1236 年后兑换率为每贯换 240 枚铜钱，甚至还更少。1246 年，市场上的会子已经达到天文数字般的 6.5 亿贯。人们意识到，再也不能忽视这种情况对宋朝经济所产生的破坏性影响了，但改革货币体系要比印制更多钱票要难得多。此时，政府也没法把伪币驱逐出流通领域。存留至今的纸币印刷版中，几乎都是造伪者制作的，而这更促使纸币伪造之风在 13 世纪蔓延开来。[24]

1264 年，钱票——以及所有在地方上用来作为支付手段而创造的纸币的地方代用品——突然间一文不值，以至于整个纸币工程轰然倒塌。尽管在 1287 年第一次货币改革前，蒙元还试图用彻底抛弃传统的现钱货币，即依靠纸钞作为交易中介的方式，来解决货币问题。

通货膨胀与钱币借贷

9 世纪初，一户生活在生存线上的中国农户每年的收入可能不过 5000 钱，或者说约每月 416 钱。而宋代农民的生活条件按这个标准来看可能没有多大的变化。农业劳动在中国总被认为是较为低等的工作，而且收入也很少。底层社会的人每天的收入估计在 10 到 100 钱之间。四川一名在利润不错的茶叶种植园干活的雇工，每个月的薪资是 1800 钱，而开封的一名雇工或仆人，每个月可以挣 3000 钱。11 世纪下半叶，1800 钱的月薪大约可以买到 200 升米——大约是一家五口所需米的 2 倍。相反，一位最低品级（九品）的官员每月能挣到 1.2 万钱，这还不包括其他各种以实物发放的补贴。月俸数十万的高官的收入能够使他养得起数十位亲属，同时还可以雇用几十名奴婢和仆役。 242

北宋时期，国家相对稳定，经济繁荣，1 贯钱在不同的地区可以值 700 枚到 800 枚铜钱。铜钱的数量代表了兑换率，对 1 贯钱的价值有很直接的影响：兑换的铜钱多，需要的贯数就少；兑换的铜钱少，需要的贯数就多。在国家安全受到威胁的时期，1 贯钱可兑换的铜钱数大幅下降，而商品的价格相应地上升。南宋时期，1 贯钱的价值从 1168 年的 770 钱下降到 13 世纪 30 年代蒙古人第一次入侵时期的不足 240 钱。

1007 年，1 斗（大约 6.6 升）税米（即从农民那里收来的代替赋税的米，然后再卖给非农居民）值 20 钱，这大致相当于一位客人通常在开封的餐馆吃一顿饭的价钱。1043 年与西夏的战争之后，1 斗税米的价格涨到 100 钱。北宋灭亡后的 1131 年，600 多钱才能买到 1 斗米。其后，价格逐渐回落到每斗 300 至 500 钱之间。然而就在蒙古人开始入侵宋朝之后，稻米市场最终崩溃，连政府都要付 3400 钱才能买到 1 斗米。与稻米市场价格的灾难相伴而来的是盐、酒和茶等垄断商品价格的猛涨，但其涨幅没有米那么厉害。

平纹绸的价格飞涨也同样如此。980 年，在进行纳税估值时，1 匹丝绢被估为 1000 钱。这个价格基本维持到 1107 年，之后突然间在全国范围内涨到 2000 钱。北宋灭亡后丝绢价格的上涨是与大米市场价格的上涨平行的，1134 年 1 匹绢的价格暴涨到 1 万钱。市场再

243 次平静下来，1156 年之前丝绢价格维持在每匹 4000 到 5000 钱之间。在整个宋朝时期，大约从 1000 年到 1220 年间，丝米的价格分别增长了 400% 和 2500%。

至于贵金属，从 976 年到 1125 年，1 两（39.6 克）金的兑换率保持在 1 万钱左右，而 1 两银的价格在 1000 到 1500 钱之间波动。[25]1 块银锭的标准重量是 50 两（1980 克），但不同重量的银锭也在市场上流通。在北宋，还没有迹象表明有大量资金从铜钱抽逃进入了贵金属市场。南宋的情况就很不一样了，1126 年，北宋帝国行将灭亡，1 两金的兑换价格是 2 万钱，而灾难性的宋金战争结束后的 1209 年，则涨到了 4 万钱。与之相比，银的涨价情形是：1160 年到 1252 年间，1 两银的价格在 3000 到 4000 钱之间。马可・波罗提到，13 世纪中国的金价是银价的 5 倍。但另外一些材料表明 1 两金等于 10 两银。[26] 尽管中国的银价和金价相关，并且可能是世界上最高的，但在宋代灭亡前夕，金对银的比价会下降是非常不可能的。

相比于房地产价格的上涨，金银价格的通货膨胀还是较为温和的。富裕之家把钱投资于田产，而不是投入到贵金属，这导致了地产价格的上涨。这些投资反映了中国人要从事正当生意的观念。他们遵从儒家的道德，同时也要确保经济地位，并为家族谋求利益。

宋代中国经济中的借贷现象比中世纪欧洲更加广泛。欧洲的基督徒是禁止借贷的，相反，在中国，高利率是很平常的。宋代的放债人被允许开出月息 4% 的利息，而政府放贷的利息为月息 5%。唐代，典当行发放的短期贷款的利率还要高。即便是期限为 1 天的借贷，押一件小号的无衬里的绸衣也得花 50 钱的利息才能赎回来。为了赎回抵押了 6 天的 1 匹平纹绸，必须付 120 钱利息。这个利率转为年利率相当于百分之好几百——是这件物品市场价的若干倍。这
244 种一边倒的利率，不但违背了皇帝于 982 年发布的禁令，也引发了士大夫们对公共福利的关注，他们纷纷呼吁进行财政改革。[27]

两税法

780 年，唐朝宰相杨炎（727—781）创立“两税法”，目的是统一当时存在的各种各样的赋税，减轻贫苦农民的负担。在这个改革计划下，政府根据各地每年一到两项开支的情况分夏秋两季进行收税。1077 年，每年赋税的 31% 是在夏季征收的，69% 在秋季征收，这个创新做法是朝廷建立国家预算迈出的第一步。国家预算制度可以规划好政府每年的开支，并努力通过确定年收入的方式来协调收支之间的矛盾。杨炎称：“每年都应该对国家开支进行估算，并在估测的基础上将所需要的税收分摊到各个州县。”[28]

两税法取代了老的租庸调制。租庸调制是指每年缴纳粮谷称为租，缴纳纺织品为调，以时间和劳力的形式服劳役称为庸。新税法把地税和户税的征收结合在一起，既征土地税，也征其他财产税，赋税缴纳时可以用钱也可以用实物。[29] 这个改革打算使赋税制度合理化，并把因 30 年内战而引发的通货膨胀率控制住。地税一直是政府收入的最重要来源，为此许多官员（当时他们都属于拥有土地的贵族）反对改革。

9 世纪的头 10 年，柳宗元被贬到今湖南省时，写了一个关于捕蛇人以及他有权用实物缴纳赋税的故事。柳宗元的工作之一是收税，而这时他建议捕蛇人应该用钱而不是蛇来缴税，捕蛇人突然哭喊起来：

> 君将哀而生之乎？则吾斯役之不幸，未若复吾赋不幸之甚也。向吾不为斯役，则久已病矣。自吾氏三世居是乡，积于今
> 六十岁矣，而乡邻之生日蹙。殚其地之出，竭其庐之入，号呼 245
> 而转徙，饥渴而顿踣，触风雨，犯寒暑，呼嘘毒疠，往往而死者，相藉也。……而吾以捕蛇独存。[30]

柳宗元总结道：“孰知赋敛之毒，有甚是蛇者乎？”他希望那些

被朝廷派来体察民情以便做决策的官员能够注意到这个事例，能允许人民以实物来缴纳赋税。

理论上，两税法废除了强制性的劳役。但是不久之后，对唐朝和之后的中国历代政权来说，两税法已经是不可或缺的了。五代时期，对劳力的征召猛增，而宋代也一直存在着劳役。除了官员及其家属、僧侣和军队之外，所有 20 岁到 60 岁的男子都必须服劳役。

欧阳修任监察御史时曾抱怨帝国的奢侈以及被迫服劳役者的艰辛。他说："臣近风闻禁中因皇女降生，于左藏库取绫罗八千匹。染院工匠当此大雪苦寒之际，敲冰取水，染练供应，颇甚艰辛。臣伏思陛下恭俭勤劳，爱民忧国，以此劳人枉费之事，必不肯为。"[31] 他抱怨的结果最后怎样我们不得而知。除了劳役，地方上的民众还得无偿到官府服各种差役。

唐代，地方的赋税收入被分为三部分。其中三分之一要上交到京城的国库，三分之一转送到州府一级的官府，剩余的才用作地方官府的开支。这种赋税分配制度使地方官府在管理财政事务时有了一定的自由度，但也表明中央政府愿意放弃对地方官府的有效控制，以此换取从地方获取固定的收益和定期的赋税回报。[32] 在财政系统中政府不
246 能使自己陷入负债的状态——因为这种借款的金融工具那时还未发明出来——每年的赋税收入必须足以应付开支。提前收税是应付迫在眉睫的开支的唯一可行的办法。

但是在实际中，两税法体系下的年收入并不足以应付每年的开支，于是国家便恢复了对酒、茶和盐的垄断，上述物品的销售使政府能获得额外的收入。在 9 世纪初的唐宣宗时期，仅通过盐的专营销售，其贡献的收入就占了国家年收入的一半。垄断专营一直延续到宋朝，宋代还把香料也列入了专营的名单。[33] 直到 12 世纪 70 年代，尽管国家还从酒坊（据记载，1077 年时有 1861 家酒坊）的纳税中获得了许多收入，盐的专营收入仍然占国家收入的一半。

宋朝也采用了把地方收入分为三部分的体制，但朝廷国库从这个体制获得的收益最多：银收入的 61.5%，丝织品收入的 49%，丝绵收入的 67%，布收入的 53%，谷物收入的 35% 归国库。

宋代的赋税负担

对拥有土地的五等户的户籍登记使我们知道了宋代的人口数据。也使地方官员可以据此确定赋税数额。对宋代平民的赋税征收在每个地方是不一样的，基本上还是按照先前确定的定额来收取，而这个定额是以土地质量和其他指标为基础，而不是按实际年产量来确定的。赋税负担通常占年收获量的 10%，分一次或两次缴纳（春季和秋季），此外纳税人还缴纳了大量的丝绢和其他纺织品。农民可以用诸如丝绢或油等物品，按先前确定的兑换比例代替谷物来缴税，他们还可以用现钱来缴税。

从唐宋时期缴纳的纺织品的数量比较来看，我们知道从唐到宋赋税的缴纳数量增加相当多。唐朝时，缴税用的丝绢标准是长度在 12.04 米到 12.64 米之间，宽度 54.18 厘米；其他材料的纺织品布卷是 15.8 米长。在宋代缴税用的纺织品中最重要的平纹绸相比唐代长度不仅更长，而且其宽度也更宽：长 13.29 米，宽 79 厘米。[34] 农户 247
在生产中投入的生产资料、时间和精力要比唐朝时多。织工的生产条件也很艰苦，她们在织机前拿着梭子在布轴中来回穿梭，布匹一点点地累积成布匹，最终完成县衙的征税限额。750 年，平纹绸织品一年征收的总量是 740 万匹，而在宋代只有 290 万匹。这些数据显然说明宋代的实物税远低于现金税。[35]

除了以实物缴纳每年的赋税，999 年政府还采行“和预买绢”制，政府借此可以向农民进行赋税赊贷，农民以丝织品还贷，由此丝织户的经济状况因而变得更加恶劣，因为这种制度等于是强迫农民以极低的价格把大量的丝绢（1047 年就达 3000 万匹）卖给国家。年均总赋税收入（包括各种赋税）达到 1100 万匹丝绢和将近 560 吨丝绵。[36] 以现金、谷物和丝绢等形式征收来的赋税收入不仅为宋朝的求和政策，以及向异族政权缴纳各种贡物、岁币提供了资金，而且也使北方边境地区的军队得到了供给。

除了两税法，宋代的居民要缴纳另外五种赋税：第一，自耕农耕种政府租佃给他们的土地也要纳税。第二，拥有房产的城市居民要纳房税和地税，这与农民缴纳地税一样。这种对城市居民征收的赋税到北宋末年时，对政府而言，已经变得越来越重要，成了税收的主要来源。当时有 7% 的宋朝人口生活在城市。第三，所有 20 岁至 60 岁的成年男子要以现金缴纳丁税。第四，许多产品如牛皮、牛肉、牛角、农具、桑树、蚕、盐、茶和醋，以及 7 种谷物、10 类丝织品、缣帛、金和铁的 4 种制品以及本地产品等进行买卖时都要纳税。本地产品包括有家畜、竹材、麻秆、水果、油、纸、木柴、煤、漆和蜡等。第五，旅行的商人也要为他们携带的商品缴纳 2% 的税，这些商品可能被征收了好几次税了；而商人在市场出售其货品也要再缴货品价值 3% 的税。[37]

在某些时期和某些地方，由农民生产的产品可以免税。似乎只有农具、谷物、木柴和少数其他日常用品可以享受免税待遇。但是，农
248 民、平民百姓、商人的赋税负担还是很重。如陆游在 1202 年所描述的：“最喜先期官赋足，经年无吏叩柴荆。”[38] 农民对此可能是非常赞成的。贪婪的地方税收机构的官吏千方百计地征税以获取更多的赋税收入，而只有那些与征税官吏们保持良好关系的特权人士方可避免被他们强征。通过上述的征收来源，宋代国库的年赋税收入相比唐代有了大幅的提升——可能有 7 倍之多——其经济总量也非常庞大。[39]

11 世纪 70 年代的商业赋税收入——对货品各税种征收的结果——达到交易货物总量的 5% 到 10%，价值 1 亿贯钱。1077 年的

商业赋税收入就达 870 万贯钱，是 10 世纪的 2 倍多。税入增加的一个原因可能是具有贸易中心功能的市镇数量增长迅速，在这些市镇中进行的各种贸易引起了税吏的关注。[40]

从 995 年到 997 年，国家的现金总收入达到了 2220 万贯，其中垄断商品的税收就贡献了 525 万贯，也就是 25% 以上的份额。1064 年总收入更是达到了 1.16 亿贯，包括从酒和盐的专营中征收来的 2100 万贯。而这时的开支也超过了收入量，这意味着政府要用其他收入来源来平衡收不抵支的账目。贮藏在国家仓库里的实物形式的收入，以及从数以百万计的交子的发行、售卖交子兑现而获得的收益，都可能帮助弥补过度开支而留下的财政空缺。从 997 年到 1085 年之间，以现金形式征收来的赋税占总收入的百分比从 40% 提高到了 70%。显然，整个北宋经济的基础已经越来越多地依赖现金支付的、通过垄断专营和商业税收而获取的收入，而这种收入已经超过了按两税法征收来的农业赋税。[41]

南宋时期国家收支情况的综合数据我们无从得知，但从我们所能知道的资料，我们可以得出这样的结论：随着地主阶级逃避征税的手段越来越高明，通过两税法征收来的收入在税入份额中的比重越来越少。但是，12 世纪下半叶，每年以现金形式从各税种征收来的国家收入的份额一直处于较高的水平上。12 世纪下半叶及之后的税收中
有相当高比例，特别是消费税和丁税，都是以银的形式来缴纳的，因 249
此银在此时期的经济生活中扮演了很重要的角色。[42]

异族政权的财政政策

对辽的定居人口来说——不包括契丹人——辽国实行的是对唐代两税法进行了改进的制度，其赋税制度还混杂了一些相当不规范的劳役义务。1005 年，宋辽签订和约之后，宋朝提供的岁币银、绢构

成了辽政府年收入的大半。西北党项人的西夏政权的经济状况与辽基本上没有什么区别。西夏也通过与宋的和约获得了宋的经济资助。宋朝的国家经济在每年供给北方邻国的绢方面是没有问题的，但如果它不能通过提高边境贸易量的方式使其供给辽、西夏的大量岁币得以回收，宋朝将很难向辽、西夏支付岁币银，这些银占到了其国民生产总值的 20% 到 30%。[43]

当女真人灭辽并占据了宋朝的北方领土后，他们接收了宋、辽两国留在两国京城中的所有政府储备。1126 年年初，北宋竭尽全力和女真入侵者达成了和约，宋钦宗答应向女真赔偿一笔数额空前的赔款，其中包括大批的丝绢、家畜和金属。他下令——以违令者斩相威胁——征集所有存放在国库、关卡及官民百姓家中的金银铜钱，这相当于把整个京城的贵金属洗劫一空。据《大金国志》记载，仅在京城开封，金人就运走了 300 万锭金、800 万锭银、5400 万匹丝织品和 1500 万匹缎。[44] 这批战利品的价值比宋朝后来向金国贡献的岁币总和还要高。宋向金提供岁币一直持续了 110 年之久。

傀儡政权齐于 1137 年灭亡后，金又进行了一次金钱掠夺。这次获得的财富被金政府以奖赏和恩赐的形式发给了皇亲国戚、高官显贵、忠臣等。如 1142 年一位获胜的将军就获得了 1000 名奴隶、1000 匹马、100 万头羊、2000 两银和 2000 匹纺织品的赏赐。
250 1142 年，宋金的和约结束了两国的敌对状态，宋朝再次向对方贡献了大量的丝绢和银。[45] 宋朝的岁币，使辽帝国能在 11 世纪一直维持下来，也为金帝国 120 年内的军事开支提供了保障。

金国的赋税制度继承宋制，但在 1180 年增设了一项商业税。金国在模仿宋朝货币制度方面不是很成功。金人不但缺少铸造用的原材料，而且也没有制造大量钱币的技术能力。金的货币市场严重依赖于通过合法或非法输入的北宋钱币。[46] 宋南迁期间宋朝的货币体系几乎崩溃，而金也经历了严重的钱币短缺。但在 1142 年和约之后，金每年能获得宋的财政保证，货币紧缺状况逐渐消除。金政府于 1154 年设立了自己的汇票制度，并开始铸造铜币；1157 年发行纸币，但是其纸币与现钱的兑换率一直没能稳定下来。

相比于宋，辽、金和西夏的经济史显得较为令人迷惑。[47] 这三个政权都从其南方邻国提供的岁币中大量获益。宋朝无意中给这些异族政权提供了 200 多年财政支持。这个事实掩盖了这些政权经济运行的真实面貌。

第12章

公共领域中的私人生活

251 在中古时期的东亚社会中，社会等级制盛行，人们在日常生活的各个领域中（不论私人还是公共的）大多要遵守严格的规范。而在中国，宋代儒家学说的复兴进一步强化了这种传统。宋代中国人的生活方式因其社会地位的不一样而受到不同的限制和调整，这个现实也影响到了——并规定了——他们在居住、交通、个人仪表、娱乐和卫生方面的选择。

宋代社会享有很高的自由度，这使它有别于同时期的中国以外的国家。这种经济自由度使市场高度自由，商品在生产和分配上具有很强的创新性。与儒家意识形态相一致的是，宋代的商人即使很富有，他们在家庭状况、个人声望、享有的特权和社会地位方面，还是比士大夫们要低很多。

家庭与居家布置

宋代的多数人口生活在农村，其居所根据地方风俗用本地材料建造，房子狭小无窗。这些拥有一间或两间房的住宅阴暗而漏风，地面经常很潮湿，屋门破旧，屋顶漏水。唐宋时期生活在最底层的人们——如富裕家庭中的奴仆——通常几个人挤在一起睡，甚至要和 252
家畜一同睡。乡村和城市普通百姓的住宅，其大门不能超过规定的宽度，家居外观不得使用图画或其他装饰。

有钱的地主和官员的住宅相当宽敞、舒适，甚至很豪华。然而他们住房的大小和类型根据其品级，也受到严格限制。[1]房屋使用的椽、梁和支撑结构的数量、房屋装修中使用的色彩、图案、装修的构件等都要根据房主所处的社会地位，遵从相应的规定。

有钱人家的家宅建筑中，最重要的部分是祠堂，如朱熹在其《家礼》（1305 年首次出版）中所说："君子将营宫室，先立祠堂于正寝之东。"祠堂是祭祀男性祖先的地方，祭台上摆放列祖列宗的牌位，它是上层社会家庭的精神中心。[2]另外，大多数上流社会的宅第都包含有客厅、主人房间、家庭成员的私人空间和仆人住房。带有池塘和亭子的园林营造了一种沉思的氛围，而这种氛围被认为是对士大夫的生活来说必不可少的。在北宋京城开封，高官们都拥有一座由围墙圈起来的 3 亩（1700 平方米）大小带有瓦房的院子，如我们从苏轼在 1084 年写给王安石的诗中所了解到的，大多数私人住宅都由平房构成。在南宋的杭州，尽管人口稠密，私人住宅多是二层的建筑，这种建筑空间更大，在闷热的夏季通风性能更好。这样的房屋分布在大街两旁。

甚至皇帝们都不得不应付宋太祖所定下的有关建筑方面的规定。太祖规定皇宫除了紫色和白色外禁止使用其他颜色，历代的宋朝皇帝一般都遵守太祖的意愿。[3]不管有什么规定，有钱有势者总能把其宅邸建得富丽堂皇，仅一个厅堂就可以花费 20 万钱，甚至更多。宋初，太祖很重要的一位谋臣赵普修建自己的府邸时用的都是最好的材料。"赵韩王治第，麻捣钱一千二百余贯……盖屋皆以板为笪。"[4]

1202 年，行为古怪的贵族子弟政客张镃（1153—1211）描述了

253 他位于杭州北郊的宅邸。他自夸拥有的厅堂、厢房、亭、桥和花园数量超过 80，北宋时期有名的洛阳宅第在其豪宅面前也显得黯然失色。

> 淳熙丁未（1187）秋，余舍所居为梵刹……逮庆元庚申（1200），历十有四年之久。匠生于心，指随景变，移徙更葺……东寺为报上严先之地，西宅为安身携幼之所，南湖则管领风月，北园则娱燕宾亲；亦庵晨居，植福以资净业也；约斋画处，观书以助老学也……区区安恬嗜静之志，造物亦不相负矣。[5]

张镃的同时代人王迈（1184—1248）就不赞成他的奢华。王迈认为，建造这么高大豪华的宅邸太过于挥霍无度了，所用的一些物品是违反规定的。[6]

9 世纪时，房间的大小取决于垫席的数量。垫席铺展在清扫干净的地板上，上流社会的成员喜欢坐卧于用竹子编织的垫席上，端坐于地被认为是有身份者的正确坐姿。200 年后在像司马光这样的传统家庭里，家庭生活仍然是围绕着铺设在地砖上的垫席而展开的。司马光强烈反对当时流行的坐椅子的风气，特别反对女性坐椅子。12 世纪晚期，陆游记载说，在过去，有教养的家庭的女性如果举止失当，比如坐在椅子上，就会遭人笑话，但现在各种高低不同、带有凳子和屏风的桌子在人们生活中已经是不可或缺的了。大多数上流社会家庭坐的方式已经从席地而坐转为坐有靠背的木椅子了。[7]

富人用有图案的丝绢帘子、各种幌子和镶边的墙饰来装饰其宅第，安上一台计时的滴漏。[8] 富裕家庭的成员甚至在日常用品的选择
254 上也要显出其高贵的社会地位。他们不会把带有龙凤图案的精美的竹席与编织粗糙的垫子、藤席混在一起，他们喜欢用五彩藤条或白藤条编织的箱子。他们知道台州出产最好的镶金漆器，广州有龟贝，温州和其他沿海地区出产鲨鱼皮。[9] 在女性的房间里，半透明的、镶边的、用薄纱和其他材料做的帘子，狮形的金香炉，犀牛角杯，镶边的丝

绵，绯红色的网状穗饰，玉雕龙以及玉镜等，都被视为必需品。

尽管我们现在知道不少宋代金匠的姓名，但相比于唐代，我们能看到的宋代金银器不是很多。在唐代，金银所制的盘、碟、杯、碗、箱、壶、香炉、凤簪、香囊和珠宝，以及镀金的银器，制作极其精美。而在宋朝，上述金银制品不多见，一个原因是黄金制品是皇帝和皇室专享用品，只有皇帝赏赐时，官员们才能享用金杯金碗。[10] 但金银制品少见的另一个原因可能是有教养的儒家精英们的审美观发生了根本性转变。定窑、汝窑、钧窑、官窑、哥窑等宋代五大名窑出产的陶瓷应用了新的制作工艺，质量好，种类多，一般人买得起。这些瓷器代表了追求纯净、造型和材料的新品味。单色釉的瓷器反映了皇家对精美器物的偏好，也符合士大夫的欣赏品位。那些刻画、描绘手法娴熟的花、鸟、鱼、龙和云型主题的作品，其内容来自日常生活和大自然，体现了人们对现实的新感受和对美的新理解。

在汝窑、钧窑、龙泉窑和景德镇窑中，瓷器的整个表面都涂上了上好的釉。这种釉有特别效果，尤其是带有裂纹的釉瓷，因其制作精细、表面光滑、釉的手感或凉或暖而出名。[11] 宋代日益增长的消费经济推动了陶瓷大规模生产工艺的发展，而陶瓷作品的高度艺术成就也随之出现，社会对高质量陶瓷的需求量越来越大。今江西省景德镇的陶瓷生产开始于宋真宗景德年间（1004—1007）。几个世纪后景德镇成为世界最著名的陶瓷生产中心。

人们的鉴赏喜好已经从贵金属转到陶瓷了。政府对此很感兴趣， 255
实际上可能也参与到这种转变中了。如果还以唐朝同样的规模来继续使用金银所制的家用物品，政府促进经济进一步依靠金属货币流通的努力及用银钱向异族政权赎买和平的政策将会面临巨大的困难。上流社会一直在收藏金属盘子、龙凤簪以及贵金属所制的杯碟。但市场上流行的陶瓷制品的种类日益增多——从一只做工较为粗糙但又有些特色的棕黄色的碗，到适于摆放在书房或用于茶道聚会的、很有收藏价值的、做工精美的杯子——金银制品对人们的吸引力和在社会上的影响力再也不像唐代那样大了。

个人交通

四周封闭、由人抬的轿子在宋初不是很常见。11 世纪，许多士大夫认为，用四人或八人抬的轿子来取代畜力不是很合适[12]，只有官员年老或生病时才有权享用轿子。皇帝在京城居住，官员们必须骑马行路，品级较高的官员可能会坐挂有红帘、车厢用皮革装饰的马车。上流社会的女性喜欢坐有香味的马车。

限制使用轿子的做法一直延续到 11 世纪末，而南宋时期轿子已经成为很常见的交通工具了。人们对轿子态度的转变可能和新京城杭州有关，杭州的街道是用砖石铺成，坐轿子比骑马要安全些。坐轿子可以使官员在公众面前炫耀他们的特殊地位，当官员的轿子经过时，骑马的百姓必须立刻下马，远离官员。年老和生病的女性可能会喜欢带帘子的轿子的舒适性。除了她们之外，其他百姓在任何情况下都不准雇轿子。[13] 他们必须步行，或者——如果他们出得起钱的话——他们想舒服点，可以坐在由两人抬的做工粗糙的竹编椅子上。有时他
256 们坐在牛或驴拉的小车上，忍受着路途的颠簸。

契丹武士和他们的妻子旅行时骑着有马鞍的马，而他们的家庭成员是坐在有圆顶帐篷的马车上。贵族喜欢用大车带着全家穿越广阔的原野和丘陵，他们所乘坐的车是骆驼牵拉的，车子上铺设有毯子。大车的轮子直径比一个人的身高还高，但车子既轻便又结实。车身较长的车子前窄后宽，车上分为三个隔间。前头的隔间铺有毯子，是车子主人的位置。白天的旅途中，青毡所做的帘子被卷起挂在车顶。当晚上休息时才把帘子放下来。中间的隔间四面封闭，是车轴的上方，这是女主人的位置。第三个隔间是留给奴仆的，结构上和前头的隔间类

似，但相对小些。对宋朝人来说，这些骆驼牵拉的大车是相当蛮夷化的。

卫生与梳妆

司马光告诉我们，家中的婢妾、奴仆鸡鸣即须起床，梳洗、穿衣之后，他们就要开始一天的劳作了。官员们每十天可以休息一天，而百姓、商人和农民除了年节外，则需整年劳作。自古以来，官员们在假日时沐浴清洗自己的长发，平时头发是绑扎起来，再戴上官帽或其他盔帽的。平民百姓则用布盖裹头部，或戴上用竹子或稻麦秆所做的宽檐帽，并在下巴系绳固定好。契丹男子遵从北方游牧习俗剃光头，或在后脑勺留着一束头发。但在寺庙，他们会把头发留长，长度有时甚至可及肩。[14]

通常，上流社会的男女在晨起后都用草药皂液倒入水盆中用来洗脸、洗手，男人还要刮干净脸部。如果男人留胡须，一般都留八字胡和山羊胡。多数人都定期在家沐浴，在当时能拥有自己的浴室还算是很奢侈的事情，但对于那些家中缺少浴室的人来说，各主要城镇
里数以百计的营业性的浴室可以提供比较舒适的沐浴条件。杭州的 257
浴室经营者还组织起行会组织“香水行”。当时的规矩是用冷水洗浴，而热水洗浴还不普遍。和宋人有贸易往来的阿拉伯人认为中国人不干净，因为“他们大便之后不用水来清洗身体，而是用中国的纸来擦拭”[15]。

沿海地区的卫生要比华北地区搞得好。白居易是北方人，他在一首诗中描述了有一天早上他如何进行了一年中的第一次沐浴。四川人因为一生只洗两次澡而出名——出生后一次，死后一次。当时一些来自讲究卫生的东南地区的名人也习惯了这种状况，他们也变得不大情愿洗澡，喜欢在公众面前不修边幅。宰相王安石就因其不讲卫生和

让人不舒服的凌乱头发而出名。因此毫不奇怪的是，大多数人为各种各样的寄生虫而苦恼不已，特别是虱子“密布于腰带和衣袍下面，然后爬满衣领”，床上还不时出现各种虫子。[16]

牙齿的普遍状态似乎也不容乐观，这也是一件关系到每个人的大事。中国人当时还没使用牙刷，而是在餐后用一块布来擦洗牙齿和牙龈。9 世纪初，韩愈曾在诗文中描述他“去年落一牙，今年落一齿”。[17]而当时他才 42 岁，生命才过了三分之二。这可能是由于他患有维生素 B1 缺乏症（这种病症最突出的表现就是患有脚气）所致。他知道，对他这样的年龄和地位的人来说，脱落牙齿的相貌是很让人吃惊的。他也承认自己进食有问题，说话发声也不清晰。

我们不了解女性的沐浴习惯，但我们可以从诗人赞美宫廷女子的肌肤光滑柔嫩的诗句中推断，女性比男人更加在意如何保持清洁和迷人的外表。从黄升和周氏夫人（生活于 13 世纪）的奢侈衣橱中，我们发现了毛巾、头巾、香料和用丝绢做的女性经期卫生用品。这些物品都是标准的女性盥洗用品（图 20）。

唐末，女性们把头发盘卷成精巧的各种类型的圆形或角形的发髻，有时候佩戴着冰蓝色的翠鸟羽毛。许多关于宋代女子坐在梳
258 妆台的镜子前、婢女陪侍于旁的描写证明精美的发型还是很流行的。[18] 姑娘们把头发盘卷起来。而当一个女人“及笄”时，就表明她是已婚女子了。发型经常能代表女子所属的社会阶层，社会底层的女人用发带把头发卷成比较适当的圆形发髻。高耸的束发——经常是把头发用膏剂处理过，使得头发显得光滑油亮，有时候还添加些假发增强效果，通常还用头饰、宝石、各种单的或双的发簪及各种帽子来装饰和固定发型——显然有助于确认一个女人是属于官员阶层还是士绅阶层。宋真宗的妻子刘后（969—1033）的肖像画于 1033 年或之后不久，从中我们可以看到她的穿着：她头戴镶有珠宝的凤冠，冠上的图案是 22 名女道士和几条被浮云和花朵围绕着的

图20　周氏夫人正在晨间洗漱（北宋，1099年。河南禹县1号墓室壁画。宿白）

龙（图21）。[19]

时常在室外活动的男人其肤色都因日晒而显得比较深。而女人就不一样了。十一二岁时，许多女孩都会用镜子，也知道怎么护理她们的皮肤了。有专门的美容店铺可以提供用于防护冬季凛冽寒风的面具。据说在春天时戴着这样的面具有护肤美容的作用。[20] 从刘后的肖像就可以看出那时已经在使用多种面部美容护理用品了。元初士大夫王恽（1227—1304）在1277年对这幅肖像有这样的描述："用紫色粉，自眉以下作两方叶，涂其面颊，直鼻梁上下，露真色一线，若紫纱幂者"，她的这副妆容被称为"巧笑"。[21] 京城的时髦女子把脸 260

图21　刘后肖像（作于1033年或之后。她头戴镶有珠宝的凤冠，冠上的图案是22名女道士和几条被浮云和花朵围绕着的龙。台北“故宫博物院”藏）

部修整为白色，两颊涂上深玫瑰色的脂粉。淡白的面容似乎证明了深闺里的女性与外界的隔绝；人们也认为这反映了女性品行的纯洁。香闺、脂粉这些东西也是宋代中国人的性爱想象品，提到这些东西连开明的儒家批评家们都感到难堪。有一首匿名作者的词里就提到了雪白肌肤、香气、透明丝袍等性暗示的词句——“绛绡缕薄冰肌莹，雪腻酥香。”[22]

另一种似乎有性含义的化妆是拔掉眉毛再画眉——一种从唐朝就已经流行的时髦做法。据梅尧臣说，甚至男人出于虚荣心也这么做，特别是当他们黑发中出现了白发时。唐代女性在自己脸上绘制花形图案；她们还把自己的嘴唇涂成红色，目的是给人留下一个樱桃小嘴的印象。而在宋代，嘴唇虽然还是涂成红色，但恢复了自然的形状。指甲也被画上了色彩。[23]

文身在中国有很长的历史。依其罪行的严重程度，罪犯的脸上会被文刺上或大或小的字。在前额、两颊或耳下文刺的结果是导致被刺者的身体损毁。当文身成了一种时尚而不是惩罚时，开封的纨绔子弟 261
们有时会在全身文上青色的龙、鸟、人、风景等图案，甚至有的还文写诗词。[24]他们可能把自己的身体想象为一幅强壮的、有象征性的艺术作品。但是，如此大面积的文身，在文刺的时候会引发很大的疼痛感，而且这种行为既冒险又昂贵。南宋初年，全身文身不再出现了，但局部的单一图案的文身还继续流行。不少士大夫的妒妻把婢女的脸文上月亮或铜钱的形状，目的是对婢女进行惩罚和羞辱。朝廷用同样的方法给低级军士刺上花纹——比较有名的做法就是“花腿”——目的是防止他们逃跑。[25]

缠 足

唐代的诗人没有提到过缠足。这种使身体致残的做法好像是从宋代上流社会开始的，随后流传到所有良家女子。小女孩的脚被裹脚布紧紧地缠绕起来，致使她的四个脚趾被压在脚下，脚弓极度扭曲。这样做的目的是使脚变畸形——只有正常脚的一半长度——能够穿得进各种类型的时髦的小型的丝鞋。[26]这个过程极度痛苦，要持续好多年。在女孩很小、其骨头易于改变的时候就开始了，直到她们的脚被认为符合小“金莲”的形状为止。而这时缠脚布已经成为走路稳定的不可或缺的工具。

“金莲”这个名称可能源自一位宫女在地面铺点金叶的莲花上表演舞蹈。缠足的做法出现于10世纪时的舞女中，她们可能想要让自己的舞姿优美，因此在脚上下功夫，让脚显得“好看”。[27] 1344年的《辍耕录》证实：“札脚自五代以来方为之。如熙宁元丰（1068—1085）以前人犹为者少，近年则人人相效，以不为者为耻也。”[28]

缠足直到11世纪都很少见。现代出土的13世纪的考古材料中，有丝鞋、袜子和银质尖足鞋等。而尖足鞋的形状像一只“小脚船”。
262 还发现有210厘米长、9厘米宽的淡黄色的薄丝做的绑带，这证明那时候缠足已经在士大夫和地主家庭的女子中广泛流传了。许多弓形鞋的名称都是对“金莲”的美化，这些名称包括“错到底”“快上马”“宫样稳”。[29]

缠足的大流行实际上并不是没有引起非议。儒家哲学家程颐的六世孙女们拒绝耳垂穿孔或缠足。1274年左右，车若水（1209—1275）曾表达了他的反对意见：“小儿未四五岁，无辜无罪而使之受无限之苦，缠得小来不知何用。”[30]对缠足的批评肯定是有的，但他们只是极少数。生活于13世纪中叶的周氏夫人的丝鞋，有22厘米长，6厘米宽，4厘米高，这说明她没有缠足。但大多数上流社会的女性都掌握了缠足的技巧，她们也让自己年幼的女儿们遭受了同样的痛苦，同时她们也把这种源自娱乐从业者的流行时尚转变为极其明显的中国女性的象征性符号，这种符号一直延续到帝制的结束。

准确地说，缠足是一种不用手术刀的外科手术。它永久地改变了女性的身体、行动和灵活性，因此也改变了她本人在外部世界应是一个活生生的人的观念。[31] 有“三寸金莲”的女子被迫小步走路，大多数时间她们只能坐着。穿着鞋底用麻纳的小丝鞋走出深闺，然后再用她们那双残疾的双足走远一些的距离，那是相当痛苦的。13 世纪时，如果一位上流社会的女性要出门，她必须依靠交通工具而不能自己步行。

从南宋一直到中国帝制的结束，这种行动上的受限意味着女性或多或少地被限制在家里。唐代那些玩马球、骑马的女子，更不要说那些纵情酒色的妾妇，都已不再是宋代文人赞赏和画家描绘的对象了。完美的女人总是比男人娇小的，她是苗条、柔弱的。她们不出深闺，服侍公婆、丈夫和家庭，教育子女。宋代那些给女儿缠足的女性，其
行为都是谨遵新儒家的正统观念的：女人的位置就在家中。数百年 263
后，当缠足已经在广大家庭（包括能承受因缠足而带来的劳力短缺的普通百姓之家）的妻女中成为普遍习俗时，曾经在唐代和北宋出现过的女性个人自由消失了。缠足使女性依附于一家之主，顺从男人。这种状况从 13 世纪下半叶一直延续到中华帝国的结束。

理想的上流社会男士形象，伴随着宋代的历史进程不断发生着变化。人们认为这类男人应该是有点地位但举止柔弱的文雅之士。对多数上流社会的男人来说，缠足女子的小幅步态和举止可能具有不可抗拒的性吸引力。女人那解开了缠脚布的双足可能被视为女人身体的一个私处——和生殖器不一样，女性那解开了的双足已经被仪式化，具有了性的意味了，有可能会引起男人的性冲动。女性缠足的流行也引发了宋代的另一个变化：家庭中多妾现象及娱乐市场的发展使女性变成了商品。[32]

在唐代，丈夫只有在妻子不能生儿子时才能纳一个妾，他要通过其家族关系来选择妾。而宋代货币经济已经渗透到了社会各个角落，

富有的男人从市场购买女子回家做妾。由于在高度竞争的市场中纳妾行为很兴盛，在所有宋人（包括妻子和其他家庭成员）的心目中，女性魅力越来越重要。妾能超过其他女性而取悦男主人，“三寸金莲”在其中起了关键性的作用。而主人之妻因此也接受了缠足这种做法，让她们的女儿也从小缠足以便在取悦未来丈夫方面具备优势。为了尽可能争取到好的姻缘，良家母亲不仅要把自己的女儿培养成品行端庄的妻子，而且还要通过缠足来增强她们的女性魅力，使之符合新的女性美的标准，而这个标准在其后的几百年间畅行无阻。

衣 饰

著名的官员沈括断言：“衣冠故事，多无著令。”[33] 但在宋代，有
264 关衣饰的规章中对服饰的材料和颜色的规定大部分沿用唐代的规定，官员的官服被分为朝服和日常着装的公服两种。另外，还有许多种半身、长袖的宽松服，适合休闲时穿，这些服装大多数绘制有图案，用丝绢或其他材料制成。休闲所穿的服装类型较为简单，一般遵循实用和时尚原则，朝廷对其制作、穿着并无正式的规定。

宋代士大夫在公开和私人场合所穿的服饰有几个共同的特点。它们都是用丝绢所制，有圆领，衣襟在右边收边，这是遵循儒家所提倡的古代传统。朝服要比公服宽，袖子又长又宽。朝服之内，还穿有几层短上衣和衬衫，几种类型的短礼服和半长的裤子以及丝绸内衣。冬天时一些朝服可以添加衬里或丝绵用于保暖。朝服的颜色在宋代有几次变化，但通常一品到三品官员可以穿紫色，四品和五品穿深红色，而六品到九品穿绿色或青色。像唐朝一样，官员的妻子和母亲也可以穿不同颜色的衣服以代表她们丈夫或儿子的品级。[34]

中国的官服吸收了“蛮夷”的一些元素，诸如骑马射箭时很有用的短窄袖子的上衣，这种上衣还有一条系带，其末端下垂着，这种

着装还要配备高帮的护腿靴。只有官员才有资格用玉、金、银或犀牛角来装饰他们的腰带。冬天时，有钱人穿着皮袄。1052 年一个寒冷的冬夜，梅尧臣到永济仓巡视时，他的狐皮袍子破了个洞，不再保暖了，只好用黄狗皮子来修补。老百姓也可以穿白色（有时可以是黑色）的麻质衣服。最穷的人——受剥削的矿工和长江上的纤夫——甚至是赤身干活的。偏远乡村的老人据说没有大衣穿，于是就抱着孙儿取暖。[35]

11 世纪，乡下赤脚女人的衣着很简单——一件务农的服饰，有时搭配一条青色裙子。而有钱人家的女性却有数百件上衣、大衣、或长或短的衬衣、裤子、裙子、背心和各种式样的内衣，质地有丝绢、棉和麻织品，其织法各异，图案丰富。农妇所穿长衣，前面开襟，袖子很长，有衣服一半的长度。胸部以下系一条长裙。通常衣领的长度有 2 米，而宽度只有 10 厘米，穿起来像戴了条围巾，为了保持形状，领子两端还挂着玉制的坠饰。1087 年所做的真人大小的等候站立的女子泥塑像保存在山西的一座有名的庙宇里，从这尊塑像我们可以看出，女子在所穿着的带有蓝色和绿色窄袖的衣服内还穿着几层衬衣，这种穿着也是很普遍的。[36] 265

宋徽宗在下面这首诗词里刻画了一位知文识礼的宫女的外貌特征：

纤眉丹脸小腰肢，宜着时兴峭窄衣。
头上宫花妆翡翠，宝蝉珍蝶势如飞。[37]

南宋时流行的女装是带有漂亮的半透明袖子的背心。杭州的织工所生产的丝质女装都有拥有一个按所穿季节而命名的名称，如春幡、灯球、竞渡等。衣饰上的不同花卉主题图案代表了四季。贵族家庭的女子可以在私人场合穿上镶金边的衣服。宫内女子在早晨所穿戴的服饰，到了晚上就成为平民百姓的最新流行款式。

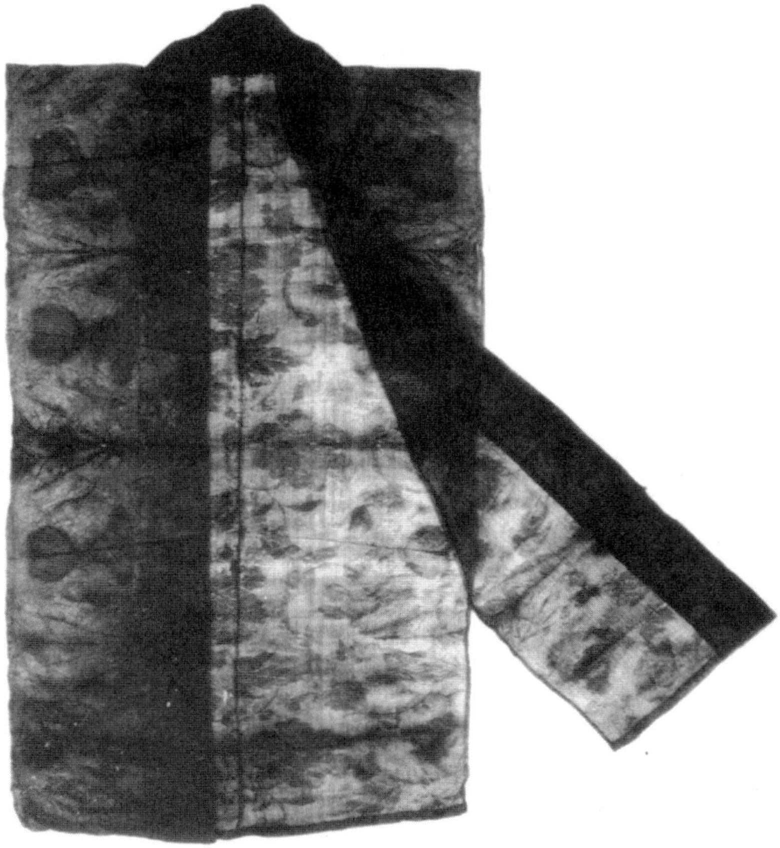

图22　有牡丹图案纱罗织法的带半透明袖子的背心（出土于黄昇墓，1243年，福建福州。《福州南宋黄昇墓》）

考古发现证明，分量较重的彩锦在唐代较为流行——经常装饰有外族主题图案和符号——而到了宋代则被纱罗织物取代。[38] 唐代彩锦令人印象深刻的是它用金丝与丝绸所织，而宋代的丝织品大多数用不是很显眼的花卉、藤蔓图案和其他的精美花饰如牡丹、芙蓉、梅花、竹叶、莲花、菊花和山茶花等来装饰（图22）。相比于较重的金属器皿，宋代的精英们更喜欢光滑的陶瓷。他们对分量轻的精美丝绢的喜好可能被视为对他们在金属器皿和陶瓷的偏好之间的一种平衡。

图23　生产纱罗织物的织机（南宋，13世纪。《农书》卷24：7ab）

宋人对纱罗织物的喜好胜过彩锦，这在每年的纳税产品数据中有最充
分的体现。纱罗的产量超过彩锦的13倍。宋元时期的绘画作品也反 266
映了织机所产的是纱罗织物而不是锦（图23）。

契丹人在文化上更接近于唐朝而不是宋朝，从他们一直在生产的
金银制品中大概就可以看出来。[39]在唐代的影响下，他们的胡服最后
转变为顺从了其南方邻国的习俗，他们不仅穿着用羊毛、毡、皮毛、
皮革所制的衣服，后来也穿上了汉式的短上衣和长袍，尽管样式不完
全一样。契丹男人穿圆领窄袖长袍，所系皮腰带“佩带弓剑、帉帨、
算囊、刀砺之类”。他们所戴的毛毡帽有许多装饰，走动时帽子像在
随风摇动，这也是他们独有的衣饰特征。契丹女人穿窄袖上衣，裙子
的腰带上挂有玉环。大多数场合下流行穿窄袖，袖子的宽度甚至可以 267
把手都掩盖住了。男人和女性在上衣之内都穿各式各样的裤子，穿上
皮靴（有时是皮鞋）就可使着装更为完美了。契丹人喜欢穿没有衬里

的衣服，其颜色为红色和绿色。贵族们穿着黑色偏紫和纯白色的貂皮。甚至社会底层的人也穿着用貂、羊、鼷鼠和沙狐等动物的皮毛制作的保暖衣服。[40]

10 世纪时的契丹统治者喜欢汉式服装。937 年，辽太祖穿上了真正天子之服。947 年，辽国的汉人官员穿汉服，而契丹族官员（和皇后）继续穿着本民族服装（包括他们必不可少的毛毡帽）。在宋朝汉人眼里，这些辽国汉服的扣纽扣的方式是不正确的（胡式），扣在左边是不对的。但至少这些衣服与契丹人传承自唐代的汉服在裁剪和样式上是有明显区别的。970 年后，所有的契丹高级官员都被要求穿上汉装，然而契丹族的下级官员穿戴的还是他们参加大射柳仪式及祈
268 雨仪式时所穿着的本民族服饰。1055 年，皇帝命令所有契丹官员，不仅仅是高层，都必须穿汉式服装。[41]

除了典型的契丹和皇家汉式的日、月、山的标志，那个时期的契丹服饰上还有龙的形象。来自唐代和更早的汉人王朝的十二生肖图案也时常出现在人们的衣服上。城市居民都习惯于穿汉服，其中也有人穿胡服；而辽国皇帝在接见宋朝使节时穿的是汉式黄袍。[42] 于是，辽国南部地区的契丹人在 10 世纪时经历了彻底的汉化过程。

辽国继续生产有名的织锦。但他们给织锦添加了新的、更大的图案设计，使用了前所未有的金线织锦技术，金国在 1125 年灭辽后得到了这些技术。1027 年辽国下令禁止穿着用杂色丝绢和金线所织成的时尚衣服。这表明契丹贵族所穿着的漂亮服饰已经广泛地使用了高档的丝织物，尽管皇亲国戚们必须得到许可才能穿着这些衣物。[43]

娱乐与浮世

中国历法中有许多节日。宋帝国大多数人都要过这些节日。节日期间人们停止劳作，相互拜访，同一社会阶层的人相聚在一起，出门

游玩，参与各种娱乐活动。[44] 最隆重的节日是（一般）在公历 1 月 15 日到 2 月 15 日之间的农历新年，除此之外还有许多节日。在正月十五的元宵节，各大都市的居民们都要展示他们那些明亮多彩的飞龙、嬉戏的狮子形状的灯笼，各个行会还会在京城的街道上举行欢庆游行。在 4 月初的寒食节和祭扫先人坟茔的清明节之后，人们在开封城外的金明湖，其后是在杭州的西湖观看龙舟赛。

269

10 月的杭州，顺着钱塘江滚滚而来的潮汐景观吸引了数万人观看。潮汐如天边的一条银线，慢慢地靠近，有如一堵玉门，也像一座茫茫雪山，接着如地动山摇，响声如雷，水势遮天蔽日。谁愿意错过这样的壮观场景？700 名文身的年轻人披散着头发，在轰鸣的巨响中冲入水中，举着各色旗帜在江中冲浪。[45] 其他节日里杭州居民会到美丽的西湖边上的园林游玩，他们在水中划船，欣赏四季不同的景观和色彩，然后聚在一起野餐（这在冬季下雪天都很流行）。

周密（1232—1298）描述了一个反映 12 世纪南宋精英生活的神话故事，这个故事几乎是专门讲给男人听的："既而曳裾贵邸……朝歌暮嬉，酣玩岁月。意谓人生正复若此，初不省承平乐事为难遇也。"[46] 12 世纪末期，不少权势和富裕者经常被邀请往张镃那巨大的驾霄亭，在那儿举行高雅的牡丹花会。一百多名歌女和乐者表演着有关牡丹花的歌曲，而妓女们则在旁以酒食侍奉宾客。

> 众宾既集，坐一虚堂，寂无所有。……命卷帘，则异香自内出，郁然满座。……别有名姬十辈皆衣白，凡首饰衣领皆牡丹，首带照殿红一枝，执板奏歌侑觞，歌罢乐作乃退。复垂帘，谈论自如，良久，香起，卷帘如前。别十姬，易服与花而出。大抵簪百花则衣紫，紫花则衣鹅黄，黄花则衣红，如是十杯，衣与花凡十易。所讴者皆前辈牡丹词。酒竟，歌者、乐者，无虑数百十人，列行送客。烛光香雾，歌吹杂作，客皆恍然如仙游也。[47]

270 上流社会的男人与志趣相投的同事和朋友一起通过多种方式去消磨时光和金钱。他们可以加入西湖诗社、雄辩社、醉心于舞台表演文学的绯绿社、皮影戏爱好者的绘革社以及其他各种音乐会社。军队武士们参加了射弓蹋弩社。各种会社，有体育运动方面的，有球类游戏的，有相扑的，有喜好武术的和钓鱼的，甚至比较粗野的马球也组织起了会社。

酒肆通过悬挂在门外的红漆杈子、深红色的帘子和栀子灯来吸引男性顾客。只供应酒的酒肆被称为“角球店”，在那儿客人可以待到他想把杯子打破为止。售卖各种等级酒的酒肆，被称为“山”，店家用盘子盛好食物端给客人，老主顾们从中选定好酒菜。[48] 如果有客人不懂这个规矩，贸然下筷子吃桌上的样本菜品，就会被人笑话。定一小份菜点也得花 100 钱到 5000 钱，一个月花 1.2 万到 1.5 万钱吃饭的低级官员觉得这个价格适中，比较满意。有一种酒肆，其内部被分隔成若干个卧室间，专门有妓女提供服务，这也是酒肆的正常业务之一。政府垄断了酒的生产和买卖，把卖酒和卖淫结合在一起的场所也成为国家收入的一个来源。这种酒肆中最大的几间是公营的，专供官员享用。

对宋代人来说，饮食是一种极大的享受。除了热衷素食的佛教僧侣和进行辟谷的道教徒之外，中国人并不遵守饮食方面的宗教禁忌。重大的宴会上，有 40 道用鲜肉（不包括牛肉）、鱼和家禽肉做的菜，有 40 多道水果、糖饯、蜜饯，有近 30 道鱼干，以及 50 多道甜点、糕饼。杭州地区特产 54 种米酒及其他酒类和饮品。[49]

> 向者汴京开南食面店，川饭分茶，以备江南往来士夫，谓
> 271 其不便北食故耳。南渡以来，几二百余年，则水土既惯，饮食混淆，无南北之分矣。[50]

人们在家里，在街巷边的摊点，在专门的茶肆，用滚水泡茶。11 世纪时，官员兼书法家蔡襄在其所著的《茶录》中描述了茶的品质、

色泽、香气和味道，以及所用茶具、品茶的方法等。[51] 品质最好的茶，如号称天下第一茶的龙凤茶，其价值为600克茶叶值75克黄金。做生意的人们聚集在茶肆品茗茶香，其中一些人还趁此弹乐唱歌，还有一些饮茶聚会，号称“市头”，其茶客都是商人和匠人，他们在一起商谈着佣金和寻找更好的工匠。还有些茶肆以张挂名画吸引食客而出名。[52] 当客人们品尝梅花酒的时候，乐人就演奏早先曾在夏天所唱的《梅花引》曲子。在冬天，茶肆以盐豉汤来替代茶。另一些茶肆则打着“水茶坊”和“花茶坊”的旗号经营妓院生意。

杭州拥有至少23个瓦舍（娱乐场所）和55种表演门类：御前应制、御前画院的成员，说书艺人（包括演史和说佛经者），歌女和女性乐人，说浑话和学乡谈的艺人，演喜剧、操作傀儡戏的艺人，小丑，耍杂技的艺人，变戏法者，跳绳舞的，相扑手，举重的，射弩儿和教走兽者。这些娱乐门类产生了新的文学形式，为表演时尚曲子而写的曲文也应运而生。尽管对女性而言有些娱乐项目低俗不堪，甚至有伤风化，但对宋朝的男人来说，瓦舍就是13世纪时的游乐场。

医疗保健与福利

在前近代时期，大多数需要医疗保健和福利照顾的病人、老人和残疾人都得依靠家庭的帮助，他们得不到公众的关注，也没得到社会的安置。在儒家制度里，晚辈要尊敬和关爱长辈，家庭也被认为是一个社会和经济单元。但是如果家庭不能履行照看弱者的义务，那么病弱贫困者将会陷入彻底绝望的境地。尽管佛教寺院的施舍还能提供程 272
度很小的帮助，但政府机构几乎难以解决这个社会问题。尽管存在这些挑战，宋代的医疗体系还是比之前的朝代做得更好。

宋代之前，大多数的上流社会家庭里都有受过医疗训练的仆人。但宋代的士大夫觉得自己在生活的各个领域都在行，因此他们承担了照顾病人的工作。当上层阶级的一个男子病了，他会找他的同事就诊治疗。政府机构里雇有受过专门培训的内科医生，但他们的医疗和解剖知识与那些出身于世代行医之家的普通郎中也许仅微有不同。这些男性郎中以卖药和从事按摩为生，其社会地位相当低。他们甚至连行会组织也没有。

所有态度认真的医者，不论他们是否受过专门培训，都懂得以世代流传的对身体的经脉系统进行望闻问切的方法来诊病。大多数医者都会使用针灸和艾灸（用某种物质灼烧皮肤以治疗或减轻病痛）的技艺，也懂得开出列有各种草药的方子。在 11 世纪士大夫的理解中，人生病是由于其生活和工作状态的失衡。司马光在写给朋友范镇的信中解释说：“夫人之有疾也，必自过与不及而得之。阴阳、风雨、晦明，必有过者焉。饥饱、寒燠、劳逸、喜怒，必有偏者焉。使二者各得其中，无疾矣。阴阳、风雨、晦明，天之所施也。饥饱、寒暑、劳逸、喜怒，人之所为也。……人之所为不得其中，然后病袭焉。”[53]

女性在家中看护和照料病人、老人和残疾人。当病者是个女性时，请医生来诊病就显得有些微妙了。因为由一位男性医生对女病人进行身体检查违背了儒家的道德标准，医生只能根据女病人对自己病
273 情的描述以及对她的把脉进行诊病。贫苦之家在任何情况下都请不起医生，也买不起药，尽管有很多药店在卖药。每个社会阶层都有接生婆，她们的接生技术来自老一辈的传授，在生产前后的紧要时刻给孕妇提供帮助。

宋代许多君臣都认识到，不仅是统治阶级而且整个社会都需要有一大批受过训练、较好地掌握医学知识、同时有着丰富医疗保健经验的医生。于是在这方面进行的专业教育就比以前得到更多的官方关注。1026 年，宋仁宗下令，在开封的太医院和相国寺铸造两座真人大小的表面刻有全身穴位（354 个穴位）和经络图的人体模型。同年，王惟一（987—1067）写了一篇题名为《铜人腧穴针灸图经》的三卷

专论，对解剖结构的精通和医疗经验的积累，有助于进行正确的正骨疗法和准确的针灸（可以刺激身体释放出内啡肽，这是一种今天我们所知道的对大脑有天然止痛作用的物质）。医生把自己的医疗技术知识与必不可少的奇妙的经验、宇宙观和宗教元素混合在一起，其结果就形成一种高度复杂的医疗系统。

当政府于 1044 年设立太医局时，体制化的医疗教育制度就开始建立了。在 10 年间医学生的总人数达到了 200 人。[54] 1045 年到 1060 年之间爆发了传染病。其后，在政府监督之下对许多医书进行了修订。1061 年，课程仿照太医局的地方医疗教育机构纷纷建立，其目的是为地方培养训练有素的医生。宋徽宗在国子监设立“医学”，目的在于改善医疗体制。一种新的职业——儒医——也在向精英家庭开放了。这些家庭或者把儿子送去学医，或者就送他们读书从政。1115 年，州县也建立了“医学”的分支机构；南渡之后，朝廷在杭州重建医学——有 4 位教授和 250 名学生。[55]

与北宋时期的总人口数相比，由政府经营的医院和医学教育机构是微不足道的；尽管医疗保健体系还远不能满足贫苦之家和急需医疗 274
服务的人的需求，但当时所建立的医疗保健服务体系的基础在结构上相对来说还是比较完整的。宋初开封的东部和西部有两家医院，称为福田院，它们的设立是为了帮助无家可归的老人和弃婴，以及病饿者。两院都由和尚打理，后来才成为政府机构。1063 年，开封城南北又各增设了一家。每家福田院有病人 300 名，这意味着开封的医院系统总共可以容纳 1200 人。[56] 北宋末期，政府在京城和其他 6 个地区城镇设立了“居养院”。

许多人——不只是医生——自认为他们精于医药之道，能帮助病人病愈复原，保持身体健康。在南宋，中药店铺集中在京城特定的街道和坊区，为人们提供医药售卖服务。医学史上第一个官办的药房官药局于 1076 年在开封设立。杭州的药铺对京城人们的健康和京城的经济有非常重要的作用。南宋时期，不少官员还向贫苦人家发放药品，在京城里向病患卖药的专门性药铺也越来越多。[57]

除了政府的救济，贫病者还能从私人慈善之中获得帮助。1089年，官员苏轼捐出 50 两金子在杭州设立了面向所有百姓的医院性质的“安乐坊”。在三年之内，这家医院救助了 1000 多名病人。1102年，所有的大城市都建立了本地的慈善医院。1132 年，设立了至少两家专门针对穷人、老人的慈善医院（现在也称为救济医院）。[58] 公营的惠民药局的药师还向贫苦者免费发放药品。

在农村地区是通过尽孝道来做善事的，行善是家族长者的责任。家道殷实之家可以设立慈善性的设施，以救助家族中贫弱者。11 世纪的改革家范仲淹就设立了规模虽然不大但名声很响的慈善性的义庄。[59] 从义庄获得的收入用于接济亲族中的孤儿，供其读书，为家族子弟的婚、丧、冠、笄之礼提供资助。范仲淹的妻子也时常把自己的
275 钱财捐献出来帮助别人。但许多家庭中，缺乏足够的钱财去设立义庄之类的慈善设施，即便能设立，通常也没法长久维持。

城市里的私人行善还没有形成制度化，但这些善事有助于缓解贫苦、病弱者的痛苦。居住在凤凰山的富贵之家对那些贫苦或老弱之家给予了帮助，这些人对他们的恩人怀有无尽的感激之情。有时这些富贵之家还给乞丐施舍棉衣，救助生意失败的商贩，偶尔他们也给贫苦人家资助丧葬费用。在寒冷的冬夜，街道落满雪花，富人们会来到寒屋陋舍，往门缝里塞钱，给屋里的人多少减轻点痛苦。[60]

穷困的父母无法给他们年幼的孩子带来富贵，也不愿意把子女卖身为奴，他们有时就把孩子丢弃在人家的家门口或官府的门口。在移民大规模南迁期间，弃儿数量激增。1138 年，官府禁止遗弃孩童，并在各县设立孤儿收容机构，收养那些父母无力抚养而遗弃的孩子。[61] 宋朝期间遗弃孤儿的问题一直存在着。1248 年，另一所名为“慈幼局”的孤儿院在京城开设。

用现代术语来说，我们可以说，和其他中世纪国家相比，宋代的人民在私人领域享有特别高的自由度。然而他们认为自己是天子的顺民，他们的日常行为遵循着既有的社会规范和法律规章，这些规范和规章建立在普遍的儒家行为规范（理论上对全体社会成员有约束作用）的基础之上。但是，在经济事务中显现出来的放任态度弥漫于私人生活的各个领域，从房屋建造和时尚追求到卫生、娱乐消遣和做善事等各方面。只是到了 13 世纪末，在蒙古人的统治之下，自觉式的中国生活方式的舒适才走到尽头。

结语

在 1000 多年前，宋朝就作为世界上最先进的文明国家出现了。宋初的皇帝在理性、效率、前瞻性和经济活力（简而言之，这些都是开启现代资本主义社会最为显著的特征）的基础上开始了中国的转型。这些具有革新精神的统治者严重依赖于精英的士大夫阶层，这个阶层通过竞争性的科举制度而形成。因其所受的教育及自身所具有的经验、能力和奉献精神，宋代的士大夫不但与唐代的贵族官僚，而且也与同时代其他国家的精英明显不一样。皇帝的宰相们所拥有的政治权威在中国历史上是前所未有的。宋代中国既不是一个专制的社会，也不是一个极权的社会。这个社会的行政效率和经济效能并不是通过对所有社会活动进行控制和监视，也不是用刑罚威胁或地主的恐吓来实现的，而是通过营造一种充满信赖、负责任，尤其是务实精神的氛围而实现的。有品级的官员人数与所管理的人民的数量的比例一直较低，13 世纪初为 1∶7500。这确保了宋代官僚体系无比高效，而人民也信任他们。

三教——儒、释、道——以及无数的地方民间宗教活动在人们的日常生活中起到了至关重要的作用。佛教得到了朝廷的支持，而宋徽宗对道教的偏爱超过了其他宗教——这种偏爱导致了他对政事的疏忽，这也是北宋灭亡的部分原因。佛教和道教虽然丰富了大众的精 277
神生活，但不管他们的影响和实际状况如何，对宋朝的道德观念起支配作用的还是儒家学说。这个自古流传下来的信仰是构筑教育、科举和公共及私人生活的基石，是在现实中发挥作用的宋代国家意识形态。在促使社会转型、使宋代明显区别于先前的朝代的过程中，儒家的治国之道在其中发挥了重要作用。从宋代皇帝的庙号就可以很明显地看出儒家学说对朝廷的长久影响：仁宗、孝宗和理宗。“仁”和“孝”是儒家学说的核心词语，而“理”是指由朱熹学派阐发的儒学之理。宋代这些庙号第一次出现在了中国历史上。

宋代治国之道的特征构成了大的儒家伦理制度的一部分，而这个制度渗透到了宋代社会的每个角落，影响了每个人从出生到死亡的一生。然而儒家学说在宋代也经历了理性化改造，并逐渐影响到京城的城市规划、商业、时尚、科技、绘画、音乐和文学。这种经过改造的儒家意识形态体现在程氏兄弟、朱熹和其他宋代哲学家的思想中，它的理性化和世俗化渗透进了社会的各个阶层，并构成了中国文化的基石，其影响直到共产主义革命为止。19 和 20 世纪的改革者严厉地批评新儒学，视之为僵硬刻板的思想体系，认为它阻碍了中国的社会和教育改革以及对先进新科技的吸收。但明清时期思想界的活跃讨论表明，从宋代新儒学传承下来的“传统”价值已经成为新的中国元素；同时它加强了中国人的文化认同感。即便历经 600 多年的政治动荡也没能动摇这种认同感。尽管时常遭受批评，但“传统中国”的道德伦理体系有助于保卫国家免受思想文化上的分离或政治上的分裂。

从宋代皇帝与其他朝代皇帝的任期比较中，我们就可以清楚看出宋代政府的品质和稳定性。中华帝国 2129 年的历史上有 210 位正统皇帝，其中 18 位宋朝皇帝统治的时间占了整个中华帝国历史的
约 15%。而所有中国皇帝平均统治时间是 8 年，宋代统治者平均为 278

18 年。只有清代要长些，那也全因康熙和乾隆的在位时间都超过了 60 年。

在公元后第一个千年的三个主要的早期中国王朝中——汉、唐、宋——是宋朝对威胁自己的邻国实施了和平的双边关系的外交战略。这种针对中国北方边境地区的“蛮夷”游牧民族中和性的新型务实举措为宋朝赢得了长时间的和平，使整个乡村地区和城市的生活水准得到了提升。11 世纪的哲学家和数学家邵雍很为他自己所生活的这个无与伦比的时代而自豪，他认为自己生在一个伟大的和平时代。

农业技术和土地所有制所发挥的作用为宋代长达三个世纪的繁荣奠定了基础。在帝国许多地方，农民的生产率直到 20 世纪都没有被超越。专家所撰写的手册广为流行，促进了农业和养蚕业的发展；而国家的投资和贷款政策有助于保护农民，使他们免受债务的损害。自耕农成为赋税体系的重要支撑力量，并促进了农业经济的繁荣。数以百万计的自耕农赋税缴纳者把他们最多 10% 的收获物缴纳给了政府，推动了经济的发展，并使人口得到繁衍增长。在当时的世界上还没有哪个地方能达到宋代这样的繁荣。即使到了 13 世纪，蒙古人的入侵导致了宋代人口的减少，生活在中国的人口几乎仍占人类总数的一半，如此多的人享有了世界上最高的人均国民收入。

在梭轮，络丝机，运用水力进行丝、麻、苎麻捻线的机器，踏板织布机和手工提花织机等各种机器中，我们能够看到中国的技术发明。这个宋代的“工业革命”发生在 11 和 13 世纪之间，生产出大量广受欢迎的纺织品，反过来又促进了新市场的开拓，导致了行会的发展。宋代中国在商品化与消费，在财政金融的发展程度，特别是其强大的信用市场和纸币制度的创立，在交通（马车、客船和配备有尾舵和水密舱的驳船）的发达程度，在陶瓷生产、铜铁矿的开采、纸张的生产、高品质的印刷和出版，以及在机械标准化和技术术语（这是
279 进行高效及有利可图的持续大规模生产的先决条件）等方面都走在了

中世纪欧洲的前面。水车可以驱动杵锤，可以用来对水田进行灌溉，可以碾磨谷物以及对工业原料进行磨压。通过中亚一直连接到伊斯兰教世界的贸易路线和传播交流网络（在 19 世纪时被称为“丝绸之路”）使中国的技术传播到了欧洲，而欧洲则在数个世纪后的商业和工业革命期间，对东方的思想进行了仿制、吸收和改进。

宋代社会的货币化，特别是纸币的使用，使投资者从先前对耕地的严重依赖中解脱出来，并促进了城镇商业的快速发展。北宋京城开封——通过汴河与大运河连接起来——成为中国历史上前所未有的多功能的都市中心。皇帝仍然在皇宫中统治帝国，但他的京城不再像唐代京城长安那样是帝国意识形态和公共秩序的具体范本。当开封城内的厢坊之间的墙被拆除、宵禁被取消时，城市居民的生活方式立刻发生了深刻的变化。开封逐渐变成一座几乎是完全放任自由的消费者天堂。但只有在杭州——位于钱塘江边上的南宋京城，其西边以西湖为界，运河穿越城市——商人们才取代了官员成为财富和时尚生活方式的领跑者。现在的学者盛赞这座充满活力的城市在商业上的繁忙与喧嚣，并视之为当时的世界中心。

在南方与北方，宋代士大夫为教育制度及延续了 1000 多年直至 1912 年帝制结束的科举官僚制度的发展创造了先决条件。有种观点认为，宋代精英在促进社会的世俗化，甚至在遵从和推动儒学发展（在此特别是宋代道学对中国历史的长久影响）上起了重要作用。而士大夫们在科学、技术和艺术方面的活动是对上述观点的强烈支持。这个精英阶层受过新儒学的理性化和道德的熏陶，他们探究自然世界，绘制他们所见到的新现实世界，不再受唐代画坛占主流地位的绘画主题变化无常的画风的影响。对世俗世界的新理解和新阐释使画家们可以把风景、植物、动物、街景和室内景象都转化为适合绘画表现的主题。

这些士大夫作为精英阶层，主导着当时的社会生活，他们被授予大量的特权、福利，政治和思想影响以及家族声望更是空前膨胀，而280 这些对当时的普通百姓来说，都是可望而不可即的。但由于他们都忠于儒家的价值观，当中国社会需要他们付出代价时，他们会毫不犹豫。他们经受了数十年的教育熏陶和折磨人的科举考试，远离家乡告别家人投身于仕途中，让自己的意志和愿望服从于朝廷和皇帝的利益，有时他们甚至因此而处于绝望之中。对于重视个性、自主和自我实现的 21 世纪的公民来说，对无私的宋代士大夫的描述可能听起来太理想化或浪漫化，但实际上这个描述与中国人所践行的忠诚、纪律和勇敢之道是非常接近的。

致谢

我衷心感谢宋、辽、金、元史学界的学者，他们的研究和论著构成了这本历史著作的基础。我将他们的姓名列举在本书的注释和参考文献中。此外，我希望向下面几位表达我的谢意：“帝制中国史”丛书主编卜正民（Timothy Brook），哈佛大学出版社的策划编辑、本丛书的发起人凯瑟琳·麦克德莫特（Kathleen McDermott），出版社聘请的一位极其有建设性的匿名评审者，尤其是哈佛大学出版社的苏珊·华莱士·伯默尔（Susan Wallace Boehmer），他们的许多意见和建议给本书增色不少。没有我的妻子英格丽德·约瑟法（Ingrid Josefa）的耐心，我是不可能按时完成书稿的。除了我所引用的文字，我对书中的译文和存在的错误负责。

统治者年表

宋代度量单位

注释

参考文献

索引

统治者年表

晚唐帝系

宪宗，805—820 年在位（李纯，778—820 年）
穆宗，820—824 年在位（李恒，795—824 年）
敬宗，824—826 年在位（李湛，809—827 年）
文宗，826—840 年在位（李昂，809—840 年）
武宗，840—846 年在位（李炎，814—846 年）
宣宗，846—859 年在位（李忱，810—859 年）
懿宗，859—873 年在位（李漼，833—873 年）
僖宗，873—888 年在位（李儇，862—888 年）
昭宗，888—904 年在位（李晔，867—904 年）
景宗（昭宣帝，哀帝），904—907 年在位（李柷，892—908 年）

五代帝系

后梁，907—923 年

太祖，907—912 年在位（朱温，852—912 年）
郢王，912—913 年在位（朱友珪，884—913 年）
末帝，913—923 年在位（朱友贞，888—923 年）

后唐，923—936 年

庄宗，923—926 年在位（李存勖，885—926 年）
明宗，926—933 年在位（李嗣源，867—933 年）
闵帝，933—934 年在位（李从厚，914—934 年）
末帝，934—936 年在位（李从珂，885—937 年）

后晋，936—947 年

高祖，936—942 年在位（石敬瑭，892—942 年）
出帝，942—947 年在位（石重贵，914—954 年）

后汉，947—950 年

高祖，947 年在位（刘知远，895—948 年）

隐帝，948—951 年在位（刘承祐，931—951 年）

后周，951—960 年

太祖，951—954 年在位（郭威，904—954 年）
世宗，954—959 年在位（柴荣，921—959 年）
恭帝，959—960 年在位（柴宗训，953—973 年）

辽（契丹）帝系

太祖，907—926 年在位（耶律阿保机，872—926 年）
太宗，926—947 年在位（耶律德光，902—947 年）
世宗，947—951 年在位（耶律阮，918—951 年）
穆宗，951—969 年在位（耶律璟，931—969 年）
景宗，969—982 年在位（耶律贤，948—982 年）
圣宗，982—1031 年在位（耶律隆绪，971—1031 年）
兴宗，1031—1055 年在位（耶律宗真，1016—1055 年）
道宗，1055—1101 年在位（耶律洪基，1032—1101 年）
天祚帝，1101—1125 年在位（耶律延禧，1075—1128 年）

宋代帝系

北宋，960—1127 年

太祖，960—976 年在位（赵匡胤，928—976 年）
太宗，976—997 年在位（赵匡义，939—997 年）
真宗，997—1022 年在位（赵恒，968—1022 年）
仁宗，1022—1063 年在位（赵祯，1010—1063 年）
英宗，1063—1067 年在位（赵曙，1032—1067 年）
神宗，1067—1085 年在位（赵顼，1048—1085 年）
哲宗，1085—1100 年在位（赵煦，1076—1100 年）
徽宗，1100—1126 年在位（赵佶，1082—1135 年）
钦宗，1126—1127 年在位（赵桓，1110—1160 年）

南宋，1127—1279 年

高宗，1127—1162 年在位（赵构，1107—1187 年）

孝宗，1162—1189 年在位（赵昚，1127—1194 年）
光宗，1189—1194 年在位（赵惇，1147—1200 年）
宁宗，1194—1224 年在位（赵扩，1168—1224 年）
理宗，1224—1264 年在位（赵昀，1205—1264 年）
度宗，1264—1274 年在位（赵禥，1222—1274 年）
恭帝，1274—1276 年在位（赵㬎，1270—1323 年）
端宗，1276—1278 年在位（赵昰，1268—1278 年）
帝昺，1278—1279 年在位（赵昺，1271—1279 年）

西夏（党项）帝系

景宗，1032—1048 年在位（李元昊）
毅宗，1048—1067 年在位（李谅祚）
惠宗，1067—1086 年在位（李秉常）
崇宗，1086—1139 年在位（李乾顺）
仁宗，1139—1193 年在位（李仁孝）
桓宗，1193—1206 年在位（李纯祐）
襄宗，1206—1210 年在位（李安全）
神宗，1210—1223 年在位（李遵顼）
献宗，1223—1226 年在位（李德旺）
末帝，1226—1227 年在位（李晛）

金（女真）帝系

太祖，1115—1123 年在位（完颜阿骨打，1068—1123 年）
太宗，1123—1135 年在位（完颜吴乞买，1075—1135 年）
熙宗，1135—1149 年在位（完颜亶，1119—1135 年）
海陵王，1149—1161 年在位（完颜亮，1122—1161 年）
世宗，1161—1189 年在位（完颜雍［乌禄］，1123—1189 年）
章宗，1189—1208 年在位（完颜璟，1168—1208 年）
卫绍王，1208—1213 年在位（完颜永济，？—1213 年）
宣宗，1213—1224 年在位（完颜珣，1163—1224 年）
哀宗，1224—1234 年在位（完颜守绪，1198—1234 年）

宋代度量单位

长度

1 尺 = 31.6 厘米，或 12.3 英寸

面积

1 亩 = 573 平方米，或 1/7 英亩，或 1/17 公顷（1 公顷 =10000 平方米）

1 顷 = 100 亩，或 13.99 英亩，或 5.73 公顷

重量

1 两 = 39.6 克，或约 1.4 盎司

1 斤 = 16 两，或 633 克，或 1.3 磅

1 石或担 = 120 斤，或 75.960 公斤

容积

1 升 = 0.6641 公升

1 斗 = 10 升，或 6.64 公升

1 斛 = 10 斗，或 66.4 公升

1 石或担 = 94.88 公升

计量单位

1 匹 = 1 卷的纳税丝绢，约有 13.29 米长

1 贯 = 1 个钱币记账单位，一般值 1000 钱

注 释

（注释中的页码皆为原书页码）

导　言

[1] 刘师舜：《中国古典散文——唐宋八大家》（*Chinese Classical Prose : The Eight Masters of the T'ang-Sung Period*），第 55 页。

[2] 史怀梅（Naomi Standen）：《忠贞不贰？——辽代的越境之举》（*Unbounded Loyalty : Frontier Crossings in Liao China*），第 3 页。

[3] 此处中文译文引自《全球通史》中译本。中文原文见邵雍：《伊川击壤集》卷一〇，《喜乐吟》注 1：“一乐生中国，二乐为男子，三乐为士人，四乐见太平，五乐闻道义。一喜多善人，二喜多好事，三喜多美物，四喜多佳景，五喜多大体。”——编者注

[4] 田浩（Hoyt Cleveland Tillman）：《功利主义儒家——陈亮对朱熹的挑战》（*Utilitarian Confucianism : Ch'en Liang's Challenge to Chu Hsi*），第 175 页。

第 1 章　混乱的时代

[1] 《续资治通鉴长编》卷三五七，第 8548 页。

[2] 《韩昌黎全集》卷三，7b。

[3] 《韩昌黎全集》卷一，7b—13a。

[4] 即昭宣帝、哀帝。——译者注

[5] 作者的英译引自《中国传统资料汇编》（*Sources of Chinese Tradition*），第 428 页。

[6] 陈观胜（Kenneth Ch'en）：《会昌灭佛的经济背景》（“The Economic Background of the Hui-ch'ang Suppression of Buddhism”），《哈佛亚洲研究学刊》（*Harvard Journal of Asiatic Studies*），1956 年，第 19 辑，第 67—105 页。斯坦利 · 威斯坦因（Stanley Weinstein）：《唐代佛教》（*Buddhism under the Tang*），第 134 页。

[7] 埃德温 ·O. 赖肖尔（Edwin O. Reischauer）英译，《圆仁日记——入唐求法巡礼行记》（*Ennin's Diary : The Record of a Pilgrimage to China in Search of the Law*），第 388 页。

[8] 彭特 · 佩特森（Pettersson, Bengt）：《正史上的同类相食》（“Cannibalism in the Dynastic Histories”），《远东古物博物院通报》（*Bulletin. The Museum of Far Eastern Antiquities*），1999 年，第 71 期，第 71—189 页。更详细的见谢和耐（Jaques Gernet）：《中国社会中的佛教》（*Buddhism in Chinese Society*），第 65—66，195—247，254—255 页。冉云华（Jan Yün-hua）：《中国中古时期佛教的自我牺牲》（“Buddhism Self-immolation in Medieval China”），《宗教史》（*History of Religions*），1965 年，第 4 期，第 243—268 页。

[9] 陆游著，华兹生（Burton Watson）英译：《陆放翁诗文选》（*The Old Man Who Does as He Pleases*），第 41 页。

[10] 亦见大卫 · A. 格拉夫（David A. Graff）：《中国中世纪的战争（300—900 年）》（*Medieval Chinese Warfare, 300-900*），第 242—247 页。

[11] 应为广西省。——译者注

[12] 罗伯特·M. 索莫斯（Robert M. Somers）：《唐朝的灭亡》（“The End of the T’ang”），见崔瑞德（Denis Twitchett）编：《剑桥中国隋唐史》（*The Cambridge History of China. Vol. 3：Sui and T’ang China*），第 695—700 页。

[13] 英译据叶山（Robin D. S. Yates）：《浣纱集——韦庄的生平与诗选》[*Washing Silk：The Life and Selected Poems of Wei Chuang（834?–910）*]，第 117 页。

[14] 李华瑞：《宋史论集》，第 81—82 页。

[15] 9 世纪 80 年代的情况见佩特森：《正史上的同类相食》，第 143，145—146 页。更多的情况见《旧唐书》卷二〇〇下，第 5397 页；卷一九下，第 717 页；卷二〇上，第 737 页。《新五代史》卷六一，第 748 页。引用的《辍耕录》引文见高延（J. J. M. De Groot）：《中国宗教制度》（*The Religious System of China*），第 4 卷，第 385 页。想肉和两脚羊见《辍耕录》卷九，第 142—143 页。

[16] 索莫斯：《唐朝的灭亡》，第 682 页。

[17] 英译见叶山：《浣纱集——韦庄的生平与诗选》，第 116 页。

[18] 《北梦琐言》，卷一七，1a。

[19] 这些人的详细传记见王赓武（Wang Gungwu）：《五代时期中国北方的权力结构》（*The Structure of Power during the Five Dynasties*），第 102，103，149，205—206 页。

[20] 欧阳修编撰，戴仁柱（Edward L. Davis）英译：《新五代史》（*Historical Records of the Five Dynasties*），第 lxi 页。

[21] 见刘师舜：《中国古典散文——唐宋八大家》，第 191 页。

[22] 史怀梅：《忠贞不贰？——辽代的越境之举》，第 3 页。

[23] 陶晋生（Tao Jing-shen）：《蛮夷或北人——北宋人眼中的契丹形象》（“Barbarians or Northerners：Northern Sung Images of the Khitans”），见莫里斯·罗萨比（Morris Rossabi）编：《政权鼎立中的中国——中央王国与它的邻居（10—14 世纪）》（*China Among Equals：The Middle Kingdom and Its Neighbors, 10th to 14th Centuries*），第 66 页。

[24] 张柏忠：《契丹早期文化探索》，《考古》，1984 年，第 2 期，第 183—186 页。

[25] 石泰安（Rolf Alfred Stein）：《辽志》（“Leao-Tche”），见《通报》（*T’oung Pao*），1939 年，第 35 期，第 28 页；珍妮弗·霍尔姆格连（Jennifer Holmgren）：《辽代契丹统治下的婚姻、家族和继承》（“Marriage, Kinship and Succession under the Ch’i-tan Rulers”），见《通报》，1986 年，第 72 期，第 44 页。

[26] 迪特·库恩（Dieter Kuhn）：《契丹如何重塑了中国圆顶形墓的传统》（“How the Qidan Reshaped the Tradition of the Chinese Dome-shaped Tomb”），第 19 页。

[27] 伯希和（Paul Pelliot）：《马可·波罗行纪诠释》（*Notes on Marco Polo*），卷 1，第 216—229 页。

[28] 崔瑞德、克劳斯–彼得·蒂兹（Klaus-Peter Tietze）：《辽朝》（“The Liao”），见傅海波（Herbert Franke）、崔瑞德编：《剑桥中国辽西夏金元史》（*The Cambridge History of China. Vol.6：Alien Regimes and Border States, 907–1368*），第 21 页。

[29] 《辽史》卷三二，第 373 页。

[30] 《辽史》卷二，第 16 页。

[31] 《辽史》卷六四，第 967—968 页。

[32] 爵吉·卡拉（Györg Kara）：《契丹与女真》（“Khitan and Jurchin”），见彼得·D. 丹尼尔斯（Peter D. Daniels）、威廉·布莱特（William Bright）编：《世界文字体系》（*The World’s Writing Systems*），第 230—231 页；傅海波：《满洲的森林民族：契丹和女真》（“The Forest Poples of

Manchuria：Khitans and Jurchens"），见丹尼斯·塞诺（Denis Sinor）编：《剑桥早期内陆亚洲史》（*The Cambridge History of Early Inner Asia*），第408页；狄宇宙（Nicola Di Cosmo）：《辽代历史与社会》，（"Liao History and Society"），见沈雪曼（Hsueh-man Shen）编：《辉煌——中国辽帝国的财富（907—1125）》[*Gilded Splendour：Treasures of China's Liao Empire (907–1125)*]，第20页。

[33] 虞云国：《细说宋朝》，第13页。

[34] 938年，辽太宗更国号为大辽，于幽州（今北京）建立辽国南京。此处作者原文如此。——编者注

[35] 卡尔·A. 魏特夫（Karl A. Wittfogel）、冯家昇（Chia-shêng Fêng）：《中国社会史——辽（907—1125）》[*History of Chinese Society：Liao (907–1125)*]，第435页。

[36] 崔瑞德、蒂兹：《辽朝》，见《剑桥中国辽西夏金元史》，第87—88页。

[37] 《辽史》卷七一，第1202页。

[38] 崔瑞德、蒂兹：《辽朝》，见《剑桥中国辽西夏金元史》，第91页。

[39] 关于丝织品的品种，见《契丹国志》卷二〇，1a—4a。

[40] 《辽史》卷一二，第133页。

[41] 《辽史》卷四二，第518页。

[42] 更多的详情见崔瑞德、蒂兹：《辽朝》，见《剑桥中国辽西夏金元史》，第114—120页。

[43] 牟复礼（Frederick Mote）：《中华帝国（900—1800年）》（*Imperial China, 900–1800*），第173—177页。

[44] 吴天墀：《西夏史稿》，第43页。

[45] 邓如萍（Ruth Wilton Dunnell）：《西夏》（"The Xi Xia"），见傅海波、崔瑞德编：《剑桥中国辽西夏金元史》，第156页。

[46] 邓如萍：《西夏》，见傅海波、崔瑞德编：《剑桥中国辽西夏金元史》，第68—172页；E. I. 基卡诺夫（E. I. Kycanov）：《北宋和西夏之间的战争》（"Les gueres entre les Sung du Nord et le Hsi-Hsia"），见 Françoise Aubin 编《纪念白乐日宋史论文集》（*Études Song in memoriam of Étienne Balazs. Sung studies*），第106页。

[47] 《辽史》卷一〇五，1524—1525页。

[48] 吴天墀：《西夏史稿》，第49，296页。

第2章　模范的统治者

[1] 《中国大百科全书》卷二，第974页。

[2] 《宋史》卷四三六，第12940页。

[3] 黄宗羲著，狄百瑞（William Theodore De Bary）英译：《等待黎明——明夷待访录》（*Waiting for the Dawn：A Plan for the Prince; Huang Tsung-his's Ming-i-tai-fang lu*），第3页。

[4] 刘子健（James T. C. Liu）：《中国转向内在——两宋之际的思想—政治变化》（*China Turning Inward：Intellectual-Political Changes in the Early Twelfth Century*），第43页。

[5] 牟复礼：《中华帝国（900—1800年）》，第97页。

[6] 《续资治通鉴》卷一，第2—3页。

[7] 《宋史》卷八五，第2093页；不一样的数字见《文献通考》卷三一五，第2470页，其上记载为139州，661县。

[8] 关于洛阳，见周宝珠：《北宋时期的西京洛阳》，《史学月刊》，2001年，第4期，第115—116页。

[9] 《宋史》卷四三九，第12997页。

[10] 怀亚特（Don J. Wyatt）：《洛阳的隐士——邵雍和宋初思想的道德发展》（*The Recluse of Luoyang : Shao Yung and the Moral Evolution of Early Sung Thought*），第 175 页。

[11] 《朱子语类》，第 599 页。

[12] 包弼德（Peter K. Bol）：《斯文——唐宋思想的转型》（*This Culture of Ours : Intellectual Transitions in T'ang and Sung China*），第 148 页。

[13] 《大宋宣和遗事》元集。

[14] 《宋史》卷三，第 51 页；《宋代教育》，第 263 页；陈荣照：《范仲淹研究》，第 5 页。

[15] 龙佩（Peter Lorge）：《宋代建立者的进与退》，第 45 页（"The Entrance and Exit of the Song Founders"）。见《宋元研究学刊》（*Journal of Sung-Yuan Studies*），1999 年，第 29 期，第 45 页。范学辉：《关于"杯酒释兵权"若干问题的再探讨》，第 38—48 页；贾海涛：《北宋"儒术治国"政治研究》，第 8—10 页。帮助他夺权的 15 位将领的传记见《宋史》卷二七三。

[16] 这个事件的过程的翻译见小爱德蒙德·H. 沃西（Jr. Edmund Henry Worthy）：《宋代的建立（950—1000 年）——军事和政治制度上的综合变化》（"The Founding of Sung China, 950—1000 : Integrative Changes in Military and Political Institutions"），《宋代中国的创立 950—1000 年》，普林斯顿大学，1975 年，第 174—175 页；龙佩：《宋代建立者的进与退》，《宋元研究学刊》，1999 年，第 29 期，第 43 页。

[17] 牟复礼：《中华帝国（900—1800 年）》，第 103 页。

[18] 李华瑞：《宋史论集》，第 8 页。

[19] 《玉海》卷一三九，4b；小爱德蒙德·H. 沃西：《宋代的建立（950—1000 年）——军事和政治制度上的综合变化》，普林斯顿大学，1975 年，第 181 页。

[20] 《东都事略》卷二三（传论）

[21] 事见《续资治通鉴长编》卷九，第 204—205 页。

[22] 徐规、方如金：《评宋太祖"先南后北"的统一战略》，第 517—534 页。

[23] 杨渭生：《论赵宋之统一与整治》，《杭州大学学报》，1994 年，第 3 期，第 56 页。

[24] 虞云国：《细说宋朝》，第 82 页。

[25] 李华瑞：《宋史论集》，第 2 页；竺沙雅章（Chikusa Masaaki）：《宋の太祖と太宗》，第 134—147 页。

[26] 贾志扬（John W. Chaffee）：《天潢贵胄——宋代宗室史》（*Branches of Heaven : A History of the Imperial Clan of Sung China*），第 26—29 页。

[27] 爱德华·L. 戴维斯（Edward L. Davis）：《中国宋代的社会与超自然现象》（*Society and the Supernatural in Song*），第 71 页。

[28] 《却扫编》，第 77 页。

[29] 虞云国：《细说宋朝》，第 56 页。

[30] 刘师舜：《中国古典散文——唐宋八大家》，第 159 页。

[31] 杨树藩：《宋代宰相制度》，《宋代研究》，1984 年，第 15 期，第 1 页；《中国历史：隋唐辽宋金卷》，第 202 页。

[32] 《文献通考》卷四九，第 451 页。

[33] 《宋史》卷一六一，第 3773，3787 页。

[34] 《宋史》卷一六二，第 3798 页。

[35] 《宋会要辑稿》册一一〇，选举七，第 4342 页。

[36] 《文献通考》卷三二，第 304—305 页；何忠礼：《北宋扩大科举取士的原因及与冗官冗吏的关系》，第 88 页。

[37] 何忠礼：《北宋扩大科举取士的原因及与冗官冗吏的关系》，第 88 页。

[38] 参见翟林奈（Lionel Giles）：《10 世纪的中国印刷术》，第 513—515 页（“Chinese Printing in the Tenth Century”），《英国皇家亚洲学会学刊》(*Journal of the Royal Asiatic Society of Great Britain and Ireland*)，第 56 期，1925 年，第 513—515 页；托马斯·弗兰西斯·卡特（Thomas Francis Carter）：《中国印刷术的发明及其西传》(*The Invention of Printing in China and Its Spread Westward*)；吴光清（Wu K. T.）：《四个异族王朝统治时期的中国印刷（916—1368）》[“Chinese Printing under Four Alien Dynasties(916–1368)”]，《哈佛亚洲研究学刊》（*Harvard Journal of Asiatic Studies*），第 13 期，1950 年，第 447—523 页；崔瑞德：《中世纪中国的印刷与出版》（*Printing and Publishing in Medieval China*）；迪特·库恩：《宋代——从其文化所见的一个新社会》[*Die Song-Dynastie (960 bis 1279) : Eine neue Gesellschaft im Spiegel ihrer Kultur*]，第 56—64 页。

[39] 这个问题的研究见约翰斯·库尔兹（Johannes Kurz）：《宋太宗（976—997）统治期间的编修计划》[*Das Kompilationsprojekt Song Taizongs(reg. 976–997)*]。

[40] 苏珊·切尼亚克（Susan Cherniack）：《中国宋代的书文化和书的传播》（“Book Culture and Textual Transmission in Sung China”），《哈佛亚洲研究学刊》，总第 54 期，1994 年，第 5 页；魏希德（Hilde De Weerdt）：《经典形式与科举文化——古文的建构和道学经典》（“Canon Formation and Examination Culture : The Construction of Guwen and Daoxue Canons”），《宋元研究学刊》，第 29 期，1999 年，第 93 页。

[41] 王赓武：《冯道：散论儒家的忠》（“Feng Tao : An Essay on Confucian Loyalty”），见芮沃寿（Arthur F. Wright）、崔瑞德编：《儒家》（*Confucian Personalities*），第 140 页。

[42] 包弼德：《斯文——唐宋思想的转型》，第 192 页。

[43] 《宋代书录》（*A Sung Bibliography*），第 48 页。

[44] 《宋代文化史》，第 169，177 页；汝企和：《宋代馆阁之校勘经部书》，《中国文化研究》，2003 年，第 1 期，第 90 页。

[45] 钱存训（Tsuen-hsun Tsien）：《中国的科学与文明》（*Science and Civilisation in China*），第 5 卷第 1 部分，第 208 页。

[46] 刘静贞：《北宋前期皇权发展之研究》，第 135—142 页。

[47] 《续资治通鉴长编》卷三五七，第 8540 页。

[48] 柯睿格（E. A. Jr. Kracke）：《宋初的文官制度，（960—1067 年）》（*Civil Service in Early Sung China, 960–1067*），第 137 页。

[49] 《真宗北征》，见《容斋随笔五集》卷四，第 305 页。

[50] 傅吾康（Wolfgang Franke）：《历史的先例还是事件的偶然重演？ 1004 年的寇准和 1449 年的于谦》（“Historical Precedent or Accidental Repetition of Events? K' ou Chun in 1004 and Yu Ch' ien in 1449”），见《纪念白乐日宋史论文集》，第 200—201 页。

[51] 谢善元（Shan-yüan Hsieh）：《李觏（1009—1059）的生平与思想》（*The Life and Thought of Li Kou,1009–1059*），第 8—9 页；《契丹国志》卷二〇，2a—3a；《宋史》卷七，第 124—127 页。

[52] 何冠环（Koon-wan Ho）：《政治与朋党——寇准（962—1023）与他的同年》[“Politics and Factionalism : K' ou Chun (962–1023) and His T' ung-nien”]，亚利桑那大学，1990 年，第 184—185 页。

[53] 见《宋会要辑稿》册一五六，食货六四，第 6086—6093 页。

[54] 陶晋生：《蛮夷或北人——北宋人眼中的契丹形象》，见莫里斯·罗萨比编：《政权鼎立中的中国——中央王国与它的邻居（10—14 世纪）》，第 68 页。

[55] 《栾城集》卷五，4b—5a。

[56] 《契丹国志》卷二〇，5a。

[57]《尊尧录》卷六，1a—4b。

[58]《宋史》卷三，第51页。

[59] 柯素芝（Suzanne Cahill）:《宋廷里的道教——1008年的天书事件》（"Taoism at the Song Court : The Heavenly Text Affair of 1008"),《宋元研究学刊》，第16期，1980年，第25页。

[60] 也见《玉海》，第1779—1794页；关于1008年的则见第1792—1794页。

[61]《宋史》卷一〇四，第2527—2528页。

[62] 包弼德:《皇帝也能主张复古——新政下的专制和皇权》（"Emperors Can Claim Antiquity Too : Emperorship and Autocracy under the New Policies"），见伊佩霞（Patricia Buckley）、毕嘉珍（Maggie Bickford）编:《徽宗皇帝和北宋末期的中国——文化的政治与政治的文化》（*Emperor Huizong and Late Northern Song China : The Politics of Culture and the Culture of Politics*），第176页。

第3章　从改革到衰落

[1]《资治通鉴》卷一，第2页。

[2] 刘子健:《宋代早期的改革者：范仲淹》（"An Early Sung Reformer : Fan Chung-yen"）；见费正清编:《中国的思想与制度》(*Chinese Thought and Institutions*），第105—131页；陈荣照:《范仲淹研究》。

[3] 钱穆:《国史大纲》，第379—382页。

[4]《宋史》卷一八七，第4576页；见迈克·C. 迈克格拉斯（Michael C. McGrath）:《中国北宋的军事与地方行政》["Military and Regional Administration in Northern Sung China（960–1126）"，普林斯顿大学，1982年，第148页，表3—6。

[5] 见邓如萍:《唐古特和唐古特大夏国》（"Tanguts and the Tangut State of Ta Hsia"），普林斯顿大学，1983年，第116页。

[6] J. 菲舍（J. Fischer）:《范仲淹，一个中国政治家的传记》（"Fan Chung-yen, das Lebensbild eines chinesischen Staatsmannes"）;《远东研究》（*Oriens extremus*），第2期，1955年，第39—85，142—156页。P. 布里克斯（P. Buriks）:《范仲淹对中国官吏政府改革的探索》（"Fan Chung-yan's Versuch einer Reform des chinesischen Beamtenstaates in den Jahren 1043/44"),《远东研究》，第3期，1956年，第57—80，153—184页。

[7] 邓如萍:《西夏》，见傅海波、崔瑞德编:《剑桥中国辽西夏金元史》，第158—159页。

[8]《宋史》卷一八七，第10273—10274页；包弼德:《斯文——唐宋思想的转型》，第171—172页。

[9] 引文中文据《宋史》卷一一，第219页。——编者注

[10] 伊懋可（Mark Elvin）:《中国历史的模式》（*The Pattern of the Chinese Past*），第84页。

[11]《中国传统资料汇编》，第468—474页。

[12]《苏东坡全集》卷一，第279页。

[13]《续资治通鉴长编》卷四七一，第11256页。

[14]《中国传统资料汇编》，第490页。关于变法改革的论述见H. R. 威廉森（H. R. Williamson）:《王安石——宋代的政治家与教育家》（Wang An Shih : A Chinese Statesman and Educationalist of the Sung Dynasty）；刘子健:《宋代中国的改革——王安石及其新政》（*Reform in Sung China : Wang An-shih and His New Politics*）；邓广铭:《王安石》；漆侠:《王安石变法》；詹大和:《王安石年谱三种》；李华瑞:《王安石变法研究史》。

[15] 新法内容的编年顺序见包弼德:《斯文——唐宋思想的转型》，第247—248页。

[16] 反对的奏章见《中国传统资料汇编》，第 19 章，第 476—478，480—489 页；米切尔·丹尼斯·弗里曼（Michael Dennis Freeman）1973 年的耶鲁大学博士学位论文：《洛阳与反王安石势力——儒家保守派的兴起（1068–1086）》[“Lo-yang and the Opposition to Wang An-shih : The Rise of Confucian Conservatism (1068–1086)”]。

[17] 关于 10 世纪 40 年代和 70 年代北方沿边五州的保甲制军事化的论述见史乐民（Paul Jakov Smith）：《〈水浒传〉与北宋军事亚文化》（“*Shuihu zhuan* and the Military Subculture of the Northern Song, 960–1127”），《哈佛亚洲研究学刊》，总第 66 期，2006 年，第 383—398 页以及第 391 页表 2。

[18] 《文献通考》卷一五三，第 1335 页。

[19] 《续资治通鉴长编》卷二一八，第 5299 页。

[20] 《文献通考》卷一五三，第 1334 页；《续资治通鉴长编》卷二一八，第 5300 页以及《续资治通鉴长编》卷二三五，第 5697 页。

[21] 《续资治通鉴长编》卷 247，第 6033 页。

[22] H. R. 威廉森：《王安石——宋代的政治家与教育家》，第 1 卷，第 285 页。

[23] 克劳斯·铁兹（Klaus Tietze）：《1076—1084 年辽宋的边境冲突》（“The Liao-Song Border Conflict of 1084–1076”），见《蒙古学研究——傅海波纪念文集》（*Studia mongolica : Festschrift für Herbert Franke*），第 143—144 页。

[24] 《宋史》卷四八六，第 14012 页。

[25] 基卡诺夫：《北宋和西夏之间的战争》，见《纪念白乐日宋史论文集》，第 112 页。

[26] 冀小斌（Ji Xiaobin）：《北宋的政治与保守主义：——司马光（1019—1086）的生平与思想》[*Politics and Conservatism in Northern Song China : The Career and Thought of Sima Guang (A. D. 1019–1–1086)]*，第 143—144 页。

[27] H. R. 威廉森：《王安石——宋代的政治家与教育家》，第 1 卷，第 281 页。

[28] 《朱子语类》卷二四，第 599 页。

[29] 崔瑞德、蒂兹：《辽朝》，见《剑桥中国辽西夏金元史》，第 139 页。

[30] 《松漠纪闻》说郛本卷八，第 170—171 页。

[31] 《辽史》卷二七，第 326 页；见石泰安：《辽志》，《通报》，第 35 期，1939 年，第 101—102 页。

[32] 《金史》卷二四，第 550 页。

[33] 《宋史纪事本末》卷四八，第 467 页。

[34] 贾志扬：《徽宗、蔡京和改革政治》（“Huizong, Cai Jing, and the Politics of Reform”），见伊佩霞、毕嘉珍编：《徽宗皇帝和北宋末期的中国——文化的政治与政治的文化》，第 31—77 页。

[35] 《宋史》卷一九，第 367—369 页；钱立方（Cecilia Lee-fang Chien）：《盐与国家——〈宋史·食货志〉榷盐部分译注》（*Salt and State : An Annotated Translation of the Song Shi Salt Monopoly Treatise*），第 13—14 页。

[36] 史乐民：《作为政治资本的收复失地主张》（“Irredentism as Political Capital”），见伊佩霞、毕嘉珍编：《徽宗皇帝和北宋末期的中国——文化的政治与政治的文化》，第 78—79 页。

[37] 何瞻（James M. Hargett）：《徽宗的神奇山岳——开封艮岳》（“Huizong’s Magic Marchmount : The Genyue Pleasure Park in Kaifeng”），《华裔学志》（*Monumenta Serica*），1988—1989 年，第 38 期，第 1—48 页。

[38] 傅海波：《宋金和约》（“Treaties between Sung and Chin”），见《纪念白乐日宋史论文集》，第 62—64 页；《金朝》（“The Chin”），见傅海波、崔瑞德编：《剑桥中国辽西夏金元史》，第 225 页。

[39] 详见 SCHB（原文如此，作者未在参考文献里列明该书为何书。疑似《三朝北盟会编》。——

译者注）卷三〇，13b—14a；《金史纪事本末》卷六，第116—117页；何忠礼：《宋代政治史》，第269—270页；傅海波在《金朝》中坚持认为连年支付的战争赔款年数不少于180年，见傅海波、崔瑞德编：《剑桥中国辽西夏金元史》，第229页，

[40] 《宋史》卷四五五，第13359—13362页。

[41] 《大金国志校证》卷四，第64页。

[42] 《金史纪事本末》卷六，第135页；《续资治通鉴》卷九七，第2557页。

[43] 《金史纪事本末》卷七，第141页；卷八，第172页。

[44] 《大金国志》卷三二，3b；《金史纪事本末》卷七，第141—142页；由何忠礼提供（出处不详）的数据不一样：金100万锭，银1000万锭，绢1000万匹，《宋代政治史》，第279页。

[45] 《续资治通鉴》卷九七，第2567页。

[46] 《宋史》卷二三，第436页；奚如谷（Stephen H. West）：《转换：落日余晖中的徽宗，或落难皇帝之死》（"Crossing Over：Huizong in the Afterglow, or the Death of a Troubling Emperor"），见田浩、奚如谷编：《女真统治下的中国》（*China under Jurchen Rule*），第583—585页。

[47] 英译引自伊佩霞：《导言》，见伊佩霞、毕嘉珍编：《徽宗皇帝和北宋末期的中国——文化的政治与政治的文化》，第16页。

[48] 《宋史》卷二二，第417页；卷二八，第520页。

[49] 参见虞云国：《细说宋朝》，第323页。

[50] 唐·J. 怀亚特：《北宋的发明》（"The Invention of the Northern Song"），见狄宇宙、唐.怀亚特编：《中国历史上的政治边疆、种族界限和人文地理》（*Political Frontiers, Ethnic Boundaries, and Human Geographies in Chinese History*），第220—224页。

第4章　南　宋

[1] 张家驹：《两宋经济重心的南移》，第31页。

[2] 李剑农：《宋元明经济史稿》，第185页。

[3] 刘兆铭：《中国历史上气候的变迁》，第24—25，28，119页。

[4] 《宋史》卷六一和卷六二，第1317—1374页。

[5] 有关气候变化和自然灾害的论述见刘兆铭：《中国历史上气候的变迁》，第286—287，117—118页。对开封气候的详细介绍见张全明：《论北宋开封地区的气候变迁及其特点》，《史学月刊》，2007年，第1期，第98—108页；周宝珠：《宋代东京研究》，第715—716页；程遂营：《唐宋开封生态环境研究》，第23—25页。

[6] 《宋史》卷九一，第2255页；关于黄河河道线路的变化见吉冈义信（Yoshioka Yoshinobu）：《宋代黄河史研究》，第423—425页；参见卡罗琳·布伦登（Caroline Blunden）、伊懋可：《中国文化地图集》（*Cultural Atlas of China*），第16页。

[7] 见姚汉源：《中国水利史纲要》，第162，181—192，184，189页；蓝克利（Christian Lamouroux）：《从黄河到淮河——1128年河网和水利危机的新表现》（"From the Yellow River to the Huai：New Representations of a River Network and the Hydraulic Crisis of 1128"），见伊懋可、刘翠溶编：《时间的沉积物——中国历史中的环境和社会》（*Sediments of Time：Environment and Society in Chinese History*），第555，547页，地图15.1。

[8] 《宋史》卷二五，第459页。姚汉源：《中国水利史纲要》，第290页。1938年6月国民党军队炸毁了黄河河堤以阻止日本军队的进攻，见迪特·库恩：《第二次世界大战在中国》（*Der*

Zweite Weltkrieg in China)，第 126—129 页。蓝克利：《从黄河到淮河——1128 年河网和水利危机的新表现》，见伊懋可、刘翠溶编：《时间的沉积物——中国历史中的环境和社会》，第 547—548 页。

[9] 姚汉源：《中国水利史纲要》，第 297，299 页。

[10] 邓钢（Deng Gang）：《前近代中国经济——结构平衡与资本家的缺失》（*The Premodern Chinese Economy : Structural Equilibrium and Capitalist Sterility*），第 313 页。

[11] 《宋史》卷八六，第 2173 页；卷八九，第 2226 页；卷九五，第 2370 页。张家驹：《两宋经济重心的南移》，第 50 页。

[12] 邓钢：《前近代中国经济——结构平衡与资本家的缺失》，第 313 页。

[13] 《宋会要辑稿》册一二七，卷一一，第 4992 页。

[14] 傅海波：《金朝》，见傅海波、崔瑞德编：《剑桥中国辽西夏金元史》，第 278 页。

[15] 韩明士（Robert H. Hymes）引自史乐民：《宋元明转型问题导论》（"Introduction : Problematizing the Song-Yuan-Ming Transition"），见史乐民、万志英（Richard von Glahn）编：《中国历史上的宋元明转型》（*The Song-Yuan-Ming Transition in Chinese History*），第 9 页。

[16] 英译文依据胡品清（Hu Pin-ching）：《李清照》（*Li Ch'ing-chao*），第 94 页；王红公、钟玲英译并编辑：《李清照诗词全集》（*Li, Ch'ing-chao : Complete Poems*），第 65 页。

[17] 约翰·W. 海格尔（John W. Haeger）：《南北之间——湖南洞庭湖的叛乱（1130—1135 年）》（"Between North and South : The Lake Rebellion in Hunan, 1130–1135"），《亚洲研究学刊》，1969 年，总第 28 期，第 3 期，第 469—488 页。

[18] 关于 1138 年至 1142 年之间的和谈活动见寺地遵（Teraji Jun）：《南宋初期政治史研究》（Nan Sō shoki seiji shi kenkyū），第 160—259 页。

[19] 牟复礼：《中华帝国（900—1800 年）》，第 299—305 页；卫德明（Hellmut Wilhelm）：《从神话到神话——岳飞传记案例》（"From Myth to Myth : The Case of Yue Fei's Biography"），见芮沃寿、崔瑞德编：《儒家》，第 146—161 页；刘子健：《岳飞与中国的"忠"》（"Yue Fei and China's Heritage of Loyalty"），《亚洲研究学刊》，1972 年，第 31 期，第 291—297 页；爱德华·H. 卡普兰（Edward H. Kaplan）：《岳飞与南宋的建立》（"Yue Fei and the Founding of the Southern Song"），艾奥瓦大学，1970。

[20] 龙佩：《宋高宗给岳飞的谕旨》（"Song Gaozong's Letters to Yue Fei"）。《宋元研究学刊》，第 30 期，2000 年，第 172—173 页。

[21] 何忠礼：《宋代政治史》，第 376，381，384 页。

[22] 何忠礼：《宋代政治史》，第 370—375 页；程秦家德（Priscilla Ching Chung）：《北宋宫廷的女性（960—1126）》（*Palace Women in the Northern Sung, 960–1126*），第 31 页。

[23] 《金史》卷七七，第 1755—1756 页；何忠礼：《宋代政治史》，第 371 页。

[24] 转引自田浩：《功利主义儒家——陈亮对朱熹的挑战》，第 173 页。

[25] 陶晋生：《12 世纪中国女真汉化研究》（*The Jurchen in Twelfth-century China*），第 42 页。

[26] 陶晋生：《金代的公立学校》（"Public Schools in the Chin Dynasty"）。见田浩、奚如谷编：《女真统治下的中国》，第 61 页。

[27] 《金史》卷八三，第 1862—1863 页。

[28] 《金史》卷二四，第 550 页。

[29] 《金史》卷八九，第 1989 页。

[30] 《金史》卷四六，第 1034 页。

[31] 傅海波：《金朝》，见傅海波、崔瑞德编：《剑桥中国辽西夏金元史》，第 281 页。

[32] 《金史》卷二八，第 694 页。

[33] 陈学霖（Chan Hok-lam）:《金代史学三论》（*The Historiography of the Chin Dynasty : Three Studies*），第 148—163 页。

[34] 戴仁柱:《宋代中国的朝廷和家庭（900—1279）——明州史氏家族的仕途成就与家族命运》（*Court and Family in Sung China, 900–1279 : Bureacratic Success and Kingship Fortunes for the Shih of Ming-chou*），第 56 页。王德毅:《宋孝宗及其时代》，第 252 页。

[35] 戴仁柱:《宋代中国的朝廷和家庭（900—1279 年）——明州史氏家族的仕途成就与家族命运》，第 85 页。

[36] 韩侂胄被归为"奸臣"，见《宋史》卷四七四，第 13771—13776 页。

[37] 谢康伦（Conrad M. Schirokauer）:《受攻击下的新儒学——伪学之禁》（"Neo-Confucians under Attack : The Condemnation of the Wei-hsüeh"），见约翰 · W. 海格尔编:《宋代中国的繁荣与危机》，第 185 页。

[38] 《金史》卷一二，第 278 页；傅海波:《南宋军事史的研究和文献》（*Studien und Texte zur Kriegsgeschichte der Sudlichen Sungzeit*），第 158—213 页；王致远著，科里纳 · 哈那（Corina Hana）德译:《开禧德安守城录》（*Bericht über die Verteidigung der Stadt Tê-an wäbrend der Periode k'ai-hsi 1205–1208*），第 122—221 页。

[39] 《金史》卷九八，第 2169—2170 页。

[40] 《金史》卷九八，第 2172—2173 页。

[41] 戴仁柱:《宋代中国的朝廷和家庭（900—1279）——明州史氏家族的仕途成就与家族命运》，第 79—127，198—224 页。

[42] 《续资治通鉴》卷一五八，第 4288 页；戴仁柱:《宋代中国的朝廷和家庭（900—1279 年）——明州史氏家族的仕途成就与家族命运》，第 92 页。

[43] 贾志扬:《天潢贵胄——宋代宗室史》，第 202—203 页。

[44] H. 德斯蒙德 · 马丁（H. Desmond Martin）:《成吉思汗的兴起及其对中国北方的征服》（*The Rise of Chingis Khan and His Conquest of North China*），第 170—171 页。

[45] 同上，第 178 页。

[46] 保罗 · 拉彻涅夫斯基（Paul Ratchnevsky）:《成吉思汗的生平及其遗产》（*Genghis Khan : His Life and Legacy*），第 151 页。

[47] 原文如此。——译者注

[48] 米切尔 · 黄（Michel Hoang）著，因格里德 · 克兰菲尔德（Ingrid Cranfield）英译:《成吉思汗》（*Genghis Khan*），第 286，240—243 页。

[49] 托马斯 · T. 阿尔森（Thomas T. Allsen）:《蒙古帝国的兴起及其在华北的统治》（"The Rise of the Mongolian Empire and the Mongolian Rule in North China"），见傅海波、崔瑞德编:《剑桥中国辽西夏金元史》，第 363—364 页。

[50] 《元史》卷三，第 54 页。

[51] 托马斯 · T. 阿尔森:《蒙古帝国主义——蒙哥大汗对中国、俄罗斯和伊斯兰地区的政策（1251—1259）》（*Mongol Imperialism : The Policies of Grand Qan Möngke in China, Russia, and the Islamic Lands, 1251–1259*），第 84—85 页。

[52] 傅海波:《贾似道（1213—1275）——宋末"奸臣"？》［"Chia Ssu-tao (1213–1275) : A 'Bad Last Minister'?"］，见芮沃寿、崔瑞德编:《儒家》，第 225—228 页。

[53] 漆侠:《宋代经济史》，第 1082—1083 页。

[54] 何忠礼:《宋代政治史》，第 545—546 页。

[55] 傅海波:《贾似道（1213—1275）——宋末"奸臣"？》，第 233 页。

[56] 黄宽重:《南宋地方武力》，第 299—304 页。

[57] 莫里斯·罗萨比:《忽必烈汗的统治》("The Reign of Khubilai Khan"),见傅海波、崔瑞德编:《剑桥中国辽西夏金元史》,第427—428页。

[58] 克里斯蒂安·索非尔(Christian Soffel):《一位编写了其王朝终结的通才:王应麟〈困学纪闻〉分析》(*Ein Universalgelehrter verarbeitet das Ende seiner Dynastie. Eine Analyse des Kunxue jiwen von Wang Yinglin*),第16,152页。

[59] 戴仁柱:《山下有风》(*Wind against the Mountain*),第29—30页。

[60] 同上书,第62页。

[61] 陈世松等:《宋元战争史》,第262—267页。

[62] 戴仁柱:《山下有风》,第75页。

[63]《元史》卷九,第176—177页;《宋史》卷四七,第937页。

[64]《宋史》卷四七,第938页;《简明宋史》,第443页。

[65]《宋史》卷四四六,第13150页;杰伊(Jennifer W. Jay):《改朝换代——13世纪中国的忠义观》(*A Change in Dynasties : Loyalism in Thirteenth-Century China*),第137,137—194页。

[66]《宋史》卷四一八,第12540页。

第5章　儒释道三教

[1] 余英时:《朱熹的历史世界》,卷1,第183页;蔡涵墨(Charles Hartman):《朱熹和他的世界》("Zhu Xi and His World"),《宋元研究学刊》,第36期,2006年,第109页。

[2] 包弼德:《论思想语境化问题——对余英时宋代道学研究的一点反思》("On the Problem of Contextualizing Ideas: Reflections on Yü Yingshi's Approach to the Study of Song Daoxue"),《宋元研究学刊》,第34期2004年,第62页。

[3] 参见冯友兰(Fung Yu-lan):《中国哲学史》的德译本,卷2,第407—413页。

[4]《韩昌黎全集》卷一一,2a。

[5] 张君劢(Carsun Chang):《新儒学思想史》(*The Development of Neo-Confucian Thought*),第43页;姚新中:《儒学导论》(*An Introduction to Confucianism*),第97页。

[6] 参见安娜·D. 伯德维斯泰尔(Anne D. Birdwhistell):《转向新儒学——邵雍的知识论和关于现实的图符》(*Transition to Neo-Confucianism : Shao Yung on Knowledge and Symbols of Reality*);怀亚特:《洛阳的隐士——邵雍和宋初思想的道德发展》。

[7] 陈荣捷(Wing-tsit Chan):《周敦颐》("Chou Tun-i"),见傅海波编:《宋代人物传记》(*Sung Biographies*),第277—281页。

[8] 姚新中:《儒学导论》,第98—99页。

[9] 参见伊兰·E. 卡索夫(Iran E. Kasoff):《张载的思想》(*The Thought of Chang Tsai*)。

[10] 冯友兰:《中国哲学史》,卷2,第497,478—484页。

[11] 姚新中:《儒学导论》,第103页。

[12] 参见J. 佩里·布鲁斯(J. Perry. Bruce):《朱熹和他的老师》(*Chu Hsi and His Masters*),第17—55页。

[13] 包弼德:《斯文——唐宋思想的转型》,第302—303页。

[14]《宋史》卷四二七,第12720页。

[15] 冯友兰:《中国哲学史》,卷2,第501页。

[16] 陈荣捷:《中国哲学文献选编》(*A Source Book in Chinese Philosophy*),第544,551页。

[17] 朱熹、吕祖谦编,陈荣捷英译:《近思录:朱熹和吕祖谦编录的新儒学选集》(*Reflections on Things at Hand: The Neo-Confucian Anthology compiled by Chu His and Lü Tsu-ch'ien*),第xviii页。

[18] 《宋史》卷二八三，第 9565 页；汉斯・范・埃斯（Hans Van Ess）：《从程颐到朱熹——胡氏家族传说中关于道学的教导》（*Von Ch'eng I zu Chu Hsi. Die Lehre vom Rechten Weg in der Überlieferung der Familie Hu*），第 8 页。

[19] 《宋史》卷四二九，第 12751—12770 页；J. 佩里・布鲁斯：《朱熹和他的老师》，第 56—96 页；参见陈荣捷：《朱熹的生平与思想》（*Chu His, life and Thought*）；《朱熹与新儒学》（*Chu Hsi and Neo-Confucianism*）。

[20] 陈荣捷英译：《近思录：朱熹和吕祖谦编录的新儒学选集》，第 xvii 页。

[21] 冯友兰：《中国哲学史》，卷 2，第 534—546 页。

[22] 《朱子语类》卷一五，第 288 页；田浩：《宋代"物"的名与实——关于"物"的哲学观点》("The Idea and Reality of the 'Thing' during the Sung : Philosophical Attitudes toward *wu*"），《宋元研究学刊》，1978 年，第 4 期，第 74 页。

[23] 详见伊佩霞：《朱熹的家礼》（*Chu Hsi's Family Rituals*），第 3 页；以及伊佩霞：《中华帝国的儒学与家礼——有关礼仪论著的社会史》（*Confucianism and Family Rituals in Imperial China : A Social History of Writing about Rites*），第 6 页。

[24] 魏伟森（Thomas A. Wilson）：《新儒家学派利用过去儒学之谱系及历史》（"Genealogy and History in Neo-Confucian Sectarian Uses of the Confucian Past"），《近代中国》（*Modern China*），第 20 期，第 6—7 页；也参见约翰・马克海姆（John Makeham）：《传播者和创造者——中国〈论语〉的注释及其注释者》（*Transmitters and Creators : Chinese Commentators and Commentaries on the Analects*），第 176—177 页。

[25] 陈立夫（Chen Li-fu）：《儒家之道——对四书的系统性新研究》（*The Confucian Way : A New and Systematic Study of the Four Books*），第 3—4 页。

[26] 谢康伦：《朱熹的政治生涯——对其矛盾心理的研究》（"Neo-Confucians under Attack : The Condemnation of the Wei-hsüeh"），见芮沃寿、崔瑞德编：《儒家》，第 166 页。

[27] 详见田浩：《功利主义儒家——陈亮对朱熹的挑战》，第 2—5 页。

[28] 关于陈亮参见田浩：《功利主义儒家——陈亮对朱熹的挑战》；关于叶适参见罗文（Winston Wan Lo）：《叶适的生平与思想》（*Life and Thought of Yeh Shih*）。

[29] 田浩：《功利主义儒家——陈亮对朱熹的挑战》，第 113 页。

[30] 陈荣捷英译：《陈淳〈北溪字义〉》[*Neo-Confucian Terms Explained (The Pei-hsi tzu-i) by Ch'en Ch'un, 1159-1223*]，第 105 页。

[31] 《象山全集》卷一一，10a。

[32] 《宋史》卷四二九，第 12768 页；谢康伦：《朱熹的政治生涯——对其矛盾心理的研究》，见芮沃寿、崔瑞德编：《儒家》，第 185 页；谢康伦：《受攻击下的新儒学——伪学之禁》，见海格尔编：《宋代中国的繁荣与危机》，第 163—196 页。

[33] 罗文：《叶适的生平与思想》，第 149 页；刘子健：《通向新儒家正统之路》（"The Road to Neo-Confucian Orthodoxy : An Interpretation"），《东西方哲学》（*Philosophies, East and West*），第 23 期，第 483—506 页。

[34] 引自司马黛兰（Deborah Sommer）编：《中国宗教——资料选编》（*Chinese Religion : An Anthology of Sources*），第 173—174 页。

[35] 陈荣捷英译：《陈淳〈北溪字义〉》，第 168 页。

[36] 参见爱德华・L. 戴维斯：《中国宋代的社会与超自然现象》，第 69—74 页。

[37] 伊佩霞：《道教与徽宗朝的艺术》（"Taoism and Art at the Court of Emperor Huizong"），见斯蒂芬・里特尔（Stephen Little）、绍恩・艾曲曼（Shawn Eichman）编：《道教与中国艺术》（*Taoism and the Art of China*），第 95—111 页。

[38] 马克·哈尔帕林（Mark Halperin）：《走出经院——中国宋代文人的佛教观》（*Out of the Cloister : Literati Perspectives on Buddhism in Sung China, 960–1279*），第 113—114 页。

[39] 相关的地方统计材料见刘欣如：《宋代长江下游地区的佛教制度》（"Buddhist Institutions in the Lower Yangtze Region during the Song Dynasty"），《宋元研究学刊》，1989 年，第 21 期，第 39—41 页。

[40] 帕特里夏·E. 卡列兹基（Patricia E. Karetzky）：《中国女性的表征——近期的考古学证据》（"The Representation of Women in China : Recent Archaeological Evidence"），《唐研究》（*T'ang Studies*），1999 年，第 12 期，第 242—243 页。

[41] 于君方（Chün-fang Yü）：《观音——观音菩萨的中国变型》（"Guanyin : The Chinese Transformation of Avalokitesvara"），见《末法时代——中国佛教的图景（850—1850）》（*Latter Days of the Law : Images of Chinese Buddhism, 895–1850*），第 151—160，166—176 页。

[42] 芭芭拉·E. 里德（Barbara E. Reed）：《观音菩萨的性别象征》（"The Gender Symbolism of Kuan-yin Bodhisattva"），见何塞·伊格纳西奥·卡贝松（José Ignacio Cabezón）编：《佛教、性和性别》（*Buddhism, Sexuality and Gender*），第 159—180 页。

[43] 陈观胜：《中国佛教史概论》（*Buddhism in China : A Historical Survey*），第 405—408 页。

[44] 阿尔弗雷德·佛尔克（Alfred Forke）：《中国近代哲学史》（*Geschichte der neueren chinesischen Philosophie*），第 9—10 页。

[45] 姚新中：《儒学导论》，第 227 页。

[46] 罗友枝（Evelyn S. Rawski）：《中国葬仪的历史研究方法》（"A Historian's Approach to Chinese Death Ritual"），见华琛（James L. Watson）、罗友枝编：《帝制晚期和现代中国的葬仪》（*Death Ritual in Later Imperial and Modern China*），第 29 页。

[47] 倪德卫（David S. Nivison）、芮沃寿：《行动中的儒学》（*Confucianism in Action*），第 71—72 页。

[48] 岩·司徒尔特（Jan Stuart）、罗友枝：《祭祖——纪念画像》（*Worshipping the Ancestors : Chinese Commemorative Portraits*），第 36 页。

[49] 罗新慧：《曾子与〈孝经〉》，《史学月刊》，1996 年，第 5 期，第 6 页。

[50] 赖永海：《佛学与儒学》，第 91 页；陈观胜：《中国佛教史概论》，第 49 页；姚新中：《儒学导论》，第 234 页。

[51] 茱莉亚·K. 慕雷（Julia K. Murray）：《女孝经与宋本图解——重构与图画语境的问题》（"The Ladies' Classic of Filial Piety and Sung Textual Illustration : Problems of Reconstruction and Artistic Context"），《东方艺术》（*Ars Orientalis*），1988 年，第 18 期，第 95 页。

[52] 迪特·库恩：《归葬之地——宋代墓葬的考古学文献》[*A Place for the Dead : An Archaeological Documentary on Graves and Tombs of the Song Dynasty (960–1279)*]，第 49 页；金朝画家崔琼在今山西省完成了一项含有 22 幅图的孝道故事图像工程。

[53] 《宋元学案》卷三九，2b。

[54] 更多的细节参见基思·N. 纳普（Keith N. Knapp）：《无私的后代》（*Selfless Offspring*）相应的章节。

[55] 高延：《中国宗教制度》，第 4 卷，第 384—385 页。

[56] 傅鸿础（Hongchu Fu）：《孝道的文化流行——〈小张屠〉的一个文本》（"The Cultural Fashioning of Filial Piety : A Reading of 'Xiao Zhangtu'"），《宋元研究学刊》，1999 年，第 29 期，第 74 页。

[57] 《辽史》卷五三，第 879—880 页。

[58] 《全辽文》，第 125—128 页。

[59] 《辽史》卷四，第 52 页；卷一一，第 123 页；卷二三，第 281 页。

[60] 魏特夫、冯家昇：《中国社会史——辽（907—1125）》，第 306 页，注 45。

[61] 《辽史》卷二〇，第 247 页。

[62] 魏特夫、冯家昇：《中国社会史——辽（907—1125）》，第 294 页。

[63] 同上书，第 296 页。

[64] 南希·斯坦哈德：（Nancy Shatzmen Steinhardt）：《辽代建筑》（*Liao Architecture*），第 189 页，表 4；第 59 页，表 2。

[65] 同上书，第 194 页。

[66] 梁思成（Liang Ssu-ch' eng）著、费慰梅（Wilma Fairbank）编：《图像中国建筑史》（*A Pictorial History of Chinese Architecture*），表 34c-g，29a-d；南希·斯坦哈德：《辽代建筑》，第 127—133 页；中国建筑学会编：《古代中国的建筑》（*Ancient Chinese Architecture*），第 89—91 页。

[67] 梁思成著、费慰梅编：《图像中国建筑史》，表 25a-g；南希·斯坦哈德：《辽代建筑》，第 40—51 页；雷德侯（Lothar Ledderose）：《万物——中国艺术的模块与大规模生产》（*Ten Thousand Things : Module and Mass Production in Chinese Art*），第 127—132 页；中国建筑学会编：《古代中国的建筑》，第 80 页。

[68] 南希·斯坦哈德：《辽代建筑》，第 103—121 页。

[69] 参见傅海波：《金朝》，见傅海波、崔瑞德编：《剑桥中国辽西夏金元史》，第 313—319 页；姚道中：《金朝的佛教与道教》（"Buddhism and Taoism under the Chin"），见田浩、奚如谷编：《女真统治下的中国》，第 145—180 页。

[70] 牟复礼：《中华帝国（900—1800 年）》，第 144 页。

第 6 章　教育与科举考试

[1] 韩明士，《官与绅——两宋时期江西抚州的社会精英》（*Statesmen and Gentlemen : The Elite of Fu-chou, Chiang-hsi, in Northern and Southern Sung*），第 7 页。

[2] 罗文：《宋代中国文官科举制度导论（以人事管理制度为主）》（*An Introduction to the Civil Service Examinations of Sung China, with Emphasis on the Personnel Administration*），第 24 页。

[3] 《续资治通鉴长编》卷二二一，第 5370 页。

[4] 张其凡：《皇帝与士大夫共治天下——北宋政治架构探微》，《暨南学报》（哲社版），2001 年，第 6 期，第 114—115 页。

[5] 《文献通考》卷三五，第 332 页。

[6] 迪特·库恩：《地位和仪式——从最初到 10 世纪的贵族中国》（*Status und Ritus. Das China der Aristokraten von den Anfängen bis zum 10. Jahrhundert*），第 543 页。

[7] 《续资治通鉴长编》卷一四七，第 3564 页。

[8] 《宋会要辑稿》册一一三，选举一五：第 4496 页。

[9] 贾志扬：《棘闱——宋代科举的社会史》（*The Thorny Gates of Learning in Sung China : A Social History of Examinations*），第 36 页。

[10] 《宋会要辑稿》册一一三，选举一四，第 4476 页。

[11] 《宋会要辑稿》册一一三，选举七，第 4342 页；宫崎市定（Ichisada Miyazaki）著，谢康伦英译：《中国的考试地狱——帝制中国的科举制度》（*China's Examination Hell : The Civil Service Examination of Imperial China*），第 116 页。

[12] 《续资治通鉴长编》卷五一，第 1120 页；《宋会要辑稿》册 110，选举七，第 4357 页；李弘祺（Thomas H. C. Lee）：《宋代的政府教育与科考》（*Government Education and Examinations in Sung China*），第 148 页。

[13] 贾志扬：《棘闱——宋代科举的社会史》，第 196—202 页；《文献通考》卷三二，第 304—307 页。不包括至宋末为止所举行的 12 次进士考试。《宋会要辑稿》册一〇七，选举一，第 4217—4231 页；从 960 年至 1223 年的科举考试情况，见李弘祺：《宋代的政府教育与科考》，第 226，279—285 页。

[14] 贾志扬：《棘闱——宋代科举的社会史》，第 29 页；周藤吉之（Sodō Yoshiyuki）：《宋代官僚制と大土地所有》（*Sōdai kanryōsei to daitochi shoyū*），第 66 页。

[15] 孙国栋：《唐宋之际社会门第之消融》，第 279，283 页；李弘祺：《宋代的政府教育与科考》，第 212 页。

[16] 柯睿格：《帝国治下的家庭与文官科举制的价值》（"Family versus Merit in Chinese Civil Service Examinations under the Empire"），见毕晓普（John L. Bishop）编：《中国历史上的政府制度研究》（*Studies of Governmental Institutions in Chinese History*），第 103—123 页。

[17] 李弘祺：《宋代的政府教育与科考》，第 21，221 页。

[18] 郝若贝（Robert M. Hartwell）：《750—1550 年期间中国的人口、政治和社会变迁》（"Demographic, Political, and Social Transformations of China, 750-1550"），《哈佛亚洲研究学刊》，1982 年，第 42 期，第 417—418 页；见韩明士：《宋代中国的声望与权力》（"Prominence and Power in Sung China"），宾夕法尼亚大学，1979 年，第 48—55 页。

[19] 郝若贝：《750—1550 年期间中国的人口、政治和社会变迁》，《哈佛亚洲研究学刊》，1982 年，第 42 期，第 419 页。

[20] 英译文据刘师舜：《中国古典散文——唐宋八大家》，第 175 页。

[21] 《宋代文化史》，第 94—95 页。

[22] 陈荣捷英译：《近思录：朱熹和吕祖谦编录的新儒学选集》，第 264—265 页。

[23] 《宋史》卷一一，第 217 页；卷一九，第 364 页。

[24] 李敦仁（Dun J. Li）：《永恒之中国》（*The Ageless Chinese：A History*），第 243 页。

[25] 《宋史》卷一五七，第 3657 页；《文献通考》卷四二，第 395 页；《宋史》卷一五七，第 3659 页。

[26] 参见贾志扬：《棘闱——宋代科举的社会史》，第 32 页，表 6。

[27] 柯睿格：《宋徽宗在位时期受教育机会的增加及所蕴含的意义》（"The Expansion of Education Opportunity in the Reign of Hui-tsung of the Sung and Its Implications"），见《宋研究通讯》（*Sung Studies Newsletter*），1977 年，第 13 期，第 11 页。

[28] 《宋史》卷一五七，第 3657 页。

[29] 《宋代教育》，第 70 页。

[30] 《续资治通鉴长编》卷六七，第 1512，1514 页。

[31] 《直讲李先生文集》卷三五，第 249 页；英译文据李弘祺：《宋代的政府教育与科考》，第 167 页。

[32] 李弘祺：《宋代的政府教育与科考》，第 152—153 页；《续资治通鉴长编》卷一四七，第 3565 页。

[33] 《宋代文化史》，第 101 页。

[34] 《续资治通鉴长编》卷一四三，第 3435 页。

[35] 《续资治通鉴长编》卷二二〇，第 5334—5335 页。

[36] 《韩昌黎全集》卷一二，1b—2a；英译文据蔡涵墨：《韩愈与唐朝廷对统一的追求》（*Han Yü and the Tang search for Unity*），第 163 页。

[37] 《韩昌黎全集》卷二二，4ab。

[38] 艾朗诺（Ronald Egan）:《欧阳修的文学作品》[*The Literacy Works of Ou-yang Hsiu (1007–1072)*]，第 17 页；包弼德:《斯文——唐宋思想的转型》，第 188 页。

[39]《苏东坡全集》卷一，第 279 页。

[40]《苏东坡全集》卷一，第 593 页。

[41]《宋元学案》卷一，第 27 页；也见《中国传统资料汇编》，第 439 页。

[42] 魏希德:《经典形式与科举文化——古文的建构和道学经典》，第 123 页。

[43] 林瑞翰:《宋代官制探微》,《宋史研究集》，1977 年，第 9 期，第 199 页。

[44]《宋史》卷一六八，第 3996 页。

[45]《文献通考》卷六七，第 595—610 页。

[46]《宋史》卷一六八，第 3991—3996 页；卷一七一，第 4109—4112 页；卷一六九，第 4064—4069 页。各职位的俸禄（职钱）见第 4112—4114 页。

[47] 罗文:《宋代中国文官科举制度导论（以人事管理制度为主）》，第 160 页。

[48] 邓钢:《前近代中国经济——结构平衡与资本家的缺失》，第 216 页。

[49]《文献通考》卷六五，第 592 页；邓钢:《前近代中国经济——结构平衡与资本家的缺失》，第 214—215 页;《唐会要》卷九二，第 1669 页。

[50]《宋史》卷一六九，第 4052—4053 页；军衔列表见《宋史》卷一六九，第 4054—4059 页；唐代散官见《宋史》卷一六九，第 4049—4051 页。

[51]《宋史》卷一七一，第 4110 页;《唐会要》卷九一，第 1661 页。

[52]《宋刑统》卷二九，7b。

第 7 章　人生礼仪

[1] 裴志昂（Christian De Pee）:《宋代礼仪手册中的婚礼和性》(“The Ritual and Sexual Bodies of the Groom and Bride in Ritual Manuals of the Sung Dynasty”)，见 Harriet Zurdorfer 编:《中华帝国时期的妇女》(In *Chinese Women in the Imperial Past*)，第 59 页。

[2] 华琛、罗友枝编:《中华帝国晚期和现代中国的葬仪》，第 ix 页；迪特·库恩:《家礼》(“Family Rituals”),《华裔学志》(*Monumenta Serica*)，1992 年，第 40 期，第 370 页。

[3]《宋会要辑稿》册一四，卷一七〇九〇，第 555—556 页。

[4]《礼记注疏》卷六一，4b。

[5] 伊佩霞:《内闱——宋代的婚姻和妇女的生活》(*The Inner Quarters : Marriage and the Lives of Chinese Women in the Sung Period*)，第 47—50 页。

[6]《司马氏书仪》卷三，第 29 页。

[7]《宋文鉴》卷一〇八，第 13 页。

[8]《萍洲可谈》卷一，第 16 页。

[9]《二程集》卷一一，第 640—641 页；英译文见伊佩霞:《内闱——宋代的婚姻和妇女的生活》，第 62 页。

[10] 参见《东京梦粱录》卷五，第 151—155 页;《梦粱录》卷二〇，1a—6b。

[11] 参见伊佩霞:《朱熹的家礼》，第 53 页，注释 17；“六礼”见裴志昂:《宋代礼仪手册中的婚礼和性》，见 Harriet Zurdorfer 编:《中华帝国时期的妇女》，第 60 页。

[12] 参见《礼记注疏》卷六一，4b；陈东原:《中国妇女生活史》，第 30 页;《司马氏书仪》卷三，第 30—33 页；以及《朱熹的家礼》，第 48—64 页。

[13] 参见裴志昂:《宋代礼仪手册中的婚礼和性》，见 Harriet Zurdorfer 编:《中华帝国时期的妇

女》，第 86—89 页；伊佩霞：《中国文明与社会》（*Chinese Civilization and Society*），第 84—94 页；伊佩霞：《内闱——宋代的婚姻和女性的生活》，第 88—98 页。

[14] 《全唐文》卷一〇，11a—12b；英文引自伊佩霞：《朱熹的家礼》，第 63 页。

[15] 茱莉亚 · K. 慕雷：《女孝经与宋本图解——重构与图画语境的问题》，《东方艺术》，1988 年，第 18 期，第 98—99 页。

[16] 陆游著，华兹生（英译）编：《陆放翁诗文选》，第 26—27 页。

[17] 《宋代教育》，第 200—201 页。

[18] 参见苏者聪：《宋代女性文学》；也见方秀洁（Grace S. Fong）：《宋词的产生——宋词中的女性形象和声音》（"Engendering the Lyric：Her Image and Voice in Song"），见余宝琳（Pauline Yu）编：《宋词之声》（*Voice of the Song Lyric in China*）。

[19] 吴佩宜（Pei-yi Wu）：《回忆童年——中国的父母与孩子（800—1700）》（"Childhood Remembered：Parents and Children in China, 800 to 1700"），见安娜 · 本克 · 金尼（Anne Behnke Kinney）编：《中国的童年观》（*Chinese Views of Childhood*），第 141—142 页。

[20] 英文引自上书第 144 页。

[21] 《司马氏书仪》卷四，第 41 页。

[22] 柏清韵（Bettine Birge）：《宋元时期的妇女、财产和儒家观念的相互激荡（960—1368）》[*Women, Property, and Confucian Reaction in Sung and Yuan China (960–1368)*]，第 1—2 页。

[23] 同上书，第 37 页；伊佩霞英译：《宋代中国的家庭与财产——袁采的〈世范〉》（*Family and Property in Sung China：Yuan Ts'ai's "Precepts for Social Life"*），第 117 页。

[24] 柏清韵：《宋元时期的妇女、财产和儒家观念的相互激荡（960—1368 年）》，第 197 页。

[25] 同上书，第 200 页。

[26] 《契丹国志》卷二三，1a。

[27] 《契丹国志》卷二三，3b。

[28] 《辽史》卷四，第 49 页。

[29] 《辽史》卷二五，第 303 页；魏特夫、冯家昇：《中国社会史——辽（907—1125）》，第 266 页。

[30] 《金史》卷九，第 218 页。

[31] 魏特夫、冯家昇：《中国社会史——辽（907—1125）》，第 207 页，表 9。

[32] 《辽史》卷七一，第 1205 页。

[33] 《辽史》卷五二，第 864—865 页。

[34] 裴志昂：《密封的材料和文本的歧义——城市、坟墓与中国中古史》（"Material Ambiguity and the Hermetic Text：Cities, Tombs, and Middle Period History"），《宋元研究学刊》，2004 年，第 34 期，第 85 页。

[35] 迪特 · 库恩：《家礼》，《华裔学志》，1992 年，第 40 期，第 371 页。

[36] 《中国传统资料汇编》，第 443 页。

[37] 爱德华 · L. 戴维斯：《中国宋代的社会与超自然现象》，第 171—172，227—241 页。

[38] 参见埃布内 · 冯 · 埃琛巴赫（Ebner von Eschenbach）：《为死而关注生——宋代的死亡实践和死亡学》[*Die Sorge der Lebenden um die Toten. Thanatopraxis und Thanatologie in der Song-Zeit (960–1279)*]，第 54—55 页。

[39] 《义冢》卷四三，44a—49b；德译文见埃布内 · 冯 · 埃琛巴赫：《为死而关注生——宋代的死亡实践和死亡学》，第 253—266 页。

[40] 《北宋陕州漏泽园》。

[41] 伊佩霞：《宋代的火葬》（"Cremation in Sung China"），《美国历史评论》（*American Historical Review*），1990 年，第 95 期，第 417 页。

[42] 《司马文正公传家集》卷二七，第 381 页；伊佩霞：《朱熹的家礼》，第 200，103 页；迪特·库恩：《归葬之地——宋代墓葬的考古学文献》，第 362—370 页。

[43] 《司马氏书仪》卷七，第 78—79 页；迪特·库恩：《归葬之地——宋代墓葬的考古学文献》，第 14 页。

[44] 英译稍有出入，见伊佩霞：《中华帝国的儒学与家礼——有关礼仪论著的社会史》，第 91 页。

[45] 伊佩霞：《朱熹的家礼》，第 107 页。

[46] 参见伊纳·阿西姆（Ina Asim）：《宋代的宗教》（*Religiöse Landverträge aus der Song-Zeit*），第 32—44 页；阿西姆：《社会地位的象征和保证——宋代的“地契”》（“Status Symbol and Insurance Policy: Song Land Deeds for the Afterlife”），见迪特·库恩编：《宋代的墓葬》（*Burial in Song China*），第 310 页。

[47] 《宋史》卷一二四，第 2909 页。

[48] 迪特·库恩：《解码宋代精英的墓葬》（“Decoding Tombs of the Song Elite”），见迪特·库恩编：《宋代的墓葬》，第 11 页。

[49] 参见迪特·库恩：《归葬之地——宋代墓葬的考古学文献》，第 18—20，27—33 页。

[50] 《记葬用柏棺事》，第 626 页；埃布内·冯·埃琛巴赫：《宋代的公墓》（“Public Graveyards of the Song”），见迪特·库恩编：《宋代的墓葬》，第 230 页。

[51] 《新五代史》卷七二，第 888 页。

[52] 《虏廷事实》卷八，第 173 页。

[53] 迪特·库恩：《墓穴建筑的艺术——辽代的圆顶墓穴》[*Die Kunst des Grabbaus. Kuppelgräber der Liao-Zeit (907–1125)*]，第 207—215 页。

[54] 《丝绸之路文明博览会》（*Grand Exhibition of Silk Road Civilizations*），第 158，150，151 页。

[55] 《契丹国志》卷一三，1b。

[56] 《大金国志》卷三九，1b；刘晓东、杨志军：《试论金朝女真贵族墓葬的类型及演变》，第 124—136 页。

第 8 章　探索内在和外在世界

[1] 据傅君励（Michael A. Fuller）：《东坡之路——苏轼诗歌表达的发展》（*The Road to East Slope: The Development of Su Shi's Poetic Voice*），第 39 页。

[2] 中山茂（Shigeru Nakayama）、内森·席文（Nathan Sivin）编：《中国科学——古代传统的探索》（*Chinese Science: Explorations of an Ancient Tradition*），第 xv 页。

[3] 李约瑟（Joseph Needham）：《中国的科学与文明》，第 1 卷，第 134 页。

[4] 弗朗西斯·培根（Francis Bacon）：《新工具》（*Novum Organum*），第 131 页。

[5] 齐皎瀚（Jonathan Chaves）：《梅尧臣和宋初诗的发展》（*Mei Yao-ch'en and the Development of Early Sung Poetry*），第 51 页。

[6] 关于苏轼的诗参见傅君励：《东坡之路——苏轼诗歌表达的发展》。

[7] 蔡涵墨：《诗歌》（“Poetry”），见《印第安纳中国文学手册》（*The Indiana Companion to Chinese Literature*），第 1 卷，第 51 页。

[8] 齐皎瀚：《梅尧臣和宋初诗的发展》，第 115 页。

[9] 彼得·雷姆比格勒（Peter Leimbiegler）：《梅尧臣——文学和政治解释的尝试》[*Mei Yao-ch'en (1002–1060). Versuch einer literarischen und politischen Deutung*]，第 88—89 页；齐皎瀚：《梅尧臣和宋初诗的发展》，第 188 页。

[10] 乔纳森·皮斯（Jonathan Pease）:《我梦到了蝗虫》（“I Dreamed of Locusts”），《比较批评》（*Comparative Criticism*），1993 年，第 15 期，第 215—222 页。
[11] 许渊冲英译:《苏东坡诗词选》（*Su Dong-po：A New Translation*），第 162 页。
[12] 萨进德（Stuart H Sargent）:《宋代词的语境——交际技巧、社会变迁、品行》（“Contexts of the Song Lyric in Sung Times：Communication Technology, Social Change, Morality”），见余宝琳编:《宋词之声》，第 226 页。
[13] 林顺夫（Lin Shuen-fu）:《中国抒情传统的转变——姜夔和南宋词》（*The Transformation of the Chinese Lyric Tradition：Chang K'uei and Southern Sung Tz'u Poetry*），第 127 页。
[14] 魏玛莎（Marsha Wagner）:《花间集》（“Hua-chien chi”），见《印第安纳中国文学手册》，第 1 卷，第 441—442 页。
[15] 拉普·拉姆（Lap Lam）:《再论柳永和他的“艳”词》（“A Reconsideration of Liu Yong and His ‘Vulgar’ Lyrics”），《宋元研究学刊》，2003 年，第 33 期。
[16] 孙康宜（Kang-I Sun Chang）:《柳永》（“Liu Yung”），见《印第安纳中国文学手册》，第 1 卷，第 594 页。
[17] 英译文据霍福民（Alfred Hoffmann）:《南唐后主李煜（937—978）的词》（*Die Lieder des Li Yü, 937–978, Herrscher der Südlichen T'ang Dynastie*），第 129—130 页。
[18] 柳无忌（Wu-chi Liu）:《中国文学导论》（*An Introduction to Chinese Literature*），第 105 页。
[19] 艾朗诺:《苏轼的一生——言论、思想和行为》（*Word, Image, and Deed in the Life of Su Shi*），第 314 页。
[20] 引自海陶玮（James R. Hightower）:《词人柳永——第一部分》（“The Songwriter Liu Yong：Part I”），《哈佛亚洲研究学刊》，1982 年，第 41 期，第 323—376 页。
[21] 艾朗诺:《欧阳修的文学作品》，第 168—177 页。
[22] 魏世德（John Timothy Wixted）:《李清照的诗词——一位女性作家和妇女的影响力》（“The Poetry of Li Ch' ing-chao：A Woman Author and Women' s Authority”），见余宝琳编:《宋词之声》，第 145—168 页。
[23] 梁白琴（音）（Liang Paitchin）法文翻译:《李清照词全集》（*Oeuvres poétiques completes de Li Qingchao*），第 123 页。
[24] 方秀洁:《宋词的产生——宋词中的女性形象和声音》，见余宝琳编:《宋词之声》，第 119 页。
[25] 曹树铭英译:《李清照诗词文存》，第 89—94 页。
[26] 程千帆、吴新雷:《两宋文学史》，第 349—389 页。
[27] 陈学霖:《金代史学三论》，第 67—119 页。
[28] 吉川幸次郎（Kōjirō Yoshikawa）著，魏世德英译:《中国诗歌五百年（1150—1650）》（*Five Hundred Years of Chinese Poetry, 1150–1650*），第 37 页。
[29] 奚如谷:《寒海和东流水——元好问的丧乱诗》（“Chilly Seas and East-flowing Rivers：Yüan Hao-wen' s Poems of Death and Disorder, 1233–1235”），见田浩、奚如谷编:《女真统治下的中国》，第 281—304 页；魏世德:《元好问》（“Yuan Haowen”），见《印第安纳中国文学手册》，第 1 卷，第 953—955 页。
[30] 迪特·库恩:《归葬之地——宋代墓葬的考古学文献》，第 470 页。
[31] 参见朱迪斯·G. 史密斯（Judith G. Smith）、方闻（Wen C. Fong）编:《中国画的真迹问题》（*Issues of Authenticity in Chinese Painting*）中关于董元的讨论。
[32] 《法库叶茂台辽墓纪略》，图版 1；方闻等:《心印》（*Images of the Mind*），第 25 页。
[33] 苏立文（Michael Sullivan）:《隋唐时期的中国风景画》（*Chinese Landscape Painting in the Sui*

and *T'ang Dynasties*)，第 44—45，56—57，74—75 页。

[34] 方闻：《不朽的山水画》("Monumental Landscape Painting")，见方闻、詹姆斯・C. Y. 瓦特(James C. Y. Watt) 等编：《中华瑰宝》(*Possessing the past*)，第 125 页。

[35] 张珠玉(Scarlett Jang)：《不朽的领域》("Realm of the Immortals : Paintings Decorating the Jade Hall of the Northern Song")，《东方艺术》，1997 年，第 22 期，第 81—96 页。

[36] 方闻等：《心印》，第 43 页。

[37] 冯友兰：《中国哲学史》卷 2，第 491 页。

[38] 《梦溪笔谈》卷一七，第 173 页，第 293 条。

[39] 高居翰(James Cahill)：《翰林图画院》("The Imperial Painting Academy")，见方闻等编：《中华瑰宝》，第 164 页。

[40] 《梦溪笔谈》卷一七，第 173 页，第 293 条。

[41] 彼得・C. 斯图曼(Peter C. Sturman)：《开封之鹤——开封宫廷的吉祥图像》("Cranes above Kaifeng : The Auspicious Image at the Court of Kaifeng")，《东方艺术》，1990 年，第 20 期，第 33—68 页。

[42] 毕嘉珍：《徽宗的画》("Huizong' s Paintings : Art and the Art of Emperorship")，见伊佩霞、毕嘉珍编：《徽宗皇帝和北宋末期的中国——文化的政治与政治的文化》，第 463 页。

[43] 同上书，第 454—455，485—487 页。

[44] 参见翁万戈(Wan-go Weng)、杨伯达(Po-ta Yang)：《故宫博物院》(*Palastmuseum Peking*)，第 159—161 页。

[45] 参见《江苏邗江蔡庄五代墓清理简报》，《文物》1980 年，第 8 期，图版 5，图 1—2。

[46] 陈增弼：《千年古榻》，《文物》1984 年，第 6 期，第 67 页。

[47] 《故宫宋画精华》卷 1，图版 4；韩庄(John Hay)：《〈江行初雪图〉——一幅 10 世纪卷轴及其早期的中国记事》("Along the River during Winter' s First Snow : A Tenth-century Handscroll and Early Chinese Narrative")，《伯灵顿杂志》(*Burlington Magazine*)，1972 年，第 104 : 830 期，第 294—302 页。

[48] 迪特・库恩：《墓穴建筑的艺术——辽代的圆顶墓穴》，第 184—197 页；斯蒂芬・里特尔、绍恩・艾曲曼编：《道教与中国艺术》，第 137 页。

[49] 参见迪特・库恩：《契丹如何重塑了中国圆顶形墓的传统》，第 15 页。

[50] 陶宗冶等：《河北宣化下八里辽金壁画墓》，《文物》，1990 年，第 10 期，彩色图版 1，图 1。

[51] 《司马氏书仪》卷五，第 54 页。

[52] 迪特・库恩：《归葬之地——宋代墓葬的考古学文献》，第 271，289 页。

[53] 田浩：《宋代"物"的名与实——关于"物"的哲学观点》，《宋元研究学刊》，1978 年，第 4 期，第 75 页。

[54] 《梦溪笔谈》卷二〇，第 198 页，第 340 条。

[55] 《梦溪笔谈》卷二四，第 240 页，第 437 条；第 330 页，第 588 条。

[56] 李约瑟：《中国的科学与文明》，第 4 卷，第 1 部分，第 246 页。

[57] 《洗冤录》。

[58] 保罗・克里斯托弗・弗雷吉(Paul Christophe Forage)：《宋代中国的科学、技术和战争》("Science, Technology, and War in Song China")，多伦多大学，博士学位论文，1991 年，第 165—172 页。《梦溪笔谈》卷七，第 83 页，第 130 条；英译文全文见弗雷吉：《宋代中国的科学、技术和战争》，第 194 页；内森・席文：《沈括》("Shen Gua")，见查尔斯・C. 基里斯皮(Charles C. Gillispie)编：《科学传记辞典》(*Dictionary of Scientific Biography*)，第 12 卷，第 374 页。

[59] 李约瑟:《中国的科学与文明》，第 4 卷，第 2 部分，第 465 页。

[60] 参见李约瑟、王铃（Ling Wang）、德列克·普莱士（Derek Price）:《天文钟》（*Heavenly Clockwork*）。

[61] 《金史》卷二二，第 523—524 页。

[62] 李约瑟:《中国的科学与文明》，第 4 卷，第 2 部分，第 495—497 页。

第 9 章　京城的转变

[1] 喜龙仁（Osvald Sirén）:《北京的城墙和城门》（*The Walls and Gates of Peking*），第 1—2 页。

[2] 公元前 1 世纪的《考工记》经常被引用来作为中国城市布局规划的典范;《四库全书精华》卷三，第 768—769 页；许亦农 (Xu Yinong):《空间和时间中的中国城市——苏州城市类型的发展》，（*The Chinese City in Space and Time : The Development of Urban Form in Suzhou*），第 34 页。

[3] 阿尔－西拉非（Al-Sirafi）、阿布·扎伊德·哈桑·本·亚兹德（Abu Zayd Hasan bin Yazid）:《9 世纪去往中国的两位穆罕默德的旅行者的记录》（*Ancient Accounts of India and China by two Mohammedan Travellers Who Went to Those Parts in the 9th Century*），第 59 页。也见王才强（Chye Kiang Heng）:《贵族与官僚之城》（*Cities of Aristocrats and Bureaucrats*），第 1 页。

[4] 《新唐书》卷四九上，第 1286 页。英译文据罗伯特·德斯·罗妥思（Robert des Rotours）的法文译本:《〈百官志〉和〈兵志〉——新唐书翻译》（*Traité des fonctionnaires et traité de l'armée. Traduite de nouvelle histoire des T'ang*），第 2 卷，第 536—537 页。

[5] 《唐会要》卷八六，第 1576 页。

[6] 同上书，第 1581 页。

[7] 《唐两京城坊考》卷一，第 30 页。

[8] 《玉海》卷一三九，第 2587 页；周宝珠:《宋代东京研究》，第 74 页。

[9] 《五代会要》卷二六，第 317—320 页。

[10] 《宋东京考》卷一，第 2 页。

[11] 《宋会要辑稿》卷七九六六，第 7305 页;《东京梦华录》卷一，第 1 页，城门数量的不同数据及城门的名称，见《东京梦华录》卷一，第 26 页；参见柯睿格:《宋开封——讲求实际的都市和礼仪之都》（"Sung K'ai-feng: Pragmatic Metropolis and Formalistic Capital"），见约翰·W. 海格尔编:《宋代中国的繁荣与危机》（*Crisis and Prosperity in Sung China*），第 59 页；周宝珠:《宋代东京研究》，第 61—63 页；丘刚:《北宋东京三城的营建和发展》，《中原文物》，1990 年，第 4 期，第 35—40 页;《宋会要辑稿》，卷七六九九，第 7313 页；迪特·库恩:《宋代——从其文化所见的一个新社会》，第 225 页。

[12] 参见王才强:《贵族与官僚之城》，第 87—90 页。

[13] 加藤繁（Katō Shigeshi）:《关于宋代都市的发展》（《宋代に於ける都市の発達に就いて》），见《中国经济史考证》（《支那経済史考証》），第 93—140 页；参见施坚雅（G. William Skinner）:《中华帝国城市发展导论》（"Introduction : Urban Development in Imperial China"），见施坚雅编:《中华帝国晚期的城市》（*The City in Late Imperial China*），第 23—24 页。

[14] 郝若贝:《中华帝国的经济变化周期——中国东北的煤和铁（750—1350）》（"A Cycle of Economic Change in Imperial China : Coal and Iron in Northeast China,750–1350"），《东方经济与社会史学刊》(*Journal of the Economic and Social History of the Orient*），1967 年，第 10 期，

第 125 页；伊懋可：《中国历史的模式》，第 177 页。

[15] 《宋东京考》卷二四，第 339 页。

[16] 《宋会要辑稿》册一五八，第 6239 页。

[17] 王才强：《贵族与官僚之城》，第 101 页。

[18] 周宝珠：《宋代东京研究》，第 346 页。这个数字是依据每个家庭五口人而计算出来的。

[19] 《宋史》卷八五，第 2097 页；张劲：《开封历代皇宫沿革与北宋东京皇城范围新考》，《史学月刊》，2002 年，第 7 期，第 87—94 页。

[20] 孔宪易：《北宋东京城坊考略》，第 367 页。

[21] 参见柯睿格：《宋开封——讲求实际的都市和礼仪之都》，见约翰 · W. 海格尔编：《宋代中国的繁荣与危机》，第 65—67 页。

[22] 伊佩霞：《内闱——宋代的婚姻和女性的生活》，第 114—151 页；韩森（Valerie Hansen）：《中国日常生活中的谈判——普通人如何使用契约（600—1400）》（*Negotiating Life in Daily China : How Ordinary People Used Contracts, 600–1400*），第 103 页。

[23] 伊佩霞：《内闱——宋代的婚姻和女性的生活》，第 24 页。

[24] 曹星原：《揭开画卷〈清明上河图〉的神秘面纱》（"Unraveling the Mystery of the Handscroll 'Qingming shanghe tu'"），《宋元研究学刊》，2003 年，第 33 期，第 159 页；韩森注释道："张……决定要创造一个理想的城市。"韩森：《北京藏清明上河图画卷及其对中国历史研究的意义》（*The Beijing Qingming Scroll and Its Significance for the Study of Chinese History*），第 5 页；其他不同观点参见琳达 · 库克 · 约翰逊（Linda Cooke Johnson）：《〈清明上河图〉在宋代东京历史地理学研究中的地位》（"The Place of Qingming Shanghe Tu in the Historical Geography of Song Dynasty Dongjing"），《宋元研究学刊》，1996 年，第 26 期，第 145—182 页。

[25] 《续资治通鉴长编》卷一八，第 392—393 页。

[26] 庞德新：《宋代两京市民生活》，第 xxxvi 页。

[27] 《续资治通鉴长编》卷三八，第 823 页。

[28] 周宝珠：《宋代东京研究》，第 72 页；《宋会要辑稿》卷七六九九，第 7310 页；周宝珠的书中第 75—77 页有一份很有用的城坊列表。

[29] 《宋会要辑稿》册一七三，第 6788—6789 页；卷七六九九，第 7311 页。

[30] 《宋会要辑稿》册一七三，第 6789 页。

[31] 在唐代时汴河就已经把洛河和淮河连接起来了；见《宋史》卷七，第 2319—2320 页；琳达 · 库克 · 约翰逊：《〈清明上河图〉在宋代东京历史地理学研究中的地位》，《宋元研究学刊》，1996 年，第 26 期，第 166 页；也见《梦溪笔谈》，第 457 条；曹星原：《揭开画卷〈清明上河图〉的神秘面纱》，《宋元研究学刊》，2003 年，第 33 期，第 176 页。

[32] 《东京梦华录》卷二，第 52 页；王才强：《贵族与官僚之城》，第 123 页。

[33] 《东京梦华录》卷一，第 26 页。

[34] 《东京梦华录》卷六，第 180 页；参见伊维德（Wilt Idema）、奚如谷：《中国戏剧》（Chinese Theater, 1100–1450 : A Source Book），第 35 页。

[35] 《东京梦华录》卷二，第 60，72 页。

[36] 《东京梦华录》卷三，第 119 页；迪特 · 库恩：《宋代——从其文化所见的一个新社会》，第 231 页。

[37] 《东京梦华录》卷三，第 66 页。

[38] 《东京梦华录》卷三，第 67 页；也参见伊维德、奚如谷：《中国戏剧》，第 15—16 页。

[39] 《东京梦华录》卷二，第 67—68 页。

[40] 《辽史》卷三二，第 737 页。

[41] 南希·斯坦哈德：《中国帝都之规划》（*Chinese Imperial City Planning*），第 124 页；参见田村实造（Tamura Jitsuzō）：《中国征服王朝研究》（《中国征服王朝の研究》），第 1 卷，第 320 页（上京），第 336 页（中京）。

[42] 田浩：《功利主义儒家——陈亮对朱熹的挑战》，第 173—174 页；也参见芮沃寿：《中国城市的宇宙论》（"The Cosmology of the Chinese City"），见施坚雅编：《中华帝国晚期的城市》，第 63 页。

[43] 《梦粱录》卷一〇，9ab。

[44] 王才强：《贵族与官僚之城》，第 142 页。

[45] 南希·斯坦哈德：《中国帝都之规划》，第 147 页。

[46] 马可·波罗（Marco Polo）：《马可·波罗寰宇记》（*The Description of the World*），第 1 卷，第 326 页。

[47] 《梦粱录》卷一三，1b；卷一三，3a。

[48] 英译文据刘师舜：《中国古典散文——唐宋八大家》，第 141 页。

[49] 陆游著，华兹生（英译）编：《陆放翁诗文选》，第 33 页。

[50] 《梦粱录》卷一三，3b—4b。

[51] 详细的地图见斯波义信（Yoshinobu Shiba）：《宋代江南经济史研究》（《宋代江南経済史の研究》），第 324—325 页。

[52] 《梦粱录》卷一六，14b。

[53] 杨德泉：《唐宋行会制度研究》，第 220 页；《梦粱录》卷一三，2a—3a。

[54] 《梦粱录》卷一三，2b；也见《武林旧事》卷六，14a—17a。

[55] 所有这些详细描写引自《梦粱录》卷一三，3b—6b；《都城纪胜》，第 14—15 页；迪特·库恩：《宋代——从其文化所见的一个新社会》，第 256—257 页。

[56] 《梦粱录》卷一三，6a。

第 10 章　生产领域的变化

[1] 《中国历代户口田地田赋统计》，第 6 页。

[2] 邢铁：《中国家庭史》，第 3 卷，第 90 页。

[3] 彼得·J. 戈拉斯（Peter J. Golas）：《中国宋代的乡村》（"Rural China in the Song"），《亚洲研究学刊》，1980 年，第 39 期，第 300—305 页。

[4] 《宋史》卷四二二，第 12605 页。

[5] 据邢铁：《中国家庭史》，第 3 卷，第 28 页；柳田节子（Yanagida Setsuko）：《关于宋代的下等户》（《宋代の下等戸に就いて》），《東洋学報》，总第 40 期，1957 年，第 2 期，第 131 页。

[6] 《中国历代户口田地田赋统计》，第 150—151 页；迪特·库恩：《宋代——从其文化所见的一个新社会》，第 196—197，199 页；邢铁：《中国家庭史》，第 3 卷，第 89 页。

[7] 参见邓钢：《前近代中国经济——结构平衡与资本家的缺失》，第 180 页。

[8] 参见佛朗西斯卡·布雷（Francesca Bray）：《中国的科学与文明》，第 6 卷，第 2 部分，第 434—495 页，引语见第 478 页。

[9] 同上书，第 478 页。

[10] 《文献通考》卷四，第 59 页；青山定雄（Aoyama Sadao）：《宋代内河交通的发展》（"Le développement des transports fluviaux sous les Sung"），见《纪念白乐日宋史论文集》，第 283—

284 页。

[11] 参见佛朗西斯卡・布雷:《中国的科学与文明》，第 6 卷，第 2 部分，第 514 页。

[12] 张家驹:《两宋经济重心的南移》，第 11—12 页；迪特・库恩:《宋代——从其文化所见的一个新社会》，第 154—156 页；《金史》卷五〇，第 1114—1115 页；也参见傅海波:《金朝》，见傅海波、崔瑞德编:《剑桥中国辽西夏金元史》，第 299 页。

[13] 更多信息见朱重圣:《北宋茶之生产与经营》；佐伯富（Saeki Tomi）:《宋代茶法研究资料》(《宋代茶法研究資料》)；陆羽著，威廉・乌克斯（William Ukers）英译:《茶经》(*All about Tea*)。

[14] 迪特・库恩:《中国的科学与文明》，第 5 卷，第 9 部分，第 358—362 页。

[15] 《农书》卷二六，6a—7b；迪特・库恩:《中国的科学与文明》，第 5 卷，第 9 部分，第 225—236 页。

[16] 刘和平（Liu Heping）:《北宋的商业与绘画》("Painting and Commerce in Northern Song Dynasty, 960–1126")，耶鲁大学，1997 年；刘和平:《水磨坊与北宋皇家对艺术、商业、科学的赞助》("The Water Mill and Northern Song Imperial Patronage of Art, Commerce, and Science")，《艺术学报》(*Art Bulletin*)，总第 84 期，2002 年，第 4 期，第 566—595 页；迪特・库恩:《宋代——从其文化所见的一个新社会》，第 179—180 页。关于壁画，见潘絜兹:《灵岩彩壁动心魄》，《文物》，1979 年，第 2 期，图版 4；插图见《农书》，20：14，30：6；参见迪特・库恩:《宋代——从其文化所见的一个新社会》，第 179—180 页。

[17] 《宋会要辑稿》册一四七，第 5748 页。

[18] 从南宋开始，大量的私人旅行日记被保存至今，但在中国文学经典中旅行著作还是空白；参见《栾城集》卷四一，12a；李约瑟:《中国的科学与文明》，第 3 卷，第 518 页；青山定雄:《唐宋时代的交通与地志地图的研究》(《唐宋時代の交通と地志地図の研究》)，第 546 页；卜正民（Timothy Brook）:《明清历史的地理根因》(*Geographical Sources of Ming-Qing History*)，第 5 页。

[19] 《后汉书》卷五一，第 2328 页。《中华古文明大图集》卷四，第 113—114，123—124 页。

[20] 《中国古代道路交通史》，第 299—312，336—339，344—350 页。

[21] 于是，我们从文献上看到，修筑于 960 年的沿着太行山从洛阳到太原的石板路其宽度达到 3 米(《续资治通鉴》卷一，第 20 页)。我们也了解到从 962 年开始重新拓宽了在今巩义市、洛阳和陕县之间的道路(《中国古代道路交通史》，第 308—309 页)。更多的信息见玛丽安娜・列温（Marianne Lewin）、昆特・列温（Günter Lewin）:《宋代中国的手工业和贸易》("Gewerbe und Handel im China der Song-Zeit") 第 1 部分，第 68 页；第 2 部分，第 152 页；《续资治通鉴长编》卷七九，第 1806 页；《中华古文明大图集》卷四，第 125 页（四川驿路）；《宋会要辑稿》册一九一，卷一四七四九，第 7462 页。

[22] 齐皎瀚:《梅尧臣和宋初诗的发展》，第 61 页。

[23] 傅乐焕:《宋人使辽语录行程考》，《国学季刊》，1935 年，第 5 卷第 4 期，第 725—753 页。

[24] 《栾城集》卷四一，12a。

[25] 《辽史》卷七九，第 1271 页；卷一二，第 134 页；卷一七，第 201 页。

[26] 《中国古代道路交通史》，第 308—312 页。

[27] 陆游著，华兹生（英译）编:《陆放翁诗文选》，第 55 页，陆游 1202 年的一首诗反映了这种体会；更多信息见张聪（Zhang Cong）:《宋代中国的旅行文化》["The Culture of Travel in Song China (960–1276)"]，西雅图：华盛顿大学，2003 年。

[28] 《中华古文明大图集》卷四，第 118—122 页。

[29] 原文如此。——译者注

[30] 《宋史》卷九三，第 2316 页；迪特 · 库恩:《地位和仪式——从最初到 10 世纪的贵族中国》，第 499 页，地图 22 ；朱契:《中国运河史料选辑》，第 16—22 页。

[31] 何瞻:《在 12 世纪中国的旅途上——范成大（1126—1193）的旅游日记》[*On the Road in Twelfth Century China : The Travel Diaries of Fan Chengda (1126–1193)*]，第 26 页。也见曹星原:《揭开画卷〈清明上河图〉的神秘面纱》，《宋元研究学刊》，2003 年，第 33 期，第 175—176 页。

[32] 斯波义信:《宋代商业史研究》，第 68—69 页。

[33] 陆游著，华兹生（英译）编:《陆放翁诗文选》，第 6 页。

[34] 漆侠:《宋代经济史》下册，第 957 页；约翰 · M. 霍布森（John M. Hobson）:《西方文明的东方源头》(*The Eastern Origins of Western Civilisation*)，第 58 页。

[35] 王红公、钟玲英译并编辑:《李清照诗词全集》，第 67 页。

[36] 斯波义信:《宋代商业史研究》，第 72—73 页。

[37] 《宋史》卷一八五，第 4525 页。郝若贝估计 1078 年某个地区缴纳赋税的铁制品产量约有 7.5 万吨，甚至更多。戈拉斯对数量表示怀疑，但近来瓦格纳对此却予以证实。漆侠计算出，仅农户一年消费的铁制品就有 7 万吨。参见郝若贝:《北宋时期中国煤铁工业的革命（960—1126）》(“A Revolution in the Iron and Coal Industries during the Northern Sung, 960–1126”)《亚洲研究学刊》，1962 年，第 21 期，第 153—162 页；郝若贝:《11 世纪煤、铁工业发展中的市场、技术和企业结构》(“Markets, Technology, and the Structure of Enterprise in the Development of the Eleventh-century Iron and Steel Industry”)，《经济史学报》，1966 年，第 26 期，第 29—58 页；彼得 · J. 戈拉斯:《中国的科学与文明》(*Science and Civilisation in China*)，第 170 页，注 475 ；唐纳德 · 瓦格纳（Donald Wagner）:《中国的科学与文明》，第 5 卷，第 11 部分，第 279—280 页；漆侠:《宋代经济史》下册，第 552—553 页。刘森:《宋代的铁钱与铁产量》，第 90 页。

[38] 汉斯 · 乌尔里希 · 沃格尔（Hans-Ulrich Vogel）、伊丽莎白 · 特森 – 沃格尔（Elisabeth Theisen-Vogel）:《中国和欧洲铜的生产与贸易的比较研究——（8 世纪中期到 19 世纪中期）》(“Kupferezeugung und-handel in China und Europa, Mitte des 8. bis Mitte des 19. Jahrhunderts : Eine vergleichende Studie”)，《波鸿亚洲研究年鉴》(*Bochumer Jahrbuch zur Ostasienforschung*)，1991 年，第 14，57 页；彼得 ·J. 戈拉斯:《中国的科学与文明》，第 90，376—383 页；漆侠:《宋代经济史》下册，第 573 页。

[39] [566] 彼得 · J. 戈拉斯:《中国的科学与文明》，第 134 页，注 352 ；王文成:《宋代白银货币化研究》，第 21 页。

[40] 亚瑟 · 韦利（Arthur Waley）:《白居易的生平与时代》(*The Life and Times of Po Chü-I, 772–846 A. D.*)，第 61—62 页

第 11 章　货币与赋税

[1] 万志英:《财富的源泉——中国 1000—1700 年的货币和货币政策》(*Fountain of Fortune : Money and Monetary Policy in China, 1000–1700*)，第 42 页。

[2] 《宋会要辑稿》卷四六七六，第 4982 页；参见漆侠:《宋代经济史》下册，第 602 页。漆侠:《宋代经济史》下册，第 602—603 页；参见郝若贝:《北宋初期货币体现的演变》(“The Evolution of the Early Northern Sung Monetary System”)，《美国东方学会会刊》(*Journal of the*

American Oriental Society)，总第 87 期，第 280—289 页。徐东升：《北宋铸钱诸问题考辨》，第 92 页。《宋史》卷一八〇，第 4375 页。《文献通考》卷九，第 93 页。

[3] 《宋史》卷一八〇，第 4385 页。

[4] 袁一堂：《北宋钱荒——从币制到流通体制的考察》，《历史研究》，1991 年，第 4 期，第 131 页；彼得·J. 戈拉斯：《中国的科学与文明》，第 380 页。

[5] 万志英：《宋代纸币样本真实性再考》（"Re-examining the Authenticity of Song Paper Money Specimens"），《宋元研究学刊》，2006 年，第 36 期，第 80 页。

[6] 引自李敦仁编：《中华文明要义》（*The Essence of Chinese Civilization*），第 329 页。

[7] 《宋史》卷一八〇，第 4375—4376 页。

[8] 萧清：《中国古代货币史》，第 222—224 页；万志英：《财富的源泉——中国 1000—1700 年的货币和货币政策》，第 52 页。

[9] 《宋史》卷一八〇，第 4403 页；刘森：《宋金纸币史》，第 8，10 页。

[10] 南宋纸币名称。——译者注

[11] 万志英：《宋代纸币样本真实性再考》，《宋元研究学刊》，2006 年，第 36 期，第 90 页。

[12] 彭信威：《中国货币史》，图 58。

[13] 叶坦：《宋代纸币理论考察》，《中国经济史研究》，1990 年，第 4 期，第 134 页；《续资治通鉴长编》卷二七二，第 6663 页。

[14] 刘森：《宋金纸币史》，第 24—26 页；《宋史》卷一八一，第 4404 页。

[15] 杨联陞（Yang Lien-sheng）：《中国货币信贷简史》（*Money and Credit in China*），第 53 页。

[16] 缪坤和：《宋代信用票据研究》，第 131—135 页。

[17] 《宋史》卷一八一，第 4403 页。

[18] 彭信威：《中国货币史》，图 58。

[19] 《客亭类稿》卷九，第 500 页。

[20] 同上。

[21] 延晶平：《宝鸡地区发现的北宋铁钱窖藏》，《中国钱币》，1988 年，第 1 期，第 32—42 页。

[22] 《宋史》卷四一五，第 12448 页；刘森：《宋金纸币史》，第 80—81 页；《后村先生大全集》卷五一，第 10 页；《宋史》卷四一五，第 12448 页。

[23] 《宋史》卷四三〇，第 12784 页。

[24] 万志英：《宋代纸币样本真实性再考》，《宋元研究学刊》，2006 年，第 36 期，第 106 页；参见漆侠：《宋代经济史》，第 1082—1085 页。

[25] 萧清：《中国古代货币史》，第 238—239 页；万志英：《财富的源泉——中国 1000—1700 年的货币和货币政策》，第 55 页。

[26] 王文成：《宋代白银货币化研究》，第 175—178，198—201 页；参见彼得·J. 戈拉斯：《中国的科学与文明》，第 123—124，133—134 页。

[27] 杨联陞：《中国货币信贷简史》，第 95 页；刘秋根：《唐宋高利贷资本的发展》，《史学月刊》，1992 年，第 4 期，第 37 页。

[28] 崔瑞德：《唐代的财政管理》（*Financial Administration under the T'ang Dynasty*），第 39 页。陈登原：《中国田赋史》，第 99—108 页；《文献通考》卷三，第 45 页；傅跃国（音）（Philip Yue-ko Fu）：《中国的政府会计研究——以宋代为特别研究对象》["A Study of Governmental Accounting in China：With Special Reference to the Sung Dynasty (960–1279)"，伊利诺斯大学，第 118 页。

[29] 《新唐书》卷一四五，第 4723—4733 页。

[30] 刘师舜:《中国古典散文——唐宋八大家》，第 109 页。

[31] 英译文引自翟理斯（Herbert Giles）:《古文选珍》（*Gems of Chinese Literature*），第 156 页。

[32] 查尔斯·A. 彼得森（Charles A. Peterson）:《中唐与晚唐的朝廷与地方》（"Court and Province in Mid- and Late T' ang"），见崔瑞德编:《剑桥中国隋唐史》，第 498 页。

[33] 《宋史》卷一七四，第 4202 页。

[34] 其他不一样的长度数据也见《宋史》卷一七五，第 4231—4232 页;《中国传统工艺全集》，第 542 页。

[35] 《梅尧臣编年校注》卷三，第 922 页;《中国历代户口田地田赋统计》，第 284 页；此处的计算据《宋会要辑稿》册一五六，食货六四，第 6086—6093 页。

[36] 魏天安:《宋代布帛生产概观》，见邓广铭编:《宋史研究论文集》，第 98 页；年赋税收入的数字见迪特·库恩:《宋代四川的纺织业》，第 253—254 页。

[37] 《宋史》卷一七四，第 4202—4203 页;《宋元经济史》，第 126—127 页;《宋史》卷一八六，第 4541 页。

[38] 陆游著，华兹生（英译）编:《陆放翁诗文选》，第 56 页。

[39] 《宋史》卷四二二，第 12605 页。

[40] 玛丽安娜·列温、昆特·列温:《宋代中国的手工业和贸易》，第 2 部分，第 135 页；漆侠:《宋代经济史》，第 1009 页；包伟民:《宋代地方财政史研究》，第 319 页；缪坤和:《宋代信用票据研究》，第 42 页。

[41] 《宋史》卷一七九，第 4349 页；李华瑞:《宋代酒的生产和征榷》，第 367 页；996 年至 1112 年的盐的数据，见钱立方:《盐与国家——〈宋史·食货志〉榷盐部分译注》，第 99 页;《宋史》卷一七九，第 4353 页；钱穆:《国史大纲》，第 388 页；高聪明:《宋代货币与货币流通研究》，第 18 页；包伟民:《宋代地方财政史研究》，第 316—318 页。

[42] 万志英:《财富的源泉——中国 1000—1700 年的货币和货币政策》，第 55 页。

[43] 陶晋生:《两位天子》（*Two Sons of Heaven*），第 32 页。

[44] 《大金国志》卷三二，3b。

[45] 傅海波:《金朝》，见傅海波、崔瑞德编:《剑桥中国辽西夏金元史》，第 302—303 页;《宋史纪事本末》卷七二，第 755 页。

[46] 万志英:《财富的源泉——中国 1000—1700 年的货币和货币政策》，第 52 页。

[47] 也见崔瑞德、蒂兹:《辽朝》，见《剑桥中国辽西夏金元史》，第 95 页。

第 12 章　公共领域中的私人生活

[1] 《宋史》卷一五四，第 3600 页；参见克拉斯·瑞滕比克（Klaas Ruitenbeek）:《中华帝国晚期的木工手艺与建筑》（*Carpentry and Building in Late Imperial China*），第 177—181 页。

[2] 伊佩霞:《朱熹的家礼》，第 6—9 页。

[3] 蓝克利:《"旧模范"——1070—1125 年之间的宫廷文化与复古》（" 'Old Models': Court Culture and Antiquity between 1070 and 1125 in Northern Song China"），见迪特·库恩与、海格（Helga Stahl）编:《中国文明中的复古观念》（*Perceptions of Antiquity in Chinese Civilization*）。

[4] 《梦溪笔谈》卷二四，第 236 页，第 425 条。

[5] 林顺夫:《中国抒情传统的转变——姜夔和南宋词》，第 216 页。

[6] 引自斯波义信著，伊懋可英译:《宋代的商业与社会》（*Commerce and Society in Sung*

China)，第 204 页。

[7] 《韩昌黎全集》卷四，1b—2a。有关坐姿的进一步讨论的信息见柯嘉豪（Kieschnick）：《佛教对中国物质文化的影响》(*The Impact of Buddhism on Chinese Material Culture*)，第 223 页。

[8] 林顺夫：《中国抒情传统的转变——姜夔和南宋词》，第 216 页。

[9] 张家驹：《两宋经济重心的南移》，第 27 页。

[10] 弗朗索瓦·路易斯（Francois Louis）：《唐宋时代的金饰》(*Die Goldschmiede der Tang-und Song-Zeit*)，第 183—185 页。齐东方：《唐代金银器研究》；《宋会要辑稿》册四四，第 1782 页；见瞿同祖（Ch' ü Tung-tsu）：《中国法律与中国社会》(*Law and Society in Traditional China*)，第 144 页。

[11] 休斯－斯坦顿（Penelope Hughes-Stanton）、克尔（Rose Kerr）：《古代中国的窑址》(Kiln Sites of Ancient China)；马熙乐（Shelagh J. Vainker）：《中国陶瓷：——从史前至今》(*Chinese Pottery and Porcelain : From Prehistory to the Present*)，第 88—133 页。

[12] 张聪：《宋代中国的旅行文化》，西雅图：华盛顿大学，2003 年，第 82 页。

[13] 《宋会要辑稿》册四四，第 1782—1783 页。

[14] 《司马氏书仪》卷四，第 46 页。王青煜：《辽代服饰》，第 128—134 页。

[15] 谢和耐：《蒙元入侵前夜的中国日常生活》(*Daily Life in China on the Eve of the Mongol Invasion, 1250–1276*)，第 126 页。

[16] 齐皎瀚：《梅尧臣和宋初诗的发展》，第 191 页。

[17] 《韩昌黎全集》卷四，11a—12b。蔡涵墨：《韩愈与唐朝廷对统一的追求》，第 312—313 页，注释 223。

[18] 宿白：《白沙宋墓》，彩图图版 6、图版 8：2，图版 32。

[19] 《故宫书画录》卷七，第 22—23，45 页。刘后的传记见贾志扬《刘后的兴起与摄政（969—1033）》["The Rise and Regency of the Empress Liu(969–1033)"]，《宋元研究学刊》，第 31 期，2001 年，第 1—25 页。

[20] 《梦粱录》卷一三，5a；《鸡肋编》说郛本卷二七，第 1272 页。

[21] 英译文据刘和平：《刘后的弥勒佛偶像》，第 135—136 页；关于"巧笑"，见周汛、高春明：《中国传统服饰形制史》，第 198 页，图 122。

[22] 王红公、钟玲英译并编辑：《李清照诗词全集》，第 6 页。

[23] 周汛、高春明：《中国传统服饰形制史》，第 204 页，图 122。

[24] 马伯良（McKnight）：《宋代中国的法律与秩序》(*Law and Order in Sung China*)，第 348—351 页）；庞德新：《宋代两京市民生活》，第 285 页。

[25] 《辍耕录》卷九，第 137 页；《鸡肋编》说郛本卷六，第 118—127 页；引自庞德新：《宋代两京市民生活》，第 286 页。

[26] 有关各类型丝鞋的介绍和一般描述见高彦颐（Dorothy Ko）：《步步生莲——缠足鞋》(*Every Step a Lotus : Shoes for Bound Feet*)。

[27] 伊佩霞：《内闱——宋代的婚姻和女性的生活》，第 37—43 页。

[28] 《辍耕录》卷一〇，第 158 页。

[29] 伊永文：《宋代市民生活》，第 34 页；迪特·库恩：《归葬之地——宋代墓葬的考古学文献》，第 118，123 页，图 2：3C）；汪玢玲：《中国婚姻史》，第 228 页。

[30] 引自庞德新：《宋代两京市民生活》，第 291 页。也见伊佩霞：《内闱——宋代的婚姻和女性的生活》，第 40 页。

[31] 伊佩霞：《内闱——宋代的婚姻和女性的生活》，第 40—43 页。

[32] 王平（音）(Wang Ping)：《为美而痛——中国的缠足》(*Aching for Beauty : Footbinding in China*)，第 3 页；韩森：《开放的帝国——公元 1600 年前的中国史》(*The Open Empire : A History of China to 1600*)，第 288—289 页。

[33] 《梦溪笔谈》卷一，第 23 页，第 8 条。

[34] 李应强：《中国服装色彩史论》，第 43—44 页。《宋史》卷一六九，第 4051 页；卷一五三，第 3561 页。

[35] 《梦溪笔谈》卷一，第 23—24 页，第 9 条。迪特·库恩：《宋代——从其文化所见的一个新社会》，第 328—329 页。《宋史》卷一五三，第 3564，3574 页；齐皎瀚：《梅尧臣和宋初诗的发展》，第 144—145，168 页。

[36] 许渊冲英译：《苏东坡诗词选》，第 58 页。《福州南宋黄升墓》，第 30，10 页，图 6；迪特·库恩：《归葬之地——宋代墓葬的考古学文献》，第 144—145 页。

[37] 艾朗诺：《徽宗的宫廷诗》("Huizong's Palace Poems")，见伊佩霞、毕嘉珍编：《徽宗皇帝和北宋末期的中国——文化的政治与政治的文化》，第 390 页。

[38] 《福州南宋黄升墓》，第 85—110 页；迪特·库恩：《宋代——从其文化所见的一个新社会》，第 356—365 页。

[39] 朱天舒：《辽代金银器》。

[40] 《梦溪笔谈》卷一，第 24 页，第 9 条。

[41] 《辽史》卷五五，第 905—910 页；卷二二，第 264 页。

[42] 艾琳·S. 梁（Irene S. Leung）：《毡包齐列，大帐紧闭》["Felt Yurts Neatly Arrayed, Large Tents Huddle Close : Visualizing the Frontier in the Northern Song Dynasty (960–1127)"]，见狄宇宙、敦唐·J. 怀亚特·维亚特编：《中国历史上的政治边疆、种族界限和人文地理》，第 206—207 页。《辽史》卷五五，第 900 页；卷五六，第 906，908 页。

[43] 赵评春、赵鲜姬：《金代丝织艺术》。《辽史》卷一七，第 197 页。

[44] 《武林旧事》卷三，1a—15b。

[45] 英译文见宣立敦（Richard Strassberg）：《寄情山水——中华帝国的游记》(*Inscribed Landscapes : Travel Writing from Imperial China*)，第 254—255 页。

[46] 引自林顺夫：《中国抒情传统的转变——姜夔和南宋词》，第 35 页。

[47] 同上书，第 27 页。

[48] 《梦粱录》卷一六，2b—4a。

[49] 谢和耐：《蒙元入侵前夜的中国日常生活》，第 133—140 页；米切尔·丹尼斯·弗里曼：《宋》("Sung")，见张光直（Kwang-chih Chang）编：《从人类学和历史学的视角看中国文化中的食物》(*Food in Chinese Culture: Anthropological and Historical Perspectives*)，第 143—176 页。

[50] 《梦粱录》卷一六，8b—9a。

[51] 约翰·布罗非尔德（John Blofeld）：《中国的茶艺》(*The Chinese Art of Tea*)。

[52] 《梦粱录》卷一六，1ab。

[53] 《司马文正公传家集》卷六二，第 753—755 页。英译文引自柯若朴（Philip Clart）：《司马光（1019–1086）思想中礼的概念》["The Concept of Ritual in the Thought of Sima Guang (1019–1086)"]，见迪特·库恩、黑尔加·斯塔尔（Helga Stahl）编：《中国文明中的古代观念》(*Perceptions of Antiquity in Chinese Civilization*)。

[54] 郭志松（Asaf Goldschmidt）：《北宋时期中国医学的转变》["The Transformations of Chinese Medicine during the Northern Song Dynasty (A. D. 960–1127)"]，宾夕法尼亚大学，第 209 页。

[55] 同上文，第 7 页；郭志松：《徽宗对医学和公共卫生的影响》("Huizong's Impact on Medicine and on Public Health")，见伊佩霞、毕嘉珍编：《徽宗皇帝和北宋末期的中国——文化的政治

与政治的文化》，第 286 页；《梦粱录》卷一五，4a。

[56] 王卫平：《唐宋时期慈善事业概说》，《史学月刊》，2000 年，第 3 期，第 97 页。

[57] 《梦粱录》卷一三，4a—5b。

[58] 《清波别志》卷一，第 14 页；慕阿德（A. C. Moule）：《行在所（杭州）考，附马可·波罗游记校注补》（*Quinsai with Other Notes on Marco Polo*），第 44 页。

[59] 伊佩霞英译：《宋代中国的家庭与财产——袁采的〈世范〉》，第 229 页；王善军：《宋代宗族和宗族制度研究》，第 64—68 页。

[60] 根据《梦粱录》卷一八 20b 原文改写。

[61] 《宋史》卷二九，第 536 页。见谢和耐：《蒙元入侵前夜的中国日常生活》，第 149—150 页。

参考文献

原始资料

1.《北梦琐言》，孙光宪（卒于968年）。
2.《辍耕录》，陶宗仪，1366年；世界书局。
3.《都城纪胜》，灌圃耐得翁，1235年；北京：中国商业出版社，1982年。
4.《东都事略》，王称，1186年。
5.《大金国志》，宇文懋昭，1234年（？）；汗筠斋丛书本。
6.《东京梦华录》，孟元老，1147年；丛书集成本。《东京梦华录注》，邓之诚，香港：商务印书馆，1961年。
7.《二程集》，程颢（1032—1085）、程颐（1033—1107）北京：中华书局，1981年。
8.《后村先生大全集》，刘克庄，四部丛刊本，卷12。
9.《（韩）昌黎（先生）全集》，四部备要本。
10.《后汉书》，范晔，450年；北京：中华书局，1965年。
11.《鸡肋编》，庄绰，1133年；说郛本。
12.《金史》，脱脱编，1344年；北京：中华书局，1975年。
13.《金史纪事本末》，李有棠，1903年；北京：中华书局，1980年。
14.《旧唐书》，刘昫，945年；北京：中华书局，1975年。
15.《记葬用柏棺事》，程颐，见《二程集》，北京：中华书局，1981年。
16.《客亭类稿》，杨冠卿，见四库全书，卷1165。
17.《栾城集》，苏辙（1039—1112），见四部备要，卷560。
18.《礼记注疏》，四库全书本。
19.《辽史》，脱脱编；北京：中华书局，1974年。
20.《虏廷事实》，文惟简（宋）；说郛本。
21.《梦粱录》，吴自牧，1334年；学津讨原本。
22.《梦溪笔谈》，沈括（1086—1093）；香港：中华书局，1975年。
23.《农书》，王祯，1313年；百部丛书本，1530年。
24.《萍洲可谈》，朱彧，1119年；丛书集成本。
25.《清波别志》，周辉，1194年；丛书集成本。
26.《契丹国志》，叶隆礼；汗筠斋丛书本。
27.《全辽文》，陈述编，北京：中华书局，1982年。
28.《却扫编》，徐度，约1130年；见丛书集成初编本，第2791册。
29.《全唐文》，董诰（1740—1818）；台南：经纬书局，1965年。
30.《容斋随笔五集》，洪迈，1196年，见《四库全书精华》。
31.《宋东京考》，周城，1762年；北京：中华书局，1988年。
32.《苏东坡全集》，台北：世界书局，1964年。
33.《说郛》，陶宗仪编，1368年；上海古籍出版社编。
34.《宋会要辑稿》，徐松（1781—1848），台北：新文丰出版社，1976年。
35.《四库全书精华》，国悟石，北京：国际文化出版公司，1995年。
36.《司马氏书仪》，司马光，丛书集成本。
37.《司马文正公传家集》，司马光，1132年；国学基本丛书本。

38.《松漠纪闻》，洪皓（1088—1155），说郛本。
39.《宋史》，脱脱编，1345 年；北京：中华书局，1977 年。
40.《宋史纪事本末》，陈邦瞻，1604—1605 年；北京：中华书局，1977 年。
41.《宋文鉴》，吕祖谦，约 1170 年；台北：世界书局，1960 年。
42.《宋刑统》，窦仪（914—966）等，北京：中华书局，1984 年。
43.《宋元学案》，黄宗羲（1610—1695），台北：广文书局，1971 年。
44.《唐会要》，王溥（922—982），上海：上海古籍出版社，1991 年。
45.《太平寰宇记》，乐史，约 980 年；四库全书本。
46.《唐两京城坊考》，徐松，1848 年；北京：中华书局，1985 年。
47.《五代会要》，王溥，961 年；丛书集成初编本。
48.《文献通考》，马端临编，1308 年；北京：中华书局，1986 年。
49.《象山全集》，陆九渊，1521 年；国学基本丛书本。
50.《新唐书》，欧阳修（1007—1072）、宋祁（998—1061）编，北京：中华书局，1975 年。
51.《新五代史》，欧阳修编，1072 年；北京：中华书局，1974 年。
52.《新仪象法要》，苏颂，1094 年。
53.《续资治通鉴》，毕沅，1801 年；北京：中华书局，1957 年。
54.《续资治通鉴长编》，李焘，1183 年；北京：中华书局，1979 年。
55.《玉海》，王应麟（1223—1296）；上海：江苏古籍出版社、上海书店，1990 年。
56.《义阡》，王犕，1237 年，见《琴川志》，卢镇，1365 年；宋元地方志丛书本。
57.《元史》，宋濂编，1370 年；北京：中华书局，1976 年。
58.《义冢》，见《景定建康志》，周应合，1261 年；宋元地方志丛书本。
59.《中国大百科全书（中国历史）》，北京，1992 年。
60.《直讲李先生文集》，李觏（1009—1059），四部丛刊本。
61.《尊尧录》，罗从彦，1226 年；收入《罗豫章先生文集》，见《正义堂全书》。
62.《真宗北征》，见《容斋随笔五集》。
63.《朱子语类》，黄时仪，1219 年编；黎靖德，1270 年；北京：中华书局，1986 年。

二手文献

Allsen, Thomas T: *Mongol Imperialism: The Policies of the Grand Qan Möngke in China, Russia, and the Islamic Lands, 1251–1259*. Berkeley: University of California Press, 1987.

——— "The Rise of the Mongolian Empire and the Mongolian Rule in North China." In *The Cambridge History of China*. Vol. 6: *Alien Regimes and Border States, 907–1368*, ed. Herbert Franke and Denis Twitchett, pp. 321–413. Cambridge: Cambridge University Press, 1994.

Al-Sirafi and Abu Zayd Hasan bin Yazid. *Ancient Accounts of India and China by Two Mohammedan Travellers Who Went to Those Parts in the 9th Century*, trans. from Arabic by Eusebius Renandot. London: S. Harding, 1733.

Ancient Chinese Architecture, ed. Chinese Academy of Architecture. Hong Kong: Joint Publishing, 1982.

Aoyama Sadao. "Le développement des transports fluviaux sous les Sung." In *Études Song in memoriam of Étienne Balazs. Sung studies, serie I*, ed. Françoise Aubin, pp. 281–296. Paris: Mouton, 1970.

——— *Tō-Sō jidai no kōtsū to chishi chizu no kenkyū (Studies of the Transportation Systems and the Gazetteers and Maps of the Tang and Song Periods)*. Tokyo: Yoshikawa kōbunkan, 1963.

Asim, Ina. *Religiöse Landverträge aus der Song-Zeit*. Heidelberg: Edition Forum, 1993.

——— "Status Symbol and Insurance Policy: Song Land Deeds for the Afterlife." In *Burial in Song China*, ed. Dieter Kuhn, pp. 307–370. Heidelberg: Edition Forum, 1994.

Bacon, Francis. *Novum Organum*, trans. and ed. Peter Urbach and John Gibson. Chicago: Open Court Publishing, 1994.

Bao Weimin. *Songdai difang caizheng shi yanjiu* (*History of Regional Finances in Song Time*). Shanghai: Shanghai guji chubanshe, 2001.

Bei Song Shaanzhou louzeyuan (*The Louzeyuan of Shaanzhou Prefecture in the Northern Song Dynasty*), ed. Sanmenxia shi wenwu gongzuodui. Beijing: Wenwu, 1999.

Bickford, Maggie. "Huizong's Paintings: Art and the Art of Emperorship." In *Emperor Huizong and Late Northern Song China: The Politics of Culture and the Culture of Politics*, ed. Patricia Buckley Ebrey and Maggie Bickford, pp. 453–513. Cambridge: Harvard University Asia Center, 2006.

Bielenstein, Hans. *Diplomacy and Trade in the Chinese World, 589–1276*. Leiden: Brill, 2005.

Birdwhistell, Anne D. *Transition to Neo-Confucianism: Shao Yung on Knowledge and Symbols of Reality*. Stanford: Stanford University Press, 1989.

Birge, Bettine. *Women, Property, and Confucian Reaction in Sung and Yüan China (960–1368)*. Cambridge: Cambridge University Press, 2002.

Blofeld, John. *The Chinese Art of Tea*. London: Allen and Unwin, 1985.

Blunden, Caroline, and Mark Elvin. *Cultural Atlas of China*. Oxford: Phaidon, 1983.

Bol, Peter K. "Emperors Can Claim Antiquity Too: Emperorship and Autocracy under the New Policies." In *Emperor Huizong and Late Northern Song China: The Politics of Culture and the Culture of Politics*, ed. Patricia Buckley Ebrey and Maggie Bickford, pp. 173–205. Cambridge: Harvard University Asia Center, 2006.

——— "On the Problem of Contextualizing Ideas: Reflections on Yü Yingshi's Approach to the Study of Song Daoxue." *Journal of Sung-Yuan Studies* 34 (2004): 60–79.

——— *"This Culture of Ours": Intellectual Transitions in T'ang and Sung China*. Stanford: Stanford University Press, 1992.

Bossler, Beverly. "Shifting Identities: Courtesans and Concubines in Song China." *Harvard Journal of Asiatic Studies* 62, 1 (2002): 5–37.

Bray, Francesca. *Science and Civilisation in China*. Vol. 6.2: *Agriculture*. Cambridge: Cambridge University Press, 1984.

Brook, Timothy. *Geographical Sources of Ming-Qing History*. Ann Arbor: Center for Chinese Studies, University of Michigan, 1988.

Bruce, J. Percy. *Chu Hsi and His Masters*. London: Probsthain, 1923.

Buddhism in the Sung, ed. Peter N. Gregory and Daniel A. Getz, Jr. Honolulu: University of Hawai'i Press, 1999.

Buriks, P. "Fan Chung-yan's Versuch einer Reform des chinesischen Beamtenstaates in den Jahren 1043/44." *Oriens extremus* 3 (1956): 57–80, 153–184.

Cahill, James. "The Imperial Painting Academy." In *Possessing the Past*, ed. Wen C. Fong, James C. Y. Watt, et al., pp. 159–199. New York: Metropolitan Museum of Art, 1996.

Cahill, Suzanne. "Taoism at the Song Court: The Heavenly Text Affair of 1008." *Bulletin of Sung-Yüan Studies* 16 (1980): 23–44.

Carter, Thomas Francis. *The Invention of Printing in China and Its Spread Westward*, 2nd ed., rev. L. Carrington Goodrich. New York: Ronald, 1955.

Ch'en, Kenneth. *Buddhism in China: A Historical Survey*. Princeton: Princeton University Press, 1964.

——— "The Economic Background of the Hui-ch'ang Suppression of Buddhism." *Harvard Journal of Asiatic Studies* 19 (1956): 67–105.

Ch'ü, Tung-tsu. *Law and Society in Traditional China*. Paris: Mouton, 1961.

Chaffee, John W. *Branches of Heaven: A History of the Imperial Clan of Sung China*. Cambridge: Harvard University Asia Center, 1999.

——— "Education and Examination in Sung China." Ph.D. diss., University of Chicago, 1979.

——— "Huizong, Cai Jing, and the Politics of Reform." In *Emperor Huizong and Late Northern Song China: The Politics of Culture and the Culture of Politics*, ed. Patricia Buckley Ebrey and Maggie Bickford, pp. 31–77. Cambridge: Harvard University Asia Center, 2006.

——— "The Rise and Regency of the Empress Liu (969–1033)." *Journal of Sung-Yuan Studies* 31 (2001): 1–25.

——— *The Thorny Gates of Learning in Sung China: A Social History of Examinations*. Cambridge: Cambridge University Press, 1985.

Chan, Hok-lam. *The Historiography of the Chin Dynasty: Three Studies*. Wiesbaden: Franz Steiner, 1970.

Chan, Wing-tsit. "Chou Tun-I." In *Sung Biographies*, Vol. 1, ed. Herbert Franke, pp. 277–281. Wiesbaden: Steiner, 1976.

——— *Chu Hsi, Life and Thought*. New York: St. Martin's Press, 1987.

——— *A Source Book in Chinese Philosophy.* Princeton: Princeton University Press, 1963.
Chang, Carsun. *The Development of Neo-Confucian Thought.* London: Vision Press, 1958.
Chang, Kang-i Sun. "Liu Yung." In *The Indiana Companion to Chinese Literature,* Vol. 1, p. 594.
Chaves, Jonathan. *Mei Yao-ch'en and the Development of Early Sung Poetry.* New York: Columbia University Press, 1976.
Chen Dengyuan. *Zhongguo tianfu shi* (*History of Land-tax in China*). Shanghai: Shangwu shudian, 1938.
Chen Rongzhao. *Fan Zhongyan yanjiu* (*Research on Fan Zhongyan*). Hong Kong: Sanlian shudian, 1987.
Chen Shisong, et al. *Song Yuan zhanzheng shi* (*History of the War between the Song and Yuan*). Chengdu: Sichuansheng shehui kexueyuan chubanshe, 1988.
Chen Zengbi. "Qiannian guta" ("A One Thousand Years Old Bench"). *Wenwu* 1984.6:66–69.
Cheng Qianfan and Wu Xinlei. *Liang Song wenxue shi* (*History of Song Literature*). Shanghai: Shanghai guji chubanshe, 1991.
Cheng Suiying. *Tang Song Kaifeng shengtai huanjing yanjiu* (*On the Ecological Conditions of Kaifeng in Tang and Song Times*). Beijing: Zhongguo shehui kexue chubanshe, 2002.
Cherniack, Susan. "Book Culture and Textual Transmission in Sung China." *Harvard Journal of Asiatic Studies* 54 (1994): 5–125.
Chien, Cecilia Lee-fang. *Salt and State: An Annotated Translation of the Song Shi Salt Monopoly Treatise.* Ann Arbor: University of Michigan Center for Chinese Studies, 2004.
Chikusa Masaaki. *Sō no Taiso to Taisō (The Emperors Taizu and Taizong of the Song*). Tokyo: Shimizu shoin, 1975.
Chinese Religion: An Anthology of Sources, ed. Deborah Sommer. Oxford: Oxford University Press, 1995.
Chinese Science: Explorations of an Ancient Tradition, ed. Shigeru Nakayama and Nathan Sivin. Cambridge: MIT Press, 1973.
Chu Hsi and Neo-Confucianism, ed. Chan Wing-tsit. Honolulu: University of Hawai'i Press, 1986.
Chung, Priscilla Ching. *Palace Women in the Northern Sung, 960–1126.* Leiden: Brill, 1981.
Clart, Philip. "The Concept of Ritual in the Thought of Sima Guang (1019–1086)." In *Perceptions of Antiquity in Chinese Civilization*, ed. Dieter Kuhn and Helga Stahl, pp. 237–252. Heidelberg: Edition Forum, 2008.
Davis, Edward L. *Society and the Supernatural in Song China.* Honolulu: University of Hawai'i Press, 2001.
Davis, Richard L. *Court and Family in Sung China, 900–1279: Bureaucratic*

Success and Kinship Fortunes for the Shih of Ming-chou. Durham: Duke University Press, 1986.
——— *Wind against the Mountain: The Crisis of Politics and Culture in Thirteenth-Century China.* Cambridge: Harvard University Council on East Asian Studies, 1996.
Death Rituals in Late Imperial and Modern China, ed. James Watson and Evelyn Rawski. Berkeley: University of California Press, 1988.
De Bary, William Theodore. *Waiting for the Dawn: A Plan for the Prince; Huang Tsung-hsi's Ming-i-tai-fang lu.* New York: Columbia University Press, 1993.
De Groot, J. J. M. *The Religious System of China.* 5 vols. Leiden: Brill, 1892–1910; rpt. Taibei: Chengwen, 1972.
Deng, Gang. *The Premodern Chinese Economy: Structural Equilibrium and Capitalist Sterility.* London: Routledge, 1999.
Deng Guangming. *Wang Anshi.* Beijing: Renmin chubanshe, 1975.
De Pee, Christian. "Material Ambiguity and the Hermetic Text: Cities, Tombs, and Middle Period History." *Journal of Sung-Yuan Studies* 34 (2004): 81–94.
——— "The Ritual and Sexual Bodies of the Groom and Bride in Ritual Manuals of the Sung Dynasty." In *Chinese Women in the Imperial Past,* ed. Harriet Zurndorfer, pp. 53–100. Leiden: Brill, 1999.
De Weerdt, Hilde. "Canon Formation and Examination Culture: The Construction of Guwen and Daoxue Canons." *Journal of Sung-Yuan Studies* 29 (1999): 92–134.
Di Cosmo, Nicola. "Liao History and Society." In *Gilded Splendour: Treasures of China's Liao Empire (907–1125),* ed. Hsueh-man Shen, pp. 15–23. New York: Asia Society, 2006.
Dunnell, Ruth Wilton. "Tanguts and the Tangut State of Ta Hsia." Ph.D. diss., Princeton University, 1983.
——— "The Xi Xia." In *The Cambridge History of China.* Vol. 6: *Alien Regimes and Border States, 907–1368,* ed. Herbert Franke and Denis Twitchett, pp. 154–214. Cambridge: Cambridge University Press, 1994.
Ebner von Eschenbach, Freiin Silvia. "Public Graveyards of the Song." In *Burial in Song China,* ed. Dieter Kuhn, pp. 215–252. Heidelberg: Edition Forum, 1994.
——— *Die Sorge der Lebenden um die Toten. Thanatopraxis und Thanatologie in der Song-Zeit (960–1279).* Heidelberg: Edition Forum, 1995.
Ebrey, Patricia B. *Chu Hsi's Family Ritual.* Princeton: Princeton University Press, 1991.
——— *Confucianism and Family Rituals in Imperial China: A Social History of Writing about Rites.* Princeton: Princeton University Press, 1991.
——— "Cremation in Sung China." *American Historical Review* 95 (1990): 406–428.

——— *The Inner Quarters: Marriage and the Lives of Chinese Women in the Sung Period*. Berkeley: University of California Press, 1993.

——— "Introduction." In *Emperor Huizong and Late Northern Song China: The Politics of Culture and the Culture of Politics*, ed. Patricia Buckley Ebrey and Maggie Bickford, pp. 1–27. Cambridge: Harvard University Asia Center, 2006.

——— "Taoism and Art at the Court of Emperor Huizong." In *Taoism and the Arts of China*, ed. Stephen Little with Shawn Eichman, pp. 95–111. Chicago: Art Institute of Chicago, 2000.

Egan, Ronald. "Huizong's Palace Poems." In *Emperor Huizong and Late Northern Song China: The Politics of Culture and the Culture of Politics*, ed. Patricia Buckley Ebrey and Maggie Bickford, pp. 361–394. Cambridge: Harvard University Asia Center, 2006.

——— *The Literary Works of Ou-yang Hsiu (1007–1072)*. Cambridge: Cambridge University Press, 1984.

——— *Word, Image, and Deed in the Life of Su Shi*. Cambridge: Harvard University Council on East Asian Studies, 1994.

Elvin, Mark. *The Pattern of the Chinese Past*. Stanford: Stanford University Press, 1973.

Ennin's Diary: The Record of a Pilgrimage to China in Search of the Law, trans. from the Chinese by Edwin O. Reischauer. New York: Ronald Press, 1955.

"Faku Yemaotai Liao mu jilue" ("Report on the Liao Tomb of Yemaotai, Faku District, Liaoning Province"). *Wenwu* 1975.12: 26–36.

Family and Property in Sung China: Yuan Ts'ai's "Precepts for Social Life," trans. Patricia B. Ebrey. Princeton: Princeton University Press, 1984.

Fan Xuehui. "Guanyu 'bei jiu shi bingquan' ruogan wenti de zai tantao" ("New Debates about 'The Removal of Warlords by Drinking'"). *Shixue yuekan* 2006.3: 38–48.

Fischer, J. "Fan Chung-yen, das Lebensbild eines chinesischen Staatsmannes." *Oriens extremus* 2 (1955): 39–85, 142–156.

Fong, Grace S., "Engendering the Lyric: Her Image and Voice in Song." In *Voices of the Song Lyric in China*, ed. Pauline Yu, pp. 107–144. Berkeley: University of California Press, 1994.

Fong, Wen C. "Monumental Landscape Painting." In *Possessing the Past*, ed. Wen C. Fong, James C. Y. Watt, et al., pp. 120–137. New York: Metropolitan Museum of Art, 1996.

Fong, Wen C., et al. *Images of the Mind*. Princeton: The Art Museum, Princeton University, 1984.

Forage, Paul Christopher. "Science, Technology, and War in Song China." Ph.D. diss., University of Toronto, 1991.

Forke, Alfred. *Geschichte der neueren chinesischen Philosophie*. Hamburg: Cram, de Gruyter, 1964.

Franke, Herbert. "Chia Ssu-tao (1213–1275): A 'Bad Last Minister'?" In *Confucian Personalities*, ed. Arthur F. Wright and Denis Twitchett, pp. 217–234. Stanford: Stanford University Press, 1962.

——— "The Chin." In *The Cambridge History of China*. Vol. 6: *Alien Regimes and Border States, 907–1368*, ed. Herbert Franke and Denis Twitchett, pp. 215–320. Cambridge: Cambridge University Press, 1994.

——— "The Forest Peoples of Manchuria: Khitans and Jurchens." In *The Cambridge History of Early Inner Asia*, ed. Denis Sinor, pp. 400–423. Cambridge: Cambridge University Press, 1990.

——— *Studien und Texte zur Kriegsgeschichte der Südlichen Sungzeit*. Wiesbaden: Otto Harrassowitz, 1987.

——— "Treaties between Sung and Chin." In *Études Song in memoriam of Étienne Balazs. Sung studies, serie I*, ed. Françoise Aubin, pp. 55–84. Paris: Mouton, 1970.

Franke, Wolfgang. "Historical Precedent or Accidental Repetition of Events? K'ou Chun in 1004 and Yu Ch'ien in 1449." In *Études Song in memoriam of Étienne Balazs. Sung studies, serie I, 3*, ed. Françoise Aubin, pp. 199–206. Paris: Mouton, 1976.

Freeman, Michael Dennis. "Lo-yang and the Opposition to Wang An-shih: The Rise of Confucian Conservatism (1068–1086)." Ph.D. diss., Yale University, 1973.

——— "Sung." In *Food in Chinese Culture: Anthropological and Historical Perspectives*, ed. Kwang-chih Chang, pp. 143–176. New Haven: Yale University Press, 1977.

Fu, Hongchu. "The Cultural Fashioning of Filial Piety: A Reading of 'Xiao Zhangtu' (Little Zhang the Butcher)." *Journal of Sung-Yuan Studies* 29 (1999): 63–89.

Fu Lehuan. "Songren shi Liao yulu xingcheng lao" ("An Investigation into the Travelling Routes of Song Embassies to the Liao as Seen from Their Records"). *Guoxue jikan* 5, 4 (1935): 725–753.

Fu, Philip Yuen-ko. "A Study of Governmental Accounting in China: With Special Reference to the Sung Dynasty (960–1279)." Ph.D. diss., University of Illinois, Urbana.

Fuller, Michael A. *The Road to East Slope: The Development of Su Shi's Poetic Voice*. Stanford: Stanford University Press, 1990.

Fung Yu-lan. *A History of Chinese Philosophy*. Vol. 2: *The Period of Classical Learning*, trans. Derk Bodde. Princeton: Princeton University Press, 1953.

Fuzhou Nan Song Huang Sheng mu (*The Tomb of Huang Sheng of Southern Song Times in Fuzhou*). Beijing: Wenwu chubanshe, 1982.

Gao Congming. *Songdai huobi yu huobi liutong yanjiu* (*Currency and Currency Circulation in Song Times*). Baoding: Hebei daxue chubanshe, 1999.

Gernet, Jacques. *Buddhism in Chinese Society*. New York: Columbia University Press, 1995.

——— *Daily Life in China on the Eve of the Mongol Invasion, 1250–1276.* Stanford: Stanford University Press, 1970.

Giles, Herbert. *Gems of Chinese Literature*. Shanghai, 1923; rpt. Taipei: Literature House, 1964.

Giles, Lionel. "Chinese Printing in the Tenth Century." *Journal of the Royal Asiatic Society of Great Britain and Ireland* 56 (1925): 513–515.

Golas, Peter J. "Rural China in the Song." *Journal of Asian Studies* 39, 2 (1980): 291–325.

——— *Science and Civilisation in China*. Vol. 5.13: *Mining*. Cambridge: Cambridge University Press, 1999.

Goldschmidt, Asaf. "Huizong's Impact on Medicine and on Public Health." In *Emperor Huizong and Late Northern Song China: The Politics of Culture and the Culture of Politics,* ed. Patricia Buckley Ebrey and Maggie Bickford, pp. 275–323. Cambridge: Harvard University Asia Center, 2006.

——— "The Transformations of Chinese Medicine during the Northern Song Dynasty (A.D. 960–1127)." Ph.D. diss., University of Pennsylvania.

Graff, David A. *Medieval Chinese Warfare, 300–900*. London: Routledge, 2002.

Grand Exhibition of Silk Road Civilizations, ed. Nara Prefectural Museum of Art. Nara, 1988.

Gugong shuhua lu (*Catalog of Works of Calligraphy and Painting in the National Palace Museum*). Taipei: National Palace Museum, 1965.

Gugong Song hua jinghua (*Paintings from the Song Dynasty in the National Palace Museum*). Taipei: Gakken, 1975.

Haeger, John W. "Between North and South: The Lake Rebellion in Hunan, 1130–1135." *Journal of Asian Studies* 28, 3 (1969): 469–488.

Halperin, Mark. *Out of the Cloister: Literati Perspectives on Buddhism in Sung China, 960–1279*. Cambridge: Harvard University Asia Center, 2006.

Hana, Corina. *Bericht über die Verteidigung der Stadt Tê-an während der Periode k'ai-hsi 1205–1208 (K'ai-hsi Tê-an shou-ch'eng lu) von Wang Chih-yüan*. Wiesbaden: Franz Steiner, 1970.

Hansen, Valerie. *The Beijing Qingming Scroll and Its Significance for the Study of Chinese History*. New Haven: Yale University Press, 1996.

——— *Negotiating Life in Daily China: How Ordinary People Used Contracts, 600–1400*. New Haven: Yale University Press, 1995.

——— *The Open Empire: A History of China to 1600*. New York: Norton, 2000.

Hargett, James M. "Huizong's Magic Marchmount: The Genyue Pleasure Park in Kaifeng." *Monumenta Serica* 38 (1988–89): 1–48.

——— *On the Road in Twelfth Century China: The Travel Diaries of Fan Chengda (1126–1193)*. Stuttgart: Franz Steiner, 1989.

Hartman, Charles. *Han Yü and the T'ang Search for Unity*. Princeton: Princeton University Press, 1986.

——— "Poetry." In *The Indiana Companion to Traditional Chinese Literature*, Vol. 1, pp. 59–74.
——— "Zhu Xi and His World." *Journal of Song-Yuan Studies* 36 (2006): 107–131.
Hartwell, Robert M. "A Cycle of Economic Change in Imperial China: Coal and Iron in Northeast China, 750–1350." *Journal of the Economic and Social History of the Orient* 10 (1967): 102–159.
——— "Demographic, Political, and Social Transformations of China, 750–1550." *Harvard Journal of Asiatic Studies* 42 (1982): 365–442.
——— "The Evolution of the Early Northern Sung Monetary System." *Journal of the American Oriental Society* 87:3 (1967): 280–289.
——— "Markets, Technology, and the Structure of Enterprise in the Development of the Seventeenth-century Iron and Steel Industry." *Journal of Economic History* 26, 1 (1966): 29–58.
——— "A Revolution in the Iron and Coal Industries during the Northern Sung, 960–1126." *Journal of Asian Studies* 21 (1962): 153–162.
Hay, John. "Along the River during Winter's First Snow: A Tenth-century Handscroll and Early Chinese Narrative." *Burlington Magazine* 104:830 (1972): 294–302.
He Zhongli. "Bei Song kuoda keju qushi de yuanyin ji yu rongguan rongli de guanxi" ("The Extension of the Imperial Examinations in the Northern Song Dynasty: Its Causes and Relationships to the Emergence of Redundant Government Officials"). In *Song shi yanjiu jikan* (*Collection of Research Works on the Song Dynasty*), ed. Xu Gui, pp. 87–106. Hangzhou: Zhejiang guji chubanshe, 1986.
——— *Songdai zhengzhi shi* (*Political History of the Song Dynasty*). Hangzhou: Zhejiang daxue chubanshe, 2007.
Heng, Chye Kiang. *Cities of Aristocrats and Bureaucrats*. Singapore: Singapore University Press, 1999.
Hightower, James R. "The Songwriter Liu Yong: Part I." *Harvard Journal of Asiatic Studies* 41, 2 (1981): 323–376.
Historical Records of the Five Dynasties. Ouyang Xiu, trans. with introd. by Richard L. Davis. New York: Columbia University Press, 2004.
Ho, Koon-wan. "Politics and Factionalism: K'ou Chun (962–1023) and His T'ung-nien." Ph.D. diss., University of Arizona, 1990.
Ho, Ping-ti. "An Estimate of the Total Population of Sung-Chin China." In *Études Song in memoriam of Étienne Balazs. Sung studies, serie I,* ed. Françoise Aubin, pp. 3–53. Paris: Mouton, 1970.
Hoang, Michel. *Genghis Khan,* trans. Ingrid Cranfield. London: Saqi Books, 1990.
Hobson, John M. *The Eastern Origins of Western Civilisation.* Cambridge: Cambridge University Press, 2004.

Hoffmann, Alfred. *Die Lieder des Li Yü, 937–978, Herrscher der Südlichen T'ang Dynastie*. Cologne: Greven, 1950.
Holmgren, Jennifer. "Marriage, Kinship and Succession under the Ch'i-tan Rulers of the Liao Dynasty." *T'oung Pao* 72 (1986): 44–91.
Hsieh, Shan-yüan. *The Life and Thought of Li Kou, 1009–1059*. San Francisco: Chinese Materials Center, 1979.
Hu, Pin-ching. *Li Ch'ing-chao*. New York: Twayne Publishers, 1966.
Huan Kuan-chung. *Nan Song difang wuli. Difangjun yu minjian ziwei wuli de tantao* (*The Regional Military Forces in Southern Song China: Studies of Regional Armies and Local Militia*). Taipei: Dongda tushu gongsi, 2002.
Hughes-Stanton, Penelope, and Rose Kerr. *Kiln Sites of Ancient China*. London: Oriental Ceramic Society, 1980.
Hymes, Robert H. "Prominence and Power in Sung China." Ph.D. diss., University of Pennsylvania, 1979.
——— *Statesmen and Gentlemen: The Elite of Fu-chou, Chiang-hsi, in Northern and Southern Sung*. Cambridge: Cambridge University Press, 1986.
Idema, Wilt, and Stephen West. *Chinese Theater, 1100–1450: A Source Book*. Munich: Franz Steiner, 1982.
Indiana Companion to Traditional Chinese Literature, The, ed. William H. Nienhauser Jr. 2 vols. Bloomington: Indiana University Press, 1986, 1998.
Issues of Authenticity in Chinese Painting, ed. Judith G. Smith and Wen C. Fong. New York: Metropolitan Museum of Art, 1999.
Jan Yün-hua. "Buddhist Self-immolation in Medieval China." *History of Religions* 4, 2 (1965): 243–268.
Jang, Scarlett. "Realm of the Immortals: Paintings Decorating the Jade Hall of the Northern Song." *Ars Orientalis* 22 (1997): 81–96.
Jay, Jennifer W. *A Change in Dynasties: Loyalism in Thirteenth-Century China*. Bellingham: Western Washington University, 1991.
Ji, Xiao-bin. *Politics and Conservatism in Northern Song China: The Career and Thought of Sima Guang (A.D. 1019–1086)*. Hong Kong: Chinese University Press, 2005.
Jia Haitao. *Bei Song "rushu zhi guo" zhengzhi yanjiu* (*Political Research in the "Confucian Doctrine to Rule the State" in Northern Song*). Jinan: Qilu shushe, 2006.
Jianming Song shi (*Simplified History of the Song*), ed. Zhou Baozhu and Chen Zhen. Beijing: Renmin chubanshe, 1985.
Johnson, Linda Cooke. "The Place of Qingming Shanghe Tu in the Historical Geography of Song Dynasty Dongjing." *Journal of Sung-Yuan Studies* 26 (1996): 145–182.
Kaplan, Edward H. "Yue Fei and the Founding of the Southern Song." Ph.D. diss., University of Iowa, 1970.
Kara, György. "Kithan and Jurchin." In *The World's Writing Systems,* ed. Peter

D. Daniels and William Bright, pp. 230–238. New York: Oxford University Press, 1986.
Karetzky, Patricia E. "The Representation of Women in China: Recent Archaeological Evidence." *T'ang Studies* 12 (1999): 213–271.
Kasoff, Ira E. *The Thought of Chang Tsai.* Cambridge: Cambridge University Press, 1984.
Katō, Shigeshi. "Sōdai ni okeru toshi no hattatsu ni tsuite" ("The Development of Cities during the Song Dynasty"). In *Shina kezaīshi kōshō (Studies in Chinese Economic History)*, pp. 93–140. Tokyo: Tōkyō bunko, 1952–1953.
Kieschnick, John. *The Impact of Buddhism on Chinese Material Culture.* Princeton: Princeton University Press, 2003.
Knapp, Keith Nathaniel. *Selfless Offspring: Filial Children and Social Order in Medieval China.* Honolulu: University of Hawai'i Press, 2005.
Ko, Dorothy. *Every Step a Lotus: Shoes for Bound Feet.* Berkeley: University of California Press, 2001.
Kong Xianyi. "Bei Song Dongjing chengfang kaolue" ("Study on the Streets of Dongjing"). In *Song shi yanjiu lunwen ji*, ed. Deng Guangming, pp. 346–369. Henan renmin chubanshe, 1984.
Kracke, E. A. Jr. *Civil Service in Early Sung China, 960–1067.* Cambridge: Harvard University Press, 1953.
——— "The Expansion of Educational Opportunity in the Reign of Hui-tsung of the Sung and Its Implications." *Sung Studies Newsletter* 13 (1977): 6–30.
——— "Family versus Merit in Chinese Civil Service Examinations under the Empire." In *Studies of Governmental Institutions in Chinese History*, ed. John L. Bishop, pp. 103–123. Cambridge: Harvard University Press, 1968.
——— "Sung K'ai-feng: Pragmatic Metropolis and Formalistic Capital." In *Crisis and Prosperity in Sung China*, ed. John Winthrop Haeger, pp. 49–77. Tucson: University of Arizona Press, 1975.
Kuhn, Dieter. "Decoding Tombs of the Song Elite." In *Burial in Song China*, ed. Dieter Kuhn, pp. 11–159. Heidelberg: Edition Forum, 1994.
——— "Family Rituals." *Monumenta Serica* 40 (1992): 369–385.
——— *How the Qidan Reshaped the Tradition of the Chinese Dome-shaped Tomb.* Heidelberg: Edition Forum, 1998.
——— "An Introduction to Chinese Archaeology of the Liao." In *Gilded Splendour: Treasures of China's Liao Empire (907–1125)*, ed. Hsueh-man Shen, pp. 25–39. New York: Asia Society, 2006.
——— *Die Kunst des Grabbaus. Kuppelgräber der Liao-Zeit (907–1125).* Heidelberg: Edition Forum, 1997.
——— *A Place for the Dead: An Archaeological Documentary on Graves and Tombs of the Song Dynasty (960–1279).* Heidelberg: Edition Forum, 1996.

——— *Science and Civilisation in China*. Vol. 5.9: *Textile Technology*. Cambridge: Cambridge University Press, 1988.
——— "Songdai Sichuan de fangzhiye: Das Textilgewerbe in Sichuan in der Song-Dynastie." In *Beiträge zur Geschichte der Song-Zeit/Contributions to the Study of Song History*, ed. Dieter Kuhn and Ina Asim, pp. 225–266. Heidelberg: Edition Forum, 2006.
——— *Die Song-Dynastie (960 bis 1279): Eine neue Gesellschaft im Spiegel ihrer Kultur*. Weinheim: Acta Humaniora VCH, 1987.
——— *Status und Ritus. Das China der Aristokraten von den Anfängen bis zum 10. Jahrhundert*. Heidelberg: Edition Forum, 1991.
——— *Der Zweite Weltkrieg in China*. Berlin: Duncker & Humblot, 1999.
Kurz, Johannes. *Das Kompilationsprojekt Song Taizongs (reg. 976–997)*. Bern: Peter Lang, 2003.
Kycanov, E. I. "Les guerres entre les Sung du Nord et le Hsi-Hsia." In *Études Song in memoriam of Étienne Balazs. Sung studies, serie I, 2*, ed. Françoise Aubin, pp. 103–118. Paris: Mouton, 1971.
Lai Yonghai. *Foxue yu ruxue* (Buddhism and Confucianism). Taipei: Yangzhi wenhua, 1995.
Lam, Lap. "A Reconsideration of Liu Yong and His 'Vulgar' Lyrics." *Journal of Sung-Yuan Studies* 33 (2003): 1–47.
Lamouroux, Christian. *Fiscalité, comptes publics et politiques financières dans la Chine des Song. Le chapitre 179 du Songshi*. Paris: Collège de France, 2003.
——— "From the Yellow River to the Huai: New Representations of a River Network and the Hydraulic Crisis of 1128." In *Sediments of Time: Environment and Society in Chinese History*, ed. Mark Elvin and Liu Ts'ui-jung, pp. 545–584. Cambridge: Cambridge University Press, 1998.
——— "'Old Models': Court Culture and Antiquity between 1070 and 1125 in Northern Song China." In *Perceptions of Antiquity in Chinese Civilization*, ed. Dieter Kuhn and Helga Stahl, pp. 291–319. Heidelberg: Edition Forum, 2008.
Ledderose, Lothar. *Ten Thousand Things: Module and Mass Production in Chinese Art*. Princeton: Princeton University Press, 2000.
Lee, Thomas H. C. *Government Education and Examinations in Sung China*. Hong Kong: Chinese University Press, 1985.
Leimbiegler, Peter. *Mei Yao-ch'en (1002–1060). Versuch einer literarischen und politischen Deutung*. Wiesbaden: Harrassowitz, 1970.
Leung, Irene S. "Felt Yurts Neatly Arrayed, Large Tents Huddle Close: Visualizing the Frontier in the Northern Song Dynasty (960–1127)." In *Political Frontiers, Ethnic Boundaries, and Human Geographies in Chinese History*, ed. Nicola Di Cosmo and Don J. Wyatt, pp. 192–219. London: RoutledgeCurzon, 2003.

Levy, Howard S. *Biography of Huang Ch'ao* (trans. from *Hsin T'ang-shu*). Berkeley: University of California Press, 1955.

Lewin, Günter. *Die ersten fünfzig Jahre der Song-Dynastie in China.* Berlin: Akademie-Verlag, 1973.

Lewin, Marianne, and Günter Lewin. "Gewerbe und Handel im China der Song-Zeit. Teil I. Ein staatliches Verlagssystem im mittelalterlichen China?" *Jahrbuch des Museums für Völkerkunde zu Leipzig* 37 (1987): 13–75.

——— "Gewerbe und Handel im China der Song-Zeit. Teil II: Die chinesische Stadt." *Jahrbuch des Museums für Völkerkunde zu Leipzig* 38 (1989): 128–175.

Li Ch'ing-chao: Complete Poems, trans. and ed. Kenneth Rexroth and Ling Chung. New York: New Directions, 1979.

Li, Dun J. *The Ageless Chinese: A History.* London: J. M. Dent and Sons, 1968.

Li, Fu-chen. *The Confucian Way: A New and Systematic Study of the Four Books.* Taipei: Commercial Press, 1972.

Li Huarui. *Songdai jiu de shengchan he zhengque* (*The Production and Taxes of Alcohol in Song Times*). Baoding: Hebei daxue chubanshe, 2001.

——— *Song shi lunji* (*Collected Writings on the Song History*). Baoding: Hebei daxue chubanshe, 2001.

——— *Wang Anshi bianfa yanjiu shi* (*Research History of the Reform Policies of Wang Anshi*). Beijing: Renmin chubanshe, 2004.

Li Jiannong. *Song Yuan Ming jingji shigao* (*An Economic History of the Song, Yuan, and Ming Dynasties*). Beijing: Sanlian, 1957.

Li Qingzhao shici wencun (*The Poems and Song Lyrics of Li Qingzhao*), trans. Cao Shuming. Taipei: Taiwan Shangwu yinshuguan, 1992.

Li Yingqiang. *Zhongguo fuzhuang secai shilun* (*Historical Discussion on the Colours of Chinese Garments*). Taipei: Nantian shuju, 1993.

Liang Ssu-ch'eng. *A Pictorial History of Chinese Architecture,* ed. Wilma Fairbank. Cambridge: MIT Press, 1985.

Lin Ruihan. "Songdai guanzhi tanwei" ("Inquiry into the Officials' System of the Song Dynasty"). *Song shi yanjiu ji* 1977.9: 199–267.

Lin, Shuen-fu. *The Transformation of the Chinese Lyrical Tradition: Chiang K'uei and Southern Sung Tz'u Poetry.* Princeton: Princeton University Press, 1978.

Liu, Heping. "Empress Liu's Icon of Maitreya: Portraiture and Privacy at the Early Song Court." *Artibus Asiae* 62, 2 (2003): 129–190.

——— "Painting and Commerce in Northern Song Dynasty, 960–1126." Ph.D. diss., Yale University, 1997.

——— "The Water Mill and Northern Song Imperial Patronage of Art, Commerce, and Science." *Art Bulletin* 84, 4 (2002): 566–595.

Liu, James T. C. *China Turning Inward: Intellectual-Political Changes in the Early Twelfth Century.* Cambridge: Council on East Asian Studies, Harvard University, 1988.

——— “An Early Sung Reformer: Fan Chung-yen.” In *Chinese Thought and Institutions,* ed. John K. Fairbank, pp. 105–131. Chicago: University of Chicago Press, 1967.

——— *Ou-yang Hsiu: An Eleventh-century Neo-Confucianist.* Stanford: Stanford University Press, 1967.

——— *Reform in Sung China: Wang An-shih and His New Policies.* Cambridge: Harvard University Press, 1959.

——— “The Road to Neo-Confucian Orthodoxy: An Interpretation.” *Philosophies, East and West* 23, 4 (1973): 483–506.

——— “Yue Fei and China's Heritage of Loyalty.” *Journal of Asian Studies* 31 (1972): 291–297.

Liu Jingzhen. *Bei Song qianqi: Huangdi he tamen de quanli* (*The Early Period of the Northern Song: The Emperors and Their Authority*). Taipei: Guoli bianyiguan, 1996.

——— “Bei Song qianqi huangquan fazhan zhi yanjiu” (“An Investigation of the Growth of Imperial Authority in Early Northern Song”). Ph.D. diss., National Taiwan University, 1987.

Liu Qiugen. “Tang Song gaoli huoziben de fazhan” (“On the Development of Usurers' Capital in Tang and Song Times”). *Shixue yuekan* 1992.4: 31–38.

Liu Sen. “Songdai de tieqian yu tie chanliang” (“Iron Coins and Iron Production in Song Times”). *Zhongguo jingjishi yanjiu* 1993.2: 86–90.

——— *Song Jin zhibi shi* (*Paper Currency in Song and Jin Times*). Beijing: Zhongguo jinrong chubanshe, 1993.

Liu, Shih Shun. *Chinese Classical Prose: The Eight Masters of the T'ang-Sung Period.* Hong Kong: Chinese University Press, 1979.

Liu, Wu-chi. *An Introduction to Chinese Literature.* Bloomington: Indiana University Press, 1966.

Liu Xiaodong, and Yang Zhijun. “Shilun Jindai Ruzhen guizu muzang de leixing ji yanbian.” *Liaohai wenwu xuekan* 1991.1: 124–136.

Liu, Xinru. “Buddhist Institutions in the Lower Yangtze Region during the Song Dynasty.” *Journal of Sung-Yuan Studies* 21 (1989): 31–51.

Liu Zhaomin. *Zhongguo lishi shang qihou de bianqian* (*Changes of Climate in Chinese History*). Taipei: Taiwan shangwu yinshuguan, 1992.

Lo, Winston Wan. *An Introduction to the Civil Service Examinations of Sung China, with Emphasis on the Personnel Administration.* Honolulu: University of Hawai'i Press, 1987.

——— *The Life and Thought of Yeh Shih.* Hong Kong: Chinese University of Hong Kong, 1974.

Lorge, Peter. “The Entrance and Exit of the Song Founders.” *Journal of Sung-Yuan Studies* 29 (1999): 43–62.

——— “Song Gaozong's Letters to Yue Fei.” *Journal of Sung-Yuan Studies* 30 (2000): 160–173.

Louis, Francois. *Die Goldschmiede der Tang- und Song-Zeit.* Bern: Peter Lang, 1999.
Luo Xinhui. "Zengzi yu Xiaojing" ("Master Zeng and the Classic of Filial Piety"). *Shixue yuekan* 1996.5: 6–11, 23.
Makeham, John. *Transmitters and Creators: Chinese Commentators and Commentaries on the Analects.* Cambridge: Harvard University Asia Center, 2003.
Martin, H. Desmond. *The Rise of Chingis Khan and His Conquest of North China.* Baltimore: Johns Hopkins University Press, 1950.
McGrath, Michael C. "Military and Regional Administration in Northern Sung China (960–1126)." Ph.D. diss., Princeton University, 1982.
McKnight, Brian E. *Law and Order in Sung China.* Cambridge: Cambridge University Press, 1992.
Mei Yaochen ji biannian jiaozhu (*Chronologically-edited Collected Works of Mei Yaochen*). 3 vols. Shanghai: Shanghai guji chubanshe, 1980.
Miao Kunhe. *Songdai xinyong piaoju yanjiu* (*Research on Credit Matters of Song Times*). Kunming: Yunnan daxue chubanshe, 2002.
Miyazaki, Ichisada. *China's Examination Hell: The Civil Service Examination of Imperial China,* trans. Conrad Schirokauer. New Haven: Yale University Press, 1981.
Mote, Frederick W. *Imperial China, 900–1800.* Cambridge: Harvard University Press, 1999.
Moule, A. C. *Quinsai with Other Notes on Marco Polo.* Cambridge: Cambridge University Press, 1957.
Murray, Julia K. "The Ladies' Classic of Filial Piety and Sung Textual Illustration: Problems of Reconstruction and Artistic Context." *Ars Orientalis* 18 (1988): 95–129.
Needham, Joseph. *Science and Civilisation in China.* Cambridge: Cambridge University Press, 1954–.
Needham, Joseph, Ling Wang, and Derek Price. *Heavenly Clockwork,* 2nd ed. Cambridge: Cambridge University Press, 1986.
Neo-Confucian Terms Explained (The Pei-hsi tzu-i) by Ch'en Ch'un, 1159–1223, trans. and ed., with introd. by Wing-tsit Chan. New York: Columbia University Press, 1986.
Nivison, David S., and Arthur F. Wright. *Confucianism in Action.* Stanford: Stanford University Press, 1959.
Oeuvres poétiques complètes de Li Qingchao, trans. Liang Paitchin. Paris: Gallimard, 1977.
Olsson, Karl F. "The Structure of Power under the Third Emperor of Sung China: The Shifting Balance after the Peace of Shanyuan." Ph.D. diss., University of Chicago, 1974.
Pan Jiezi. "Lingyan caibi dongxin po—Yanshansi Jindai bihua xiaoji" ("The

Motives of Mural Painting in the Lingyan Monastery"). *Wenwu* 1979.2: 3–10, pl. 4.
Pang Dexin (Pong Taksan). *Songdai liangjing shimin shenghuo* (*Daily Life in the Song Capitals*). Taipei: Longmen shudian, 1974.
Pease, Jonathan. "I Dreamed of Locusts." *Comparative Criticism* 15 (1993): 215–222.
Pelliot, Paul. *Notes on Marco Polo*. Paris: Imprimerie Nationale, 1959.
Peng Xinwei. *Zhongguo huobi shi* (*History of Chinese Currency*). Shanghai: Shanghai renmin chubanshe, 1958.
Peterson, Charles A. "Court and Province in Mid- and Late T'ang." In *The Cambridge History of China*. Vol. 3: *Sui and T'ang China*, ed. Denis Twitchett, pp. 464–560. Cambridge: Cambridge University Press, 1979.
Pettersson, Bengt. "Cannibalism in the Dynastic Histories." *Bulletin. The Museum of Far Eastern Antiquities* 71 (1999): 71–189.
Polo, Marco. *The Description of the World*, Vol. 1, ed. A. C. Moule and Paul Pelliot. London: G. Routledge, 1938.
Proclaiming Harmony, trans. O. Hennessey. Ann Arbor: Center for Chinese Studies, University of Michigan, 1981.
Qi Dongfang. *Tangdai jinyinqi yanjiu* (*Research on Tang Gold and Silver*). Beijing: Zhongguo shehui kexue chubanshe, 1999.
Qi Xia. *Songdai jingji shi* (*Economic History of the Song Dynasty*). Shanghai: Shanghai renmin chubanshe, 1988.
——— *Wang Anshi bianfa* (*Reform Policies of Wang Anshi*). Shanghai: Renmin chubanshe, 1959.
Qian Mu. *Guoshi dagang* (*An Outline of Chinese History*). Taipei: Shangwu yinshuguan, 1952.
Qiu Gang. "Beisong Dongjing sancheng de yingjian he fazhan" ("Construction and Development of the Three Walls of the Eastern Capital in Northern Song Times"). *Zhongyuan wenwu* 1990.4: 35–40.
Ratchnevsky, Paul. *Genghis Khan: His Life and Legacy*. Oxford: Blackwell, 1991.
Rawski, Evelyn S. "A Historian's Approach to Chinese Death Ritual." In *Death Ritual in Later Imperial and Modern China*, ed. James L. Watson and Evelyn S. Rawski, pp. 20–34. Berkeley: University of California Press, 1988.
Reed, Barbara E. "The Gender Symbolism of Kuan-yin Bodhisattva." In *Buddhism, Sexuality and Gender*, ed. José Ignacio Cabezón, pp. 159–180. Albany: State University of New York Press, 1992.
Reflections on Things at Hand: The Neo-Confucian Anthology Compiled by Chu Hsi and Lü Tsu-ch'ien, trans. Wing-tsit Chan. New York: Columbia University Press, 1967.
Rossabi, Morris. "The Reign of Khubilai Khan." In *The Cambridge History of*

China. Vol. 6: *Alien Regimes and Border States, 907–1368*, ed. Herbert Franke and Denis Twitchett, pp. 414–489. Cambridge: Cambridge University Press, 1994.

Ru Qihe. "Songdai guange zhi jiaokan jingbu shu" ("Classics Collated by the Academies and Institutes of the Central Government of the Song Dynasty"). *Zhongguo wenhua yanjiu* 2003.1: 82–91.

Ruitenbeek, Klaas. *Carpentry and Building in Late Imperial China*. Leiden: Brill, 1993.

Saeki Tomi. *Sōdai chahō kenkyū shiryō (Collected Materials on the Tea Taxes in Song China)*. Kyoto: Tōhō bunka kenkyūjo, 1941.

Sargent, Stuart H. "Contexts of the Song Lyric in Sung Times: Communication Technology, Social Change, Morality." In *Voices of the Song Lyric in China*, ed. Pauline Yu, pp. 226–256. Berkeley: University of California Press, 1994.

Schirokauer, Conrad M. "Chu Hsi's Political Career: A Study in Ambivalence." In *Confucian Personalities*, ed. Arthur F. Wright and Denis Twitchett, pp. 162–188. Stanford: Stanford University Press, 1962.

——— "Neo-Confucians under Attack: The Condemnation of the Wei-hsüeh." In *Crisis and Prosperity in Sung China*, ed. John W. Haeger, pp. 163–196. Tucson: University of Arizona Press, 1975.

Shiba, Yoshinobu. *Commerce and Society in Sung China*, trans. Mark Elvin. Ann Arbor: University of Michigan Center for Chinese Studies, 1970.

——— *Sōdai Kōnan keizai-shi no kenkyū* (*Studies in the Economy of the Lower Yangzi in the Song*). Tokyo: Kyūko shoin, 1988.

——— *Sōdai shōgyō-shi kenkyū* (*Commerce and Society in Song China*). Tokyo: Kazama shobō, 1968.

Sirén, Osvald. *The Walls and Gates of Peking*. London: John Lane, Bodley Head, 1924.

Sivin, Nathan. "Shen Gua." In *Dictionary of Scientific Biography*, ed. Charles C. Gillispie, Vol. 12, pp. 369–393. New York: Charles Scribner's, 1975. Rpt. in *Sung Studies Newsletter* 13 (1977): 13–55.

Skinner, G. William. "Introduction: Urban Development in Imperial China." In *The City in Late Imperial China*, ed. G. William Skinner, pp. 3–31. Stanford: Stanford University Press, 1977.

Smith, Paul Jakov. "Introduction: Problematizing the Song-Yuan-Ming Transition." In *The Song-Yuan-Ming Transition in Chinese History*, ed. Paul Jakov Smith and Richard von Glahn, pp. 1–34. Cambridge: Harvard University Asia Center, 2003.

——— "Irredentism as Political Capital." In *Emperor Huizong and Late Northern Song China: The Politics of Culture and the Culture of Politics*, ed. Patricia Buckley Ebrey and Maggie Bickford, pp. 78–130. Cambridge: Harvard University Asia Center, 2006.

——— "*Shuihu zhuan* and the Military Subculture of the Northern Song, 960–1127." *Harvard Journal of Asiatic Studies* 66. 2 (2006): 363–422.

Soffel, Christian. *Ein Universalgelehrter verarbeitet das Ende seiner Dynastie. Eine Analyse des Kunxue jiwen von Wang Yinglin*. Wiesbaden: Harrassowitz, 2004.
Somers, Robert M. "The End of the T'ang." In *The Cambridge History of China*. Vol. 3: *Sui and T'ang China*, ed. Denis Twitchett, pp. 682–789. Cambridge: Cambridge University Press, 1979.
Songdai jiaoyu (*Education in the Song Dynasty*), ed. Miao Chunde. Kaifeng: Henan daxue chubanshe, 1992.
Songdai wenhua shi (*Cultural History of the Song Dynasty*), ed. Yao Yingting. Kaifeng: Henan daxue chubanshe, 1992.
Song Yuan jingji shi (*Economic History of Song and Yuan Times*), ed. Wang Zhirui. Taipei: Shangwu yinshuguan, 1969.
Sources of Chinese Tradition, ed. William Theodore de Bary. New York: Columbia University Press, 1960.
Standen, Naomi. *Unbounded Loyalty: Frontier Crossings in Liao China*. Honolulu: University of Hawai'i Press, 2007.
Stein, Rolf. "Leao-Tche." *T'oung Pao* 35 (1939): 1–154.
Steinhardt, Nancy Shatzman. *Chinese Imperial City Planning*. Honolulu: University of Hawai'i Press, 1990.
——— *Liao Architecture*. Honolulu: University of Hawai'i Press, 1997.
Strassberg, Richard. *Inscribed Landscapes: Travel Writing from Imperial China*. Berkeley: University of California Press, 1994.
Stuart; Jan, and Evelyn S. Rawski. *Worshipping the Ancestors: Chinese Commemorative Portraits*. Washington, DC: Smithsonian Institution, 2001.
Sturman, Peter C. "Cranes above Kaifeng: The Auspicious Image at the Court of Kaifeng." *Ars Orientalis* 20 (1990): 33–68.
Su Bai. *Baisha Song mu* (*The Baisha Tombs of Song Times*). Beijing: Wenwu chubanshe, 1957.
Su Dong-po: A New Translation, trans. Xu Yuanzhong. Hong Kong: Commercial Press, 1982.
Su Zhecong. *Songdai nüxing wenxue* (*Female Literary Works in Song Times*). Wuhan: Wuhan daxue chubanshe, 1997.
Sudō Yoshiyuki. *Sōdai kanryōsei to daitochi shoyū (The Officials' System and Land Property in Song Times*). Tokyo: Nippon hyōronsha, 1950.
Sullivan, Michael. *Chinese Landscape Painting in the Sui and T'ang Dynasties*. Berkeley: University of California Press, 1980.
Sun Guotong. "Tang Song zhiji shehui mendi zhi xiaorong." In Sun Guotong, *Tang Song shi luncong*, pp. 201–308. Hong Kong: Longmen, 1980.
Sung Bibliography, A, ed. Yves Hervouet. Hong Kong: Chinese University Press, 1978.
Sung Biographies, ed. Herbert Franke. Wiesbaden: Steiner, 1976.
Tamura Jitsuzō. *Chūgoku seifuku ōchō no kenkyū* (*Research on the Chinese Conquest Dynasties*). 3 vols. Kyoto: Tōyōshi kenkyū kai, 1964–1986.

Tao Jing-shen. "Barbarians or Northerners: Northern Sung Images of the Khitans." In *China Among Equals: The Middle Kingdom and Its Neighbors, 10th to 14th Centuries*, ed. Morris Rossabi, pp. 66–86. Berkeley: University of California Press, 1983.

——— "The Influence of Jurchen Rule on Chinese Political Institutions." *Journal of Asian Studies* 340 (1970): 121–130.

——— *The Jurchen in Twelfth Century China: A Study in Sinicization*. Seattle: University of Washington Press, 1976.

——— "Public Schools in the Chin Dynasty." In *China under Jurchen Rule*, ed. Hoyt Cleveland Tillman and Stephen H. West, pp. 50–67. Albany: State University of New York Press, 1995.

——— *Two Sons of Heaven: Studies in Sung-Liao Relations*. Tucson: University of Arizona Press, 1988.

Tao Zongye, et al. "Hebei Xuanhua Xiabali Liao Jin bihuamu" ("Mural Painting of the Liao and Jin Dynasties in Tombs at Xiabali, Xuanhua, Hebei Province"). *Wenwu* 1990.10: 1–19, pls. 1–4.

Teng, Ssu-yü. *Family Instructions for the Yen Clan. Yen-shih chia-hsün by Yen Chih-tui*. Leiden: Brill, 1968.

Teraji Jun. *Nan Sō shoki seiji shi kenkyū (Political History in the Early Southern Song)*. Hiroshima: Keishuisha, 1988.

The Essence of Chinese Civilization. ed. Dun J. Li. Toronto: Von Nostrand, 1967.

The Old Man Who Does as He Pleases: Poems and Prose by Lu Yu, trans. Burton Watson. New York: Columbia University Press, 1973.

The Song-Poetry of Wei Chuang (836–910 A.D.), trans. John Timothy Wixted. Tempe: Center for Asian Studies, Arizona State University, 1979.

The Washing away of Wrongs: Forensic Medicine in Thirteenth-century China, trans. Brian E. McKnight. Ann Arbor: Center for Chinese Studies, University of Michigan, 1981.

Tietze, Klaus. "The Liao-Song Border Conflict of 1084–1076." In *Studia mongolica: Festschrift für Herbert Franke*, pp. 127–151. Wiesbaden: Franz Steiner, 1979.

Tillman, Hoyt Cleveland. "The Idea and Reality of the 'Thing' during the Sung: Philosophical Attitudes toward *wu*." *Bulletin of Sung Yüan Studies* 4 (1978): 68–82.

——— *Utilitarian Confucianism: Ch'en Liang's Challenge to Chu Hsi*. Cambridge: Council on East Asian Studies, Harvard University, 1982.

Traité des fonctionnaires et traité de l'armée. Traduite de nouvelle histoire des T'ang, trans. Robert des Rotours. Rpt. San Francisco: Chinese Materials Center, 1974.

Tsao, Xingyuan. "Unraveling the Mystery of the Handscroll 'Qingming shanghe tu.'" *Journal of Song-Yuan Studies* 33 (2003): 155–179.

Tsien, Tsuen-hsun. *Science and Civilisation in China*. Vol. 5.1: *Paper and Printing*. Cambridge: Cambridge University Press, 1985.

Twitchett, Denis. *Financial Administration under the T'ang Dynasty*. Cambridge: Cambridge University Press, 1970.

——— *Printing and Publishing in Medieval China*. London: Wynkyn de Worde Society, 1983.

Twitchett, Denis, and Klaus-Peter Tietze. "The Liao." In *The Cambridge History of China*. Vol. 6: *Alien Regimes and Border States, 907–1368*, ed. Herbert Franke and Denis Twitchett, pp. 43–153. Cambridge: Cambridge University Press, 1994.

Ukers, William. *All about Tea*. New York: Tea and Coffee Trade Journal, 1935.

Vainker, Shelagh J. *Chinese Pottery and Porcelain: From Prehistory to the Present*. London: British Museum Press, 1991.

Van Ess, Hans. *Von Ch'eng I zu Chu Hsi. Die Lehre vom Rechten Weg in der Überlieferung der Familie Hu*. Wiesbaden: Harrassowitz, 2003.

Vogel, Hans-Ulrich, and Elisabeth Theisen-Vogel. "Kupfererzeugung und -handel in China und Europa, Mitte des 8. bis Mitte des 19. Jahrhunderts: Eine vergleichende Studie." *Bochumer Jahrbuch zur Ostasienforschung* (1991): 1–57.

Voices of the Song Lyric in China, ed. Pauline Yu. Berkeley: University of California Press, 1994.

Von Glahn, Richard. *Fountain of Fortune: Money and Monetary Policy in China, 1000–1700*. Berkeley: University of California Press, 1996.

——— "Re-examining the Authenticity of Song Paper Money Specimens." *Journal of Song-Yuan Studies* 36 (2006): 79–106.

——— "Imagining Pre-modern China." In *The Song-Yuan-Ming Transition in Chinese History*, ed. Paul Jakov Smith and Richard von Glahn, pp. 35–70. Cambridge: Harvard University Asia Center, 2003.

Wagner, Donald. *Science and Civilisation in China*. Vol. 5.11: *Ferrous Metallurgy*. Cambridge: Cambridge University Press, 2008.

Wagner, Marsha. "Hua-chien chi." In *The Indiana Companion to Traditional Chinese Literature*, Vol. 1, pp. 441–442.

Walton, Linda A. *Academies and Society in Southern Song China*. Honolulu: University of Hawai'i Press, 1999.

Waley, Arthur. *The Life and Times of Po Chü-i, 772–846 A.D.* London: George Allen and Unwin, 1949.

Wang Binling. *Zhongguo hunyin shi* (History of Marriage in China). Shanghai: Shanghai renmin chubanshe, 2001.

Wang Deyi. "Song Xiaozong jiqi shidai" ("Song Xiaozong and His Time"). *Song shi yanjiu ji* 1978.10: 245–302.

Wang Gungwu. "Feng Tao: An Essay on Confucian Loyalty." In *Confucian*

Personalities, ed. A. F. Wright and D. C. Twitchett, pp. 123–146. Stanford: Stanford University Press, 1962.

——— *The Structure of Power in North China during the Five Dynasties*. Stanford: Stanford University Press, 1967.

Wang, Ping. *Aching for Beauty: Footbinding in China*. Minneapolis: University of Minnesota Press, 2000.

Wang Qingyu. *Liaodai fushi* (*Garments and Adornments of the Liao Dynasty*). Shenyang: Liaoning huabao chubanshe, 2002.

Wang Shanjun. *Songdai zongzu he zongzu zhidu yanjiu* (*Research on the Clan and Clan System of the Song Dynasty*). Shijiazhuang: Hebei jiaoyu chubanshe, 1999.

Wang Weiping. "Tang Song shiqi cishan shiye gaishuo" ("A Brief Discussion on the Philanthropy during the Tang and Song Dynasties"). *Shixue yuekan* 2000.3: 95–102.

Wang Wencheng. *Songdai baiyin huobihua yanjiu* (*The Proliferation of the Silver Currency in Song Times*). Kunming: Yunnan daxue chubanshe, 2001.

Wei Tian'an. "Songdai bubo shengchan gaiguan" ("A Survey of Cloth Production in the Song Period"). In *Song shi yanjiu lun wenji,* ed. Deng Guangming, pp. 96–111. Henan renmin chubanshe, 1982.

Weinstein, Stanley. *Buddhism under the Tang*. Cambridge: Cambridge University Press, 1987.

Weng, Wan-go, and Po-ta Yang. *Palastmuseum Peking*. Munich: Prestel, 1982.

West, Stephen H. "Chilly Seas and East-flowing Rivers: Yüan Hao-wen's Poems of Death and Disorder, 1233–1235." In *China under Jurchen Rule,* ed. Hoyt Cleveland Tillman and Stephen H. West, pp. 281–304. Albany: State University of New York Press, 1995.

——— "Crossing Over: Huizong in the Afterglow, or the Deaths of a Troubling Emperor." In *Emperor Huizong and Late Northern Song China: The Politics of Culture and the Culture of Politics,* ed. Patricia Buckley Ebrey and Maggie Bickford, pp. 595–610. Cambridge: Harvard University Asia Center, 2006.

Wilhelm, Hellmut. "From Myth to Myth: The Case of Yue Fei's Biography." In *Confucian Personalities,* ed. D. C. Twitchett and A. F. Wright, pp. 146–161. Stanford: Stanford University Press, 1962.

Williamson, H. R. *Wang An Shih: A Chinese Statesman and Educationalist of the Sung Dynasty.* London: Probsthain, 1935.

Wilson, Thomas A. "Genealogy and History in Neo-Confucian Sectarian Uses of the Confucian Past." *Modern China* 20.1 (1994): 3–33.

Wittfogel, Karl A., and Chia-shêng Fêng. *History of Chinese Society: Liao (907–1125).* Philadelphia: American Philosophical Society, 1949.

Wixted, John Timothy. "The Poetry of Li Ch'ing-chao: A Woman Author and Women's Authority." In *Voices of the Song Lyric in China,* ed. Pauline Yu, pp. 145–168. Berkeley: University of California Press, 1994.

——— "Yuan Haowen." In *The Indiana Companion to Traditional Chinese Literature,* Vol. 1, pp. 953–955.

Worthy, Edmund Henry, Jr. "The Founding of Sung China, 950–1000: Integrative Changes in Military and Political Institutions." Ph.D. diss., Princeton University, 1975.

Wu, K. T. "Chinese Printing under Four Alien Dynasties (916–1368)." *Harvard Journal of Asiatic Studies* 13 (1950): 447–523.

Wu, Pei-yi. "Childhood Remembered: Parents and Children in China, 800 to 1700." In *Chinese Views of Childhood,* ed. Anne Behnke Kinney, pp. 129–156. Honolulu: University of Hawai'i Press, 1995.

Wu Songdi. *Zhongguo renkou shi, di san juan: Liao Song Jin Yuan shiqi* (*History of China's Population.* Vol. 3: *Liao, Song, Jin, and Yuan Periods*). Shanghai: Fudan daxue chubanshe, 2000.

Wu Tianzhi. *Xi Xia shigao* (*Draft of the History of the Xi Xia*). Chengdu: Sichuan renmin chubanshe, 1983.

Wu Xiaoping. *Songdai waijiao zhidu yanjiu* (*Research on the Foreign Affairs System of the Song*). Hefei: Anhui renmin chubanshe, 2006.

Wyatt, Don J. "The Invention of the Northern Song." In *Political Frontiers, Ethnic Boundaries, and Human Geographies in Chinese History,* ed. Nicola Di Cosmo and Don J. Wyatt, pp. 220–244. London: RoutledgeCurzon, 2003.

——— *The Recluse of Loyang: Shao Yung and the Moral Evolution of Early Sung Thought.* Honolulu: University of Hawai'i Press, 1996.

Xiao Qing. *Zhongguo gudai huobi shi* (*A History of Ancient Currency in China*). Beijing: Renmin chubanshe, 1984.

Xing Tie. *Zhongguo jiating shi. Di san juan. Song Liao Jin Yuan shiqi* (*A General History of the Chinese Family.* Vol. 3: *Song, Liao, Jin, and Yuan Dynasties*), ed. Zhang Guogang. Guangzhou: Guangdong renmin chubanshe, 2007.

Xu Dongsheng. "Bei Song chuqian zhu wenti kaobian" ("Study on the Money Casting in the Northern Song Dynasty"). *Zhongguoshi yanjiu* 2006.4: 91–100.

Xu Gui, and Fang Rujin. "Ping Song Taizu 'xian nan hou bei' de tongyi zhanlue" ("Commentary on the Unification Strategy 'The South First, The North Later' of the First Emperor of the Song"). In *Song shi yanjiu lunwen ji,* ed. Deng Guangming et al., pp. 517–534. Henan renmin chubanshe, 1984.

Xu, Yinong. *The Chinese City in Space and Time: The Development of Urban Form in Suzhou.* Honolulu: University of Hawai'i Press, 2000.

Yan Jingping. "Baoji diqu faxian de Bei Song tieqian jiaocang" ("Northern Song Hoards of Iron Coins Discovered in the Baoji Area"). *Zhongguo qianbi* 1988.1: 32–42.

Yanagida Setsuko. "Sōdai no katōko ni tsuite" ("Song Households of the Low Category"). *Tōyō gakuhō* 40:2 (1957): 131.

Yang Dequan. "Tang Song hanghui zhidu zhi yanjiu" ("Studies of the Guild System in Tang and Song Times"). In *Song shi yanjiu lunwen ji* (*Essays on Song Dynasty History*), ed. Deng Guangming, pp. 204–240. Shanghai: Shanghai guji chubanshe, 1982.

Yang, Lien-sheng. *Money and Credit in China*. Cambridge: Harvard University Press, 1952.

Yang Shufan. "Songdai zaixiang zhidu" ("The System of Chief Councilors of the Song Dynasty"). *Songdai yanjiu* 15 (1984): 1–34.

Yang Weisheng. "Lun Zhao Song zhi tongyi yu zhengzhi" ("Unification and Consolidation of the Song Dynasty"). *Hangzhou daxue xuebao* 1994.3: 54–65.

Yao Hanyuan. *Zhongguo shuili shi gangyao* (*An Historical Outline of Hydraulic Engineering in China*). Beijing: Shuili dianli chubanshe, 1987.

Yao, Tao-chung. "Buddhism and Taoism under the Chin." In *China under Jurchen Rule*, ed. Hoyt Cleveland Tillman and Stephen H. West, pp. 145–182. Albany: State University of New York Press, 1995.

Yao, Xinzhong. *An Introduction to Confucianism*. Cambridge: Cambridge University Press, 2000.

Yates, Robin D. S. *Washing Silk: The Life and Selected Poems of Wei Chuang (834?–910)*. Cambridge: Council on East Asian Studies, Harvard University, 1988.

Ye Tan. "Songdai zhibi lilun kaocha" ("Investigation on Paper Money Theory in Song Times"). *Zhongguo jingjishi yanjiu* 1990.4: 133–145.

Yi Yongwen. *Songdai shimin shenghuo* (*Daily Life of Song Urbanites*). Beijing: Zhongguo shehui chubanshe, 1999.

Yoshikawa, Kōjirō. *Five Hundred Years of Chinese Poetry, 1150–1650*, trans. John Timothy Wixted. Princeton: Princeton University Press, 1989.

Yoshioka, Yoshinobu. *Sōdai Kōga-shi kenkyū (Studies on the History of the Yellow River)*. Tokyo: Ochanomizu shobō, 1983.

Yü, Chün-fang. "Guanyin: The Chinese Transformation of Avalokitesvara." In *Latter Day of the Law: Images of Chinese Buddhism, 859–1850*, ed. Marsha Weidner, pp. 151–181. Honolulu: University of Hawai'i Press, 1994.

Yu Yingshi. *Zhu Xi de lishi shijie: Songdai shidafu zhengzhi wenhua de yanjiu* (*Zhu Xi's Historical World: Researches on the Political Culture of the Song Shidafu*). Taipei: Yunchen wenhua gongsi, 2003.

Yu Yunguo. *Xishuo Songchao* (*Circumstantial Details: The Song Dynasty*). Shanghai: Shanghai renmin chubanshe, 2002.

Yuan Yitang. "Bei Song qianhuang: cong bizhi dao liutong tizhi de cha" ("Shortage of Coins in Northern Song Times: Investigation of Money Circulation on the Basis of the Money System"). *Lishi yanjiu* 1991.4: 129–140.

Zhang Bozhong. "Qidan zaoqi wenhua tansuo" ("On the Early Culture of the Khitan"). *Kaogu* 1984.2: 183–186.

Zhang, Cong. "The Culture of Travel in Song China (960–1276)." Ph.D. diss., University of Washington, Seattle, 2003.

Zhang Jiaju. *Liang Song jingji zhongxin de nanyi* (*The Shift of the Economic Centres to the South in the Northern and Southern Song*). Wuhan: Hebei renmin chubanshe, 1957.

Zhang Jin. "Kaifeng lidai huanggong yange yu Bei Song Dongjing huangcheng fanwei xinkao" ("Evolution of Kaifeng Palace through the Ages and New Analytic Research of Confines of the Northern Song Dynasty Dongjing Palace City"). *Shixue yuekan* 2002.7: 87–94.

Zhang Qifan. "'Huangdi yu shidafu gong zhi tianxia' shixi—Bei Song zhengzhi jiagou tanwei" ("Analysis of 'The Emperor Running the State Together with Scholar-Bureaucrats': Preliminary Study of the Political Framework of the Northern Song"). *Jinan xuebao: zheshe ban* (Guangzhou) 2001.6: 114–123.

Zhang Quanming. "Lun Bei Song Kaifeng diqu de qihou bianqian ji qi tedien" ("On the Vicissitudes and Features of Climate in Kaifeng District in the Northern Song Dynasty"). *Shixue yuekan* 2007.1: 98–108.

Zhao Pingchun, and Zhao Xianji. *Jindai sizhi yishu* (*The Silk Art in the Jin Dynasty*). Beijing: Kexue chubanshe, 2001.

Zhongguo chuantong gongyi quanji: Sichou zhiran (*Complete Works of Chinese Traditional Crafts: Silk Weaving and Dyeing*), ed. Lu Yongxiang. Zhengzhou: Daxiang chubanshe, 2005.

Zhongguo gudai daolu jiaotong shi (*History of the Road Communication System of Chinese Ancient Times*), ed. Li Lianxiang. Beijing: Renmin jiaotong chubanshe, 1994.

Zhongguo lidai hukou tiandi tianfu tongji (*China's Historical Population, Land, and Land-tax Statistics*), ed. Liang Fangzhong. Shanghai: Shanghai renmin chubanshe, 1980.

Zhongguo lishi. Song shi (*Chinese History: Song History*), ed. Zhou Baozhu and Chen Zhen. Beijing: Renmin chubanshe, 2006.

Zhongguo lishi. Sui Tang Liao Song Jin juan (*Chinese History: Sui, Tang, Liao, Song, Jin volume*), ed. Zhang Guogang and Yang Shusen. Beijing: Gaodeng jiaoyu chubanshe, 2001.

Zhonghua guwen mingda tuji, Vol. 4, ed. Liu Changle. Beijing: Renmin ribao chubanshe, 1992.

Zhou Baozhu. "Bei Song shiqi de Xijing Luoyang" ("Luoyang City in the Northern Song Dynasty"). *Shixue yuekan* 2001.4: 109–116.

——— *Songdai Dongjing yanjiu* (*Research on Dongjing of the Song Dynasty*). Kaifeng: Henan daxue chubanshe, 1992.

Zhou Xun, and Gao Chunming. *Zhongguo chuantong fushi xingzhi shi* (*History of Shape and Structure of Traditional Chinese Garment and Adornment*). Taipei: Nantian shuju, 1998.

Zhu Tianshu. *Liaodai jinyin qi* (*Gold and Silver Articles of the Liao Dynasty*). Beijing: Wenwu chubanshe, 1998.

Zhu Xie. *Zhongguo yunhe shiliao xuanji* (*Collection of Historical Materials on Chinese Canals*). Beijing: Zhonghua shuju, 1962.

Zhu Zhongsheng. *Bei Song cha zhi shengchan yu jingying* (*Tea Production and Management in the Northern Song Dynasty*). Taipei: Xuesheng shuju, 1985.

索　引

（以下页码为英文原版页码，即本书边码）

A

B

C

D

E

F

G

H

I

J

K

L

M

N

O

P

Q

R

S

T

U

W

X

Y

Z